檔案實務

肖佳俊 主编

合肥工業大學出版社

图书在版编目(CIP)数据

档案实务/肖佳俊主编. --合肥:合肥工业大学出版社,2024.
ISBN 978-7-5650-6862-1

Ⅰ.G27

中国国家版本馆CIP数据核字第20246U4G77号

档 案 实 务

DANGAN SHIWU

肖佳俊 主编　　责任编辑 赵 娜

出 版	合肥工业大学出版社	版 次	2024年8月第1版
地 址	合肥市屯溪路193号	印 次	2024年8月第1次印刷
邮 编	230009	开 本	710毫米×1010毫米 1/16
电 话	理工图书出版中心:0551-62903004	印 张	24.5 **彩插** 0.25印张
	营销与储运管理中心:0551-62903198	字 数	458千字
网 址	press.hfut.edu.cn	印 刷	安徽联众印刷有限公司
E-mail	hfutpress@163.com	发 行	全国新华书店

ISBN 978-7-5650-6862-1　　定价:76.00元

王伟，中共党员，档案馆员，阜阳市人民医院办公室副主任（主持工作），安徽省医院协会医院办公室管理专业委员会常委，阜阳市医院协会副秘书长。曾获安徽省优秀共青团干部称号。

2015 年 8 月在阜阳市人民医院参加工作，历经人事科、团委、办公室等多个岗位，2019 年 10 月以来先后任办公室主任助理、副主任，2022 年 9 月主持办公室工作。工作期间，领导建成了医院综合档案室（办公室下设二级机构），制定了较为完善的医院综合档案收集、整理、保管、利用等制度，并组织实施了医院综合档案信息化，先后牵头负责医院出生医学档案信息化项目、院史整理以及院史馆规划建设，并被市委组织部抽调参与人事档案整理等，具有丰富的档案工作经验，先后发表档案管理相关论文 3 篇。

陈芳，中共党员，档案馆员，安徽医科大学附属阜阳医院办公室副主任，安徽省医院协会医院办公室管理专业委员会第三届委员，安徽省健康服务业协会会员。

本科于 2010 年就读于安徽医科大学卫生事业管理专业，现研究生在读，就读于安徽医科大学社会医学与卫生事业管理专业，2015 年 7 月就职于安徽医科大学附属阜阳医院筹建指挥部，医院筹建期间负责医院综合业务工作，搭建医院档案室雏形，制定档案管理制度数十项，整理医院筹建至开诊后几年档案数千件，牵头开展医院档案信息化工作，发表论文 1 篇，立项档案相关厅级课题 1 项。

《档案实务》编委会

（2024年4月）

主　编　肖佳俊（阜阳市第三人民医院）

审　核　罗盛敏（太和县档案馆）

副主编　王伟（阜阳市人民医院）

陈芳（安徽医科大学附属阜阳医院）

编　委　（以姓氏笔画排列）

王悦（阜阳市颍泉区档案馆）

尤继（中共阜阳市颍州区委办公室）

刘小东（芜湖市档案馆）

杜士强（阜阳市颍泉区档案馆）

肖灵均（阜阳市颍州区苗桥小学）

吴甦（安徽省六安市皋翔公证处）

沈静（安徽归藏文化有限公司）

陈平（中共六安市委办公室）

周晔晔（中共阜阳市委办公室）

高可源（六安市档案馆）

序

欲知大道，必先为史。档案是社会变迁的真实记录，是人类记忆的重要载体，承载着绵亘古今的历史记忆。档案工作是维护党和国家历史真实面貌、保障人民群众根本利益的重要事业。经验得以总结，规律得以认识，历史得以延续，各项事业得以发展，都离不开档案。

众所周知，档案工作是维护党和国家历史真实面貌的重要事业，也是党和国家各项建设事业必不可少的工作环节，在党政、科技、教育和文化等方面有着举足轻重的作用，为推进国家治理体系和治理能力现代化建设提供基础保障。《档案共同宣言》提到，档案是行政管理、文化与思维活动的唯一可靠证据。档案工作实际就是“存史”，历史因其载体而脆弱，因一批批默默无闻守护的“兰台人”而源远流长。

近年来，随着科技和信息的发展，档案事业也迎来了高速发展阶段。隐蔽性和滞后性是档案工作效益的显著特点，导致机关负责人对档案工作重视程度较低，档案机构和人员配备不齐，人员业务能力普遍较低。

历览档案相关著作，没能见到任何一本书传授“菜鸟”如何进行档案数字化整理。为深入学习贯彻落实习近平总书记对档案工作作出的重要批示精神，做实做细档案管理工作，深刻践行“为党管档、为国守史、为民服务”理念，规范档案收集、整理工作，加强档案管理，有效保护和利用档案，提高档案信息化建设水平，推动“十四五”时期档案工作迈向新台阶。笔者从实际业务出发，编辑一本新手从业者可以轻松上手的书，以供同仁们学习参考，让档案更好地服务中国特色社会主义事业。

2023 年 11 月 15 日

目　录

第一篇　档案学基本原理 …………………………………………………… (001)
第一章　档案和档案工作 …………………………………………………… (003)
第一节　档案起源、定义和价值 …………………………………………… (003)
第二节　文书工作和档案的种类 …………………………………………… (009)
第三节　档案工作和档案事业 ……………………………………………… (030)
第二章　档案学 ……………………………………………………………… (045)
第一节　档案学相关知识 …………………………………………………… (045)
第二节　档案学的基本原理 ………………………………………………… (051)
第二篇　机关档案管理 ……………………………………………………… (055)
第一章　机关档案室基本制度 ……………………………………………… (057)
第一节　健全档案管理机制 ………………………………………………… (057)
第二节　完善机关档案制度 ………………………………………………… (061)
第三节　强化档案利用服务 ………………………………………………… (072)
第二章　编制机关“三合一”制度 …………………………………………… (074)
第一节　编制依据和档号编制说明 ………………………………………… (074)
第二节　分类方案的设置 …………………………………………………… (075)
第三节　文件材料归档范围和档案保管期限表 …………………………… (084)
第三章　数字档案室建设 …………………………………………………… (151)
第一节　数字档案室基本概述 ……………………………………………… (151)
第二节　数字档案室建设困境及对策 ……………………………………… (159)

第三篇　档案数字化建章立制 …………………………………… (161)

第一章　数字化加工管理制度 ………………………………………… (163)

第一节　《纸质档案数字化规范》(DA/T 31—2017)的“5　管理制度” ………………………………………………………………… (163)

第二节　《档案服务外包工作规范　第2部分:档案数字化服务》(DA/T 68.2—2020)的“4　发包方工作规范”和“5　承包方工作规范” ………………………………………………………………… (164)

第三节　数字化管理制度相关示例 ……………………………………… (168)

第四节　质量和安全管理的要求 ………………………………………… (173)

第二章　档案数字化的工作流程控制 ……………………………………… (180)

第一节　《纸质档案数字化规范》对工作流程控制的规定 …………… (180)

第二节　档案数字化项目开展中如何做好流程控制工作 …………… (181)

第三章　合理选择数字化扫描设备 ………………………………………… (182)

第一节　《纸质档案数字化规范》(DA/T 31—2017)的“9　档案扫描” ………………………………………………………………… (182)

第二节　扫描设备的性能指标 ………………………………………… (183)

第三节　市场上常见的扫描设备 ………………………………………… (185)

第四节　选购扫描仪的方法 …………………………………………… (186)

第四篇　档案数字化前处理和档案目录建库 ………………………… (187)

第一章　文书档案纸质档案数字化前处理 ………………………………… (191)

第一节　区分年度、保管期限和重复件 …………………………………… (191)

第二节　编制页码和归档章 …………………………………………… (195)

第三节　编号 ……………………………………………………………… (199)

第四节　纸张修整 ……………………………………………………… (206)

第二章　几种类型档案整理详解 …………………………………………… (207)

第一节　科技档案整理 …………………………………………………… (207)

第二节　财务档案整理 …………………………………………………… (231)

第三章　建立档案目录数据库 …… (254)
第一节　认识目录数据库 …… (254)
第二节　著录细节分析 …… (271)

第五篇　档案数字化 …… (279)

第一章　存储和命名 …… (281)
第一节　数字化成果存储格式 …… (281)
第二节　数字化成果存储和命名 …… (283)
第二章　扫描图像处理 …… (289)
第一节　含义和工具 …… (289)
第二节　处理原则 …… (291)
第三节　处理方式和操作流程 …… (293)
第三章　数据挂接和备份 …… (324)
第一节　数据挂接简介 …… (324)
第二节　电子表格结合原文使用 …… (326)
第三节　档案专业软件挂接 …… (330)
第四节　硬盘选择和修复 …… (354)
第五节　备份和移交 …… (364)
第四章　装订和上柜 …… (368)
第一节　装订 …… (368)
第二节　放置备考表 …… (370)
第三节　装盒 …… (373)
第四节　入库上架 …… (375)
第五章　全宗指南、基础数字汇编、大事记、组织沿革的编制 …… (377)
第一节　全宗指南如何制？ …… (377)
第二节　基础数字汇编怎样编？ …… (378)
第三节　大事记怎么记？ …… (379)
第四节　组织沿革如何要求？ …… (381)
后　记 …… (384)

第一篇　档案学基本原理

第一章　档案和档案工作

第一节　档案起源、定义和价值

一、档案的起源

“档案”的载体多样，类型丰富。以中国为例，从古至今档案的载体有甲骨、金石、简牍、缣帛、纸质、声像、电子等。从载体上就能看出，档案是一定历史时期特定生产力水平和社会综合因素相互作用下的产物，是人类文明的标志，并且是一个长期积累和发展的过程。

我国古代就有“结绳记事”“刻木为契”的历史传说，在商代我国就已专门设置“史”这一官位。从 1936 年 6 月 12 日安阳小屯发现的“档案馆”中可以看出，远在商代，档案就已经开始集中保管了。

中国档案事业源远流长，在波澜壮阔的历史长河里铸就了兰台、秘书省与翰林院等别称。著名历史学家班固曾担任兰台一职，为纪念成就卓著的业界前辈，档案工作者就自称为“兰台人”了。档案分类思维在日常工作中也有所体现。唐代就确认了“每三年一拣除”的鉴定指导原则，宋代明确了“置册分门编录”的分类标准，元代按年月次序整理档案并将入库档案进行编类立号和封题，明代已经开始执行年代-地区分类标准，清代采用文件名称和问题分类。我国档案机构的大致演变过程见表 1-1 所列。

表 1-1　我国档案机构的大致演变过程

时间	机构名称	情况简介
周	天府	保管图、盟约、诰、誓、政典等
汉	石渠阁	保管典籍、图书等
	兰台	保管舆图、律令、章奏等文件
	东观	保管典籍、诏书、奏章等

（续表）

时间	机构名称	情况简介
唐	史馆	保管档案文献
	甲库	保管甲历档案
宋金元明	架阁库	保管文书档案
明清	皇史宬	保管皇族的玉牒、皇帝实录、圣训
现代	档案局/科	档案行政部门
	档案馆	保存明清时代档案的中国第一历史档案馆、集中保管民国、汪伪政权时期各个中央政权机关及其直属机构档案的中国第二历史档案馆、各省市县综合档案馆、专业档案馆等
	档案室	用于保存本机关单位档案的专门机构
	咨询中心	介于多个档案室和档案馆之间的社会化档案管理机构、商业性档案服务机构、档案事务所等

二、档案的定义

《中华人民共和国档案法》《机关档案管理规定》及许多书籍对档案进行了不同形式的定义，综合档案法律法规和档案的起源得出：档案是指过去和现在的机关、团体、企业事业单位和其他组织及个人等档案形成单位，在从事经济、政治、文化、社会、生态文明、军事、外事、科技等社会活动中，形成的以公文、图表等文种形式，以甲骨、纸张、磁盘等为载体的，以文字、图像和声像为表达形式，直接形成的办理完结、对国家和社会具有一定保存价值，且集中存放的历史记录。

从定义中可以得出档案具有原始记录性、社会历史性、确定性和真实可靠性，其中原始记录性为其本质属性。

三、档案的价值

档案拥有提供利用服务的现实凭证价值和提供教育科研的长远价值，主要动力和直接目的是为本单位后续社会活动提供证据和情报的第一价值，同时也拥有进入档案馆后对社会及群众的第二价值。

（一）基本价值

（1）凭证价值：档案是从文件材料转化而来的，其形式特征带有历史的痕迹，这种可资为证的特征即是凭证价值。

(2)情报价值:档案是事实、知识和经验的记录,可以反映社会发展过程中的规律性信息、提供研究与认识过程的详细信息,这种可靠、广泛和可资为考的特征即是情报价值。

(二)档案价值实现规律

档案价值的实现受限于各方面因素,要始终保持客观的心态对待档案价值问题。

(1)利用主题的拓展性。随着时间的推移,档案的利用主题由本机关扩展到全社会,作用领域也跟随发生变化,档案价值由服务个体到服务全社会。

(2)利用结果的时效性。档案与利用者需求之间从行政和业务高时效,逐步转变成科学文化服务的低时效。

(3)利用程度的条件性。档案利用程度和服务能力的实现,受限于当前社会环境、社会档案意识和档案管理水平等综合因素。

(4)保密程度的递减性。档案工作人员要坚持正确的保密观念,树立档案开放思想,明白"档案保密只是手段,最终为了服务"。

(5)科学文化作用的递增性。档案由行政和政治作用,向科学、文化、教育等发展。

(三)档案的作用

档案的作用存在于各个方面,概括下来,大致分为业务和经济、政治和法律、文化和教育3个方面。

(1)业务和经济方面的参考借鉴作用。人类的生产经营等各种业务活动都是以继承前人的成果、经验为条件的,无论是机关企事业单位还是个人,在工作和生活中充分利用已有档案对业务开展和节约资金方面具有重要作用。

(2)政治和法律方面的管理凭证作用。档案不仅是政治斗争和行政管理的必要手段,而且在解决争端和处理案件等活动中发挥证据作用。

(3)文化和教育方面的传承教育作用。档案是人类创造的一种宝贵精神财富,是历史文化的积累和民族文化的集中体现,是历史文化传承教育和创新的媒介与基础。

四、电子档案和元数据简介

无论是建设数字档案馆、数字档案室,还是单纯地进行档案信息化工作,元数据都是很重要的概念,它是电子文件和电子档案的组成部分。《电子文件归档与电子档案管理规范》(GB/T 18894—2016)对元数据的概念进行了定义,对采集、归档、移交等进行了详细的描述。

(一)电子文件和电子档案的元数据定义

(1)元数据(Metadata)是指描述电子文件和电子档案的内容、背景、结构及

其管理过程的数据。[《电子文件归档与电子档案管理规范》(GB/T 18894—2016)3 术语和定义中的 3.3]

(2)应明确各门类电子文件及其元数据的归档范围、时间、程序、接口和格式等要求。[《电子文件归档与电子档案管理规范》(GB/T 18894—2016)4 总则中的 4.4]

(3)应具备电子档案管理功能,包括电子档案及其元数据的采集、登记、分类、编目、命名、存储、利用、统计、鉴定、销毁、移交、备份、报表管理等功能。[《电子文件归档与电子档案管理规范》(GB/T 18894—2016)5 业务系统与电子管理系统中的 5.2.3]

(4)电子文件元数据归档范围[《电子文件归档与电子档案管理规范》(GB/T 18894—2016)6 电子文件归档范围中的 6.2]。6.2.1 应归档电子文件元数据应与电子文件一并收集、归档。6.2.2 文书类电子文件应归档元数据按照 DA/T 46—2009 等标准执行,至少包括:a)题名、文件编号、责任者、日期、机构或问题、保管期限、密级、格式信息、计算机文件名、计算机文件大小、文档创建程序等文件实体元数据;b)记录有关电子文件拟制、办理活动的业务行为、行为时间和机构人员名称等元数据,应记录的拟制、办理活动包括:发文的起草、审核、签发、复核、登记、用印、核发等,收文的签收、登记、初审、承办、传阅、催办、答复等。6.2.3 科技、专业、邮件、网页、社交媒体类电子文件应归档元数据可参照 6.2.2 给出的要求执行。6.2.4 声像类电子文件应归档元数据包括题名、摄影者、录音者、摄像者、人物、地点、业务活动描述、密级、计算机文件名等。

(5)电子文件元数据归档格式[《电子文件归档与电子档案管理规范》(GB/T 18894—2016)8 电子文件归档与电子档案编目中的 8.4]。8.4.1 应根据电子文件归档接口以及元数据形成情况确定电子文件元数据归档格式。8.4.2 经业务系统形成的各门类电子文件元数据应根据归档接口确定归档格式:a)选择 8.2.3 a)或 8.2.3 c)所述归档接口时,可以 ET、XLS、DBF、XML 等任一格式归档;b)选择 8.2.3 b)所述归档接口时,可与电子文件一并由业务系统数据库推送至中间数据库,也可再由中间数据库导出数据库数据文件。8.4.3 声像类电子文件元数据、在单台计算机中经办公、绘图等应用软件形成的电子文件,可以 ET、XLS、DBF 等格式归档。

(6)电子档案元数据的维护[《电子文件归档与电子档案管理规范》(GB/T 18894—2016)9 电子档案管理中的 9.5]。9.5.1 应基于电子档案管理系统在电子档案管理全过程中持续开展电子档案元数据采集、备份、转换和迁移等管理活动。9.5.2 实施电子档案管理系统升级或更新、电子档案格式转换等管理活动时,应自动采集新增的电子档案背景、结构元数据,包括信息系统描述、格式信息、音频编码标准、视频编码标准、技术参数等。9.5.3 应参照 GB/T 26163.1—2010 等标准持续并自动采集电子档案管理过程元数据，应记录的电子档案管理过程包括登记、格式转换、迁移、鉴定、销毁、移交等，具体见 8.1.4、10.2.5、10.3.4 给出的要求。9.5.4 应通过备份、格式转换、迁移等措施管理电子档案元数据，包括电子文件归档接收的以及归档后形成的电子档案元数据，具体见 9.2、10.2、10.3.4 给出的要求。9.5.5 应禁止修改电子档案背景、结构和管理过程元数据，对题名、责任者、文件编号、日期、人物、保管期限、密级等元数据的修改应符合管理规定，修改操作应记录于日志文件中。9.5.6 应确保电子档案与其元数据之间的关联关系得到维护。

(7)电子档案的移交与销毁[《电子文件归档与电子档案管理规范》(GB/T 18894—2016)10 电子档案的处置中的 10.3]。10.3.1 保管期限为永久的电子档案及其元数据自形成之日起 5 年内应向同级国家综合档案馆移交，移交工作按照《电子档案移交与接收办法》和同级国家综合档案馆的要求执行。10.3.3 电子档案的销毁应参照国家关于档案销毁的有关规定与程序执行。10.3.4 应从在线存储设备、异地容灾备份系统中彻底删除应销毁电子档案，电子档案管理系统应在管理过程元数据、日志中自动记录鉴定、销毁活动，将被销毁电子档案的元数据移入销毁数据库。

随着现代社会对信息技术应用面的不断扩大，无纸化办公越来越普及，纸质档案势必越来越少，电子档案势必越来越多。在做电子文件的收集工作时，一定要注意收集电子文件相关的元数据，特别是使用 OA 系统进行收发文，文件运转的过程元数据一定不能缺失，只有这样才能达到档案收集工作的齐全完整要求。

(二)电子文件、电子档案元数据相关标准规范

➤《电子文件归档与电子档案管理规范》(GB/T 18894—2016)

➤《文书类电子文件元数据方案》(DA/T 46—2009)

➤《照片类电子档案元数据方案》(DA/T 54—2014)

➤《录音录像档案管理规范》(DA/T 78—2019)

➤《政务服务事项电子文件归档规范》(GB/T 42727—2023)

1. 广义的电子文件和电子档案的定义

电子文件是指国家机构、社会组织或个人在履行其法定职责或处理事务过程中，通过计算机等电子设备形成、办理、传输和存储的数字格式的各种信息记录。电子文件由内容、结构、背景组成。[《电子文件归档与电子档案管理规范》(GB/T 18894—2016)3 术语和定义中的 3.1]

电子档案是指具有凭证、查考和保存价值并归档保存的电子文件[《电子文件归档与电子档案管理规范》(GB/T 18894—2016)3 术语和定义中的 3.2];是指机关、团体、企事业单位和其他组织在处理公务过程中形成的对国家和社会具有保存价值并归档保存的电子文件。[《国家档案局关于印发〈电子档案移交与接收办法〉的通知》(档发〔2012〕7 号)第二条]

2. 专业的电子文件和电子档案的定义

(1)文书类电子文件是指反映党务、政务、生产经营管理等各项管理活动的电子文件。[《文书类电子文件元数据方案》(DA/T 46—2009)3 术语和定义中的 3.2]

(2)照片类电子文件是指经数字摄影设备形成的,以数字形式存储于磁盘、磁带、光盘等载体,依赖计算机等数字设备阅读、处理,可在通信网络上传送的静态图像文件,照片类电子文件由内容、背景和结构组成。[《照片类电子档案元数据方案》(DA/T 54—2014)3 术语和定义中的 3.1]

照片类电子档案是指对国家和社会具有查考和利用价值并归档保存的照片类电子文件。[《照片类电子档案元数据方案》(DA/T 54—2014)3 术语和定义中的 3.2]

(3)录音录像文件是指国家机构、社会组织或个人在履行法定职责过程中采用不同记录载体形成的以声音或影像为主要呈现方式的信息记录。[《录音录像档案管理规范》(DA/T 78—2019)3 术语和定义中的 3.1]

录音录像电子文件是指国家机构、社会组织或个人在履行其法定职责过程中,通过计算机、数字化转换等电子设备形成、传输和存储的数字音频和数字音视频文件。录音录像电子文件由内容、结构、背景组成。[《录音录像档案管理规范》(DA/T 78—2019)3 术语和定义中的 3.2]

录音录像档案是指具有凭证、查考和保存价值并归档保存的录音录像文件。[《录音录像档案管理规范》(DA/T 78—2019)3 术语和定义中的 3.3]

(4)电子文件是指国家机构、社会组织或个人在履行其法定职责过程中,通过计算机等电子设备形成、办理、传输和存储的数字格式的各种信息记录。电子文件由内容、结构、背景组成。[《政务服务事项电子文件归档规范》(GB/T 42727—2023)3 术语和定义中的 3.3]

电子档案是指具有凭证、查考和保存价值并归档保存的电子文件。[《政务服务事项电子文件归档规范》(GB/T 42727—2023)3 术语和定义中的 3.4]

3. 电子文件和电子档案的区别和联系

电子文件是通过计算机等电子设备形成、办理、传输和存储的数字格式的各种信息记录。

电子档案是电子文件中的一部分,电子档案是电子文件,电子文件不一定是电子档案，没有电子文件就没有电子档案。

电子档案需要具有凭证、查考和保存价值，电子档案与传统载体档案具有同等效力，可以以电子形式作为凭证使用［《中华人民共和国档案法》（中华人民共和国主席令第四十七号）第三十七条］。

电子档案需要归档保存，只有正式归档的电子文件才是电子档案。

第二节　文书工作和档案的种类

一、文书和文书工作

（一）文书和文书工作的概念

（1）文书最早出自《汉书·刑法志》“文书盈于几阁，典者不能遍睹”，是机关、团体、企事业单位以及个人在社会活动中，为了某种需要，按照一定的体式和要求形成的书面文字材料，包括公务文书和私人文书。公务文书又称为公务文件或公文、文件，是由法定的机关或组织在公务活动中按照规范的体式，经过特定的处理程序制定的凭证性信息记录。公文有《党政机关公文处理工作条例》和《党政机关公文格式》（GB/T 9704—2012）等相关规范标准供参考和执行，具有由法定的作者制发、具有法定的权威和现实执行效用、具有规范的体式和特定的处理程序等特点，是传达和贯彻执行党和国家的各项方针政策、管理党和国家事务、公布法规和规章、指导布置和商洽工作，沟通机关之间的联系和开展各项工作的一种工具，具有法律的约束作用、领导和指导作用、公务联系作用、宣传教育作用和凭证依据作用。

（2）文书工作是指机构酝酿生成公文直至办理完毕、可以有效管理的全部活动，包括公文的撰制、传递、运转、整理编目、检索查阅、归档保存等工作环节。

（二）公文的分类

根据分类的标准不同，公文可大致分为如下 5 种情况。

（1）按内容性质分有 6 种：一是章程、条例、规定、办法等规范性文件；二是命令、决定、决议、批复等指导性文件；三是报告、请示、议案等呈请性文件；四是通告、通知、通报、函、介绍信、简报等知照性文件；五是合同、协议等契约性文件；六是会议通知、讲话稿、记录、纪要等会议文件。

（2）按行文关系分有 3 种：请示、报告、意见等上行文，意见、决定、决议、通知、通报、批复等下行文，函等平行文。

(3)按办理时限分有 3 种:特急件、急件和平件。

(4)按接受角度分有 2 种:本单位发文和外单位收文。

(5)按涉密程度分有 5 种:绝密文件、机密文件、秘密文件、内部文件(限于党和国家机关内部或专业系统范围内使用的文件,内容不涉密,但不宜或不必对外公开)和公开文件(对国内外公开发布的文件)。

(三)公文的种类、适用范围和特点

机关单位需要严格依法依规确定发文机关职权和层级,根据行文机关之间关系、行文目的、内容差异和文种适用等综合考虑文种的使用。

《党政机关公文处理工作条例》规定的公文种类有决议、决定、命令(令)、公报、公告、通告、意见、通知、通报、报告、请示、批复、议案、函和纪要 15 种,事务文书包含总结、计划(纲要、规划、工作要点、预案)、调查报告、纪实报告、大事记、述职报告、典型材料、简报、专用书信、讲话稿、规章制度(章程、细则、守则、公约)等。下面根据《党政机关公文处理工作条例》规定的文种,进行简单解读。

1. 决议

(1)适用于:会议讨论通过的重大决策事项。

(2)主要特点:一是受众的普遍性,一经作出,适用于所属的每一个组织、团体或个人;二是内容的重要性,决议的内容主要是针对某一重要工作或重大事项;三是程序规范性,决议要贯彻的决策事项,必须经过集体讨论和表决通过后形成;四是效力的长期稳定性,决议具有战略性,不会朝令夕改,其作用往往具有相对的长期性和稳定性。

2. 决定

(1)适用于:对重要事项作出决策部署、奖惩有关单位和人员、变更或者撤销下级机关不适当的决定事项。

(2)主要特点:一是责任者的广泛性,广泛应用在党和国家机关中;二是内容的灵活性,既可以用于解决重大方针政策、决策、部署等问题,也可以处理具体的人和事;三是效力的约束性,一旦作出决定,有关组织和个人就当遵照执行。

(3)决议与决定的异同:相同点在于,都是对某些重大问题的处理或对重要工作事项所作出的决策,要求下级贯彻执行,都是下行文;不同点在于,决议仅适用于会议讨论通过的重大决策事项,且内容必须经过会议集体讨论并表决通过。

3. 命令(令)

(1)适用于:公布行政法规和规章、宣布施行重大强制性行政措施、批准授予和晋升衔级、嘉奖有关单位和人员。

(2)主要特点：一是责任者的限定性，发文机关严格限定在依法具有相应职能和权限的行政机关及其法定代表，不具有相应职能和权限的其他单位和个人不能发布命令(令)；二是行为的严肃性，使用审慎，不轻易发布；三是效力的强制性，发布后在适用范围内需遵照执行。

4. 公报

(1)适用于：公布重要决定或者重大事项。

(2)主要特点：一是责任主体的多样性，如以党和国家名义直接发布的重要决定或重大决策的公报；二是内容的重要性，公报所涉及的内容应是党内外普遍关心的重大事项或重要决定；三是行为的公开性，影响面广，透明度高。

5. 公告

(1)适用于：向国内外宣布重要事项或者法定事项。

(2)特点：一是责任者的特定性，限于行政机关及被授权的部门；二是受众的广泛性，面向各社会各界公开发布；三是内容的权威性，所宣布的都是重要的事项或法定事项，宣布后就要遵照执行；四是行为的公开性，主要通过报纸、网络、广播、电视等新闻媒体发布。

(3)公报与公告的异同：相同点在于，都是用来向国内外公开宣布、告知某一重要事项的非常严肃、庄重的公文，一般都通过新闻媒体公开发布；不同点在于，只有行政机关可以使用公告，公告多用于宣布法定事项或重大消息，内容相对简单，公报一般是公布某一重要会议或重大事项的内容。

6. 通告

(1)适用于：在一定范围内公布应当遵守或者周知的事项。

(2)主要特点：一是受众的广泛性，直接向社会大众发布；二是目的的告知性，用于告知一定管辖范围内的机关、团体、企事业单位、人民群众某些事项；三是语言的通俗性，内容应当尽量使用明确、流畅、通俗易懂的语言来表达，以达到“遵守”与“周知”的行文目的；四是传递的公开性，主要采用在特定场合张贴或新闻媒体发布的形式予以公开。

(3)公告与通告的异同：相同点在于，都用于告知事项，可以通过媒体或在特定场合张贴等方式公开发布；不同点在于，公告的发文机关是国家行政机关及被授权的机关，是面向国内外社会各界的，且需要社会周知的重要事项或法定事项。

7. 意见

(1)适用于：对重要问题提出见解和处理办法。

① 用于下行文时，一是针对党和国家大政方针、治国方略、外交事宜等重要

问题发表见解；二是针对专项工作或者局部性问题提出见解和处理办法；三是针对下级机关在开展工作进程中所出现的新情况、新问题提出带有指导性的意见。

② 用于上行文时，主要是向上级机关就有关工作、事项提出建议。

③ 用于平行文时，主要是就某项工作、某些事项提出观点或建议，供对方参考。

(2)主要特点：一是主送机关的灵活性，在行为方向上平行文、下行文和上行文均可使用；二是文章内容的重要性，所涉及的应当是工作中遇到的重大事项和问题；三是行文目的的针对性，就解决某一重要问题提出意见和建议；四是行文效力的相对性，用于下行文时受文机关应当遵照执行，用于上行文和平行文时仅供受文机关参考。

8. 通知

(1)适用于：发布、传达要求下级机关执行和有关单位周知或者执行的事项，批转、转发公文。

(2)主要特点：一是适用范围的广泛性，此文种适用性强，形式灵活，在公务活动中广泛运用，使用频率高，是所有文种中最常用的一种；二是内容的专项性，通知的起草、签发、制发要遵循一事一通知原则，表述必须具体明确、简练准确。

9. 通报

(1)适用于：表彰先进、批评错误、传达重要精神和告知重要情况。

(2)主要类别：一是表彰性通报，主要用于表扬先进集体和个人，表彰先进事迹、评价典型经验、宣传先进思想、树立学习榜样；二是批评性通报，主要批评违规违纪事件，揭露坏人坏事、分析总结事故教训等；三是告知性(传达性)通报，主要用于传达上级重要指示和会议精神、交流工作情况和经验教训、指出工作的重点或倾向性问题。

(3)主要特点：一是目的的告知性，目的都在于告知某一情况，增进对某一事件真实情况的了解，澄清不实传闻，说明有关政策和措施，以统一思想和行动；二是工作的效率性，及时将有关情况予以通报。

(4)通报与通知的异同：相同点在于，都用于告知一定事项；不同点在于，通知侧重于提出工作意见和要求，通报无批转、转发、印发公文的功能。

10. 报告

(1)适用于：向上级机关汇报工作、反映情况，回复上级机关的询问。

(2)主要特点：一是主送机关的单向性，是下级机关向上级机关单向行文；二是时间的事后性，制发时间在所报告事项的发生时间之后；三是语言的陈述性,陈述某一情况供上级阅知,上级单位可不予以回复。平行或不相隶属的机关商洽问题、互通情况用"函"。

11. 请示

(1)适用于:向上级机关请求指示、批准。

(2)主要特点:一是关系的特定性,拟文单位和主送单位之间具有隶属或业务指导关系,必须逐级请示,特殊情况需要越级请示的应抄送被越过的上级机关;二是主送单位的特定性,属于上行文,本机关不能理解的法规政策、无权处理和无法解决的问题,都可请示;三是内容的专项性,请示一文一事,且在事前;四是效力的确定性,无论同意与否,上级机关都有义务给予答复。

12. 批复

(1)适用于:答复下级机关请示事项。

(2)主要特点:一是关系的特定性,拟文单位和主送单位之间具有隶属或业务指导关系;二是内容的针对简明性,批复中的内容必须针对请示事项表明的态度、提出的意见和处理办法,简明扼要地对请示事项给予明确意见;三是效力的约束性,批复提出的决策、意见对下级机关具有约束力,下级机关必须遵照执行。

13. 议案

(1)适用于:各级人民政府按照法律程序向同级人民代表大会或者人民代表大会常务委员会提请审议事项。

(2)主要特点:一是收受双方的法定性,行文主体是各级人民政府,受文主体是同级人民代表大会或其常务委员会;二是内容的特定性,所提内容必须是同级人民代表大会或其常务委员会职权范围内的事项;三是行文行为的时效性,议案必须在同级人民大会及其常务委员会举行期间提出,否则不能列为议案;四是实施的可行性,所提议案不仅要言之有理,而且要符合客观条件,切实可行;五是流程的程序性,提出议案和审议议案都要按照法定程序办理。

14. 函

(1)适用于:不相隶属机关之间商洽工作、询问和答复问题、请求批准和答复审批事项。

(2)主要特点:一是关系的特定性,发文主体和受文主体之间为平行关系或不相隶属关系;二是内容的灵活广泛性,较简洁灵活、使用范围广、频率高的文种;三是内容的专项性,一函一事,简洁明了。

15. 纪要

(1)适用于:记载会议主要情况和议定事项。

(2)主要特点：一是内容的纪实性和概括性，如实记载会议情况和议定事项及会议存在的分歧意见和问题等，集中反映会议的精神实质，具有高度的概括性；二是效力的内部性，摘要记载会议情况和议定事项的内部文件，可以印发参会单位和其他相关单位。不能以纪要代替相关行政执法文书。

(四)公文的体式

1. 定义

公文的体式又叫作公文程式，指的是公文的体例(文体)和格式(表现形式)，包含语言体例、体裁、风格与表现形式，以及公文的各个组成部分、各种管理标记和版面的安排、纸型规格等。

2. 公文要素

《党政机关公文处理工作条例》和《党政机关公文格式》规定，党政机关公文用纸幅面采用国际标准 A4 型。版心内的公文格式各要素划分为版头、主体和版记 3 部分。版头包含份号、密级和保密期限、紧急程度、发文机关标志、发文字号、签发人 6 个要素，发文字号之下 4 mm 处居中印一条与版心等宽的红色分隔线；主体包含标题、主送机关、正文、附件说明、发文机关署名、成文日期、印章、附注、附件 9 个要素；版记包含抄送机关、印发机关和印发日期 2 个要素；版心外含有页码 1 项要素。具体解释和图解(见图 1-1)如下。

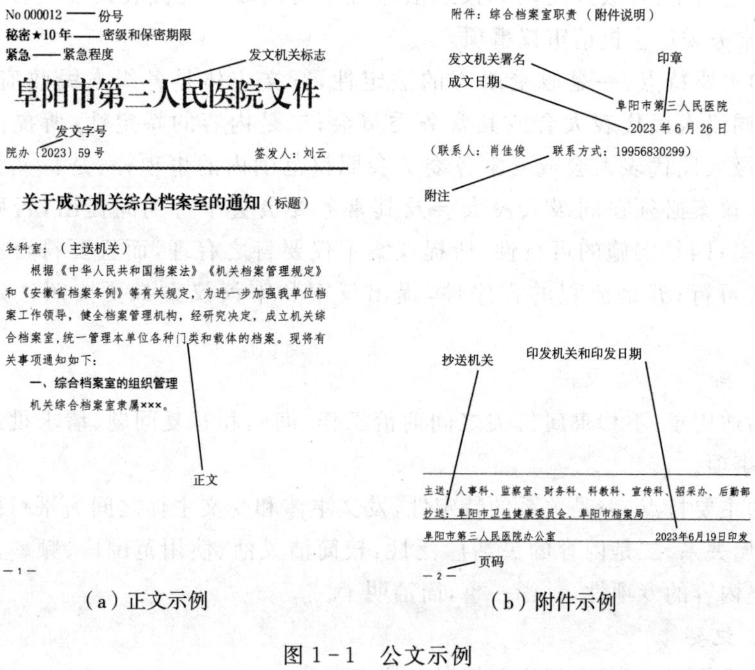

(a) 正文示例　　(b) 附件示例

图 1-1　公文示例

(1)份号,是同一件公文印制若干份时每份公文的顺序编号,为6位阿拉伯数字,顶格编排在版心左上角第一行。涉密公文必须标注份号。

(2)密级和保密期限,顶格编排在版心左上角第二行,上级密件作为本单位文件附件时要标注相应密级,使用阿拉伯数字标准公文保密期限中的数字。

(3)紧急程度,是对公文送达和办理时限的要求,以确保紧急公文的及时传递和处理,顶格编排在版心左上角第三行。

(4)发文机关标志,是公文版头部分的核心,用套红大字居中印在公文首页上半部,主要有发文机关全称或者规范化简称加和不加"文件"二字2种形式。注意发文机关标志与印章的一致性,同时字号不大于上级机关发文标志。

(5)发文字号,又称为文件编号或文号,是党政机关制发公文的编号,由发文机关代字、年份、发文顺序号加"号"字组成。一般在发文机关标志下一行居中或靠左,多个机关联合行文时,只标注主办机关发文字号。

(6)签发人,上行文由发文机关的主要负责人签发,必须标注签发人姓名(不标注职务),体现机关负责人应当对所签发的公文负责。联合行文,须标明所有会签人姓名,"签发人"三字与第一个签发人姓名处在同一行,按照发文机关的排列顺序从左到右、自上而下依次均匀排列,一般每行排两个姓名,回行时与上一行第一个签发人姓名对齐。

(7)标题,由发文机关名称、事由和文种组成,3个及以下机关应列出所有发文机关的名称并用空格分开,4个及以上机关可采用排列在前的发文机关名称加"等"的方式;事由用"关于"二字引出,且不能重复使用;不能使用非法定文种。标题要能概括公文的主要内容,又要选准文种,做到简洁、准确、精炼、完整;要兼顾美观,排列形状为梯形或菱形,不要排成四方形或沙漏形,回行时不要把含义完整的词组断开。

(8)主送机关,是公文的主要受理机关,应当使用机关全称、规范化简称或者同类型机关统称。不能多头请示,以机关名义的报告不能直接报送上级领导个人。

(9)正文,是公文的主体和核心所在,用来表述公文的内容。一般公文的首个盖章页应当同时显示正文、发文机关署名和印章,层次不能太多。

(10)附件说明,是公文附件的顺序号和名称,是正文内容的组成部分,与正文一样具有同等效力。

(11)发文机关署名,用发文机关全称或规范化简称,并且应与标题中的发文机关名称相一致。

(12)成文日期，一般应以文件签发日期(落款时间)或生效时间为准，会议通过的以通过日期为准、机关负责人签发的以签发日期为准、联合行文以最后签发人签发的日期为准；加盖印章和签名章的公文成文日期都是右空四字，不能右侧顶格。

在整理档案时有以下3种特殊情况。一是跨年度，计划、总结、预算、统计报表及法规性文件等内容涉及不同年度的文件，统一按文件签发日期判定所属年度；跨年度形成的会议文件归入闭幕年；跨年度办理的文件归入办结年；年度跨度过大的活动，要同时考虑机关文件归档制度和此项工作每年的文件形成量，酌情予以适当放宽处理。二是几份文件组为一件，正本与定稿为一件，以正本为准；正文与附件为一件，以正文为准；转发文与被转发文为一件，以转发文为准；复文与来文为一件的，以复文为准；表格、表册、图册以制成时间(最晚日期)为准。三是文件没有标注日期，当形成年度无法考证时，年度为其归档年度，并在备注项加以说明。

(13)印章，是体现公文效力的表现形式和公文生效的标志，有特定发文机关标志的普发性公文可以不加盖印章。

(14)附注，在成文日期下一行写在“()”内，是对公文需要注意的事项加以说明，主要标注公文的发布层次、印发传达范围等。中央文件用得较多，省以下用得较少。请示件应当在附注处标明联系人姓名和联系方式。

(15)附件，是公文正文的说明、补充或者参考资料，应另面编排，并在版记之前，与正文一起装订。

(16)抄送机关，是指除主送机关外需要执行或者知晓公文内容的其他机关，可以是上级、平级、下级及不相隶属机关，一般按机关性质和隶属关系确定先后顺序。只要不是领导直接交办的请示、报告类公文，不能在公文中直接写抄送给领导个人。既有主送机关又有抄送机关时，应当将主送机关置于抄送机关的上一行，之间不加分割线。

(17)印发机关和印发日期，印发机关是指公文的印刷主管部门(办公室或文秘部门)；印发日期应是送印日期(区别于成文日期)，有的在印发日期之后没有标注“印发”二字，有的额外标注了其他内容。

(18)页码，标注在版心下面，除信函格式外，首页也要编页码，附件的页码应与正文的页码连续编排。

3. 常用格式

页边距要求如图1-2所示，函件格式和页边距要求如图1-3所示，令的格式和页边距要求如图1-4所示，纪要格式和页边距要求如图1-5所示。

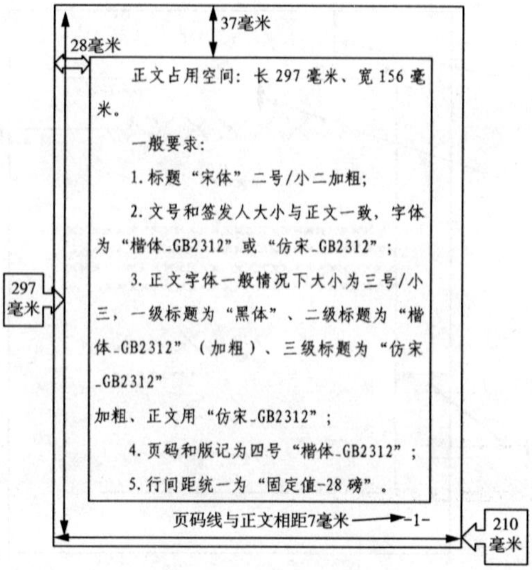

图 1-2 页边距要求

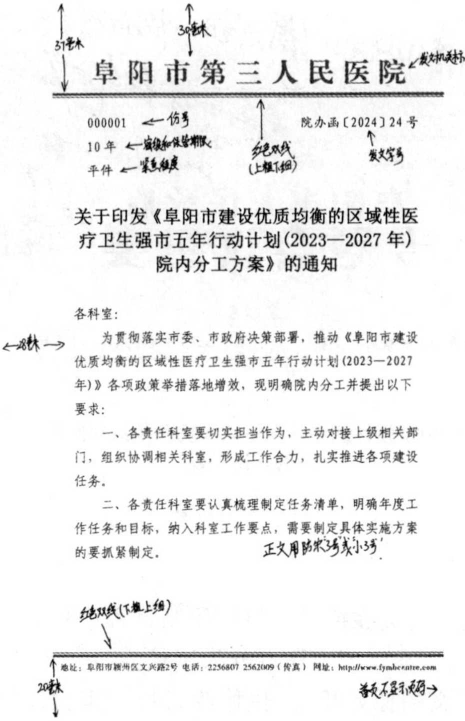

阜阳市第三人民医院

000001

10 年

平件

院办函〔2024〕24 号

关于印发《阜阳市建设优质均衡的区域性医疗卫生强市五年行动计划(2023—2027 年)院内分工方案》的通知

各科室：

为贯彻落实市委、市政府决策部署，推动《阜阳市建设优质均衡的区域性医疗卫生强市五年行动计划(2023—2027年)》各项政策举措落地增效，现明确院内分工并提出以下要求：

一、各责任科室要切实担当作为，主动对接上级相关部门，组织协调相关科室，形成工作合力，扎实推进各项建设任务。

二、各责任科室要认真梳理制定任务清单，明确年度工作任务和目标，纳入科室工作要点，需要制定具体实施方案的要抓紧制定。

地址：阜阳市颍州区文兴路2号 电话：2256807 2562009（传真） 网址：http://www.fymhcentre.com

图 1-3 函件格式和页边距要求

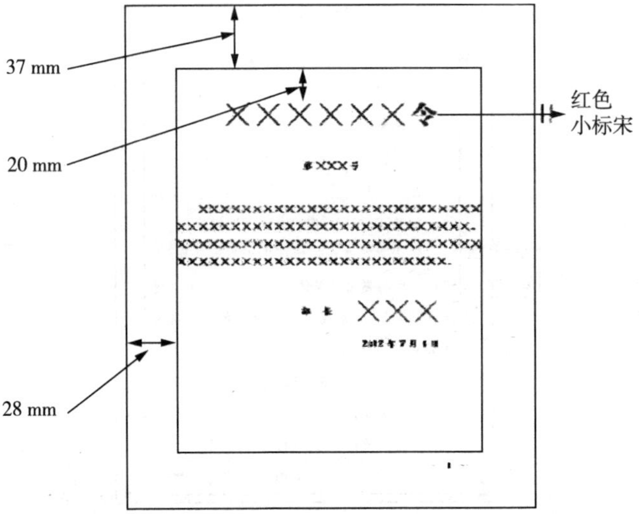

图 1－4　令的格式和页边距要求

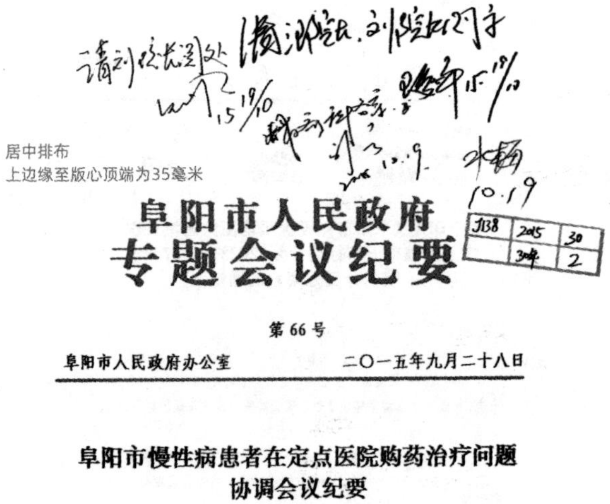

图 1－5　纪要格式和页边距要求

4. 公文稿本

公文稿本是指同一公文在撰写、审核、印制过程中形成的，在形式、内容、作用上有所不同的文稿、文本。公文稿本分为草稿、定稿、正本、副本、存本和各种文字文体。定稿是公文的原始稿件、供修改、讨论、审批使用；定稿是文件的标准完成稿，印制正本的依据；正本具有标准格式并签署或盖章；副本为复制本；存本为留存的正本；各种文字文本为少数民族文字和外文本。

(五)文书工作

1. 定义和任务

文书工作又叫作文书处理工作,是指公文的拟制、办理、管理等相互关联、衔接有序的工作。

文书工作的基本任务是科学地组织机关的文书工作,协助处理日常工作活动中所产生的文件,密切上下左右联系,提高办事效率,促进机关工作的顺利进行。具体任务:公文制发,公文的撰写、审核、签发、校对、缮印、封发;公文处理,公文签收、登记、初审、承办、传阅、催办、答复;公文管理,平时归卷、年终立卷、查阅、归档等。

2. 特性和作用

(1)文书工作特性,包括政治性、机要性、时效性、枢纽性(程序性)、规范性和统一性(技术性)。

(2)文书工作具有纽带作用、助手作用、保密作用和积累作用。

3. 基本原则

(1)实事求是原则。发文要立足实际,拟文要切合实际,办文要结合实际。

(2)准确规范原则。准确是公文处理工作的生命线,规范是公文处理工作的基本要求,要着重把好公文处理质量关、程序关、出入口关。

(3)精简高效原则。尽量少发文、发短文、公文处理要迅速及时,精简公文是改进机关作风的客观要求,运转高效是公文处理的时效性要求。要切实增强效率观念、要区别主次先后和轻重缓急、要坚持开拓创新,从而进一步提高公文处理效率。

(4)安全保密原则。安全保密是公文工作的底线,涉密公文在拟制、办理、管理的每一个环节都有安全保密问题,坚决杜绝失泄密事件发生。

4. 行文规则

行文规则是指公文在撰写和处理过程中必须遵守的规定和准则,行文应当确有必要、讲求实效、注重针对性和可操作性。

(1)上行文行文规则。①原则上主送一个上级机关,根据需要同时抄送相关上级机关和同级机关,不抄送下级机关;②党委政府的部门向上级主管部门请示报告重大事项时,应经本级党委政府同意或者授权,属于部门职责范围内的事项应当直接报送上级主管部门;③下级机关的请示事项,如需以本机关名义向上级机关请示,应当提出倾向性意见后上报,不得原文转报上级机关;④请示需一文一事,不得在报告等非请示性公文中夹带请示事项;⑤除上级机关负责人直接交办事项外,不得以本机关(负责人)名义向上级机关负责人(机关)报送公文;⑥受双重领导的机关向一个上级机关行文,必要时抄送另一个上级机关。

(2)下行文行文规则。①主送受理机关,根据需要抄送相关机关,重要行文应当同时抄送发文机关的直接上级机关;②党委政府的办公厅(室)根据本级党委政府授权,可以向下级党委政府行文,其他部门和单位不得向下级党委政府发布指令性公文或者在公文中向下级党委政府提出指令性要求,需经政府审批的具体事项,经政府同意可以由政府职能部门行文,文中须注明已经政府同意;③党委政府的部门在各自职权范围内可以向下级党委政府的相关部门行文;④涉及各个部门职权范围内的事务,部门之间未协商一致的,擅自行文的,上级机关应当责令其纠正或者撤销;⑤上级机关向受双重领导的下级机关行文,必须抄送该下级机关的另一个上级机关。

(3)平行文行文规则。①部门内设机构除办公厅(室)外不得对外正式行文;②同级党政机关与其他同级机关必要时可以联合行文,属于党委和政府各自职权范围内的工作,不得联合行文;③党委政府的部门依据职权可以相互行文。

5. 发文处理流程

(1)起草。起草即草拟公文。业务性文稿,一般由单位业务部门起草;综合性文稿,一般由单位办公室、秘书处、综合科等综合办公部门起草;重要文稿或特殊文稿,可由机关领导人起草或指定专人起草。

(2)审核。文稿起草后,由草拟科室交由发文机构综合办公部门进行审核。重点审核:是否需要行文,内容是否符合要求、是否符合规范、是否符合行文规则等。

(3)登记。通过软件将相应信息登记后,确定文号、分送范围和印制份数等信息,生成发文稿纸,打印后进行签发,如图 1-6 和图 1-7 所示。

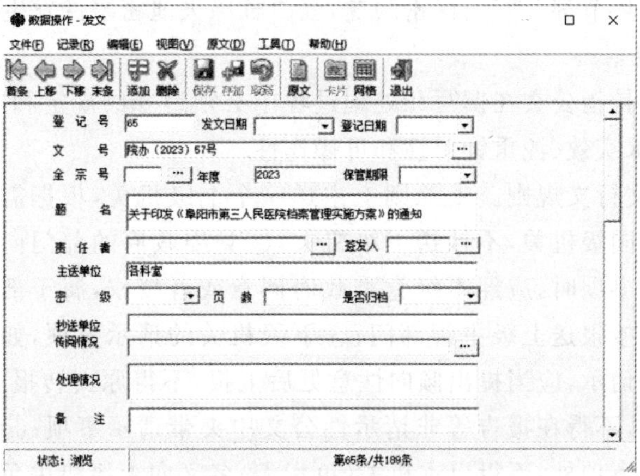

图 1-6 软件登记示例

阜阳市第三人民医院发文稿纸

签发：		核稿：	
主办科室及负责人意见：		信息公开形式 （主动公开、依申请公开、不予公开）	
标题（事由）	关于印发《阜阳市第三人民医院档案管理实施方案》的通知		
主送单位	各科室		
抄送单位			
拟稿人		编号	院办（2023）57号
校对		封发	

（正文附后）

图 1－7　发文稿纸示例

（4）签发。一般情况下，公文应当草拟人、草拟科室负责人、分管领导和负责人审批完成，并签署意见、姓名、完整日期后，方可签发，如图 1－8 所示。联合发文还需要会签。

阜阳市第三人民医院发文稿纸

签发： [illegible] [illegible] 6.18		核稿：[illegible] 韩实实 2023.6.16	
主办科室及负责人意见： 院办（档案室） [illegible] 2023.5.26		信息公开形式 （主动公开、依申请公开、不予公开）	
标题（事由）	关于印发《阜阳市第三人民医院档案管理实施方案》的通知		
主送单位	各科室		
抄送单位			
拟稿人 [illegible]		编号	院办（2023）57号
校对		封发	

（正文附后）

图 1－8　签发示例

(5)复核。经签发的公文在印发之前要对签发手续是否完备、印制份数和发文字号是否有误、文种和格式是否规范、附件材料是否齐全等进行复核。

(6)印制。公文印制必须确保质量和时效,印制工作做到忠实原稿、确保安全、涉密公文应当在符合保密要求的场所印制、版式规范和版面整洁。

(7)核发。公文印制完毕,应当对公文的文字、格式和印刷质量进行检查后分发到相应单位或科室。

6. 收文处理流程

(1)登记。对收到的公文逐件清点签收,并在软件或纸质登记簿上登记(见图1-9),通过对各阶段收文信息的登记管理,掌握运转情况,提高办理效率。

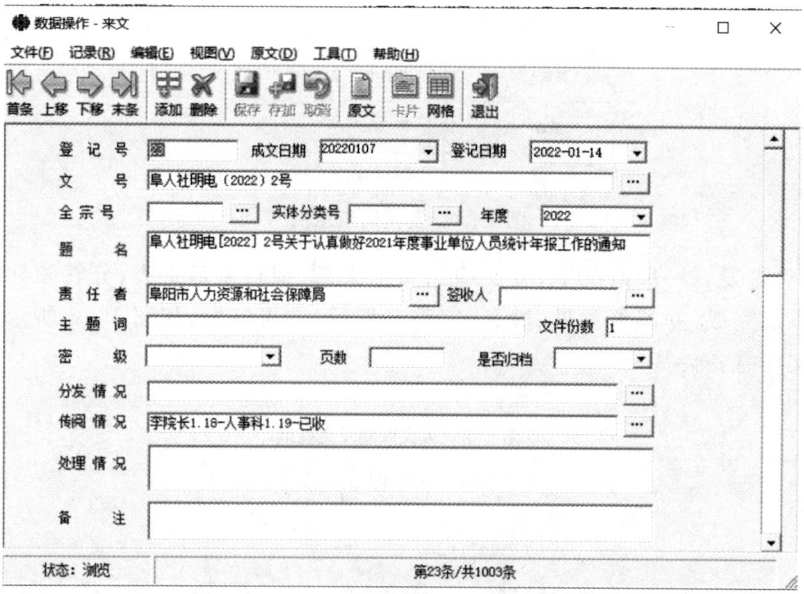

图1-9 登记示例

(2)初审。重点审查是否由本单位办理、是否为普发性文件、是否需要登记签批。

(3)承办。阅知性、普发性、参会通知等根据公文内容、要求和工作需要与领导汇报后直接分发至具办人,通过软件生成登记文件的“收文处理单”(见图1-10)。经办公室负责人签批给主要负责人和分管负责人,签批时需要写明承办意见、签名和日期,紧急公文要明确办理时限。

(4)传阅。根据领导批示和工作需要将公文及时送传阅对象阅知。传阅公文应随时在软件上登记收文去向,不得漏传、误传、延误。

(5)催办。及时了解掌握公文办理进展情况,督促承办部门按期办结。

收文日期 2022/1/14

登记号	23	成文日期	20220107	来文单位	阜阳市人力资源和社会保障局
来文标题	阜人社明电〔2022〕2号关于认真做好2021年度事业单位人员统计年报工作的通知			文号	阜人社明电〔2022〕2号
文件呈办意见					
领导批示					
办理情况					

图 1－10　“收文处理单”示例

(6)回收。将公文的办理结果及时写到收文处理单上，涉及答复和总结等，需将回复后的文件一同交到办公室。

7. 公文管理

公文管理是指以安全保密和充分发挥公文效用为目标，在公文形成、传递、运转、存储、利用、整理归档、清退、销毁等环节中所进行的规划、组织、控制、监督、保管、整理、统计、提供服务的职能活动，有统一管理、方便利用、确保安全、完善制度四项基本要求。

(1)统一管理。《党政机关公文处理工作条例》规定，党政机关公文由文秘部门或者专人统一管理，体现在收文发文归口管理、统一公文处理制度规范、统一公文运转程序、统一审核用印、统一整理归档、统一清退销毁等方面。

(2)方便利用。《党政机关公文处理工作条例》规定，确保管理严格规范，充分发挥公文效用。正确处理好管和用的关系，不能随意扩大或缩小使用范围。

(3)确保安全。公文安全包含内容安全和实体安全。《党政机关公文处理工作条例》规定，设立党委(党组)的县级以上单位应当建立机要保密室和机要阅文室，并按照有关保密规定配备工作人员和必要安全保密设施设备。

(4)完善制度。《党政机关公文处理工作条例》规定，各级党政机关应当建立健全本机关公文管理制度，主要有保密制度、阅文制度、复印制度、清退制度、销毁制度等。

① 保密制度。在公文管理活动中，应严格执行有关保密工作的法律、法规和规章，严守党和国家的秘密，确保公文安全。公文确定密级前，应当按照拟定的密级先行采取保密措施。确定密级后，应当按照所定密级严格管理。不公开

发布又未标注密级的公文，参照内部公文进行管理。机要文件保密工作切实做到进出一个口、拆封一只手、登记一本账、传阅一个点“四个一”。

② 阅文制度。阅文制度是指根据机关工作人员的职务、职级、职责等确定阅读公文的范围、内容、顺序、方式等。阅文应严格按发文机关的要求执行，严禁公文横传；随时调控公文运行，加快公文运转速度；认真检查清理传阅退回的公文。

③ 复印制度。复印制度是指根据工作需要复印公文时，对复印内容、范围、程序等进行管理。复制、汇编机密级、秘密级公文，应当符合有关规定并经本机关负责人批准。绝密级公文一般不得复制、汇编，确有工作需要的，应当经发文机关或者其上级机关批准。复制、汇编的公文视同原件管理。复制件应当加盖复制机关戳记。一是行为上要审批，符合有关规定并经机关负责人批准，应知悉复制内容和权限；二是管理上要严格，复制、汇编的公文视同原件管理，复制密件必须使用涉密复印机，严禁到社会上营业性复制场所复制密件，严禁遮盖或擅自改变原件的密级、保密期限和知悉范围复制密件；三是形式上有标记，复制件要有相关戳记(复印章)和密级标志，复印章一般为“××复印”。密级和发放范围上从高，文件汇编本的密级按编入文件的最高密级标注，发送范围按编入文件的最高发布层次确定。

④ 清退制度。清退制度是指按有关规定或要求，将公文清退发文机关或其指定的其他机关的规定。公文清退的目的在于保证重要公文或涉密公文信息内容的安全，避免公文的丢失或失密、泄密现象的发生；避免有重大错情公文的信息扩散，造成负面影响。

⑤ 销毁制度。不具备归档和保存价值的公文，经批准后，可以销毁。销毁涉密公文必须严格按照有关规定履行审批登记手续，确保不丢失、不漏销，个人不得私自销毁、留存涉密公文；销毁文件必须严格履行审批登记手续，由机要秘书部门二人以上到保密管理部门指定的单位监督销毁，确保文件不丢失、不漏销。

⑥ 归档制度。归档制度是指公文处理部门将属于归档范围的公文整理归档，向档案部门移交的各项规定。机关公文均应按照归档范围进行整理归档。机关合并时，全部公文应当随之合并管理；机关撤销时，需要归档的公文按有关规定移交档案部门；工作人员调离岗位时，应将本人暂存、借用的公文按有关规定移交、清退。

二、档案的种类

(一)常规分类

1. 从认知性、概念性上分类

档案从认知性、概念性上可分为公务档案和私人档案。

(1)公务档案是指机关、团体、企事业单位及其他组织在管理、生产、经营等活动中形成的档案。

(2)私人档案是指个人在其生活中所形成的档案。

2. 从管理性、实体性上分类

档案从管理性、实体性上可分为文书档案、科技档案和专门档案。

(1)文书档案是指机关、团体、企事业单位及其他社会团体立档单位在其职能活动中形成的、办理完结、具有保存价值的各种形式的文件材料，是在社会的行政管理活动中的各种行政性或政治性公文转化而成的行政档案。归档文件是指立档单位在其职能活动中形成的、办理完结、作为文书档案保存的各种纸质和电子文件材料。

(2)科技档案是指企事业单位和国家机构、社会组织、个人在生产、科研、基建及管理活动中形成的对国家和社会具有保存价值的科技文件材料。科技档案基本分为如下5类。

① 工业生产技术档案：在工业产品设计研制和生产制造过程中形成的科技档案，有产品、工艺和标准等档案，型号成套。

② 农业科技档案：在农林牧副渔生产技术活动中形成的科技档案，种类繁多、综合性强，有种子、作物栽培、农业生态等档案。

③ 基础建设档案：一个建设项目从酝酿、决策到建成使用全过程形成的材料，建设项目成套，包括可行性研究、勘察、设计、施工、监理、竣工及其他材料。

④ 设备仪器档案：各种机器、设备、船舶、仪表等档案，型号成套。

⑤ 科研档案：自然科学技术研究活动中形成的具有保存价值的文字、图表、声像等各种形式和载体的档案。

(3)专门档案是指除文书和科技之外，所有专门活动形成的具有专业特色的档案。

3. 从内容信息的管理上分类

档案从内容信息的管理上可分为中华人民共和国成立后的档案、革命历史档案(1919—1949)和旧政权档案。

(二)《机关档案管理规定》分类

国家档案局令第13号《机关档案管理规定》第二十三条规定，机关档案包括六大类、十三个一级门类，其中前三类包含传统载体档案和电子档案两种形式。电子档案与传统载体档案具有同等效力。具体情况如下：第一类，文书、科技(科研、基建、设备)、人事、会计档案；第二类，机关履行行业特有职责形成的专业档案；第三类，照片、录音、录像等音像档案；第四类，业务数据、公务电子邮件、网站信息、社交媒体档案；第五类，印章、题词、奖牌、奖章、证书、公务礼品等实物档案;第六类,其他档案。

《国家档案局关于全面推行机关档案分类方案、文件材料归档范围和档案保管期限表“三合一”制度的通知》规定,机关档案门类划分为文书(WS)、科技(KJ)、会计(KU)、人事(RS)、专业(ZY)、照片(ZP)、录音(LY)、录像(LX)、业务数据(SJ)、公务电子邮件(YJ)、网页信息(WY)、社交媒体(MT)、实物档案(SW)等13个一级门类。

1. 文书档案

(1)定义:上文已解释其基本定义,在此不做赘述。

(2)收集标准:《机关文件材料归档范围和文书档案保管期限规定》(国家档案局令第8号)、《乡镇档案工作办法》(国家档案局令第18号)和《企业文件材料归档范围和档案保管期限规定》(国家档案局令第10号)等。

(3)整理标准:《归档文件整理规则》(DA/T 22—2015)、《文书档案案卷格式》(GB/T 9705—2008)、《纸质归档文件装订规范》(DA/T 69—2018)、《文书类电子文件元数据方案》(DA/T 46—2009)和《文书类电子档案检测一般要求》(DA/T 70—2018)等。

2. 科技档案

(1)定义:除上文外,还有其他解释。科学技术文件(简称科技文件)材料是记录和反映科学研究、生产运营、项目建设活动和设备仪器运行、维护及其管理工作的文字、图表、声像等不同形式文件材料的总称。国家机构、社会组织及个人从事各项社会活动形成的,对国家、社会、本单位和个人具有保存价值的,应当归档保存的科技文件,就是科学技术档案(简称科技档案)。

需要强调的是,科技档案分类从原先的5个二级门类,改为现在科研(KJ·KY)、基建(KJ·JJ)、设备(KJ·SB)3个二级门类。

(2)参考标准:《科学技术档案案卷构成的一般要求》(GB/T 11822—2008)、《国家档案局　国家发展和改革委员会关于印发〈建设项目电子文件归档和电子档案管理暂行办法〉的通知》(档发〔2016〕11号)、《科学技术研究项目档案管理规范》(DA/T 2—2023)、《建设项目档案管理规范》(DA/T 28—2018)、《安徽省交通运输厅关于印发〈安徽省公路建设项目档案编制办法〉的通知》(皖交办〔2013〕100号)、安徽省档案局和安徽省发展和改革委员会《关于印发〈安徽省重大建设项目档案验收管理办法〉的通知》(皖档发〔2023〕1号)等。

3. 会计档案

(1)定义:《会计档案管理办法》规定,单位在进行会计核算等过程中接收或形成的,记录和反映单位经济业务事项的,具有保存价值的文字、图表等各种形式的会计资料,包括通过计算机等电子设备形成、传输和存储的电子会计档案

（主要包括会计凭证、会计账簿、财务会计报告、其他会计资料等纸质和电子文件材料）。有部分单位会计档案用代码 CW 标识的，需调整至规范标识。

（2）相关依据文件：《会计档案管理办法》（财政部　国家档案局令第 79 号）、《财政部　国家档案局关于新旧〈会计档案管理办法〉有关衔接规定的通知》（财会〔2016〕3 号）、《关于印发〈安徽省会计档案整理要求及案卷格式〉的通知》（财会〔2017〕309 号）等。

4. 人事档案

（1）定义：干部人事档案是各级党委（党组）和组织人事或其他有关部门在党的组织建设、干部人事管理、人才服务等工作中形成的，记述和反映干部个人政治品质、道德品行、思想认识、学习工作经历、专业素养、工作作风、工作实绩、廉洁自律、遵纪守法及家庭状况、社会关系等情况的，以个人为单位集中保存起来以备查考的文字、表格及其他各种形式的历史记录材料。人事档案可分为干部档案、学生档案、工人档案、军人档案等。

（2）特点：具有概括地反映员工个人全貌的全面性、直接为现实工作服务的现实性、内容完整客观的真实性、实时收集补充的动态性、"档随人走"的流动性、任何人不得泄露和私自保存的机密性六大特性；拥有保留个人原有干部身份、办理工作调动、招聘确定身份、办理个人退休手续、专业职称晋升参考依据、出国政审和公证六大功能。

（3）依据文件：《关于进一步开展干部人事档案审核工作的通知》（组厅字〔2006〕5 号）、《关于印发〈干部人事档案材料收集归档规定〉的通知》（中组发〔2009〕12 号）、《中共中央组织部关于进一步从严管理干部档案的通知》（中组发〔2014〕9 号）、《中共中央组织部关于完善干部人事档案材料的通知》、《干部人事档案工作条例》等。

（4）《干部人事档案工作条例》第六条明确规定，该条例适用于党政领导干部、机关公务员、参照公务员法管理的机关（单位）工作人员（工勤人员除外），国有企事业单位领导人员、管理人员和专业技术人员的人事档案管理工作。

（5）《干部人事档案工作条例》第十九条明确规定，干部人事档案主要内容：履历类材料，自传和思想类材料，考核鉴定类材料，学历学位、专业技术职务（职称）、学术评鉴和教育培训类材料，政审、审计和审核类材料，党、团类材料，表彰奖励类材料，违规违纪违法处理处分类材料，工资、任免、出国和会议代表类材料，其他可供组织参考的材料 10 类。

5. 专业档案

（1）定义：专业档案是机关履行行业特有职责形成的档案，专业档案按实际情况划分二级门类。

(2)参考文件:《国家档案局关于印发〈国家基本专业档案目录(第一批)〉的通知》(档函〔2011〕261号)和《国家档案局关于印发〈国家基本专业档案目录(第二批)〉的通知》(档函〔2011〕273号),公布涉及人事、民生、政务、经济、文化等5大类、100个小类专业档案;《安徽省专业档案名录(第一批)》涉及人事、民生、政务、经济和文化5大类、94个小类专业档案。

(3)参考标准:国家档案部门及业务主管部门相关标准。

6. 声像档案

(1)定义:声像档案是指国家机构、社会组织及个人在社会生活中从事政治、经济、外交、文化、教育、科学研究等各种活动中,通过摄录方式形成的,对国家和社会具有保存价值的照片、底片、录音带、录像带、影片、唱片、光盘等,其以影像、声音为主要反映形式,以磁性材料或感光材料为载体,并辅以文字说明,是各种活动的真实历史记录。声像又称为音像档案、视听档案。

声像档案种类主要有照片(ZP)、录音(LY)、录像(LX)3种,具有直观的形象性、收集保管的特殊性和其他载体档案的必要补充等特点,拥有光盘、磁带、(数码)照片、底片、母带、优盘等多种载体。

(2)依据文件:《照片档案管理规范》(GB/T 11821—2002)、《数码照片归档与管理规范》(DA/T 50—2014)、《照片类电子档案元数据方案》(DA/T 54—2014)、《录音录像档案数字化规范》(DA/T 62—2017)、《录音录像类电子档案元数据方案》(DA/T 63—2017)、《缩微胶片数字化技术规范》(DA/T 43—2009)、《档案数字化光盘标识规范》(DA/T 52—2014)、《录音录像档案管理规范》(DA/T 78—2019)等。

7. 电子档案

(1)定义:电子文件,是国家机构、社会组织或个人在履行其法定职责或处理事务过程中,通过计算机等电子设备形成、办理、传输和存储的数字格式的各种信息记录,电子文件由内容、结构、背景组成;电子档案,是具有凭证、查考和保存价值并归档保存的电子文件,包括但不限于业务数据、公务电子邮件、网页信息、社交媒体、数字化加工形成的副本等,主要有业务数据(SJ)、公务电子邮件(YJ)、网页信息(WY)和社交媒体(MT)4类。

(2)依据文件:《电子文件归档与电子档案管理规范》(GB/T 18894—2016)、《电子档案管理基本术语》(DA/T 58—2014)、《电子档案存储用可录类蓝光光盘(BD-R)技术要求和应用规范》(DA/T 74—2019)、《版式电子文件长期保存格式需求》(DA/T 47—2009)、《公务电子邮件归档与管理规则》(DA/T 32—2021)、《党政机关电子公文归档规范》(GB/T 39362—2020)、《政府网站网页归档指南》(DA/T 80—2019)、《政务服务事项电子文件归档规范》(GB/T 42727—2023)等。

8. 实物档案

(1)定义:实物档案是指以物质实体为载体,能够反映本机关职能活动和历史真实面貌的具有保存价值的特定有型物品。它具有档案所具有的原始性、直观性、确定性等特征,能真实地记载机关各项职能活动,并生动地反映机关发展历史。实物档案具有形式多样、直观、具有一定的宣传性和艺术观赏性等特点。

(2)基本范围:与机关活动有密切关系且记录有文字的"实物",应作为"实物档案"保存。从载体形式来说,常见的有奖旗、奖杯、牌匾、盘、碟等;从内容来说,分为与其他门类档案同时形成的、反映同一活动或同一内容的表彰会议中获得的奖旗、奖杯、牌匾等,其他门类档案中没有的、内容独特的来宾赠送的各种纪念品、工艺品等。

(3)归档范围:一是荣誉档案,单位集体或个人在各种公务活动中所获得的县级及以上部门颁发的或参加县级及以上重大比赛(活动)项目获得的荣誉证书、奖状、奖牌、奖匾、奖杯、锦旗等;二是徽章档案,停止使用的帽徽、肩章、胸章、臂章、印章、印模、纪念章、牌照等;三是票证档案,主要是本系统、本机关颁发的各类票证;四是公务活动礼品档案,公务活动中接收的有纪念意义的工艺品、字画及其他具有特色的物品等;五是物证档案,反映和佐证本机关重大活动、重大事件的有纪念和凭证作用的物品等;六是书画文稿档案,著名书画家和领导人书法、绘画作品,著作、题词及其手迹等;七是名特优产品档案,本机关开发研制的易于保存的名特优产品的样品等。

(4)相关文件:《印章档案整理规则》(DA/T 40—2008)、《实物档案数字化规范》(DA/T 89—2022)等。

9. 其他档案

有些档案,如出生医学档案和脱贫攻坚档案等,不在以上门类档案内,可根据情况合理设置其他门类档案或纳入专业门类中。设置档案门类时应综合考虑档案的独立性、持续性,以及数量、形式等因素,避免设置随意、太多太滥,不利于后期管理和利用。

三、国家档案全宗

(一)概述

(1)国家档案全宗是归国家所有、由国家统一管理的全部档案财富总和,是社会主义国家档案管理的重要原则和制度。

(2)全宗是全部卷宗的含义,是一定数量的档案材料有机整体。一个组织、机关、个人的全部档案组合体,就是一个机关全宗,简称全宗。

(二)我国国家档案全宗思想的由来和发展

国家档案全宗思想萌芽于民主革命时期,其后在社会主义时期的政治、经济和文化生活实践中逐步确立和完善。

1956 年 4 月 16 日,《国务院关于加强国家档案工作的决定》,明确宣布了有关档案的社会主义国家所有制和国家档案的集中统一管理。

1959 年 1 月 7 日,《中共中央关于统一管理党、政档案工作的通知》的颁布与实施,充实了国家档案全宗的思想和制度。至此,中华人民共和国国家行政机关所属系统档案及中国共产党和共青团所属系统档案,全部纳入全国统一的国家档案全宗。

(三)我国国家档案全宗的实质和意义

(1)实质:我国国家档案全宗的实质是档案的所有权及档案的管理原则和体制。组成国家档案全宗,实际上就是建立国家档案制度和实行社会主义国家档案工作统一领导、分级管理的原则。

(2)意义:在全国范围内建立统一的国家档案全宗,是由我国生产资料的社会主义公有制和人民民主专政的国家制度所决定和要求的。坚持和发展国家档案全宗,必然促进国家档案信息资源系统的社会化程度不断提高,更加有效地为社会主义现代化服务。

(四)我国国家档案全宗的构成

(1)我国国家档案全宗基本可分为中华人民共和国成立后的档案、革命历史档案(1919—1949)和旧政权档案 3 个部分。

(2)我国国家档案全宗内的档案分类多元化。

① 根据档案的时间标准分类:新中国成立后、新中国成立前(明、清等)。

② 根据档案的来源标准分类:根据档案形成机关的政治性分旧政权档案和革命政权档案(中央档案馆、第一历史档案馆……),根据档案形成机关的级别和地区划分(各省市县档案馆)。

③ 根据档案的内容标准分类:按内容反映的社会性质分为社会档案(管理性档案,党务、政务、诉讼等)和科技档案,按内容反映的机关工作职能分为普通档案(党务、政务、事务等)和专门档案(诉讼、公安、公证等)。

④ 根据档案的载体形式分类:纸质、照片、影像等。

第三节　档案工作和档案事业

一、档案工作的产生与发展

我国古代从结绳记事、最初文字记录等无意识档案工作,逐步到有意识的建立史官记录、起草文书和掌管档案，最终到发展成现代档案事业体系。

档案工作由非独立系统发展到独立系统、由简单管理发展到复杂管理、由经验管理发展到科学管理、由手工管理向计算机管理发展、由封闭系统发展到开放系统。

档案工作基本矛盾是档案管理水平与社会对档案信息需求之间的矛盾。需求依赖管理水平的提高，管理水平适应不断发展的社会需求。档案工作运动规律，就是不断提高档案管理水平，有效开发档案信息资源，为不断增长的社会需求服务。

二、档案工作的系统结构

档案工作的系统是由若干相互作用的业务环节组成的具有一定结构和功能的有机整体。其可划分为两个层次，第一层次分为档案实体管理、档案信息开发和档案工作反馈信息处理 3 个子系统，各个子系统内部小系统构成第二层次。

档案实体管理是档案信息开发和档案工作反馈信息处理的前提条件，档案信息开发是档案工作活力的关键，档案工作反馈信息处理使档案工作系统不断趋于完善。档案工作系统的总目标是提供档案信息为社会实践服务，各业务环节之间相互联系、相互作用，与总目标具有一致性。

(1)档案实体管理系统。档案实体管理系统是对档案实行集中、有序、质量和安全管理的系统，包含档案收集、管理、保存、利用、整理、鉴定等。

(2)档案信息开发系统。档案信息开发系统是对档案承载信息进行采集、加工、输出的过程；是把档案承载的信息由静态转化为动态，为用户所接收的过程。其可分为编目、汇编档案文献、编写参考资料档案信息加工和提供档案阅览、档案的外借、提供档案复印件、出具档案证明、办理函调档案业务、公布档案、陈列展览档案、档案目录信息服务、提供咨询服务等档案信息输出两个环节。

(3)档案工作反馈信息处理系统。档案工作反馈信息处理系统通过建立健全档案统计工作、民主管理制度、开展用户调研等工作，提高档案管理的科学水平，使档案工作系统不断趋于完善。

三、档案工作的性质、地位与效益

(一)档案工作的性质

(1)档案工作的管理性。档案工作是一项管理档案的专门业务，是信息资源管理的重要内容，是社会管理活动的组成部分。

(2)档案工作的科学性。档案工作是一项为科学管理和科学研究提供必要条件的工作,要大量运用现代管理科学的内容和信息技术成果,实践过程中包含着特殊的规律和丰富的科学内容。

(3)档案工作的服务性。档案工作是通过提供档案为社会实践活动服务来推动社会发展与进步的,服务性是档案工作的基本属性之一,是档案工作赖以生存和发展的根本。

(4)档案工作的政治性。档案工作体现着一定的阶级关系和阶级利益。

(5)档案工作的机要性。档案工作过程中,要正确处理档案保密和利用之间的关系,树立正确的保密观。秘密是限制范围的利用,保密程度是随时间而变化的,保密只是手段,档案工作最终还是为了利用。

(6)档案工作的文化性。档案是社会文化的组成部分,档案馆具有保存历史文化遗产、传播文化知识与信息、社会文化教育及发展科学文化的作用。

(二)档案工作的地位

(1)档案工作是维护党和国家历史真实面貌的重要事业。①档案的"证史之功",只能通过档案工作进行实现,档案工作可保护历史财富,为历史研究服务,同时又可揭示历史篡改者;②档案是科学文化知识的重要储备形式,凭借档案工作可以使人类的知识和精神文明得到不断延续和发展,维护和传播国家的历史真实面貌。

(2)档案工作是党和国家各项工作必不可少的工作环节。档案工作和国家工作相互影响和制约,在国家政治和经济建设方面具有突出地位,是提升管理水平的重要保障。

(三)档案工作的效益

档案工作的意义在于实现档案的价值,为当前现实的各项实践活动服务。档案工作应当在实现档案的综合效益(社会效益和经济效益)中发挥作用。效益原则是档案的根本原则,也是档案管理系统的总目标。

社会对档案工作的投入和档案部门对社会档案信息需求的有效满足程度之间的比较关系,包含档案责任者、档案工作者和档案利用者三者之间的劳动成果就是档案工作效益。

1. 档案工作效益的特性

(1)档案工作效益的社会性,来源于档案的社会性。

(2)档案工作效益的隐蔽性,产出经济和社会效益的间接性、不确定性及模糊性。

(3)档案工作效益的滞后性,档案是办结完成的且经过整理后的文件资料,一般都是第二年才存入档案室,工作的滞后导致效益的滞后。

2. 提高档案工作效益的基本途径

一是，档案主管部门主动作为，深化档案工作改革，大力加强档案工作系统建设和脉络贯通的档案信息网络，促进档案工作系统整体工作优化和档案工作的良性循环及多部门、多领域合作，不断增强社会档案意识和价值观。

二是，档案主管部门牵头营造良好宣传氛围，形成各单位联动形式多样的档案宣传工作阵地，增强社会档案意识，创造良好的档案工作发展环境。

三是，档案主管部门要注重人才培养力度，加强业务培训，提高档案工作人员的思想水平和业务素质，切实为社会提供优质档案服务。

四是，档案馆(室)要提高服务意识，拓展档案工作服务领域，改善馆(室)藏结构，形成门类齐全、结构合理的馆藏体系，扩大开放范围，让更多的单位和个人享受成果。

四、档案工作的科学原则

(一)"统一领导、分级管理，维护档案的完整与安全，便于社会各方面的利用"基本原则

我国档案工作的基本原则是统一领导、分级管理，维护档案的完整与安全，便于社会各方面的利用。"统一领导，分级管理"是维护"档案的完整与安全"的组织和物质基础，而"维护档案的完整与安全"是"便于社会各方面的利用"的重要手段。

我国档案工作的基本原则确立及发展过程，大致经历了 5 个阶段：一是，1955 年 1 月 17 日中共中央批准的《中国共产党中央和省(市)级机关文书处理工作和档案工作暂行条例》第一次提出档案工作的基本原理；二是，1956 年 4 月 16 日发布的《国务院关于加强国家档案工作的决定》，是从全国范围内考虑制定的国家档案工作基本原则；三是，1959 年 1 月 7 日发布的《中央关于统一管理党、政档案工作的通知》，进一步充实和发展了国家档案的基本原则；四是，1987 年 9 月 5 日第六届全国人民代表大会常务委员会第二十二次会议通过的《中华人民共和国档案法》，用国家法律形式确定了国家档案工作基本原则，2020 年 6 月 20 日第十三届全国人民代表大会常务委员会第十九次会议修订，以中华人民共和国主席令第 47 号公布，对此进行了再次明确；五是，2018 年 10 月 11 日公布，自 2019 年 1 月 1 日起施行的《机关档案管理规定》(国家档案局令第 13 号)，具有普适性、实用性和创新性 3 个显著特点，对基本原则进行了再次明确。

1."统一领导、分级管理"

"统一领导、分级管理"是档案工作的基本核心，是档案工作的组织原则与管理体制。其具体表现在：一是，档案工作在各级人民政府统一领导下，由各级

档案行政管理部门统一、分级、分类管理；二是，全部档案分别由各级、各类档案保管机构集中管理；三是，实行党政档案和党政档案工作统一管理。

2.“维护档案的完整与安全”

“维护档案的完整与安全”是指维护档案实体和档案机密安全，是档案工作的基本要求，是档案实体管理原则。其包含数量和质量两方面，涵盖档案的收集、管理、保存和利用，是确保党和国家各项工作长远利用的需要，关系当前和长远利益。

3.“便于社会各方面的利用”

“便于社会各方面的利用”取决于档案工作的服务原则，是档案工作的最终目的。

(二)集中统一管理原则

集中统一管理原则是按照国家制定的档案法规对档案和档案工作实行集中统一管理，是国家档案管理事业的一项基本原则。其具体包含 3 部分内容：一是，建立各级各类档案管理机构，分别集中管理国家档案；二是，建立档案行政管理系统，统一管理国家档案事业；三是，制定档案法规，统一管理国家档案事业。

(三)尊重档案形成规律原则

尊重档案形成规律原则，保持档案有机联系，是档案整理和档案实体管理的重要原则，也是档案管理区别于图书管理的特有准则；尊重档案形成规律原则，就是尊重档案形成历史，保持档案形成的原来系统。尊重档案形成规律原则，在具体档案业务工作中的运用有划分全宗、划分全宗群和档案实体管理。

(四)维护历史真实面貌原则

档案工作的本质特点是原始记录，需要遵照原文、保护真迹。维护档案历史面貌是维护客观历史真实面貌的基本要求，维护档案的完整与安全是维护历史面貌的前提条件，提供档案为历史作证是维护历史面貌的直接体现。

五、档案工作的标准化与法治化

(一)档案工作的标准化

1. 档案工作标准与档案工作标准化的含义

档案工作标准是以档案工作领域中重复性的事物和概念为对象制定或修订的各种标准的总称。

档案工作标准化就是贯彻各种现行标准，不断扩大档案工作标准的制定与实施范围。其宏观含义是一项系统工程，包括档案工作标准的制度、实施等工作内容，标准制定前的研究工作，标准制定后的补充、废除，标准体系设置，标准执行情况反馈信息的搜集、处理工作；其微观含义是通过制定和实施标准，对档案和档案管理实行统一、简化等有序管理控制，以便获得最佳管理效益的活动。

2. 制定档案工作标准的原则和要求

制定档案工作标准遵循科学性原则、统一性原则、适时性原则和稳定继承原则；制定档案工作标准的要求是标准的制定应注意贯彻国家法律并与有关标准相协调，文字表达准确、简明，技术内容应准确无误，术语、符号、代号统一，编排格式和细则应符合规定。

3. 我国档案工作标准体系的构成

(1)档案工作基础标准：档案专业基本术语标准、档案馆代码编制标准、档案种类划分标准、档案计量单位标准和档案统计工作标准。

(2)档案工作业务技术标准：档案收集标准、档案整理标准、档案编目和检索标准、档案统计标准、档案鉴定标准和档案保管与利用标准。

(3)与档案工作相关的标准。

(二)档案工作的法治化

依法治档是我们共同的责任，法治兴则国家兴，法治强则国家强。徒法不足以自行，法律的生命在于实施。我们必须以高度的政治自觉、法治自觉和事业自觉，全力抓好档案法及其实施条例的宣传贯彻工作，进一步加大执法监督检查力度，严肃查处档案违法行为，切实把档案法律制度转化为档案治理效能。

1. 推动档案工作法治化

我国从多方面努力推动档案工作法治化，这也是社会主义法治建设的要求。具体通过以下 3 方面：一是，国家、省、市要细化档案法律法规条款，制定切实可行的法律法规，加快档案工作法制化进程；二是，档案行政管理部门要加强档案行政执法检查力度，落实奖惩和通报工作，促进档案法律法规的贯彻落实；三是，各级档案工作部门要加大相关人才的培养力度，畅通职称晋升、先进评比等渠道，鼓励和吸引更多人投身档案事业；四是，各企事业机关单位要加大宣传力度，为档案工作法治化创造条件。

2. 我国档案法规体系

我国档案法规体系是以《中华人民共和国档案法》为核心，由档案法律、档案行政法规、地方性档案法规、档案行政规章组成的相互联系、相互协调的统一体。该体系的形成以 1992 年国家档案局发布的《档案法规体系方案》为标志，以 2000 年颁布的《中华人民共和国立法法》为指导。2011 年 6 月国家档案局发布了新的《国家档案法规体系方案》，对新时期档案法规体系的建设进行了重新谋划。

3.《中华人民共和国档案法》(简称《档案法》)

《档案法》是为了加强档案管理，规范档案收集、整理工作，有效保护和利用档案，提高档案信息化建设水平，推进国家治理体系和治理能力现代化，为中国特色社会主义事业服务，制定的法律。

《档案法》于 1987 年 9 月 5 日第六届全国人民代表大会常务委员会第二十二次会议通过。2020 年 6 月 20 日，第十三届全国人民代表大会常务委员会第十九次会议修订，自 2021 年 1 月 1 日起施行。此次修订具有以下重大意义。

（1）完善档案管理体制。明确国家和地方档案主管部门负责全国或本行政区域内的档案工作，将档案事业发展经费列入政府预算。

（2）健全档案管理相关制度。建立档案工作责任制，明确机关等单位归档范围和档案管理责任，补充和完善档案移交、收集相关制度，档案利用与政府信息公开条例相衔接。

（3）推动档案开放与利用。将档案向社会开放的期限由三十年缩短为二十五年，要求档案馆不断完善利用规则，创新服务形式，明确开放审核主体责任，完善开放和利用服务机制，鼓励档案馆发挥教育服务功能。

（4）加强档案信息化建设。对档案信息化规划和建设，推进电子档案管理信息系统建设，电子档案法定要求、效力和管理办法，传统载体档案数字化工作，电子档案移交、接收、保管工作，档案数字资源收集、保存、提供利用及数字档案馆建设，推进档案信息资源共享利用等进行规定。

（5）加大对档案工作的支持保障力度。鼓励和支持档案科学研究和技术创新，推动档案科技进步；加强档案宣传教育，增强全社会档案意识；鼓励和支持在档案领域开展国际交流与合作；鼓励社会力量参与和支持档案事业的发展，对做出突出贡献的要给予表彰奖励。

（6）构建档案安全管理体系。档案馆和档案形成单位按照国家有关规定配置适宜档案保存的库房和设施、设备，建立健全档案安全工作机制，对档案安全隐患及时采取补救措施，及时向档案主管部门报告档案损毁、信息泄露等情形，对电子档案的安全管理提出要求（移交，真实性、完整性、可用性和安全性检测，重要电子档案异地备份保管）。

（7）增加档案监督检查的规定。明确列举出档案主管部门对档案馆和形成单位进行监督检查的 6 类事项，规定了检查的措施手段及检查和被检查双方应当遵守的规则，规定了各类档案部门安全防范责任，赋予任何单位和个人向档案主管部门、有关机关举报档案违法行为的权利。

（8）完善法律责任。一是对给予处分和行政处罚的事项进行了扩充和完善，特别是增设了档案开放利用和档案安全方面的法律责任；二是明确了行政处罚的数额幅度；三是规定了构成犯罪的，依法追究刑事责任，造成财产损失或者其他损害的，依法承担民事责任。

4.《中华人民共和国档案法实施条例》(简称《实施条例》)

《实施条例》经2023年12月29日国务院第22次常务会议通过,于2024年1月12日以中华人民共和国国务院令第772号公布,自2024年3月1日起施行。《实施条例》在《档案法》的基础上,总结了多年来档案工作经验,有效衔接档案法律与档案规章、规范性文件和标准,提出了档案工作新思路、新目标、新要求。《实施条例》的颁布实施,充分体现了党中央、国务院对档案工作的高度重视,是继《档案法》修订颁布后档案法治建设又一新的重要里程碑,标志着档案工作走向依法治理、走向开放、走向现代化进入了一个新的阶段,必将成为在法治轨道上推动档案事业高质量发展的有力保证。

(1)进一步完善档案工作机制,突出政治引领、强化责任落实。一是坚持档案工作的政治定位,进一步明确"党委领导、政府依托、部门主责、多方参与"档案治理新格局,要求把党的领导贯彻到档案工作各方面和各环节。二是细化档案法有关统一领导、分级管理的制度安排,从建立健全档案机构、保障人力财力物力投入等方面进一步强化县级以上人民政府职责,新增乡镇人民政府档案工作职责,以及机关、团体、企业事业单位和其他组织建立档案工作责任制的规定,明确规定分级管理的对象为国家档案馆馆藏的永久保管档案,分级方式为分一、二、三级管理,分级标准和办法由国家档案主管部门制定。三是细化强化档案工作责任制,要求确定档案工作组织结构、职责分工,落实档案工作领导责任、管理责任、执行责任,健全单位主要负责人承担档案完整与安全第一责任人职责相关制度。

(2)进一步规范档案收集管理,注重源头治理、加强资源管控。一是明确提出档案移交国家档案馆的义务、期限,完善提前移交、延期移交等情形,细化档案特别是电子档案移交国家档案馆的有关规定,确保"应归尽归、应收尽收"有效落实。二是调整档案范围界定要求,规定档案具体范围由国家档案主管部门或者国家档案主管部门会同国家有关部门确定,省级档案主管部门会同同级有关部门可以确定反映地方文化习俗、民族风貌、历史人物、特色品牌等的档案范围。三是奠定"三合一"制度实施基础,规定机关、群团组织、国有企业事业单位应当明确本单位的归档范围和档案保管期限,经同级档案主管部门审核同意后施行,且在单位内设机构或者工作职能发生重大变化时及时作出调整。

(3)进一步健全档案保管制度,坚持底线思维、维护档案安全。一是统筹档案领域传统安全和非传统安全,细化档案馆舍建设使用、档案保管措施、档案鉴定销毁等有关规定,强调档案管理信息系统和数字档案馆(室)建设中的网络安全、数据安全和保密要求,对重要电子档案异地备份保管、灾难备份系统建设等提出具体要求,并对档案服务企业应当符合的条件予以明确,从法规制度上进一步织牢织密安全防线。二是明确数字档案管理框架，系统规定了电子档案管理和传统载体档案数字化工作要求，提出了规范电子档案管理、强化档案数字化工作、开展数字档案馆（室）建设、加强数字资源共享利用的数字档案管理整体思路，强调加强信息系统建设、推进电子档案规范管理、确保电子长期保存安全和实施重要电子档案异地备份保管，为数字档案管理拓展了发展空间、明确了努力方向。三是加强对国有档案资源管控，增加有关国有档案目录数据汇集的规定，从目录汇集角度对国家所有档案的范围进行列举，高度重视国有档案资源建设与管理工作。四是实现监督检查制度创新，档案监督检查在档案方针政策和法律法规实施中起着承前启后的核心作用，是档案行政管理的关键环节，明确了档案监督检查的行政检查属性、确定了监督检查权限内容、完善了监督检查实施路径，实现了档案监督检查制度创新。

(4)进一步推进档案开放利用，体现人民立场、实现档案价值。一是预留档案馆发展政策空间，提出各级各类档案馆的设置和管理应当符合国家有关规定，为建立结构合理、分工明确、关系协调、管理科学、服务高效的全国档案馆网体系留下充分的政策发展空间。二是规定国家档案馆应当建立馆藏档案开放审核协同机制，会同档案形成单位或者移交单位进行档案开放审核，由有关的国家档案馆会同继续行使其职权的单位共同负责撤销、合并、职权变更单位档案的开放审核工作，由有关的国家档案馆负责无继续行使其职权的单位的，由档案形成单位或者保管单位负责尚未移交进馆档案的开放审核(且需在移交进馆时附具到期开放意见、政府信息公开情况、密级变更情况等)。三是县级以上档案主管部门应当加强对档案开放审核工作的统筹协调。四是国家档案馆应当根据工作需要和社会需求，开展馆藏档案的开发利用和公布，促进档案文献出版物、档案文化创意产品等地提供和传播。国家鼓励和支持其他各类档案馆向社会开放和公布馆藏档案，促进档案资源的社会共享。

六、档案事业管理体制

档案事业是以管理和开发国家档案信息资源、服务于国家各项事业为宗旨，有档案事业管理工作、档案室（馆）工作、档案专业教育工作、档案宣传出版工作、档案国际交流等工作组成的一项事业系统。其中，机关档案室是基础，档案馆是主题，其他是重要条件。

(一)档案事业的结构

(1)档案行政机关。档案行政机关是档案事业的组织和指挥中心，包含国家档案局、地方档案局和档案管理处（科）等行政机构。

(2)档案室。档案室是档案事业的基础和机关保存档案的过渡性内部组织机构。其主要任务是服务于本机关，对本机关文书、业务部门及所属机构的档案工作进行指导，负责管理并积极提供利用本单位全部档案，向档案馆移交档案。档案室可分为综合档案室、专业档案室、联合档案室和档案信息中心等。

(3)档案馆。档案馆是档案工作的主体，可分为各级国家和地方综合档案馆、专业档案馆和企事业单位档案馆。

(4)新型档案机构。随着档案事业发展的快速增长，档案事业逐渐由机关向企业和社会化转变，出现了介于多个档案室和档案馆之间的社会集约化专业档案管理机构文体中心、档案寄存中心，商业性的档案服务机构档案事务所、档案教育培训中心等。

(5)档案教育。档案教育从结构层次上可划分为高等教育、在职教育和社会教育。

(6)档案科学技术研究。档案科学技术研究是国家科学研究事业和国家档案事业体系的组成部分，是建设和发展的重要条件，主要包括档案科学的基础理论研究、应用理论研究和应用技术研究，主要有档案科学研究所(室)、中国档案学会和高等院校档案学研究室等工作组织。

(7)档案宣传出版。档案宣传出版是指通过各种宣传工具，向广大档案工作者宣传党和国家有关档案的法律法规和政策，向社会宣传档案工作、提供档案情报信息、传播档案专业知识，从而增强社会档案意识的一种舆论引导和舆论监督性质的工作。档案宣传出版是党和国家宣传工作的一部分，是发展档案事业的重要条件，也是对档案事业进行宏观管理和监督指导的一种手段。

(8)档案界的国际交流合作。档案界的国际交流合作是档案事务活动的重要组成部分和发展国家档案事业的外部条件，也是国家外事活动和对外交流活动的重要组成部分。其主要交流合作形式有参与国际档案理事会组织的活动，建立双边或多边的档案工作合作关系，开展国际间的档案学术交流活动。

(二)档案事业管理体制的基本类型

档案事业管理体制是指档案事业管理的体系和组织制定，包括各级档案行政管理部门的设置及其隶属关系、职权范围和权限划分等。档案事业管理体制的产生是继承国家相应历史传统，适应各自国家政治、经济和档案工作及事业发展需要的必然产物。档案事业管理体制大致可分为分散式与集中式两种档案事业管理形式。

(1)分散式档案事业管理体制。一些国家的地方档案行政机构只由地方政府领导，各类档案机构仅负责本机构范围内的档案，彼此之间无从属和横向关系。这种档案事业管理形式主要有中央同地方档案馆之间权利均等的英国式，不设国家档案行政部门、各档案馆之间由协会协调的瑞士式，各州设立独立管辖权的美国式。

(2)集中式档案事业管理体制。一些国家的地方档案机构接受中央的领导、指导和监督。这种档案事业管理形式主要有中央统一领导、地方分级管理的中国式，拥有中央到地方的国家档案网和档案事业机关的法国式，具有档案保管和行政双重职能隶属关系的瑞典式。

(三)我国档案事业管理体制的发展变化

(1)新中国成立初期我国分散式档案事业管理体制的形成。

原因：客观上，新中国刚刚成立，各项工作管理仍有战时体制的烙印，新中国未成立前没有档案行政管理部门，势所必然地选择了苏联式；主观上，解放战争发展太快自觉不自觉地沿袭了战时思维和管理模式、自觉接受了苏联治国之策，出于意识形态的分歧和政治斗争的需要，为尽快建立全国档案事业管理体制只能按照苏联式。

影响：积极方面，成立了国家档案局，制定了党政系统档案工作管理规程和办法，为中国档案事业的建设和发展奠定了基础，这是我国历史上第一次建立了全国性的档案工作系统，壮大和增强了国际社会主义档案事业的力量；消极方面，党政档案自成体系造成的浪费不利于国家档案事业协调有序发展，全盘"苏联化"的片面性在认识和实践上都造成了一定的混乱，党政档案工作分家的指导思想和理论不利于文档一体化的管理与机构的精简、高效。

(2)我国档案事业管理体制经过四次重要改革，逐渐奠定集中式档案事业管理体制。

① 第一次改革，从分散到集中，设立党政双重领导的新型管理模式。1954年4月6日国务院颁发《关于加强国家档案工作的决定》为我国集中式档案事业管理体制的确立奠定了基础。1954年11月，第一届全国人民代表大会常务委员会第二次会议批准设立国家档案局，任命曾三为国家档案局第一任局长。1959年1月，中共中央《关于统一管理党政档案工作的通知》指出，把党的档案工作和政府的档案工作统一起来是完全必要的，各级档案管理机构在中央由中央办公厅主任直接领导，在地方由各级党委秘书长直接领导(不设秘书长的县委由办公室主任直接领导)。1959年3月中央办公厅秘书局中央档案馆筹备处和国家档案局档案馆筹备处合并，统一筹建中华人民共和国中央档案馆。1959年6月，中央档案馆成立，作为中共中央、国务院直属事业单位，既保管党的档案，也保管国家的档案。1960年开始，国家档案局业务和行政工作均由中共中央办公厅领导，建制仍归属国务院。这次档案管理体制重要改革，在世界档案史上独创了党政双重领导档案工作的新型管理模式，成为我国档案事业的一大

特色。

② 第二次改革，坚持统一管理，归口有所改变。1978 年，党的十一届三中全会以后，我国实行改革开放，档案事业也开始进入恢复、整顿、总结、提高的时期。1979 年 2 月，中共中央、国务院正式批准恢复国家档案局和中央档案馆，并重申各级档案机构既是党的机构又是政府机构。1985 年 2 月，中共中央、国务院印发的《批转关于调整我国档案工作领导体制的请示的通知》明确要求：一是实行党政档案工作统一管理的原则，各级档案机构既是党的机构又是政府机构，列入政府编制序列；二是国家档案局改归国务院领导，列入国务院编制序列，日常工作由国务院秘书长领导，第一历史档案馆、第二历史档案馆归口国家档案局管理，中央档案馆仍是中共中央和国务院直属事业单位，日常工作仍由中共中央办公厅直接领导，在业务上受国家档案局指导；三是地方各级档案局作为地方人民政府直属局，领导关系根据实际情况确定，地方各级档案馆归口各级档案局管理。

③ 第三次改革，职能转变，"局馆合一"。1993 年 10 月，中共中央办公厅和国务院办公厅《关于印发中央档案馆、国家档案局职能配置、内设机构、人员编制方案的通知》明确，中央档案馆与国家档案局合并，一个机构挂中央档案馆与国家档案局两块牌子，履行档案保管、利用和全国档案事业行政管理两种职能，为中共中央和国务院直属机构，由中央办公厅管理。之后，地方参照中央进行了自上而下的档案机构改革，局馆合一，最终形成了党委和政府领导、档案部门归口负责、各方面共同参与的档案工作体制。

④ 第四次改革，理顺职责，政事分开。随着档案事业的不断发展，档案部门行政与事业职能合一的管理体制的弊端越来越明显。其弊端主要体现在，"局馆合一"后，机构性质通常被定为事业单位弱化了行政管理职能，客观上产生了一定的行政化倾向，弱化了档案馆主体地位和档案服务功能。2018 年 2 月 28 日，中国共产党中央委员会第三次全体会议通过了《中共中央关于深化党和国家机构改革的决定》，目前，各地档案机构多数由"局馆合一"改为"局馆分设"。档案管理体制上实现了政事分开，档案局与档案馆的职责定位也更加清晰，档案行政管理部门承担对档案事业"统筹规划，组织协调，统一制度，监督和指导"的责任，档案馆是"集中管理档案的文化事业机构，负责接收、收集、整理、保管和提供利用各分管范围内的档案"。

七、档案事业管理手段

（一）档案事业管理的法律手段

我国档案法规体系有法律、国家级法规、地方性法规和档案规章 4 个层级，分别是档案法律，国务院行政法规、国务院所属机构等制定的档案行政法规、党内法规和军事法规，省、自治区、直辖市及设区市的人民代表大会及其常务委员会制定的地方性档案法规，档案部门规章和档案政府规章。法律手段具有鲜明的阶级性，是国家意志的表现形式，包含目标、适用范围及根据目标和适用范围所指定的规则。依法管理档案事业，可以加强对档案的保护和利用，加强国家对档案和档案工作的统一管理，保证档案管理系统的稳定性。

(二)档案事业管理的行政手段

以档案行政部门为组织协调中心，培训和提高档案工作人员的行政管理水平，依法行政，通过调查研究和加强管理，完成规划制定、统一制度、行政监督、业务指导和咨询服务的任务，提高档案行政效率，从而促进档案整体水平的提高。档案事业管理行政手段具有权威性，要与民主管理结合，实行民主集中制。但是行政管理手段控制力强，控制的过死不利于档案管理系统从微观上搞活，且一个地区的档案工作的命运在很大程度上受行政领导者影响。

(三)档案事业管理的经济手段

档案事业管理的经济手段是提高档案管理效率的方法，从本质上讲是贯彻物质利益的原则，经济手段要与思想教育方法和行政手段相结合。现阶段，随着档案数字化和数字档案馆的完善，智慧档案馆也进入推广阶段，一个区域的档案工作质量的高低与在经费的投入的多少有着很大的关系。

(四)档案事业管理的其他手段

(1)政策手段。通过制定档案工作方针对国家档案事业进行宏观控制。

(2)计划手段。依据经济发展需要，根据既定法规、政策和方针，运用科学的方法对国家档案事业发展进行统筹规划和发展。有档案事业的发展总体规划、专门性规划、长期规划和年度计划。能保证决策目标的实现，有利于各种资源的协调配置，并为实施控制提供依据。

档案事业政策手段与计划手段存在辩证关系，二者解决的问题不同，政策手段是关于档案事业建设的方向、内容及方式的选择，计划手段是对档案事业内部部门和地区在一定时间内具体任务安排。二者是相互联系的，政策是计划的前提、计划是政策的逻辑延续，计划与政策相互渗透、不可分割的交织在一起。

八、新手档案员怎么做?

档案工作人员也就是档案员，档案员是档案工作的重要组成力量，档案工作的具体落实需要档案员来完成。档案工作主要包括“收、管、存、用”，而如何做好、做细、做实，需要档案员具备优良的政治品质，一定的专业素养，乐于奉献的服务精神，踏实肯干的务实劳动。那么作为新手档案员应该从哪些方面着手去开展工作呢？

(一)熟悉工作岗位，进入工作角色

按照《中华人民共和国档案法》的要求，各机关、企业事业单位都需要建立综合档案室统一管理档案资源。档案是单位的文化财富，具有重要的历史凭证价值。无论是专职档案员还是兼职档案员，都应该了解自己的岗位职责，知道自己的业务内容，积极投身到档案工作中来。

(二)提高思想认识，加强制度学习

档案工作是一项政治性很强的工作，为党管档，为国守史。作为档案员要有高度的政治自觉性、政治敏锐性，保守国家秘密，保护档案安全。工作中要积极参与各种政治学习、业务学习，提高思想认识；工作中要严格按照规章制度办事，不越雷池，坚守底线。

(三)积极参加岗前培训，拓展业务知识

参加岗前培训是对业务工作能力提高的一个有效途径，每年省、市档案行政管理部门都会组织档案工作的岗前培训，这个培训就是针对档案工作新手而举办的，目的就是提高新手们的业务技能，让大家知道档案工作是什么，档案工作怎么干，为工作的开展奠定理论基础。

(四)购买相关书籍资料，丰富专业技能

参加工作以后，最好的老师就是书籍，通过不同领域专家编写的课本教材可以系统全面的了解档案工作的内容，通过档案学理论书籍可以了解档案的起源发展，通过档案整理的书籍可以掌握各门类档案的整理操作方法，通过档案管理的书籍可以更好地做好档案管理、利用的工作等。

(五)利用网络资源，获取最新档案工作动态

现代化的档案工作离不开信息化，新修订的《中华人民共和国档案法》用了1章7条对档案信息化建设进行了要求，需要纳入发展规划、建设信息化系统、开展档案数字化、规范电子档案等。档案不是千年不变故纸堆，而是要跟上时代的步伐，要数字化、信息化，想方设法的发挥档案价值。现如今网络资源丰富，我们需要充分利用网络资源，吸取各地的先进经验，积极思考，把档案工作做得更好。

(六)主动交流，提高业务素养

利用各种途径与兄弟单位取得联系，相互交流业务建设经验，在交流的过程中及时的思考总结，不断完善提高业务建设。平时的工作中应注意问题、难点的收集，在交流的过程中探讨问题解决的途径。

(七)脚踏实地,一步一个脚印稳步提高

做工作归根到底还是需要“干”,需要按照法律法规、业务规范的要求开展各项工作,不能仅仅停留在理论的层次上。如果什么都懂都知道,但是什么工作都不开展、都不做,那么工作只能停留在形式上。档案工作是个“烦琐枯燥”的工作,要有足够的韧性、耐力和细心去“积跬步以至千里”,为兰台事业贡献自己的力量。

第二章　档案学

第一节　档案学相关知识

一、档案学的孕育与产生

档案学是一门综合型学科，以档案现象为研究对象，以揭示档案现象的本质和规律为目标。档案学属图书情报与档案管理类专业，旨在对文件从其形成之初到最终被销毁或作为档案永久保存的全过程进行监督控制，对档案信息资源进行开发利用，以守护国家、社会和组织的记忆，满足人们的信息和知识需求的专业。

(一)欧洲档案学的孕育与产生

纸张传入之前，西方的文书载体以草纸、羊皮卷为主，这些载体不易保存或成本高昂，制约着文化的传播和文件的保存。14 世纪欧洲人学会了造纸术，知识的传播变得快速而廉价，档案的数量也发生了急剧的增长，从而引发了档案管理技术的变革。

1. 萌芽时期

西方档案学理论在封建社会末期诞生，其萌芽源于档案学思想和档案实践的发展。这一时期德国、意大利涌现了一批档案学者，其中代表人物包括德国档案学者亚克伯·冯·拉明根和意大利档案学者巴尔塔萨·波尼法西奥。

亚克伯·冯·拉明根出版了《总结报告——怎样才算是一个完美的登记室》和《论登记室及其机构和管理》两本专著(题目中的登记室实质上就是一种机关档案室)，在档案分类和登记室的性质和地位方面开始了档案学理论研究的初步尝试，他本人也被誉为欧洲档案学的“鼻祖”。

巴尔塔萨·波尼法西奥出版的专著是《论档案馆》，该专著论述了档案馆的悠久历史，介绍了许多国家档案馆，强调了档案馆的神圣性和不可侵犯性，同时着重阐述了档案的系统分类方案。

这一时期的理论研究集中在档案学必须解决的基础问题上，档案价值、档案整理与分类、档案馆的性质和地位，档案理论依托于实践工作，形成了档案整理的事由原则，确定了档案馆的独立性和公开性。

2. 形成时期

档案学的形成是在近代，它是伴随着资本主义社会的出现和发展而正式产生的。

法国是近代档案事业的开创者，对于档案学的形成起到了重要推动作用。1790 年，法国建立国家档案馆并设置中央和地方公共档案馆网络体系；1794 年，法国颁布了档案法令；1884 年，法国建立了档案事业管理机关“法国档案局”；1821 年，法国建立了世界上第一所档案教育机构“档案学院”。法国档案事业与欧洲各国档案事业的相互影响、相互促进，使得档案学在欧洲形成并取得了长足的发展。

这一时期的理论成就：一是，提出档案学概念，档案学作为一门独立学科；二是，档案学理论创新发展，1841 年法国提出尊重全宗原则、1881 年普鲁士提出登记室原则、1898 年荷兰三位学者提出了来源原则、1901 年德国学家迈斯奈尔提出了鉴定原则；三是，确定了档案馆具有行政管理和科学研究服务的双重性质。

3. 发展时期

19 世纪末到 20 世纪 60 年代是档案学的发展时期。这一时期档案事业格局基本定型，一是以法国、俄罗斯、美国等国家为代表的中心模式，即国家以档案行政管理机关为指挥中心，负责对整个档案事业进行管理和控制；二是英国、日本、澳大利亚为代表的主体模式，即国家档案事业系统的组成以档案馆为主体，各类档案机构各自为政，依靠档案法规来约束或档案学术机构来协调。

这一时期的理论成就：一是，1922 年英国著名档案学家谢拉里·詹金逊爵士出版了《档案管理手册》，把古典档案理论推向高潮；二是，1928 年意大利著名档案学家卡萨诺瓦出版了《档案学》，他把档案学分为实用档案学（档案技术或档案经济）和纯粹档案学（又名档案理论）两大部分，将电影、照相和录音档案也纳入了档案馆的收藏范围；三是，1953 年德国档案学家阿道夫·布伦内克出版了《档案学》（欧洲档案工作的理论和历史），提出了档案整理的自由来源原则；四是，1956 年美国著名档案学家谢伦伯格出版了其代表性著作《现代档案——原则与技术》，对古典档案学理论进行修正，标志着美国现代档案学的形成；五是，1970 年法国档案局和法国档案工作者协会主编的《档案学手册》在巴黎出版，这本手册由 42 名档案专家集体撰稿，是法国档案专家长期探究档案工作理论的成果。

4. 变革时期

20 世纪 70 年代以来，电子信息技术迅速发展，信息技术不断应用，人类进入电子文件时代，这一时期的档案学理论进一步向深度发展。

20 世纪 80 年代中期，北美档案学家开始重新审视来源原则，新来源观的来源是概念化的、虚拟的、多方面的，不再直接与单一行政机构相联系。

这一时期的档案学工作发生了一定的改变：一是，档案鉴定理论由微观向宏观发展，宏观鉴定着眼于文件形成者的职能、任务或活动，以更开阔的视野审视档案价值；二是，文件运动规律理论从文件生命周期向电子文件生命周期发展，文件生命周期理论从现行阶段、半现行阶段、非现行阶段展示了文件从形成到销毁的运动全过程，电子文件生命周期理论则以电子文件管理系统为依据，从概念(设计)、形成、维护 3 个阶段来描述电子文件的管理全程。

(二)中国档案学的发展

中国有着悠久的档案和档案工作历史，有关档案管理思想的孕育和萌芽同样也有着悠久的历史。商代甲骨、唐代“每三年一拣除”的鉴定指导、宋代“置册分门编录”和按年月次序整理档案、元代将入库档案进行编类立号和封题、明代有年代-地区分类标准、清代采用文件名称和问题分类。

1. 产生与初步发展时期(20 世纪二三十年代至 20 世纪 40 年代)

(1)“行政效率运动”是促使我国近代档案学思想产生的直接原因之一。1933 年，国民党为了提高机关的办事效率，主要内容之一就是文书档案工作的改革。在这场运动中，由行政效率研究会创办的机关刊物《行政效率》杂志，先后刊载了 60 多篇文书、档案工作方面的文章，从不同角度研究和总结了文书档案改革运动中的经验和教训。这对中国近代档案学思想的产生起到了积极的促进作用。

(2)史学界整理明清历史档案和学术研究的需要也是促进我国近代档案学思想产生的重要原因。“五四运动”后，中国史学界开始关注近代史的研究。当时北京大学、故宫博物院等学术机构对整理明清历史档案非常重视。在对明清历史档案进行整理和研究利用的具体实践中，史学界对如何科学地整理和利用历史档案的经验教训也进行了总结和反思。从某种意义上说，中国近代档案学的某些思想是通过总结整理明清档案实践活动的经验获得的。

(3)近代意义上的档案教育的创立，对促进档案学思想的产生也起到了积极的推动作用。1938 年，国民政府教育部为了适应各级机关提高行政效率的需要，在私立武昌文华图书馆学专科学校创办了档案管理专科，前后共毕业 50 余人。

(4)中国档案学产生的标志是1935年滕固在《档案整理处的任务及其初步工作》中正式提出“档案学”一词。这标志着以档案现象为研究对象的档案学研究已经逐步摆脱比较粗糙、幼稚的萌芽状态。这一时期档案学研究范围有了较大拓展,并初步形成体系。这一时期的研究涉及档案概念、档案行政组织、档案管理的原则和方法(其中档案分类研究尤为突出)、档案保护、档案人员的选拔等问题。这一时期出现了一批近代档案学者,也出版了一批档案学专著和期刊。1935年5月,《行政效率》杂志出版了档案专号;同年10月故宫博物院文献馆出版了机关刊物《文献特刊》,这是我国史学界研究档案学的最早刊物。

这个时期档案学思想研究的特点:第一,汇集了行政界、史学界、档案教育界三大领域的档案学研究成果;第二,档案学研究的范围只限于机关档案室;第三,档案学理论在很大程度上受图书馆学的影响,特别是一些受过图书馆学教育的学者,在从事档案管理的研究时,往往直接将一些图书管理的原则和方法引入到档案管理的研究中;第四,档案学的研究领域还局限于文书档案管理、历史档案整理等方面。

2. 重构与渐进发展时期(20世纪50年代至20世纪60年代)

新中国成立后,中国开启了一个新的历史时代。随着国家各项事业的建设和发展,国家规模意义上的档案事业也于20世纪50年代开始起步,这为20世纪的中国档案学的发展又提供了一次良机,从20世纪50年代初中国开始了第二次发展高潮,并一直延续到1965年。其形成的客观原因概括如下。

首先,社会意识形态的变更导致档案学必须进行全面的理论更新和重构。新中国成立前的档案学虽然有了一定的发展,但它的产生和发展是适应着当时统治利益的需要而产生和发展的。它是不能适用于新中国成立后档案事业发展需要的,我们也不可能依靠它来指导新中国的档案事业。那么新中国成立后随着政权的建立,新的社会意识形态和国家制度的建立,要求必须在新中国档案事业建设和发展的实践基础上,创建自己崭新的以马克思列宁主义、毛泽东思想为指导的档案学。

其次,现代中国档案事业已初步发展成具有国家规模的一项事业,为档案学开辟了广阔道路,促使档案学研究必须面对现实,同步发展。从新中国成立初到1956年底的7年中,全国档案事业的领导机构国家档案局和各省、市、自治区档案管理机构及第一、第二历史档案馆的建立、中央档案馆的筹建,从中央到地方的机关档案室工作普遍开展。这就为新中国档案学研究高潮的产生和发展创造了客观的实践基础。

再次,党和国家的重视给档案学发展形成第二次高潮创造了便利的条件。党和国家在新中国档案学建立初期和渐进发展过程中给予了极大的关怀。党和国家的每一次全国性或地区性的档案工作会议及会议上的报告、通过的条例及法律文件，都是对档案学的最宝贵的研究和理论的总结。1956 年 3 月 27 日，《关于加强国家档案工作的决定》明确要求，加强对档案学及其他辅助科目的科学研究工作，以提高科学水平。国务院科学规划委员会也在 1956 年制定《1959～1967 哲学社会科学规划草案（初稿）》（以下简称十二年哲学社会科学规划）中，把档案学列为该规划的独立学科之一，这在我国历史上是从来没有的。

最后，新中国档案教育的建立为档案学的第二次高潮出现与发展提供了生力军。因新中国成立后培养档案干部的需要，档案教育自然发展起来了。1952 年底中国人民大学档案教研室成立，并于 1955 年发展成历史档案系。由于高等教育的性质和特点，该室系的教员们在建设课程的同时，也就开始了系统的档案学理论研究工作，从此我国形成了档案学的研究基地。

通过第二次高潮的发展，档案学有了明确的以马克思列宁主义为指导的理论思想，开始以国家规模的档案建设事业为研究对象，借鉴了当时苏联档案工作的理论。具有新中国特色的、日益密切结合我国档案工作实际且能够支撑我国档案事业发展的档案学学科体系得以构建并渐进发展，档案学学科地位逐步确立。

3. 完善与繁荣发展时期（20 世纪 70 年代末至今）

具有历史意义的党的十一届三中全会之后，我国进入了新的历史发展时期，包括档案事业在内的各项社会主义建设事业开始走上了恢复、发展的道路。同样，中国的档案学发展也迎来了学科建设的黄金时期，进入了 20 世纪发展的第三次高潮，这次高潮开创了档案学研究空前繁荣的新景象。其形成的客观原因概括如下。

首先，在第二次高潮中初步建立起的档案学学科体系与内容，需要在新的历史条件下进行恢复、总结和提高，而具有社会主义中国特色的档案事业的迅速发展，也为档案工作实践带来了从宏观到微观的一系列新问题，这些都迫切需要得到档案学理论的引导，需要档案理论界和实践部门作出相应的回答。为此国家档案局号召大力开展档案学研究工作，并且一直把档案学理论和技术的研究作为全面建设和发展我国档案事业的重点工作。

其次，良好、开放的学术环境得以建立，学术交流气氛十分活跃，从而推动了档案学研究第三次高潮的开展。科学研究作为一种探索性的创造活动，不可能没有不同的观点。自党的十一届三中全会以来，我们的党恢复了实事求是的思想路线，这极大地激发了研究者的创造灵感，鼓励他们勇于提出自己独到的观点，这样就更容易形成有利于知识创新的学术氛围和环境。在这段时期中档案学术界开展了一次又一次的大讨论，这是前两次高潮中无法比拟的。

再次，国门的打开，使得档案学术研究的视野更为广阔，档案界的国际交流与交往日趋频繁，学术研究的“国际化”倾向也日趋增强，这可以说对推动档案学第三次高潮在已经形成的基础上，起到了积极的作用。自我国实行对外开放后，档案界已经摈弃了意识形态倾向性的影响，对国外档案学的借鉴更具有客观性和全局性。

最后，我国档案教育的发展为档案学的发展提供了必要的智力条件。20世纪70年代末期以来，许多高等学校开办了档案专业，学历教育的层次也随着社会发展的需要不断提高，为档案学界培养了一大批研究人才。

我国档案学第三次发展的高潮可以说是20世纪中国档案学研究最辉煌的时期。通过这次高潮的发展，档案学研究得以繁荣发展，进而使得中国档案学研究的范围和内容不断拓展、深化和突破，学科体系也进一步得到完善。

档案学第三个发展阶段的特点。第一，档案学的新的分支学科不断建立，已有的分支学科内容不断完善，档案学的学科体系更加完整系统。第二，档案学除进行传统性内容的深入研究外，还开展了对档案学基本理论、现代化档案管理原则、方法和技术的研究，并取得了可喜的学术理论成果，学科地位有所提高。第三，交叉性和综合性研究活跃。结合档案工作实际、综合利用与档案学相关学科的最新研究成果是这一时期档案学研究的又一个突出特点，如许多学者从过去研究传统的档案管理，转变为研究档案、图书、情报等文献的系统管理或信息管理等。第四，注重解决档案工作实践中的新问题。档案学的研究能够密切注意档案工作发展的时代脉动，及时发现和探讨新时期档案工作中出现的新问题。第五，更加注意理论建设的前瞻性和开放性。20世纪90年代出现的电子文件管理研究，充分反映了档案学理论建设的前瞻性特点。同时，这个时期的理论建设的指导思想更加强调“百花齐放，百家争鸣”，档案学理论建设更加注重对相关学科研究成果的借鉴和吸收，以及对学科之间的边缘性问题的深入探讨和研究。

二、中国档案学建设的主要成就

中国档案学建设在20世纪80年代以来取得了令世人瞩目的学术研究成就，主要表现在：档案学已经成长为一门独立的综合性科学、建设成由若干分支学科构成的群体、基础理论研究不断深化、史学研究和外国档案管理理论研究不断深入、应用理论研究成绩显著及应用技术研究成绩斐然。尤其是20世纪80年代以来的应用技术，几乎每年都有一批档案科学技术研究成果通过鉴定，并获得国家科学技术进步奖、国家档案局科学技术进步奖或其他各种科学技术成果奖。其中，对档案字迹的加固技术、恢复技术的研究，对档案修裱技术的研究等，都取得了在世界上处于领先地位的研究成果。

通过以上对 20 世纪我国档案学发展的三次高潮形成条件的简要回顾分析,可以为我们提供具有历史意义的深刻启示。档案学的产生和发展离不开宏观社会环境的保证和需要、中国档案学作为应用性很强的管理学科有着自身的发展规律、中国档案学的发展也体现了循序渐进继承和创新的科学的一般发展规律,档案高等教育起到了功不可没的推动作用。

第二节　档案学的基本原理

一、档案学及其学科体系

(一)档案学的研究任务和意义

档案学的研究对象是档案的现象及其本质和规律。档案学研究任务是在研究和揭示档案现象的本质和规律的基础上,提出档案管理的科学理论、原则、技术和方法,指导档案管理实践,提高档案管理科学水平,更好地为社会服务。档案学的主要研究范围是基础理论研究、档案史学研究、应用理论研究、应用技术研究和档案学与其他学科交叉、边缘性研究等。

研究档案学对办好档案学专业教育、培养档案事业专门人才和提高档案工作者专业知识水平具有直接意义,对组织和建设国家档案事业具有理论指导意义,对提高档案管理水平、有效开发档案信息资源、及时准确广泛地传播档案信息及为社会服务具有指导意义。

(二)档案学的性质与特点

档案学本质属于社会学,是社会科学性质。学科特点主要如下:一是,由档案学的研究对象、研究内容和研究方法的综合性决定的综合性和由社会学性是档案学的社会科学性质决定的社会性;二是,实践性和理论性,实践检验理论,理论指导实践;三是,继承性和创新性,继承优良成果,用新的理论和方法充实修正档案学内容;四是,技术性和实用性,档案学具有科学理论研究的特征和明显的职业技能性特征;五是,开放性和包容性,档案学在不断创新和发展,档案学的开放性和综合性决定了它的包容性。

(三)档案学的学科体系

对档案学学科体系的研究,可以使学界对档案学的整体发展状况有一个概括的了解,可以为档案学自身的建设和发展提供一个客观的思想导向。

1. 档案学学科体系结构的特征

(1)档案学学科体系是静态性与动态性的统一。静态性表现在门类划分的稳定性，动态性表现在档案学是一个不断发展的体系。

(2)档案学学科体系是宏观结构与微观结构的统一。档案学的宏观结构是由档案学基础理论研究、档案史学研究、档案应用理论研究、档案应用技术研究和档案学与其他学科的交叉边缘性研究等门类构成，档案学的微观结构是各个分支学科内部各知识单元的结合形式和组织方式。

(3)档案学学科体系中传统性科目与新兴性科目的统一。在发展实践中不断完善自身知识体系的传统性科目和研究规模扩大与拓展后学科的交叉。

2. 档案学学科体系研究的部类划分

(1)档案学基础理论研究，包含档案学原理(研究和阐明档案现象中问题产生的原因、背景及其内在本质规律和特点等)、档案术语学(专用语)、档案法规学(档案法规制定和实施的有关理论及原则)、比较档案学(包含基础理论和应用理论的思想内容)等。

(2)档案史学研究，包含中国档案事业史、外国档案事业史、档案学史等。

(3)档案应用理论研究，包含档案事业管理学、档案管理学(包含文档一体化、档案实体管理和档案信息开发与利用的理论、原则及方法)、科技档案管理学、档案编纂学等。

(4)档案应用技术研究，包含档案保护技术学、档案缩微复制技术、档案计算机管理技术等。

(5)档案学与其他学科的交叉边缘性研究，包含记录信息管理学(又称为文献信息管理学，在档案学、图书馆学、情报学及现代信息科学交叉边缘产生的)，文件管理学(文件管理与档案管理交叉地带产生的)、档案社会学、档案心理学等。

(四)档案学与相关学科的关系

(1)档案学与文书学的关系：档案和文书是同一事物的不同发展阶段。

(2)档案学与图书馆学和情报学的关系：档案学、图书管理学和情报学均属于信息管理科学的具体应用性学科，它们既有密切的关系，又有各自不同的研究对象。它们都是人类社会发展中的重要信息资源，研究档案学必须借鉴和吸收图书馆学和情报学在信息和情报加工方面的知识，档案学的研究也为图书馆学和情报学的研究提供相关的理论、原则和技术。

(3)档案学与秘书学的关系：研究秘书学要根据秘书工作的需求出发。

(4)档案学与马克思主义哲学的关系：马克思主义哲学的唯物史观、自然辩证法和认识论等对档案学理论、原则和方法具有一般性指导作用。

(5)档案学与思维科学的关系：思维科学对档案学的理论、原则和方法具有指导意义。

（6）档案学与管理学的关系：档案学主要研究和揭示档案现象的本质和规律，注重对档案管理科学理论、原则和方法的总结、提炼与升华，是特殊的管理学。

（7）档案学与历史学的关系：二者关系密切，历史学对档案学研究（中国档案史、世界档案史和档案学史）具有指导意义。

（8）档案学与部分自然科学的关系：自然科学的一般研究方法对研究档案学某些具体现象具有重要作用，自然科学的一些分支科学研究成果为建设档案学分支学科提供科学知识，通过档案现象的研究可以更好地研究档案学。

（9）档案学与横断学的关系：横断学的各种现代管理思想方法和理论指导档案学研究，档案学发展为横断学提供营养。

二、档案学研究方法、现状和档案学理论的发展趋势

（一）档案学的研究方法

（1）调查法和统计法。调查法是指采用自填或结构式的访问方法，系统、直接地从一个取自某种社会群体的样本那里收集资料，并通过分析资料来认识现象及其规律的研究方法。统计法是指对档案和档案工作的有关现象做出精确的数量分析和研究，而得出的科学结论。统计法分为整理数据、统计数据和得出结论三步。

（2）观察法和实验法。观察法是指带着一定的目的，用感官和辅助工具去直接、有针对性地了解正在发生、发展和变化的现象。实验法是指通过有目的地改变某些条件，观察和分析这些变化对档案管理和利用的影响，从而验证假设或理论的方法。

（3）横向比较法和纵向比较法。横向比较法，一般用于同一或相关事物的比较，是在指定的时间上收集和研究资料，并描述研究现象在这一时间点上的状态和不同变量之间的关系。纵向比较法，一般用于同一事物的历史比较，在若干不同时间点上收集资料，描述现象的发展变化和不同现象之间的联系。

（4）分析和综合法。分析和综合法是指把档案和档案工作分解成不同部分、方面和要素，分别进行研究分析，再在分析的基础上把各个部分作为统一整体进行综合研究。

（二）档案学的研究现状

现在我国档案学研究有专门的研究机构和研究组织、较为充实的研究队伍和良好的学术交流平台，且与国际档案界的交流广泛。

近20年来我国档案学研究成果数量多、质量高，档案学发展成一门独立学科，建设成若干分支组成的群体，理论档案学研究不断深入扩展，档案工作应用

理论研究突飞猛进，档案工作应用技术有突破、有创新。

现阶段发展我国档案学研究主要从建立档案学术规范、健全档案科研管理机制、改进档案学研究方法、加强档案学术评论工作的力度等角度出发。

(三)档案学理论的发展趋势

我国档案学与相关学科进一步相互借鉴、交叉、融合，档案学研究范围和内容将逐步拓展、深入、扩大对外开放，档案学基础理论研究与应用理论研究、应用技术研究之间相互交错、相互转化的趋势日渐突出。

档案学作为揭示档案和档案工作这一客观存在的社会现象发展规律的知识体系，其发展已有将近两个世纪的历史，未来档案学将适应社会发展的需要，不断完善和提高。

第二篇　机关档案管理

第一章　机关档案室基本制度

第一节　健全档案管理机制

任何一项工作想要做得好，首先需要“建章立制”，档案管理工作也是一样的，下面是根据阜阳市第三人民医院的特点，成立组织、制定档案工作责任制。

一、成立单位档案工作领导小组

为切实加强单位对档案工作的领导，落实领导工作责任，建立统筹协调工作机制，决定成立单位档案工作领导小组。

组　长：××

副组长：××、××、××

成　员：××、××、××、××、××、××

领导小组办公室设在院办公室，××任办公室主任，负责档案的管理和协调工作。

二、建立档案工作责任制

档案工作是单位不可缺少的基础性工作，是推进依法治院、促进科学决策、提高医疗水平的必要条件，是保护单位和个人合法权益、维护单位历史真实面貌的一项重要工作。档案工作的基本任务和职责如下。

(1)认真学习习近平新时代中国特色社会主义思想和习近平总书记对档案工作的指示精神，积极宣传学习贯彻执行档案工作的法律法规和方针政策，建立健全档案工作规章制度，并将规范单位档案管理的基本制度报阜阳市档案局备案。

(2)落实档案管理工作规划，将档案工作纳入整体规划、年度工作计划和考核体系，与单位业务工作同步部署、同步实施、同步发展。

(3)热爱档案工作,努力钻研档案业务知识,熟练掌握业务技能,恪守工作纪律和职业道德。

(4)对单位各种文件材料的形成、积累和归档工作进行监督和指导,对所属机构的档案工作进行监督和指导。

(5)认真做好档案的收集、整理、保管、移交、统计和利用工作,严格执行各项管理制度,编制档案检索工具,汇编档案参考资料,维护档案的真实、完整、可用和安全,便于检索、利用和开发,开展档案统计、鉴定、销毁和保密工作,协助做好信息公开工作。

(6)做好档案室管理工作,定期对档案室及设施进行检查,发现问题及时报告,妥善处理。

(7)将档案日常管理工作经费、档案信息化建设经费、档案宣传培训和其他经费应当列入单位年度预算,负责单位档案信息化工作,推动传统载体档案数字化和电子文件、电子档案规范管理。

(8)忠于职守,接受档案行政管理部门监督、指导和检查,执行年度报告制度,努力提高本单位档案管理水平。

(9)负责组织档案业务交流和档案工作人员培训,开展档案宣传、教育活动。

(10)对档案工作中取得突出成绩的部门或个人,向档案行政部门提出表彰奖励建议;对违反档案管理要求的部门或个人,向档案行政部门提出处理建议。

(11)定期向本单位领导和上级档案部门请示汇报档案管理工作。

三、积极推动“统一领导、分级管理”落到实处

档案种类繁多,仅安徽省第一批专业档案名录就达到98种,为了将档案工作落实落细,单位的全部档案在集中统一管理的前提下进行如下细化。

(1)××任机关档案工作组组长,负责文书、声像和实物档案。

(2)××任科技档案工作组长,××和××为副组长,分别负责基建档案、科研和学科建设档案及设备档案。

(3)××任人事档案工作组组长。

(4)××任会计档案工作组组长。

(5)××任专业档案组长,负责病案、医疗档案(医师考核和“三下乡”等)、护理档案(护师晋升、培训管理过程中形成的档案)和感染管理档案。

(6)××任数字类档案组长,负责业务数据、公务电子邮件、网页信息、社交媒体等档案。

(7)××任党建档案组长,负责党的建设、意识形态、统战和党员档案等。

四、档案资源建设

(一)档案集中、统一管理,门类齐全,材料完整

(1)综合档案室集中统一管理本机关全部档案。

(2)建立健全档案门类,具体如下:

① 文书、科技(科研、基建、设备)、人事、会计档案;

② 机关履行行业特有职责形成的专业档案;

③ 照片、录音、录像等声像档案;

④ 业务数据、公务电子邮件、网页信息、社交媒体等电子档案;

⑤ 印章、题词、奖牌、奖章、证书、公务礼品等实物档案;

⑥ 其他档案。

前款①~③项包含传统载体档案和电子档案两种形式。电子档案与传统载体档案具有同等效力。

(3)各门类档案材料收集规范、真实有效、齐全完整、应归尽归。

(二)其他介质文件归档齐全

(1)收集除纸质档案之外的光介质、磁介质、银盐感光介质等其他载体形态的档案材料。

(2)按照数据标准,收集各门类档案的电子文件和数字化副本文件,包括网页信息、公务电子邮件及社交媒体产生的数字信息等。

五、档案信息化建设

(一)信息化规划设施

(1)加强档案信息化工作,将档案信息化工作纳入单位电子政务和信息化总体规划。档案信息化工作应当与单位信息化建设、档案馆信息化建设协调配合,实现系统互联互通,资源共享共用。

(2)应当开展数字档案室建设,统筹传统载体档案数字化、电子文件归档与电子档案管理工作。建立档案数字化常态机制,有序开展档案数字化工作。

(3)配备的网络基础设施、系统硬件、基础软件、安全保障系统、终端及辅助设备应当满足档案信息化的管理需要并适当冗余、方便扩展。

(二)数字资源

按照有关标准收集、整理数字资源信息,建立各种门类档案的目录数据库、全文数据库、多媒体数据库及专题数据库等。使用的档案管理系统符合国家对电子文件管理系统通用功能的要求,并与同级综合档案馆信息接收平台对接,按照要求移交电子档案及电子目录等。

(三)信息安全

(1)定期检查非纸质载体的可读性,确保其数据长期有效性;及时备份档案数字信息,建立数据恢复机制,保障数字信息安全;开展重要档案异质异地备份。

(2)开展纸质档案数字化过程中,采取严格信息安全保障措施。对涉密档案严格管理,严禁开展外包数字化。

六、档案安全保障

(一)档案用房及设施配备

(1)档案库房、档案阅览室、档案工作人员办公室,做到三室分开,满足开展档案工作基本需求。

(2)档案室要安装防盗门、防盗窗,配备有足够的铁皮档案柜,有条件的可安装档案密集架。室内应配备计算机、打印机、装订机、空调、去湿机、灭火器、防磁柜、吸尘器、温湿度表等档案保护设备,切实达到“九防”(防盗、防火、防尘、防潮、防有害生物、防霉、防高温、防光、防污染等)措施的要求。

(3)档案装具符合标准,档案盒采用无酸纸档案盒。

(二)库房安全管理

(1)档案的出入库登记内容准确、及时;库房温湿度记录完整规范;定期开展库房安全检查,有库房安全检查记录和总结;发现问题应有整改措施且落实到位。

(2)制作档案人员离岗交接清点台账,办理档案交接手续,到同级档案行政管理部门备案;定期开展档案清点工作,并写出清点报告。

(3)制定档案灾害应急处理预案,并组织演练、培训,提高危机事件发生时相关责任人按照预案有序处置的能力。

七、档案服务利用

(一)档案服务利用的原则

应当积极开展档案利用工作,建立健全档案利用制度,根据档案的密级、内容和利用方式,规定不同的利用权限、范围和审批手续。机关保管的档案对外提供利用的,需经本单位负责人批准。

(二)检索工具

(1)按照要求编制各种门类、各种载体档案的检索工具。

(2)建立全宗卷,材料齐全,整理规范。

(三)档案利用

(1)严格查阅登记和利用效果反馈记录,编制档案利用效果实例汇编。

(2)编写全宗介绍、组织沿革、大事记、基础数字汇编、专题文件汇集、年鉴,以及举办陈列展览、拍摄专题片等多种形式，发挥档案价值。

（3）开展档案鉴定销毁和档案解密、开放审核工作。

第二节　完善机关档案制度

档案工作是极其重要的，单位要把档案工作开展情况纳入领导干部综合考核评价内容，压实各科室主体责任，把党管档案工作要求落到实处。大力宣传档案工作在贯彻落实习近平新时代中国特色社会主义思想的突出做法，让档案库变成知古鉴今的“思想库”、资政育人的“给养库”、舆论战争的“武器库”。不断开创档案宣传新模式，建立立体宣传、多维宣传新格局，发挥档案在服务党委和单位中心工作、服务单位高质量发展、服务广大人民群众需求等方面的重要作用，激发全院支持参与档案事业发展的积极性、主动性，并制定如下制度。

一、××单位档案保管制度

为确保档案安全，切实做好档案实体和档案库房的管理工作，制定此制度。

（1）保管档案必须坚持“以防为主，防治结合”的方针，改善保管条件，加强防护措施，做到专室、专柜、专人管理，研究和改进档案保护技术，不断掌握保管技术，延长档案寿命。

（2）单位集中设置档案办公用房、整理用房、阅览用房和档案库房，自成一区。档案办公用房建筑设计应当符合《办公建筑设计标准》（JGJ 67—2019）规定，整理用房、阅览用房建筑设计应当符合《档案馆建筑设计规范》（JGJ 25—2010）规定。档案库房要坚固适用，选址应当干燥、防火、避免阳光直射，配备符合国家规定的密闭五节柜、密集架、光盘柜、底图柜等档案装具，严格做好防潮、防高温、防水、防火、防盗、防紫外线、防尘、防污染、防有害生物等防护工作，具体情况见表 2－1 所列。

表 2－1　××单位“九防”措施表

<table>
<tr><th>九防标准</th><th>实施措施</th></tr>
<tr><td>防潮</td><td rowspan="2">（1）设备：空调（恒温恒湿空调）、除湿机等
（2）定期做好温湿度记录
（3）适时采取措施，调控档案库房温湿度
（4）温度保持在 14～24 ℃，日变化幅度不超过±2 ℃；湿度保持在 45%～60%，日变化幅度不超过±5%</td></tr>
<tr><td>防高温</td></tr>
</table>

（续表）

<table>
<tr><th>九防标准</th><th>实施措施</th></tr>
<tr><td>防水</td><td>(1)设备：顶层、底层安装防溢水报警设施
(2)供暖季节随时检查暖气管道情况，杜绝漏水事故发生
(3)雨季防雨水渗漏</td></tr>
<tr><td>防火</td><td>(1)设备：灭火器（高压细水雾、七氟丙烷等）
(2)配备专用消防设备，安装报警装置，掌握消防知识，会使用消防器材
(3)档案库房严禁吸烟，不能堆放易燃易爆物品
(4)保持档案库房、柜架整洁整齐，定期对密集架、线路、消防设施进行检查</td></tr>
<tr><td>防盗</td><td>(1)设备：防盗门、防盗窗、门禁等
(2)门禁、钥匙由专人保管
(3)依据使用权限设置门禁</td></tr>
<tr><td>防紫外线</td><td>(1)设备：遮光窗帘等
(2)严格照明管理，档案库房做到人走灯灭</td></tr>
<tr><td>防尘</td><td rowspan="2">(1)设备：风淋室、吸尘器等
(2)远离污染源
(3)配置密封性好的窗户
(4)入库档案要做好除尘工作，人员进入库区要经过风淋室除尘</td></tr>
<tr><td>防污染</td></tr>
<tr><td>防有害生物</td><td>(1)设备：消毒设备、防霉驱虫药、鼠夹、防鼠药
(2)定期更换防霉驱虫药，发现虫、霉现象及时处理
(3)配置除鼠设备，定期更换防鼠药物
(4)火种、食品和有毒、易燃等物品一律不得入室
(5)入库档案要做好消毒工作</td></tr>
</table>

(3)每周至少巡查一次档案库房，将温湿度、检查情况、存在问题、日期、巡查人等填写在《××单位档案库房巡查登记表》上，见表2－2所列。

表2－2　××单位档案库房巡查登记表

时间：

检查人员	
检查情况	(1)档案室“九防”方面：

（续表）

检查人员	
检查情况	(2)档案实体方面：
	(3)信息安全方面：
整改措施	

(4)对破损和字迹褪色的档案资料，应遵照相关技术规范，及时采取修补、复制、拍照等抢救措施，尽量保持档案原貌。

(5)档案查阅必须严格履行《××单位档案查阅（借）登记表》（见表2-3），经科室负责人和档案室负责人共同签字同意后方可查阅或者复制利用；凡归档的档案资料，一般不借出阅览室，因特殊情况需要借出时，科室负责人签字后，必须经分管领导批准，办理外借手续，严格限定归还时间，归还时需要科室负责人和档案室负责人共同签字确认。

表2－3　××单位档案查阅(借)登记表

序号：

日期		档号		文件编号	
题名					
目的					
利用方式		档案类型		归还日期	
查阅(借)人签字				负责人签字	

(6)单位档案工作领导小组承担档案鉴定、销毁工作,销毁档案必须经领导小组鉴定批准,并将档号、题名、成文日期、页数等信息详细登记在《××单位档案销毁清册》上。经提请科室负责人、档案室负责人、分管领导和单位负责人共同签字确认,报上级主管部门和档案主管部门审查备案后,指派专班监督销毁,严禁向废品收购部门出售销毁档案。

二、××单位档案库房管理制度

档案库房是保存档案的重要地方,为了切实加强档案库房管理,保护档案的完整与安全,不使档案受到任何损失,做到及时、准确地提供利用,特制定如下库房管理制度。

(1)档案的存放和调出均由档案管理人员进行,非档案管理人员,不得进入库房。

(2)库房管理人员必须严格执行《中华人民共和国档案法》、《机关档案管理规定》(国家档案局令第13号)及单位各项规章制度,自觉维护档案的完整与安全。

(3)库房内不得存放与档案及其保存设备无关的物品。库房内严禁吸烟、严禁明火、严禁存放易燃易爆的物品。

(4)坚持以“以防为主,防治结合”的原则,切实做好库房的“九防”工作。根据气温情况,充分利用库房现有设备,调节库房温湿度;定期打扫库房,保持库房整洁;档案柜内应放置防霉驱虫药剂,经常检查,定期换放,发现虫蛀、霉变等应及时处理。

(5)库房管理人员和调阅人员应随手关灯;库房管理人员每天下班前要关好库房的门窗,切断电器的电源,对库房区巡检一次。

(6)库房管理人员周末、节假日前要对所有库房巡视一次,遇大雨大雪等特殊天气及时安排人员值班巡查,做好安全防范工作。

三、××单位档案查阅利用制度

为了合理开发和利用档案信息资源，使室藏档案更好地服务单位和社会，促进单位高质量发展，特制定本制度。

(1)根据单位实际情况，制定《××单位查档流程图》，如图 2－1 所示。

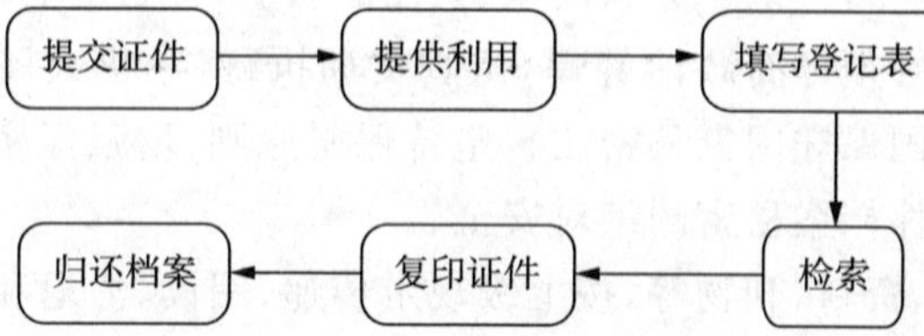

图 2－1　××单位查档流程图示例

(2)利用者来室利用单位档案，外单位人员查阅须持介绍信并表明查阅内容和目的，经分管领导批准后，方可利用；本单位人员查阅档案限于与本职工作有关的档案，需经分管领导批准后方可查阅。

(3)查档人员，必须严格履行《××单元档案查阅(借)登记表》手续，将查询目的、利用方式等信息填写完整。

(4)查阅党组(委)会、政办会、重要事件、重大科研项目等核心档案，须经单位负责人批准后方可利用。

(5)对控制使用、未解密的档案或资料，未经书记或院长批准，不得擅自提供利用。

(6)“公检法司”等工作人员因公办案利用档案和资料时，需二人以上且须持有单位介绍信、个人身份证明履行查档手续后，在接待利用人员的帮助下，提供利用服务。律师和保险公司人员查阅档案，需持有律师证(工作证)、介绍信和委托书，并且只能查阅委托人的相关资料。

(7)利用者不得让水杯靠近档案，以免水渍浸染档案。

(8)利用者不得随意扩大查阅范围，复制抄录档案资料，必须经档案室负责人同意并加盖公章，方能有效。

(9)档案管理人员根据单位档案数字化情况，尽量提供扫描件和复制件供查阅人使用。特殊情况下提供原件查看和复印，但档案管理人员要现场看管，严禁查档人员将档案原件折叠、卷曲、圈点、划杠、涂改、批注、污损，更不得撕毁、抽取档案原件等一切损坏档案的行为。档案原则上不外借，特殊情况需要借出时，须经分管领导批准，并于 5 个工作日内归还。

(10)档案管理人员要做到热情接待，耐心查找，搞好服务，及时收集具有典型特点和反映时代特色的利用效果实例，最大限度地发挥档案的作用。

（11）阅览室是提供借阅利用档案的重要场所，严禁吸烟、喧哗，注意保持室内安静。

四、××单位档案保密制度

为了保守档案秘密，维护党和国家、人民的利益，特制定本制度。

（1）档案人员必须提高政治警惕，认真贯彻执行《中华人民共和国档案法》和《中华人民共和国保守国家秘密法》，坚持保密原则，增强保密观念，严格落实单位保密制度，确保档案秘密的绝对安全。

（2）密级文件、资料、刊物等，按上级规定传递、阅读、清退和上交，严格限定知晓人员。不属于利用范围的档案，只限于有关单位、有关人员利用，一般不对外提供利用。

（3）档案材料的降密和解密按有关规定执行，档案人员无权擅自决定。

（4）严格执行保密守则，不在不利于保密的场所谈论秘密事项或存放密级文件、资料和刊物。不在公共场所、家庭、普通信件中和私人电话里谈论、书写机密事项。

（5）档案库房严禁无关人员进入，确因工作需要进入库房的，应经领导批准、登记方可进入。

（6）档案管理人员不得以任何形式对外泄露档案内容。

（7）利用档案者必须说明利用的目的和范围，不得要求查阅与利用目的无关、超出利用范围的档案。

（8）利用者必须维护档案秘密的安全，未经允许不得私自复印、拍摄或抄录档案内容，严禁扩散档案内容。

（9）档案只限在阅档室查阅，不得外借；必须外借的，应经有关领导批准。不把密级文件带到公共场所或家中阅读。

（10）若发生失密事件，要及时向有关领导、部门报告，并采取补救措施，挽回不良影响，不得隐瞒。对泄露档案秘密者，要追究责任，并根据情节轻重，严肃查处。

五、××单位文件材料收集归档制度

文件材料是档案的源头，文件材料的形成质量是做好收集工作的前提和基础。科研项目、活动实施、项目建设等工作开始前就要把文件材料的收集工作纳入其中。根据单位现状，制定如下制度。

（1）应当依据《××单位档案分类方案、文件材料归档范围和档案保管期限表“三合一”制度》，认真做好各类文件材料的收集、归档、保管和开发利用工作。

(2)遵照“谁形成、谁整理”的原则，要按照文件材料归档范围，对本科室在工作中形成的文件材料及时做好收集、整理，并移交单位综合档案室。文书材料于次年 6 月底前归档，科技文件材料在科技活动结束后 1 个月内归档，会计材料由会计部门在会计年度终了后保管 1 年、于次年 3 月底前归档，声像类材料、实物材料、采用办公自动化或其他业务系统的，应当随办随归，在活动结束或办理完毕后随时归档。归档时间有特殊规定的从其规定，如婚姻登记材料在次年的 3 月 31 日前完成立卷归档、审计文件材料在该审计项目终结后的 5 个月内、环境保护文件材料归档工作一般应于次年 3 月底前完成、案件材料在结案年度归档、农村五保供养和救助类档案归档范围的文件材料在办理完毕后 30 日内归档、收养登记文件材料在登记手续办理完毕后 60 日内归档。

(3)归档文件材料要收集齐全完整、真实有效(正文、底稿、签章、签字等)，剔除不应归档材料、重份文件，做好分类、区分保管期限和编页等，确保移交综合档案室的材料做到类目明确、条理清晰。

(4)归档文件的制成材料应能够长久保存，用墨、用纸符合相关标准。

(5)归档的文件材料应为原件，复印件需要加盖公章、证明出处。

(6)文件编号、责任者、题名、日期、页数等著录准确，打印纸质目录用于履行交接手续，电子版和其他所需元数据一并移交到综合档案室。

六、××单位文件材料移交制度

(1)本单位的收发文办理完毕后，由办公室集中收集，按时归档。

(2)各科室、部门形成的文件材料，由各科室分别进行收集、整理、组件/立卷、条目著录，并于次年六月底前将纸质和电子材料及目录一并移交综合档案室归档。

(3)移交文件材料时，移交科室需将文件编号、责任者、题名、日期、页数等内容编制到《××单位档案移交清册》中，移交文件材料时将《××单位档案移交清册》填写完整后一式二份，交接双方须在《××单位档案移交清册》上签名分别保存，并当场清点核对。

(4)档案人员工作调动时，应及时办理交接手续。

七、××单位查档接待人员岗位职责

(1)实行首接责任制。首接责任人应为查阅档案和现行文件的利用者提供周到热情的服务，不得推诿。

(2)认真审验利用者相关证件，了解利用者查阅的目的和范围，主动提供咨询服务;做好查阅利用登记,按照规定办理查阅和复制事宜。

(3)保护档案和现行文件的完整与安全,对查阅过程实行监督。提供和收回档案时均要仔细核对,防止档案丢失、损毁及在档案上标记、涂改、折页、增删内容等不法事件的发生,查阅完毕的档案资料及时交回库房保管。如有特殊情况,及时向领导汇报。

(4)熟悉室藏内容,改进服务方法,提高档案查准率和查全率,及时安排调档、复制,最大限度地满足利用者需求;确实不能满足利用者需求时,要做好解释工作。

(5)做好档案及现行文件查阅利用情况的统计和分析汇总工作。将《××单位查阅(借)登记表》按顺序存放,妥善保管,每年统一存档。

八、××单位档案资料安全保卫制度

为确保档案及档案库房的安全,根据《中华人民共和国档案法》及国家有关法规,特制订本制度。

(1)档案库房区域是机要重地,除特殊情况下,非本档案室工作人员不得入内。

(2)采取定期和不定期相结合的形式,进行安全和保卫教育,增强档案意识,牢固树立安全保卫的政治责任感,严防各种事故的发生,确保档案库房绝对安全。

(3)档案库房内严禁存放其他物品,严禁存放私人物品。库房内严禁堆放易燃、易爆、易腐蚀物品,严禁携带火种进入库房,切实做好"九防"工作。

(4)全室人员应增强防火、防盗意识,库房内应设置档案室专用灭火器具,档案工作人员应掌握灭火器具的使用方法,并定期检查灭火器具。档案室内严禁吸烟,每周常规检查库房有无火灾隐患,发现问题及时向领导汇报,以便采取有效措施,防患于未然。

(5)库房钥匙实行专人专管,不得随意复制或者擅自提供给他人使用。库房区通道的所有钥匙,由档案室指定专人保管,要保证在紧急情况下能迅速打开通道。

(6)库房管理人员和调阅人员,应随手关灯,库房管理人员每天下班前要关好库房的门窗,切断电器的电源,对库房的安全进行全面的检查。

(7)本单位负责管理库房人员每周至少要对库房检查一次,周末、节假日前对所有库区进行巡视,遇大雨大雪等特殊天气随时安排人员值班巡查,发现问题及时处理和汇报。

(8)建立安全保卫责任制度,设定××和××为档案室安全保卫人员,安全保卫人员每周至少检查一次档案室库房门窗关闭情况，发现安全隐患及时登记汇报，采取相应措施后将处理情况和经验做法记录下来。

(9)对违反本制度的相关责任人，应及时处理。有违法情节的，依法追究其法律责任。

九、××单位档案安全工作应急预案

××单位档案安全工作应急预案示例如下。

××单位档案安全工作应急预案

(一)总则

第一条　为迅速、有效地处置档案安全保管中的突发事件，并尽早予以防范，确保档案安全，根据《中华人民共和国档案法》《中华人民共和国档案法实施细则》《中华人民共和国突发事件应对法》及有关法律、规章，结合单位档案管理实际，特制定本预案。

第二条　突发事件应急处置是指对可能危及档案安全的自然灾害和人为灾害事件的处理与防范，以达到及时组织人员，保证档案安全的活动。自然灾害是指大自然引起的灾害，如地震、雷电、洪水等；人为灾害是指人为失误引起的火灾、漏雨、盗窃、泄密等。

第三条　档案安全工作应急预案的目标：

(1)在应急的情况下，采取最有效行动消除对室藏档案、资料的威胁；

(2)保护未受损的档案、资料；

(3)抢救已受损的档案、资料。

第四条　突发事件应急处置应坚持统一领导、分工负责、立足防范、合作互助相结合的原则。

第五条　凡涉及突发事件的部门和个人，均应遵守本预案中的有关规定。

(二)事件报告

第六条　一旦发生事件，应立即向档案室、主管领导报告。

第七条　主管领导和档案室应按照已发生，可能发生的事件性质，赶赴现场，组织处理。必要时应迅速报告市政府。

(三)应急处置

第八条　档案库房为一级应急处置区域。

第九条　视情况请求公安、消防等部门支持。

第十条　突发事件发生时，建立以党委书记和院长为总指挥，档案室主任具体抓落实，其他相关科室领导协作配合的突发事件的工作体系。

第十一条　承担突发事件应急处置的部门职责。

库房应按档案存放区域等级依次处置：汛警期查漏防潮、发生期不间断监控排查、危险期按要求立即组织力量把档案向安全地方转移。火警期应迅速告知档案库房区域人员撤至安全区域；盗窃泄密发生期应立即控制和保护现场，禁止一切人员进入，同时报告分管市长和公安部门查勘；重大突发事件预警期应做好珍贵和保密档案撤离准备，发生期按上级要求和现实需要，指导处置人员搬运至设定区域。

第十二条　应急预案的操作步骤分一般性灾险、较大灾害和重大灾害 3 种情况。

(1)一般性灾险的操作步骤。一是，凡发现档案库房内任何部位有被烧焦异味或库房屋顶、地面漏水等异常现象，每个人都有责任立即告知科室其他人员，共同查找险源。如果险情不大，自己能处置的，除发出警报外，要立即采取切实可行的办法迅速扑灭险情。二是，报告领导。三是，查明原因，解决问题。

(2)较大灾害的抢险步骤。凡发现档案库房内灾险情况较严重，或估计依靠自身力量不能处理的，应立即发出警报，呼叫突发事件应急小组组织抢险救灾工作，安排全体人员参加抢险，有关责任人指定专人迅速完成以下工作：一是，立即拨叫消防电话及与抢险救灾有关的联系电话，明确受灾地点；二是，打开通往险区的通道大门；三是，保证道路畅通，为消防车的靠近做好准备；四是，消防队到来之后，应及时简介险情，一切听从消防人员的指挥；五是，发现库房进水时，应立即通知后勤保障部及安全责任领导，查找原因，排除隐患，堵塞漏洞，并先利用现有人员采取一切排水措施，以保障档案资料的安全。

(3)重大灾害的抢救步骤。发生危害档案，同时又伤害人身安全的灾害，如雷电、地震及发生火灾、洪灾、库房崩塌等，可按上述较大灾害抢救步骤进行排除。如同时涉及人员伤害，一方面应及时将受伤人员迅速转移到单位进行抢救，另一方面应抢救档案、资料，若险情危及供水、供电、通信等而自身不能处理时，应及时通知有关部门进行抢险工作。

第十三条　灾情消除后应立即做好以下工作：

(1)抢救能够补救和修复的档案；

(2)将灾害发生原因，造成损失及处理结果报告市卫生健康委员会和市档案局。

第十四条　奖励惩戒：

(1)根据情况对突发事件应急处置中做出显著成绩的，报主管部门给予表彰和奖励；

(2)对突发事件应急处置工作中，因玩忽职守等，造成严重后果的，对借故逃避或拒不执行处置命令的，按照相关法律和规章对责任人员予以行政处罚，构成犯罪的，移送司法机关依法追究刑事责任。

第十五条　领导小组组成：

组 长：××

副组长：××

成 员：各科室负责人

第十六条　本预案由××单位负责解释。

十、××单位违规处罚制度

本单位档案管理严格按照《中华人民共和国档案法》《机关档案管理规定》等有关法律法规执行。有下列情况之一的，提交给相关单位、部门给予处分：一是，丢失属于国家所有的档案的；二是，擅自提供、抄录、复制、公布属于国家所有的档案的；三是，买卖或者非法转让属于国家所有的档案的；四是，篡改、损毁、伪造档案或者擅自销毁档案的；五是，将档案出卖、赠送给外国人或者外国组织的；六是，不按规定归档或者不按期移交档案，被责令改正而拒不改正的；七是，不按规定向社会开放、提供利用档案的；八是，明知存在档案安全隐患而不采取补救措施，造成档案损毁、灭失，或者存在档案安全隐患被责令限期整改而逾期未整改的；九是，发生档案安全事故后，不采取抢救措施或者隐瞒不报、拒绝调查的；十是，档案工作人员玩忽职守，造成档案损毁、灭失的。

(1)查看利用人员，有第一项、第二项、第四项违法行为之一的，由县级以上档案主管部门给予警告，并对单位处一万元以上十万元以下的罚款，对个人处五百元以上五千元以下的罚款。

(2)为单位提供档案服务的企业，在服务过程中有第一项、第二项、第四项违法行为之一的，由县级以上档案主管部门给予警告，并处二万元以上二十万元以下的罚款。

(3)单位或者个人，有第三项、第五项违法行为之一的，由县级以上档案主管部门给予警告，没收违法所得，并对单位处一万元以上十万元以下的罚款，对个人处五百元以上五千元以下的罚款；并可以依照规定征购所出卖或者赠送的档案。

(4)擅自运送、邮寄、携带或者通过互联网传输禁止出境的档案或者其复制件出境的，由海关或者有关部门予以没收、阻断传输，并对单位处一万元以上十万元以下的罚款，对个人处五百元以上五千元以下的罚款；并将没收、阻断传输的档案或者其复制件移交档案主管部门。

(5)构成犯罪的,依法追究刑事责任;造成财产损失或者其他损害的,依法承担民事责任。

第三节　强化档案利用服务

一、档案服务利用的原则

档案的价值体现是服务机关、单位和广大人民群众,医院应当积极开展档案利用工作,根据医院实际情况制定“三合一”制度,加大室藏档案数字化力度,积极推进数字档案建设。

二、积极编制检索工具

根据中共中央办公厅、国务院办公厅联合印发的《“十四五”全国档案事业发展规划》精神,“十四五”期间需要加大数字档案室的建设力度。建设数字档案室的前提是全面开展室藏档案数字化工作。

(1)按照要求编制各种门类、各种载体档案的检索工具。

(2)建立全宗卷,材料齐全,整理规范。

三、开展档案利用服务

多角度开展档案利用服务工作,鉴于本书主编的科研课题“新媒体时代以‘PEST - SWOT 复合矩阵’联合‘宣传展览立体矩阵’让医院档案宣传展览‘活起来’‘动起来’创新研究”的研究情况,决定根据科研课题开展情况,推出运营实施、巩固成果和总结经验 3 个阶段相结合,供大家参考。

(1)在运营实施阶段,主要活动集中在院内开展,重点做好口述档案、声像档案、实物档案和档案文创产品的开发与利用。

① 口述档案之五十载风雨历程。通过视频采访的形式,记录建院元老们为了人民生命健康艰苦奋斗的岁月,记录他们全心全意发展精神卫生事业的奉献精神,激励新一代工作者不忘初心、砥砺前行。

② 声像档案之五十载风华正茂。通过发动全院职工,征集五十余年来重大事件、重要节点的声像档案,图文并茂地做成图册,沉淀医院文化,让全院工作者深刻感受五十余年医院的变化和成长。

③ 实物档案之沉浸式感受发展。收集医院和科室的实物档案,做成荣誉展

示厅，并通过环物摄影、数码拍照和三维扫描等方式将实物档案数字化，让患者和医务人员身临其境感受医院文化氛围。

④ 档案文创之“精小卫”。在院内院外征集有关精神和心理卫生的“吉祥物”等文创产品，并将其印制到香皂、毛巾等生活用品上，通过阜阳市重型精神疾病项目管理办公室（简称“686 项目办”），将这些生活用品发放到全市重型精神疾病患者手中，在给他们提供必要帮助的同时宣传精神卫生和心理健康相关工作。

(2)在巩固成果阶段，主要通过“686 项目办”、各医联体成员单位、分院等项目协作，将档案工作推广到基层和广大乡镇居民面前。

① 建立基层公卫人员个人档案。通过“686 项目办”为全市数百名基层公共卫生工作者建立个人档案：填写个人基本情况、工作中的典型案例、所获荣誉等，并组织评比对优秀档案给予一定的奖励，从而推行档案在基层的运用与实施。

② 开展档案述华章·话联合·为民生集体宣传活动。各医联体单位通过收集自身档案讲述医院的发展史，述说医联体合作后医疗水平、科研能力的提升，罗列档案在为民服务过程中的典型案例，让乡镇居民深刻感受档案带来的便利，对档案有更加直观、深刻地了解。

(3)总结经验阶段。工作开展完成后，课题组整理课题过程中的材料并在该课题模型得出的结论的基础上，针对遇到的问题、好的经验等逐条分析，总结出切实可行的一套方案，真正让档案宣传展览“动起来”“活起来”，为下一步在其他单位中推广奠定基础。同时，着手编写全宗介绍、组织沿革、大事记、基础数字汇编、抗洪抢险和疫情防控等专题文件汇集、年鉴等。

第二章　编制机关“三合一”制度

第一节　编制依据和档号编制说明

“三合一”制度是规范和指导档案形成与收集、整理与归档、鉴定与销毁等工作的一项基本档案制度，是“档案分类方案、文件材料归档范围和档案保管期限表”三项制度的合成。在全院范围内推行“三合一”制度，对于进一步提升医院档案基础业务和信息化水平，建设覆盖面更加广泛、内容更加丰富、结构更加优化的档案资源体系，维护国家档案资源完整与安全，促进档案事业健康长远发展具有重要意义。

根据《“十四五”全国档案事业发展规划》精神，规范医院档案门类划分、统一档案分类方法、理顺档案整理要求，组织做好相关编制和审查工作，不断提升机关档案资源管理的科学化、规范化、标准化水平，结合医院实际，编制《×××单位“三合一”制度》。

一、编制依据

根据《机关档案管理规定》（国家档案局令第 13 号）、《文书档案案卷格式》（GB/T 9705—2008）、《归档文件整理规则》（DA/T 22—2015）、《档案著录规则》（DA/T 18—2022）、《档号编制规则》（DA/T 13—2022）、《机关文件材料归档范围和文书档案保管期限规定》（国家档案局令第 8 号）、《会计档案管理办法》（财政部　国家档案局令第 79 号）、《安徽省会计档案整理要求及案卷格式》（财会〔2017〕309 号）、《照片档案管理规范》（GB/T 11821—2002）、《数码照片归档与管理规范》（DA/T 50—2014）、《录音录像档案管理规范》（DA/T 78—2019）、《科学技术研究档案管理规定》（国家档案局令第 15 号）、《科学技术档案案卷构成的一般要求》（GB/T 11822—2008）、《建设项目档案管理规范》（DA/T

28—2018)、《国家电子政务工程建设项目档案管理暂行办法》(档发〔2008〕3号)、《干部人事档案工作条例》《实物档案数字化规范》(DA/T 89—2022)等规定编制。

二、档号编制说明

档号按照分类方法分段组成，上、下位代码之间用"-"(短横)连接，同一级代码之间用"·"(小圆点)隔开。结合医院自身特点，统一按照《档号编制规则》(DA/T 13—2022)编制档号，说明如下。

(1)全宗号：为档案馆统一制定，这里用J158。

(2)档案门类代码：采用2位字母标识。存在二级门类的，一、二级门类均采用2位字母标识，中间用"·"隔开。

(3)年度：采用4位数字标识。

(4)目录号、课题号、项目号、型号：采用2位数字标识。

(5)保管期限代码：采用字母与数字的组合标识。保管期限永久、定期30年、定期10年分别以代码Y、D30、D10标识。

(6)案卷号/组号/册号：用阿拉伯数字，按照单位实际档案数量确定位数，应在案卷号/组号/册号前最低一级档号构成元素下按照排列次序流水编制，不应有重号。例如，采用3位数字标识，不足3位的前面用"0"补足。

(7)件号：采用阿拉伯数字标识件号，按照实际数量确定件号的位数，应在件号前最低一级档号构成元素下按照排列次序流水编制件号，不应有重号。例如，采用4位数字标识，不足4位的前面用"0"补足。

第二节　分类方案的设置

一、门类划分

《档号编制规则》(DA/T 13—2022)规定，采用2位大写汉语拼音字母标识档案门类代码。机关档案门类代码标识：文书"WS"、科技"KJ"、人事"RS"、会计"KU"、专业"ZY"、照片"ZP"、录音"LY"、录像"LX"、业务数据"SJ"、公务电子邮件"YJ"、网页信息"WY"、社交媒体"MT"、实物档案"SW"。要求：在同一个档案馆(室)内或一个全宗内，不应有重复的档案门类代码。档案分类大纲如图2-2所示。

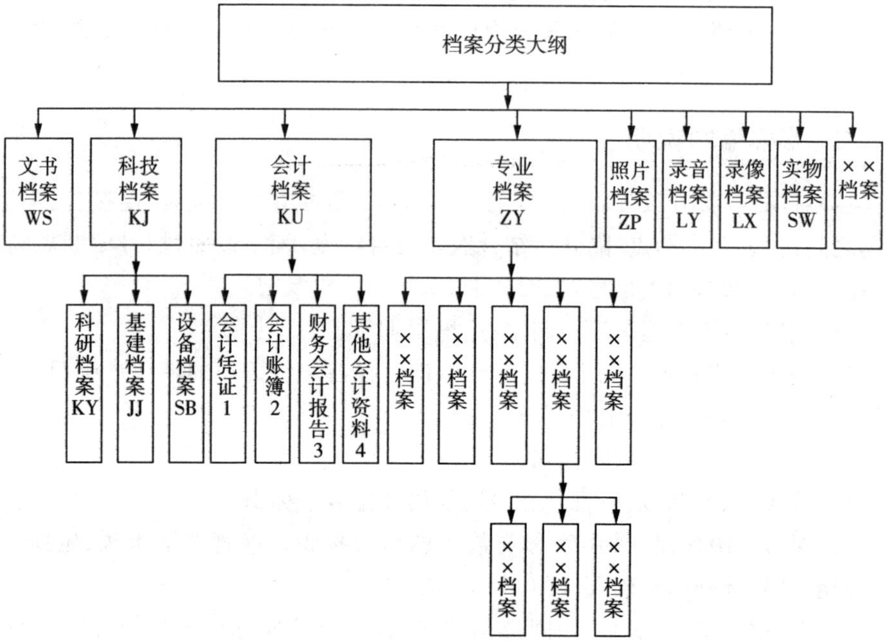

图 2-2 档案分类大纲

《机关档案管理规定》(国家档案局令第 13 号)规定,机关档案门类宜按照文书(WS)、科技(KJ)、人事(RS)、会计(KU)、专业(ZY)、照片(ZP)、录音(LY)、录像(LX)、业务数据(SJ)、公务电子邮件(YJ)、网页信息(WY)、社交媒体(MT)、实物档案(SW)设置一级门类代码,按照科研(KJ·KY)、基建(KJ·JJ)、设备(KJ·SB)设置科技档案二级门类代码。专业档案按照相关规定设置二级门类代码。

(1)文书档案,用 WS 标识,2000 年及以前按卷整理,2001 年及以后按件整理。

(2)科技档案,用 KJ 标识,分为科研(KJ·KY)、基建(KJ·JJ)、设备(KJ·SB)3 个二级门类。

科技档案的分类是根据科技档案的内容和形式特征,运用逻辑方法加以分门别类的过程;是把一个立档单位的全部科技档案划分成一定的类别,从而使全部科技档案形成一个具有一定从属关系和平行关系的不同等级和系统。科技档案一般先分大类,在大类下根据专业、性质、特点、项目等再分属类。其分类的目的是便于对科技档案的保管、保密和利用。

实体分类前的准备工作主要是指了解分类对象、分类要求,掌握分类方法,掌握相关专业知识,分析查找利用科技档案的规律,制订分类表或分类方案等内容。由于分类是整理科技档案的重要步骤,因此分类前的准备工作也可以说是整理前的准备工作,会在整理全过程中起作用。

科技档案分类的基本要求:第一,科技档案的分类,要符合形成档案的专业和形成单位的科技活动的性质和特点;第二,在一个单位内部和一个专业系统内部,同一科技档案的分类标准应该一致;第三,分类的层次类目要简明,不宜过多过繁;第四,分类应力求按专业系统实行标准化。

同时,实体分类前的准备工作还包括掌握基建、设备、产品、科研档案的分类方法,见表 2-4 所列。

表 2-4 基建、设备、产品、科研档案的分类方法

种类	分类方法
科研档案	专业-课题分类法
基建档案	性质-工程项目分类法 流域-工程项目分类法
设备档案	性质——型号分类法 工序——型号分类法

① 科研档案,一般分为调研、申报立项、研究、试验、总结、鉴定、报奖和推广应用等阶段,如图 2-3 所示。

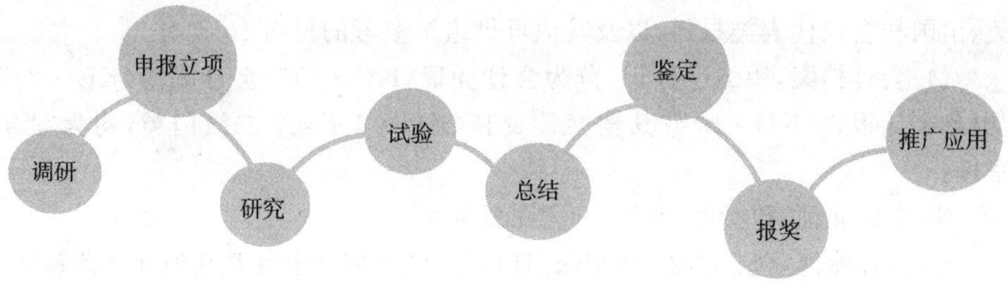

图 2-3 科研档案各阶段材料流程图

② 基建档案,包含依据性文件(可行性研究、申报立项、审批),基础性文件(勘探、测绘、征迁工作、招投标),设计文件,施工文件,监理文件,竣工、验收文件,评奖创优文件,使用、维修、改建、扩建等材料,如图 2-4 所示。

③ 设备档案,一般包含市场调研、立项审批、购置合同、商务洽谈、开箱验收(合格证、说明书、图纸、质保书等)、安装调试、验收、使用维护和更新改造等材料,如图 2-5 所示。

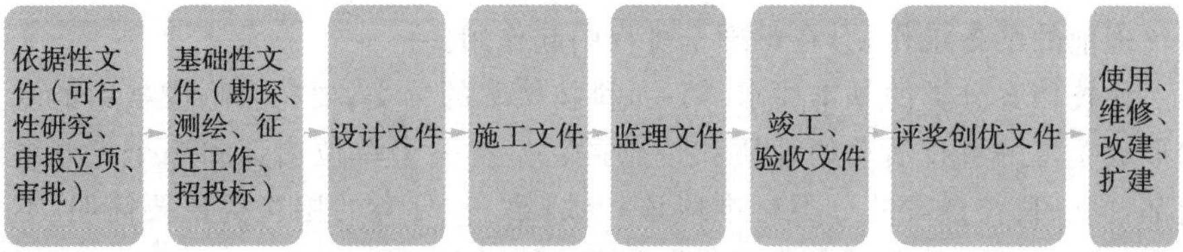

图 2-4　基建档案各阶段材料流程图

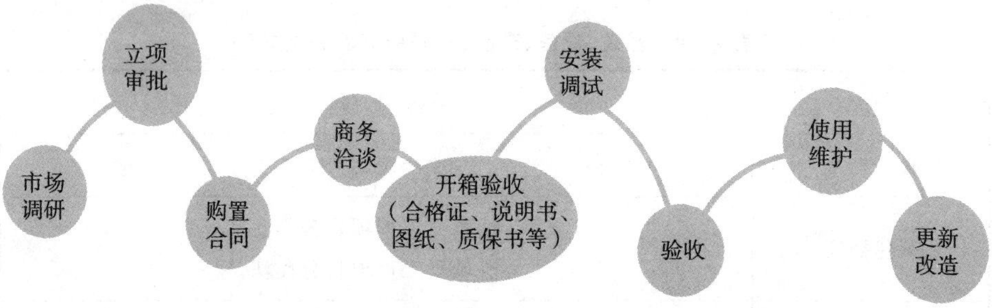

图 2-5　设备档案各阶段材料流程图

(3)人事档案，用 RS 标识，通常情况下一人一卷。按照《干部人事档案工作条例》整理和分类，分为履历类材料，自传和思想类材料，考核鉴定类材料，学历学位、专业技术职务(职称)、学术评鉴和教育培训类材料，政审、审计和审核类材料，党、团类材料，表彰奖励类材料，违规违纪违法处理处分类材料，工资、任免、出国和会议代表类材料，以及其他可供组织参考的材料 10 大类。

(4)会计档案，用 KU 标识，分为会计凭证(KU・1)”“会计账簿(KU・2)”“财务会计报告(KU・3)”“其他会计资料(KU・4)”4 个二级门类，均为案卷整理。

① 会计凭证，包括原始凭证和记账凭证；

② 会计账簿，包括总账、明细账、日记账、固定资产卡片及其他辅助性账簿；

③ 财务会计报告(财务报表和相关信息)，包括月度、季度、半年度、年度财务会计报告(行政事业单位的财务会计报告至少应当包括资产负债表、收入费用表、现金流量表、附注及决算报告)；

④ 其他会计资料，包括银行存款余额调节表、银行对账单、纳税申报表、会计档案移交清册、会计档案保管清册、会计档案销毁清册、会计档案鉴定意见书及其他具有保存价值的会计资料(如现金盘点表、支票盘点表、固定资产盘点表、财务印章保管登记表等)。

(5)专业档案，用 ZY 标识，以医院为例，医院履行行业特有职责形成的病历

(包含住院病历和门诊病历)(ZY·BL)、医疗(在医疗管理、医师考核和医疗救治等过程中的档案)(ZY·YL)、护理(在护理管理和服务过程产生的档案)(ZY·HL)、医院感染管理(在院内感染、手卫生、传染病管理与控制等过程中产生的档案)(ZY·YG)、党建(ZY·DJ)和招采(ZY·ZC)6类,均为案卷整理。病历档案为一次住院或一个门诊卡为一卷,医疗、护理、医院感染管理、党建档案按年度、保管期限结合事由组卷,招采档案一次招标或采购为一卷。

(6)声像档案,应分别设置照片(ZP)、录音(LY)和录像(LX)三个一级门类,按照归档文件的形式设置档号。在具体工作中为了方便档号编制,习惯将照片、录音和录像统一作为声像档案的二级门类,用SX标识,其中又分为照片(SX·ZP)、录音(SX·LY)和录像(SX·LX)3类,通常一次会议活动的声像档案为一组或一件。在实际工作中,对声像档案的整理还需根据载体的不同作具体划分,如照片档案就有纸质照片、底片、数码照片3种不同载体形式,录音、录像档案有磁带、光盘、优盘、母带、硬盘等载体。

(7)数字类档案,也应单独设置一级门类,考虑到单位此类型档案较少,因此统一设置一个电子大类,用DZ标识,其中又分为业务数据(DZ·SJ)、公务电子邮件(DZ·YJ)、网页信息(DZ·WY)和社交媒体(DZ·MT)4类,一个数据即为一件。保存数字类档案时,直接对其进行编制档号和目录后存档。

需要注意的是,元数据是关于数据的组织、数据域及其关系的信息,是关于数据的数据,是为了描述数据的相关信息而存在的数据。元数据是用来支持指示存储位置、历史数据、资源查找、文件记录等功能的,故在存档过程中需要留存元数据。

(8)实物档案,本身作为一级门类,为了方便分类、检索和存放,对单位的实物档案进行二次分类,统一用SW标识,其中又可分为印章(SW·YZ)、字画(SW·ZH)、标牌(含奖牌)(SW·BP)、奖章(SW·JZ)、证书(SW·ZS)、奖杯(SW·JB)、锦旗(SW·JQ)和其他(SW·QT)8类。一般情况下,一个物件为一件。

值得注意的是,根据单位特点结合具体工作需要,在这里将照片、录音和录像统一作为二级门类纳入到声像档案中,将业务数据、公务电子邮件、网页信息和社交媒体作为二级门类纳入到数字档案中,将实物档案又分为8个二级门类,在各单位自己的工作中可将这些分别罗列开。在接下来的档号结构中再分析二者差异。

二、分类方法及档号结构

(一)文书档案

文书档案按照年度和保管期限进行分类,分为以卷为保管单位的传统文书案卷和以件为保管单位的归档文件。随着信息技术的发展，档案整理发展方向为“简化整理、细化检索”，考虑到方便整理、档号设置及档案盒使用等因素，除省(部级)以上或集团单位，宜采用“年度-保管期限”二级分类方法进行分类整理和编号工作。

(1)机构分类法：根据文件形成或承办的机构对归档文件进行分类。一般来说，有一个机构就设置一个类，机构名称就是类名。

各类的次序可按照本机关机构序列表的规定或习惯顺序来排列。一般是领导机构、综合性机构排在前面，业务部门在后，最后是其他部门。例如，先排办公室，后排业务股室，再排后勤部门等。

原则上以哪个机构名义发的文件归入哪个机构。若归档文件由多个机构形成的，则有主办者的一般归入主办机构中；以机关名义发的，归入有关机构类中；业务部门起草、以机关或办公室名义发的，若内容属于该部门职责或业务，则应归入起草文件的机构类中，否则归入负责发文的综合机构。

机关内设的临时机构应和其他机构一样设类。临时机构形成的文件归入该内部机构；若涉及两个以上内部机构，则应根据其主要职能及形成的文件内容、数量多少等，由这些机构协商后确定如何分类。

(2)问题分类法：按照文件内容所涉及的问题对归档文件进行分类。

在实际工作中，使用该种分类法的立档单位大多参照内部组织机构的职能性质来设置类别。例如，将党委、工会、共青团等机构形成的归档文件划为“党群类”，业务部门形成的归档文件划为“业务类”，行政后勤部门形成的归档文件划为“行政类”或“综合类”等。

该分类法主观性较强，应慎重采用，特别是不要轻易打乱组织机构而先按问题分类。同时，要注意按照机关的基本职能来设置类别，类目体系力求简明、合乎逻辑。文件归类应按其主要内容有规律地进行，并保持连续性，某个内容的归档文件在往年放入哪类中，今后也要归入同一类中，不要随意更改。

(3)需要注意的问题：①机构分类法与问题分类法应选择其一，不能同时采用；②规模较小或公文办理程序不适于按机构(问题)分类的立档单位，可不分类别；③按责任者分、按收文与发文分、按文种分、按红头与白头分等。

以卷为单位保管的文书档案档号结构为全宗号-档案门类代码·年度·保管期限代码-案卷号-件号，如图 2-6 所示。

说明：J138 为全宗号，WS 为文书档案门类代码，1989 为年度，Y 为永久保管期限代码，001 为案卷号，0013 为件号。

以件为单位保管的文书档案档号结构为全宗号-档案门类代码·年度·保管期限代码-件号，如图 2-7 所示。

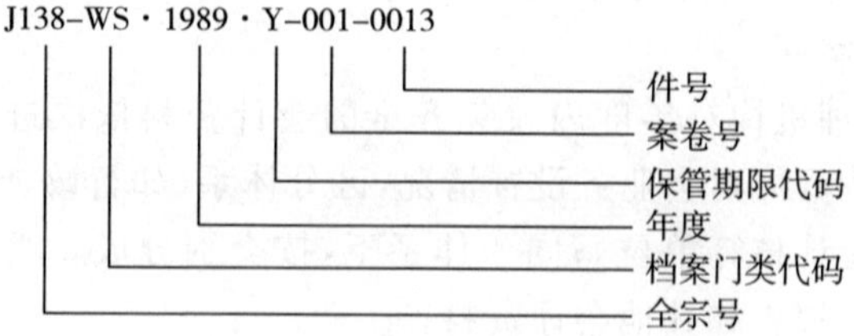

图 2－6　以卷为单位保管的文书档案档号结构示例

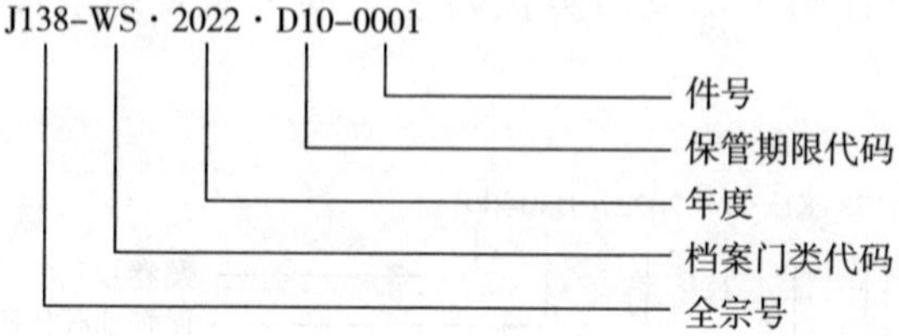

图 2－7　以件为单位保管的文书档案档号结构示例

说明:J138 为全宗号,WS 为文书档案门类代码,2022 为年度,D10 为定期 10 年的保管期限代码,0001 为件号。

(二)科技档案

科技档案分为科研(KJ · KY)、基建(KJ · JJ)、设备(KJ · SB)3 个二级门类。

按照年度、类别号、项目号(课题或型号)、保管期限等分类项进行分类。科技档案案卷级档号结构为全宗号-档案门类代码 · 二级门类代码 · 项目号代码 · 保管期限代码-案卷号,科技档案文件级档号结构为全宗号-档案门类代码 · 二级门类代码 · 项目号代码 · 保管期限代码-案卷号-件号,如图 2－8 所示。

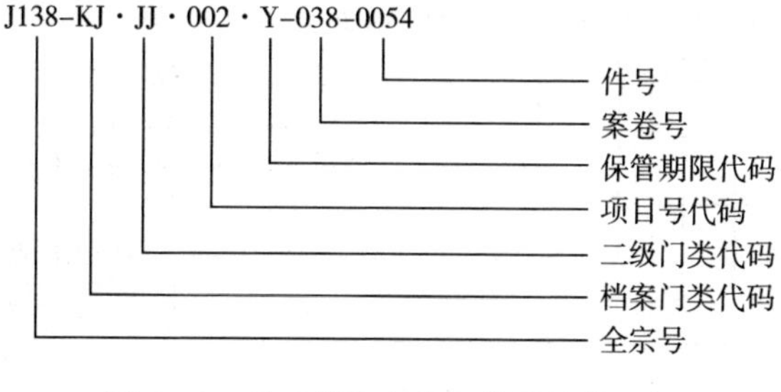

图 2－8　基建档案文件级档号结构示例

说明:J138 为全宗号,KJ 为科技档案门类代码,JJ 为基建的二级门类代码,002 为项目号代码(基建档案的项目号按照 001、002、003……顺序排列),Y 为永久保管期限代码,038 为案卷号,0054 为件号。

(三)会计档案

单位会计管理机构对年度内收集齐全的会计资料依次进行以下两个层次分类:根据本单位具体财会业务设置情况,区分体系(如行政、工会、基建等是互不交叉、独立的会计核算单位);同一体系下,按类别分成 4 类,即会计凭证、会计账簿、财务会计报告和其他会计资料。

按照年度、类别代码和保管期限等分类项进行分类。会计档案档号结构为全宗号-档案门类代码・二级门类代码・年度・保管期限代码-案卷号,如图 2-9所示。

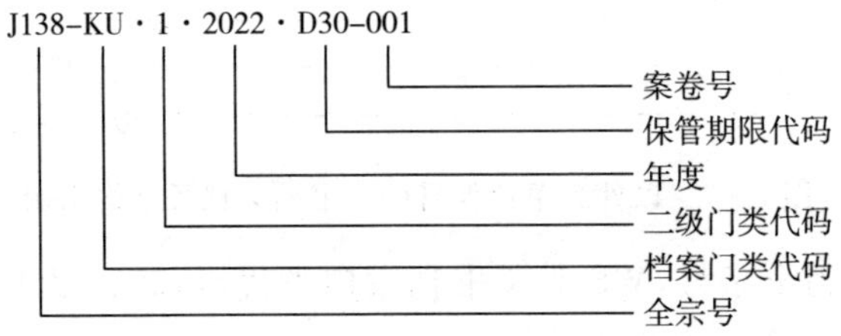

图 2-9　会计档案档号结构示例

说明:J138 为全宗号,KU 为会计档案门类代码,2022 为年度,D30 为定期 30 年的保管期限代码,1 为会计凭证的类别代码,001 为案卷号。具体著录过程中还存在案件级档号内容。

(四)专业档案

按国家规定,结合单位实际情况划分二级类目。按照类别号、年度、保管期限等分类项进行分类。医疗档案档号结构为全宗号-档案门类代码・二级门类代码・年度・保管期限代码-案卷号-件号,如图 2-10 所示。

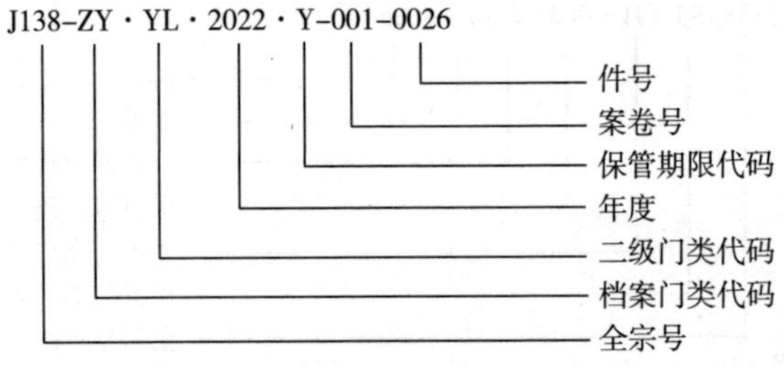

图 2-10　医疗档案档号结构示例

说明:J138 为全宗号,ZY 为专业档案门类代码,YL 为医疗档案的二级门类代码,2022 为年度,Y 为永久保管期限代码,001 为案卷号,0026 为件号。

(五)声像档案

(1)照片、录音和录像统一作为二级门类纳入到声像档案中，按照年度、保管期限等分类项进行分类，也可按照《机关档案管理规定》将其定为一类门类，参照归档文件档案格式进行编号。照片、录音和录像统一作为二级门类的档号结构为全宗号-档案门类代码·二级门类代码·年度·保管期限代码-件号/组号，如图 2－11 所示。

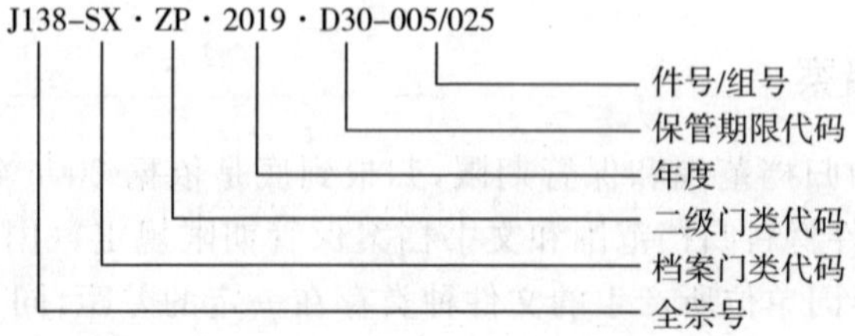

图 2－11　照片、录音和录像统一作为二级门类的档号结构示例

说明：J138 为全宗号，SX 为声像档案门类代码，ZP 为照片的二级门类代码，2019 为年度，D30 为定期 30 年的保管期限代码，025 为组号，005 为件号。

(2)照片、录音和录像档案作为一级门类，按照年度、保管期限等分类项进行分类。照片、录音和录像档案作为档号结构为全宗号-档案门类代码·年度-保管期限代码-件号。例如，J138－ZP·2022·Y－001。

(六)数字类档案

(1)将业务数据、公务电子邮件、网页信息和社交媒体作为二级门类纳入到数字档案中，业务数据、公务电子邮件、网页信息和社交媒体作为二级门类的档号结构示例：J138－DZ·SJ·2019·Y－0001。

(2)业务数据、公务电子邮件、网页信息、社交媒体作为一级门类，按照年度、保管期限等分类项进行分类。业务数据、公务电子邮件、网页信息、社交媒体作为一级门类的档号结构为全宗号-档案门类代码·年度-保管期限代码-件号。例如，J138－SJ·2022－D10－0001；J138－WY·TZGG·2019·D10－0001，TZGG 为通知公告的二级门类代码。

(七)实物档案

(1)若将实物档案分成印章(SW·YZ)、字画(SW·ZH)、标牌(含奖牌)(SW·BP)、奖章(SW·JZ)、证书(SW·ZS)、奖杯(SW·JB)、锦旗(SW·JQ)和其他(SW·QT)8 个二级门类，则档号结构为全宗号-档案门类代码·二级门类代码·年度·保管期限代码-件号，档号结构示例：J138－SW·YZ·2015·Y－0001。

(2)若实物档案作为一级门类，不分二级门类，则按照年度、保管期限等分类项进行分类，实物档案的档号结构为全宗号-档案门类代码·年度·保管期限代码-件号。例如，J138－SW·2015·Y－001。

第三节 文件材料归档范围和档案保管期限表

一、文书档案

文书档案的归档范围和保管期限，归根到底是依据2006年12月18日起实施的《机关文件材料归档范围和文书档案保管期限规定》（国家档案局令第8号）延伸而来，不同单位所产生的文件种类存在一定的差距，同一文件在不同单位的作用千差万别。档案的鉴定分为对档案真伪和档案价值的鉴定，业务工作中一般是指对档案价值的鉴定从而决定取舍，有价值的档案妥善保存，无须保存的予以销毁。在处理具体文件材料时，需要当机立断，避免极端，以文件材料及其价值为主结合以我为中心，通过制定切实可行的标准综合考核文件材料的保管期限。

档案鉴定是一项关系档案生死存亡的严肃性工作，工作的好坏直接决定管理效益的高低，具有主观预测性和不可逆性，因此在档案鉴定过程中应尽可能多地将不同鉴定理论相结合。例如，高龄档案应当受到尊重的年龄鉴定论，文件草拟科室负责决定自行决定的行政官员决定论，文件形成单位重要性的职能鉴定论，形成人员和档案人员对文件双负责的文件双重价值鉴定论，实际利用和预期利用的利用决定论，对社会发展作用的宏观鉴定论等。

（一）文件材料的收集

要想做好保管期限的划分，首先应做好档案收集工作。文件材料的收集是解决文件材料“留不留”的问题，是文书档案工作的起始环节。凡是单位在党务、行政管理等活动中形成的文件材料均属收集的范围，同时应剔除不应归档的文件材料。

1. 收集的要求

（1）文件材料应当齐全完整，并符合长久保管的质量要求。

（2）文件材料应当精练准确，并反映立档单位的主要职能。

（3）档案机构要加强对收集工作的监督指导。

（4）及时移交应归档的文件材料。

2. 收集的方法

（1）严格按照归档范围进行收集。

（2）建立相关制度，加强对零散文件的收集。

（3）明确具体人员职责，保证归档文件材料齐全完整。

（4）做好平时收集工作。

3. 收集的范围和重点

文件材料收集的范围和归档范围是一致的，重点是本机关自己形成的重要文件材料，上下级机关和其他机关针对本机关主管业务有密切联系的文件材料。

（1）立档单位要建立健全收发文登记制度，有完整的收文登记本、发文登记本、印章登记本，依据归档范围，收集所登记的"红头文件"的归档。

（2）检查本单位在年度工作中产生的"白头文件"材料是否收集归档。

① 会议材料：本单位年度工作会议材料（总结、计划）、表彰材料，专业会议材料，代表发言材料；本单位在上级工作会议上发言、汇报、经验材料、典型材料、交流或发表论文、考察报告。

② 综合材料：会议记录本（党委、党组会议，行政、办公会议）等；各类花名册、登记簿（干部职工、党员、专业技术人员等花名册及主要业务工作登记簿）；年报表（业务、党员、人事劳资等各种统计报表）；各种介绍信及存根（党团组织关系、干部调动、行政事务等）、协议、合同等。

（3）不论"红头文件"还是"白头文件"都是本单位工作过程中形成的文件材料，均属于单位应收集的范围。

4. 机关文件材料归档范围

（1）反映本机关主要职能活动和基本历史面貌的，对本机关工作、国家建设和历史研究具有利用价值的文件材料。例如，总结就是反映单位主要职能活动的材料，统计报表就是反映本单位基本历史面貌的材料。

（2）机关工作活动中形成的在维护国家、集体和公民权益方面具有凭证价值的文件材料。

（3）本机关需要贯彻执行的上级机关、同级机关的文件材料；下级机关报送的重要文件材料。

（4）其他对本机关具有查考价值的文件材料。

5. 机关文件材料不归档范围

（1）上级机关的文件材料中，普发性不需本机关办理的文件材料，任免、奖惩非本机关工作人员的文件材料，供工作参考的抄件等。

（2）本机关文件材料中的重份文件，无查考利用价值的事务性、临时性文件，一般性文件的历次修改稿、各次校对稿，无特殊保存价值的信封，不需办理的一般性人民来信、电话记录，机关内部互相抄送的文件材料，本机关负责人兼任外单位职务形成的与本机关无关的文件材料，有关工作参考的文件材料。

(3)同级机关的文件材料中，不需贯彻执行的文件材料，不需办理的抄送文件材料。

(4)下级机关的文件材料中，供参阅的简报、情况反映，抄报或越级抄报的文件材料。

(二)判断是否"归档"应注意的问题

一是，要用历史观点看文件材料，其实做档案就是存历史，要考虑档案的历史作用，如"文革""脱贫攻坚""疫情防控"等档案因其处在特殊时期，应该适当放宽；二是，要用全面的观点看文件材料，要看是否为主要职能活动、是否反映本单位基本历史面貌，要看文件材料内容，要关注文件的性质，还要关注领导签批等内容；三是，要用发展的观点看文件材料，文件作用的发挥具有"拓展性"和"滞后性"，因此需要用发展的眼光"往后看"。

(1)以文件材料为主，不是"有收必归"。收到的简报、书刊、文件汇编等，属于经验交流、介绍情况、供工作参考的，不反映本机关工作活动内容的，应作为资料保存，不属于归档文件范围。

(2)以文件材料价值为主，不是"有文必档"。确实没有查考利用价值的文件材料，一定要剔除，不归档。

(3)归与不归，不能只看有无红字版头和文号。本机关的会议记录、花名册、规章制度、工作计划、总结虽无红字版头、文号，但是必须归档；内容为联系一般行政事务、购买小规模物品的文件，虽有红字版头、文号，也不一定归档。

(4)以本机关为主，不是"外机关都不要"。外机关发来的文件，反映本机关的主要职能活动，有相关联系的，也需要归档。

(5)既要注意宏观文件材料，也要注意微观文件材料。宏观文件材料是指全面性的方针政策性文件材料，微观文件材料是指反映具体情况和问题的文件材料。

(三)函、简报和人民来信

1. 函

实际工作中，有许多工作人员认为带"函"字的文件不重要，可归可不归，即使归也不需要高级别的保管期限。实则不然，文件材料归档，不能只看文种，更要看文件内容，"函"也有轻重之分，需要根据实际情况来确定归档范围和保管期限。

《机关文件材料归档范围和文书档案保管期限规定》(国家档案局令第8号)规定，文书档案中同级机关、下级机关关于重要业务问题的来函、请示与本机关的复函、批复等文件材料属于永久保管，同级机关、下级机关关于一般性业务问题的来函、请示与本机关的复函、批复等文件材料属于长期保管。这里需要注意两个关键所在:(1)重要和一般性,重要业务问题属于永久保管,一般性业务问题属于长期保管;(2)来函和复函,函一般是需要双方互动的,有问有答,有来有往,有去有回。若事情很重要,而材料却只有一半,则重要性会大打折扣,保管期限的鉴定也会很为难。

归档文件整理讲究遵循文件的形成规律,保持文件之间的有机联系。函与复函组为一件时,著录需要增加自拟题名,包含复函部分,便于检索和利用;函与复函单独成件,排列时最好相邻,著录时各自著录,便于保管和利用。

2. 简报

1)基本含义

公文从文种上可以分为行政公文和事务公文,2012 年施行的《党政机关公文处理工作条例》规定党政机关行政公文有决议、决定、命令(令)、公报、公告、通告、意见、通知、通报、报告、请示、批复、议案、函、纪要 15 种,事务公文一般包括计划、总结、调查报告、讲话稿、典型材料、简报等。

简报属于事务性的公文,主要是机关单位用来反映情况、汇报工作、交流经验、传递信息时所采用的一种书面材料,也称为情况反映、信息通信、工作动态、内部参考等。

简报虽然不是正式的行政公文,但是属于机关单位在职能活动中形成的文件材料,应当按照相关要求鉴定保存价值,以决定是否存留。机关单位在日常的办公过程中,会收到上级、同级、下级各种类型的工作简报,为了工作的开展自身也会编发各种简报。

2)上级、同级、下级的简报保管期限简析

《机关文件材料归档范围和文书档案保管期限规定》(国家档案局令第 8 号)明确规定,下级机关的文件材料中,供参阅的简报、情况反映,抄报或越级抄报的文件材料属于机关文件材料不归档范围。注意其中的用词——“供参阅”,如仅为参阅即不存档。“参阅”即参考阅读,了解了,知道了即可,一般无下文、无后话。此类文件材料对本机关无任何价值,不需要作为档案保存。

机关文件材料不归档范围还包括上级机关的文件材料中,普发性不需本机关办理的文件材料,任免、奖惩非本机关工作人员的文件材料,供工作参考的抄件等;同级机关的文件材料中,不需贯彻执行的文件材料,不需办理的抄送文件材料。

在保管期限表中,上级机关制发的属于本机关主管业务的文件材料重要的为永久保管期限,一般的为 10 年保管期限;上级机关制发的非本机关主管业务但要贯彻执行的文件材料为 10 年保管期限;同级机关制发的非本机关主管业务但要贯彻执行的文件材料为10年保管期限。

可以理解为，无论是事务性的简报还是正式的行政公文，“无关的”文件材料都不需要归档。但若简报涉及本机关的单位、人、事，有领导的重要批示、指示、工作安排等，则此简报的保存价值将提升，或提高为10年保管期限，重要的甚至提高为永久保管。

3)《机关文件材料归档范围和文书档案保管期限规定》中文书档案保管期限表涉及的简报内容

本级党的代表大会、人民代表大会、政治协商会议，工会、共青团、妇联代表大会的文件材料中的大会发言，人大代表建议和意见、人大议案及答复，政协委员提案及办理结果，简报，快报为永久保管期限。

本机关召开工作会议、专题会议的文件材料中的典型材料、代表发言材料、交流材料、简报为30年保管期限。

机关联合召开会议的文件材料中的典型材料、代表发言材料、交流材料、简报为30年保管期限。

本机关为协办的典型材料、代表发言材料、交流材料、简报的复制件或副本为10年保管期限。

本机关承办国际性会议、大型展览会、博览会的文件材料中的代表发言材料、交流材料、简报、新闻报道为30年保管期限。

本机关编辑、编写的文件材料中的大事记、组织沿革等为永久保管期限，简报、情况反映、工作信息等为10年保管期限。

党、团、工会工作活动中形成的文件材料中的情况反映、工作简报为10年保管期限。

综上可知，本级党的代表大会、人民代表大会、政治协商会议，工会、共青团、妇联代表大会的简报为永久保管期限，本机关重要会议、活动的简报为30年保管期限，本机关一般性工作的简报为10年保管期限。

3. 人民来信

《信访工作条例》规定，公民、法人或者其他组织可以采用信息网络、书信、电话、传真、走访等形式，向各级机关、单位反映情况，提出建议、意见或者投诉请求，有关机关、单位应当依规依法处理。同时，要求各级机关、单位领导干部应当阅办群众来信和网上信访、定期接待群众来访、定期下访，包案化解群众反映强烈的突出问题。

人民来信属于各机关单位职能范畴内的历史记录之一，应当鉴定归档范围，区分保存价值，应归则归，不应归则剔除归档范围。

(1)《机关文件材料归档范围和文书档案保管期限规定》(国家档案局令第8

号)规定,不需办理的一般性人民来信、电话记录属于机关文件材料不归档范围。

(2)本机关处理人民来信来访的文件材料,有领导重要批示和处理结果的为永久保管期限,其他有处理结果的为30年保管期限。

人民来信归档需注意以下4点。一是,采用纸质信件形式的人民来信,要将信封、邮票等一并归档,注意保持信件的原貌;采用网页、新媒体来信的,除文字部分需要归档外,还要将完整页面截图归档。二是,要将领导批示和处理结果连同信件一并归档,保持"件"的有机联系。三是,按照合理的"件"内顺序进行排列,可以按照来信信封、来信信纸、领导批示单、来信处理结果的先后排序,也可以按照来信处理结果、领导批示单、来信信纸、来信信封的先后排序,同一机关单位、同一归档年度的整理方法应当保持一致。四是,著录题名需要完整、规范,不能仅仅著录来信或处理结果。例如,××关于××的来信(××领导批示,××处理结果)。

(四)文书档案保管期限的规律

归档文件划分保管期限,是对存档文件材料进行价值鉴定,是判定文件是"重要的"还是"一般的",解决"留多久"的问题。档案重要性与保管期限长短基本一致又适度背离,鉴定时需要注意以下4点。一是,注意联系,不要孤立。像会议活动需要注意收集通知、签到、纪要、通信稿等与之相关的文件材料。二是,注意内容,不要单看形式。通过内容了解文件是否反映本单位主要职能活动。三是,注意长远,不要静止。如见到招工表等,要有发展的眼光,多存点、存长点。四是,注意综合性。不要片面,要注重问题本身。

1."永久"保管的归档文件

"永久"保管的归档文件主要是记录和反映本机关主要工作、活动和基本历史面貌的文件材料,主要包括本机关制成的重要文件材料;政府机关、企事业单位、团体组织及个人制成的,或与本机关共同制成的,与本机关或本机关人员利益密切相关的各种文件材料;等等。

(1)"权":本机关机构设置与演变、职能划分、权限界定等文件材料及各种机构沿革编研材料。

(2)"钱":大额和较大额资金的批拨、使用及重要财务管理性文件材料。

(3)"人":人员任免、录(聘)用、定级、登记、职称评聘、调资、考核、辞职、离退休、死亡、抚恤、统计、调动、奖励(县级及以上机关)、惩处(警告及以上)等文件材料。

(4)"物":房屋买卖、土地征用、重大物品采购等重要的合同协议、资产登记等凭证性文件材料。

(5)“事”:重要的会议、事项、业务及重大活动等文件材料;大事记、机关志书等编研材料;职能活动中形成的重要业务文件材料;上级机关制发的属于本机关主管业务的重要文件材料;同级机关、下级机关关于重要业务问题的来函、请示与本机关的复函、批复等文件材料。

(6)“制”:本机关制定的方针政策性、法规性、普发性文件材料;日常管理工作中形成的重要制度、规定;上级制定的属于本机关主管业务的重要制度性材料等。

(7)“综”:本机关年度以上工作计划、总结,重要工作规划,重要综合性报表,重要汇报、报告与批复等,以及其他重要的综合性管理材料。

2. 定期保管的归档文件

定期保管的归档文件有本机关一般性事务管理文件材料;本机关人事管理工作形成的一般性文件材料;本机关年度以下、科室年度以上计划、总结等文件,下级机关报送的年度或年度以上计划、总结、统计、重要专题报告等文件材料;本机关召开会议、举办活动等形成的一般性文件材料;本机关职能活动中形成的一般性业务文件材料;本机关关于一般性问题的请示与上级机关的批复、批示,一般性工作报告、总结、统计报表等;上级机关制发的属于本机关主管业务的一般性文件材料;同级机关、下级机关关于一般性业务问题的来函、请示与本机关的复函、批复等文件材料;上级机关和同级机关制发的非本机关主管业务但要贯彻执行的文件材料。

(1)保管期限为“30年”的归档文件:反映本机关一般性工作活动,在较长时间内对本机关工作有查考利用价值的文件材料,或是上级机关普发的,在较长时间内需要贯彻执行的意见、办法、制度、规定、细则等。

(2)保管期限为“10年”的归档文件:在较短时间内对本机关工作有参考利用价值的一般性文件材料。

(五)不同类型单位文书档案保管期限表

1. 机关单位“普适版”

不同类型单位文书档案保管期限见表2-5～表2-9所列。

表2-5 机关单位“普适版”文书档案保管期限——办公室

序号	内容	保管期限
1	本机关党组会议和行政办公会的纪要、会议记录	永久
2	本机关召开工作会议、专题会议的文件材料	
2.1	请示、批复、通知、名单、日程、报告、讲话、总结、决议、决定、纪要	永久
2.2	典型材料、代表发言材料、交流材料、简报	30年

（续表）

序号	内容	保管期限
3	机关联合召开会议的文件材料	
3.1	本机关为主办会议的请示、批复、通知、名单、日程、报告、总结、决议、决定、纪要	永久
3.2	本机关为协办的	
3.2.1	请示、批复、通知、名单、日程、报告、讲话、总结、决议、决定、纪要的复制件或副本	30年
3.2.2	典型材料、代表发言材料、交流材料、简报的复制件或副本	10年
4	上级机关、上级领导检查、视察本机关工作时形成的文件材料	
4.1	重要的	永久
4.2	一般的	30年
4.3	本机关工作汇报材料	30年
5	区领导对本单位的重要批示及办理过程中形成的文件材料	永久
6	本机关承办（协办）区人大代表建议、议案过程中形成的文件材料	永久
7	本机关承办（协办）政协委员提案过程中形成的文件材料	永久
8	本机关业务文件材料	
8.1	本机关制定的方针政策性、法规性、普发性业务文件，中长期规划、纲要等文件材料	永久
8.2	本机关的请示与上级机关的批复、批示	
8.2.1	重要业务问题的	永久
8.2.2	一般业务问题的	30年
8.3	同级机关、下级机关的来函、请示与本机关的复函、批复等文件材料	
8.3.1	重要业务问题的	永久
8.3.2	一般业务问题的	30年
8.4	本机关代上级机关起草并被采用的重要法规性文件、专项业务文件的最后草稿	30年
8.5	本机关编辑、编写的文件材料	
8.5.1	大事记、组织沿革等	永久
8.5.2	简报、情况反映、工作信息等	10年
8.6	计划、总结、统计、调研等方面的文件材料	

（续表）

序号	内容	保管期限
8.6.1	年度和年度以上的计划、总结、统计材料	永久
8.6.2	年度以下的计划、总结、统计材料	10年
8.6.3	重要职能活动的总结、重要的调研材料	永久
8.6.4	一般活动的总结、一般问题的调研材料	10年
8.7	出国或出境考察、参加国际会议，接待来访等外事活动形成的文件材料	永久
9	上级机关制发的文件材料	
9.1	上级机关制发的属于本机关主管业务的文件材料	
9.1.1	重要的	永久
9.1.2	一般的	10年
9.2	上级机关制发的非本机关主管业务但要贯彻执行的文件材料	10年
9.3	上级机关制发的关于本机关机构设置、领导人任免、人员编制等文件材料	永久
10	同级机关制发的非本机关主管业务但要贯彻执行的文件材料	10年
11	下级机关报送的文件材料	
11.1	重大问题的专题报告	30年
11.2	年度和年度以上的计划、总结、统计材料	10年
12	巡视整改、意识形态、纪检监察、机关党建等工作中形成的文件材料	
12.1	重要的	永久
12.2	一般的	30年
13	本机关处理人民来信来访的文件材料	
13.1	有领导重要批示和处理结果的	永久
13.2	其他有处理结果的	30年

表2-6 机关单位“普适版”文书档案保管期限——人事科

序号	内容	保管期限
1	本机关机构编制、干部人事、党、团、纪检、工会、信访工作文件材料	
1.1	机构设置、机构撤并、名称更改、组织简则、人员编制、印信启用和作废等文件材料	永久

（续表）

序号	内容	保管期限
1.2	人事工作制度、规定、办法等文件	30年
1.3	人事任免文件	永久
1.4	先进单位、劳动模范、先进工作者的文件材料	
1.4.1	受县级(含)以上表彰、奖励的	永久
1.4.2	受县级以下表彰、奖励的	30年
1.5	对本机关有关人员的处分材料	
1.5.1	受到警告(不含)以上处分的	永久
1.5.2	受到警告处分的	30年
1.6	职工录用、转正、聘任、调资、定级、停薪留职、辞职、离退休、死亡、抚恤等文件材料	永久
1.7	人事考核、职称评审工作文件材料	永久
1.8	职工调动工作的行政、工资、党团组织关系的介绍信及存根	永久
1.9	职工名册	永久
2	党、团、工会工作活动中形成的文件材料	
2.1	工作报告、总结，换届选举结果	永久
2.2	重要专项活动的报告、总结等	永久
2.3	党团员、工会会员名册，批准加入党团、工会组织的文件材料	永久
2.4	情况反映、工作简报	10年

表2-7 机关单位“普适版”文书档案保管期限——行政科

序号	内容	保管期限
1	本机关事务管理文件材料	
1.1	房产、土地所有权和使用权的文件材料	永久
1.2	与有关单位签订的合同、协定、协议等文件材料	
1.2.1	重要的	永久
1.2.2	一般的	10年
1.3	接待工作的计划、方案	
1.3.1	重要的	30年
1.3.2	一般的	10年
2	本科室有关业务工作的请示、报告及领导批示	30年

表 2-8　机关单位“普适版”文书档案保管期限——综合业务科

序号	内容	保管期限
1	本科室有关业务工作的请示、报告及领导批示	30 年
2	项目资料	30 年
3	脱贫攻坚资料	30 年

表 2-9　机关单位“普适版”文书档案保管期限——财务资产科

序号	内容	保管期限
1	机关财务预算	30 年
2	机关物资(办公设备及用品、机动车等)采购计划、审批手续、招标投标、购置等文件材料，机动车调拨、保险、事故、转让等文件材料	30 年
3	本科室有关业务工作的请示、报告及领导批示	30 年
4	本单位签订的合同、协定、协议、议定书等文件材料	
4.1	重要的(时限长、涉及资金较大等)	永久
4.2	一般的(时限短、涉及资金较少等)	30 年
5	办公室国有资产的登记、统计、核查等文件材料	
5.1	国有资产价值相对大、使用寿命长的	永久
5.2	国有资产价值相对小、使用寿命短的，如计算机、打印机、传真机、复印机等办公设备	10 年

2. 机关单位“2006 年之前版”

有些地方的档案馆要求进馆的 2006 年及之前的文书档案需根据《机关文件材料归档和不归档的范围》(国档发〔1987〕27 号)划分保管期限，见表 2-10 所列。

表 2-10　机关单位“2006 年之前版”文书档案保管期限

序号	内容	保管期限
1	上级机关的文件材料	
1.1	上级机关召开的需要贯彻执行的会议的主要文件材料	永久
1.2	代上级机关草拟并被采用的文件的最后草稿和印本	永久
1.3	党和国家领导人、人民代表、上级机关领导等视察、检查本地区本机关工作时的重要指示、讲话、题词、照片和有特殊保存价值的录音、录像(以下简称声像材料)等材料	永久

（续表）

序号	内容	保管期限
1.4	上级机关转发本机关的文件(包括报纸、刊物转载)	10 年
1.5	上级机关颁发的属于本机关主管业务并要执行的文件，以及普发的、非本机关主管业务但需要贯彻执行的法规性文件	10 年
2	本机关的文件材料	
2.1	本级人民代表大会、政协、顾委、党、政、工、青、妇领导机关召开代表大会、代表会议、工作会议的全套会议文件，以及各种声像材料(由召开机关收集归档)	永久
2.2	本机关党组(或实行党委制的党委)、行政领导会议文件材料，本机关召开的工作会议、专业会议材料	永久
2.3	本机关颁发的(包括转发及与其他机关联合颁发的)各种正式文件的签发稿、印制稿，重要文件的修改稿	永久
2.4	本机关的请示与上级机关的批复文件，下级机关的请示与本机关的批复文件	永久
2.5	本机关及其内部职能部门活动形成的工作计划、总结、报告	永久
2.6	反映本机关业务活动和科学技术管理的专业文件材料	永久
2.7	本机关或本机关汇总的统计报表和统计分析资料(含盘片等)	永久
2.8	本机关形成的财务报表、凭证、账簿、审计等文件材料	永久
2.9	本机关及本机关批准的有关区域变化，解决林、地界、水利纠纷，征地及基建工程施工、竣工、购置大中型设备的文件材料，本机关直接管理的科研、生产、建设项目的科技文件材料	永久
2.10	本机关成立、合并、撤销、更改名、启用印信及其组织简则、人员编制等文件材料	永久
2.11	本机关制订的工作条例、章程、制度等文件材料	永久
2.12	本机关(本行业)的历史沿革、大事记、年鉴，反映本机关(本行业)重要活动事件的简报、声像材料、荣誉奖励证书，有纪念意义和凭证性的实物和展览照片、录音、录像等文件材料	永久
2.13	本机关(包括上报和下批)干部任免(包括备案)、调配、培训、专业技术职务评定、聘任，党员、团员、干部、工人名册、报表，纪律检查，治安保卫，以及职工的录用、转正、定级、调资、离职、退休、离休、复员、转业、伤残、抚恤、死亡等工作及干部奖惩等的文件材料	永久

（续表）

序号	内容	保管期限
2.14	本机关及本机关办理的干部、工人的转移工资、行政、党、团、工会组织介绍信及存根	永久
2.15	本机关财产、物资、档案等的交接凭证、清册	永久
2.16	本机关与外国签订的条约、议定书、协定、合同、换文(正本、副本)和机关外事活动中形成的请示、报告、计划、考察总结、重要简报、会议纪要、记录、声像材料、有参考价值的资料、互赠礼品清单、工作来往文件等	永久
2.17	本机关党委、团委、工会和内部组织机构在工作活动中形成的重要文件材料	30年
2.18	重要的人民来信、来访材料，领导的指示和本机关处理人民来信、来访形成的记录、摘要单、调查处理报告、统计分析材料	30年
2.19	本机关检查下级机关工作、调查研究形成的重要文件材料	30年
2.20	本机关与有关机关单位签订的合同、协议书等文件材料	30年
2.21	按有关规定应归档的死亡干部档案材料	30年
2.22	机关领导人公务活动形成的重要信件、电报、电话记录，从外机关带回的与本机关有关的未经文书处理登记的文件材料	10年
2.23	本机关编印的情况反映、简报等定稿和印本，编辑出版物的定稿、样本	10年
2.24	各种普查工作中形成的文件材料	10年
3	同级机关和非隶属机关的文件材料	
3.1	同级和非隶属机关联系、协商工作的重要来往文件	永久
3.2	有关业务机关对本机关工作检查形成的重要文件	30年
3.3	同级机关和非隶属机关颁发的非本机关主管业务但需要执行的法规性文件	10年
4	下级机关的文件材料	
4.1	下级机关报送的重要的工作计划、报告、总结、典型材料、统计报表、财务预算、决算等文件	30年
4.2	直属单位报送的重要的科技文件材料	30年
4.3	下级机关报送的法规性备案文件	30年

3. 机关单位“乡镇版”

机关单位“乡镇版”文书档案保管期限见表 2-11 所列。

表 2-11 机关单位“乡镇版”文书档案保管期限

序号	内容	保管期限
1	党群工作	
1.1	本乡镇党委会、党委扩大会记录、纪要等文件材料	永久
1.2	本级党的代表大会、人民代表大会，工会、共青团、妇女代表大会的文件材料	
1.2.1	请示、批复、通知、名单、日程、报告、领导讲话、总结、决议、决定、纪要、选举结果、讨论通过的文件材料等	永久
1.2.2	大会发言，人大代表建议和意见、人大议案及答复	永久
1.2.3	筹备工作、选举过程中形成的文件，小组会议记录，讨论未通过的文件材料等	10年
1.3	本乡镇人大在监督履责、办理议案过程中形成的文件材料	永久
1.4	本乡镇档案、机要、保密等工作形成的文件材料	永久
1.5	本乡镇党委有关党的基层组织发展，党员管理、考核、教育培训、党费收缴的规定、办法、通知等文件材料	
1.5.1	重要的	永久
1.5.2	一般的	30年
1.6	本乡镇党委有关党员干部任免、考核、奖惩的决定，党员组织关系转移的介绍信存根，党员统计的报表、名册等文件材料	永久
1.7	本乡镇党委有关纪检监察、党风廉政建设的通报、报告等相关文件材料	
1.7.1	重要的	永久
1.7.2	一般的	30年
1.8	本乡镇纪检监察案件材料	永久
1.9	本乡镇党委有关政治思想、精神文明、宣传教育等工作形成的文件材料	
1.9.1	重要的	永久
1.9.2	一般的	30年
1.10	本乡镇统战、民族、宗教、侨务等工作形成的文件材料	
1.10.1	重要的	永久

（续表）

序号	内容	保管期限
1.10.2	一般的	30 年
1.11	本乡镇工会、共青团、妇联工作形成的文件材料	
1.11.1	重要的	永久
1.11.2	一般的	10 年
1.12	本乡镇学会、协会等组织在工作中形成的文件材料	30 年
1.13	上级机关、上级领导检查、视察本地区、本乡镇工作形成的文件材料；上级机关下发的需要本乡镇贯彻执行的决定、纪要等文件材料	
1.13.1	重要的	永久
1.13.2	一般的	30 年
1.14	下级党组织报送的年度计划、总结、报表、典型材料等	10 年
2	行政综合	
2.1	本乡镇乡镇长办公会、联席会、专题会等会议记录、纪要、决议等文件材料	永久
2.2	本乡镇制定的中长期规划，年度计划、总结等文件材料	永久
2.3	本乡镇区划调整、机构调整、人员编制、隶属关系改变等文件材料	永久
2.4	本乡镇编纂大事记、历史沿革、乡镇志、年鉴等过程中形成的文件材料	永久
2.5	本乡镇举办重大活动、应对突发事件过程中形成的文件材料	永久
2.6	本乡镇各项普查、统计调查工作形成的文件材料	
2.6.1	重要的	永久
2.6.2	一般的	10 年
2.7	本乡镇信访工作形成的文件材料	
2.7.1	重要的	永久
2.7.2	一般的	10 年
2.8	本乡镇行政执法案卷材料	永久
2.9	本乡镇有关人事、劳资、评聘、离退休、抚恤等工作形成的文件材料	永久
2.10	与本乡镇有关的奖惩文件材料	

（续表）

序号	内容	保管期限
2.10.1	本乡镇或本乡镇干部职工获得县级(含)以上表彰奖励和受到警告(不含)以上处分的决定、通知、通报等	永久
2.10.2	本乡镇或本乡镇干部职工获得县级以下表彰奖励和受到警告处分的决定、通知、通报等	30年
2.11	本乡镇有关劳动就业、劳务输出的通知、规定、名册等文件材料	永久
2.12	本乡镇机关房产、土地所有权和使用权的文件材料	永久
2.13	本乡镇与有关单位签订的合同、协议等,物资和服务的采购计划、审批手续、招标投标等文件材料	
2.13.1	重要的	永久
2.13.2	一般的	30年
2.14	本乡镇政府政务工作形成的其他文件材料	
2.14.1	重要的	永久
2.14.2	一般的	30年
2.15	本乡镇所属单位和村级组织报送的有关人员调整、组织换届、机构撤并等文件材料	永久
3	司法综治民政	
3.1	本乡镇有关司法、综治工作形成的文件材料	
3.1.1	依法行政、综合治理、维稳保障等工作的规定、办法、意见、建议、报告、总结等	永久
3.1.2	维护国家安全、扫黑除恶、反邪教工作等的巡视巡查、督查检查计划、记录等	30年
3.1.3	法律援助、人民调解、社区矫正、法治宣传等工作的规定、办法、报告、总结等	永久
3.2	本乡镇有关国防教育、民兵、征兵、预备役等工作的计划、总结、报告等文件材料	永久
3.3	本乡镇有关现役退役军人事务管理、安置、优待、双拥等工作的通知、报告、请示、批复等文件材料	永久
3.4	本乡镇有关基层政权建设的请示、批复、通知、报告、总结等文件材料	永久

（续表）

序号	内容	保管期限
3.5	本乡镇区域内地名管理工作征求意见会会议名单、投票结果，上报征求意见函等文件材料	永久
3.6	本乡镇有关安全监管、社会救助、防灾减灾、移民安置、慈善社会捐赠等文件材料	
3.6.1	重要的	永久
3.6.2	一般的	30年
3.7	本乡镇有关移风易俗、婚丧嫁娶等文件材料	30年
3.8	本乡镇有关老年人、儿童、残疾人等社会保障，失业和离退休人员社会化管理，调解劳务纠纷等各项惠民服务工作形成的文件材料	
3.8.1	重要的	永久
3.8.2	一般的	30年
3.9	本乡镇有关司法、综治、人武、民政、社会治安等工作形成的其他文件材料	
3.9.1	重要的	永久
3.9.2	一般的	10年
4	城乡建设自然资源交通	
4.1	本乡镇有关城乡建设、环境保护的规划、说明、方案等文件材料	永久
4.2	本乡镇有关土地或房产的管理、承包、保护、改造、补偿等工作形成的文件材料	永久
4.3	本乡镇有关处理违章建筑、土地纠纷工作形成的文件材料	永久
4.4	本乡镇有关地籍、宅基地确权登记等文件材料	永久
4.5	本乡镇有关土地、水、动植物、矿产等资源开发、保护、利用工作形成的文件材料	永久
4.6	本乡镇有关植树造林、林草承包、林草保护等工作形成的文件材料	永久
4.7	本乡镇有关基础设施建设工作形成的文件材料	
4.7.1	重要的	永久
4.7.2	一般的	30年
4.8	本乡镇有关农村道路建设、养护、管理等工作形成的文件材料	30年

（续表）

序号	内容	保管期限
4.9	本乡镇有关城乡建设、自然资源、交通等工作形成的其他文件材料	
4.9.1	重要的	永久
4.9.2	一般的	10年
5	财政经济农业	
5.1	本乡镇有关财政和财务管理工作的规定、办法、制度、计划、请示、批复、报告等文件材料	
5.1.1	重要的	永久
5.1.2	一般的	30年
5.2	本乡镇有关财务预算等文件材料	30年
5.3	本乡镇有关税收工作的计划、规定、报表等文件材料	永久
5.4	本乡镇所属企业设立、合并、转制等文件材料	永久
5.5	本乡镇关于企业发展的计划、报告、合同、协议等文件材料	
5.5.1	重要的	永久
5.5.2	一般的	30年
5.6	本乡镇有关招商引资、对外经济贸易、农贸市场管理、外事往来、旅游等方面的规定、协定、合同、报表等文件材料	30年
5.7	本乡镇有关农村经济体制改革、家庭农场等新型农业经营主体、农业生产、粮食生产、农产品质量安全、收益分配、“菜篮子工程”、农业技术、科学种田、农业机械化等工作形成的文件材料	
5.7.1	重要的	永久
5.7.2	一般的	30年
5.8	本乡镇有关家庭承包经营的合同、村（组）延包方案的审核意见、会议纪要、土地经营权流转合同，土地承包问题信访、纠纷调解形成的文件材料	永久
5.9	本乡镇有关农田水利、水电建设的规划、设计等文件材料	永久
5.10	本乡镇有关畜牧生产、水产养殖、动物防疫工作的请示、批复、报告、通知、总结等文件材料	30年
5.11	本乡镇有关农产品生产、质量认证、加工等相关工作的计划、通知、请示、批复等文件材料	30年

（续表）

序号	内容	保管期限
5.12	本乡镇有关财政、经济、农业等工作形成的其他文件材料	
5.12.1	重要的	永久
5.12.2	一般的	10 年
6	科教文卫	
6.1	本乡镇有关科学、教育事业发展，学校管理、校舍建设的计划、报告、报表等文件材料	永久
6.2	本乡镇有关文化、旅游、体育、广播电视事业发展、管理的计划、请示、报告、总结、合同、协议等文件材料	永久
6.3	本乡镇有关文物保护、民族民间文化艺术遗产传承、民间文艺创作工作形成的文件材料	
6.3.1	重要的	永久
6.3.2	一般的	30 年
6.4	本乡镇有关卫生防疫、妇幼保健、合作医疗等工作的计划、请示、报告等文件材料	
6.4.1	重要的	永久
6.4.2	一般的	30 年
6.5	本乡镇有关科技、教育、文化、卫生等工作形成的文件材料	
6.5.1	重要的	永久
6.5.2	一般的	10 年

4. 机关单位“医院版”

机关单位“医院版”文书档案保管期限见表 2-12 所列。

表 2-12 “医院版”文书档案保管期限

序号	档案类型	保管期限
1	会议、活动材料	
1.1	党委会、院长办公会、纪委工作会和职代会	
1.1.1	会议记录和会议纪要	永久
1.1.2	会议议题、议定事项通知	30 年
1.2	重特大事件会议活动、全市型会议等	

（续表）

序号	档案类型	保管期限
1.2.1	请示、批复、通知、名单、日程、报告、讲话、总结、决议、决定、纪要、经费使用	永久
1.2.2	典型材料、代表发言材料、交流材料、简报	30年
1.3	联合召开会议	
1.3.1	医院主办会议的请示、批复、通知、名单、日程、报告、讲话、总结、决议、决定、纪要	永久
1.3.2	医院协办的请示、批复等复制件或副本	30年
1.3.3	医院协办的典型材料、代表发言材料、交流材料、简报的复制件或副本	10年
1.4	周例会、行政查房等记录和交流材料	30年
1.5	重要节点、重大活动过程中产生的文件材料	永久
1.6	各类主题活动、文体活动中的情况反馈、简报等	10年
2	交流学习、检查调阅材料	
2.1	上级机关或领导检查、视察工作形成的文件材料	
2.1.1	视察或调研医疗救治、重大舆情或疫情事件、对党委或纪委考核等重要工作或事件	永久
2.1.2	常规工作考察、节假日巡查等一般检查工作	10年
2.2	国内知名兄弟单位前来考察对接、洽谈合作等	永久
2.3	同级或下级兄弟单位前来参观、交流和学习等	30年
2.4	出国或出境考察、参加国际会议，接待来访等外事活动形成的文件材料	永久
3	省市级批示或文件	
3.1	省市领导对医院工作的批示及办理过程的文件	永久
3.2	医院承办(协办)市人大代表建议、议案过程中形成的文件材料或答复	永久
3.3	参与制定省市级行业标准过程中形成的材料，代上级机关起草并被采用的重要法规性文件、专项业务文件的最后草稿	永久
4	本机关业务文件材料	
4.1	计划、总结、统计材料等	

（续表）

序号	档案类型	保管期限
4.1.1	年度及以上材料或重特大事件专项材料	永久
4.1.2	年度以下、科室年度、专项总结或整改材料	10年
4.2	医院制定的方针政策性、普发性业务文件，中长期规划、纲要等文件材料	永久
4.3	请示、报告、通知、函和上级批复、批示与复函	
4.3.1	基建项目、学科建设、分院或科室设立、机构设置或撤销、名称变更或新增、印章启用或作废、人员信息（录用、转正、聘任、考核、职称评审、调资、定级、停薪留职、任免、辞职、离退休、死亡、人销编、抚恤等）、30万以上的大额资金使用、大型医疗设备购买、发展规划、巡视巡查、突发重特大事项或重要业务问题等	永久
4.3.2	科室业务工作、医院物资（办公设备及用品、机动车等）采购计划、审批手续、招标投标、购置等文件材料、固定资产报废等一般事件或问题	30年
4.3.3	兄弟单位关于学科建设、“三甲”或区域医疗中心创建、医联体合作、业务合作、结对合作帮扶等重要医务等重要业务问题	永久
4.3.4	兄弟单位关于一般业务问题	30年
5	本机关编辑、编写的文件材料	
5.1	全宗卷、大事记、组织沿革、专题汇编等	永久
5.2	简报、情况反映、工作信息等	10年
6	制度、方案、细则、要点、规定、办法等	
6.1	单位制度汇编	永久
6.2	行政管理（档案、信访、保密、群团工会、人事、财务、信息化、采购、后勤服务、“创建类”等）、诊疗服务、医疗质量、心理或精神健康、医院感染、党的建设、意识形态、监察审计或巡查等	30年
7	成立委员会、领导小组等文件材料	
7.1	类似科室的长期性工作组织	永久
7.2	业务开展或迎检等工作组织	10年
7.3	其他单位印发有医院成员和工作要求内容的	10年
8	“创建”和迎检类文件材料	

（续表）

序号	档案类型	保管期限
8.1	“三级/三甲医院”、区域精神医疗中心等关于医院主要职能工作的活动	
8.1.1	通过创建形成的一系列文件材料	永久
8.1.2	创建不成功形成的一系列文件材料	10年
8.2	“文明单位”“健康促进”“无烟医院”“平安医院”等与医院职能工作有关的创建活动	
8.2.1	通过创建形成的一系列文件材料	30年
8.2.2	创建不成功形成的一系列文件材料	10年
8.3	文明城市、卫生城市、双拥合格单位等非医院职能范围内的创建工作形成的文件材料	10年
8.4	迎检类文件材料	
8.4.1	迎接医疗服务、医院感染、学科建设、党的建设、意识形态、绩效考核等主要职能工作过程中形成材料及问题和相应整改措施等	永久
8.4.2	迎接非主要职能活动过程中形成材料及问题和相应整改措施等	10年
9	表扬、表彰和处罚、处分材料	
9.1	先进单位、劳动模范、先进工作者的文件材料	
9.1.1	受到市级以上行政单位表彰、奖励的	永久
9.1.2	市级以下单位、本院、学会等表彰、奖励的	30年
9.2	对医院有关人员的处分材料	
9.2.1	受到警告（不含）以上处分的	永久
9.2.2	受到警告处分的	30年
10	党建群团工作和人事工作	
10.1	换届、选举等材料	
10.1.1	党委、工会、团总支（团委）材料	永久
10.1.2	党支部、团支部等材料	30年
10.2	党工群团名册，批准加入党团、工会组织材料	永久
10.3	介绍信及存根	
10.3.1	调到医院工作的行政、党团组织关系等文件材料	永久

（续表）

序号	档案类型	保管期限
10.3.2	职工内部科室调动文件材料	30年
10.4	职工名册、人事报表等	永久
11	房产、土地、协议和固定资产等	
11.1	房产、土地所有权和使用权等文件材料	永久
11.2	签订的合同、协定、协议、议定书等文件材料	
11.2.1	战略合作协议、大型设备购买和维保、确定食堂物业重要的等时限长、涉及资金大的	永久
11.2.2	通信、污水、水电气等合同金额在30万以下、服务年限3年以下、一般事件的	10年
11.3	国有资产的登记、统计、核查、维保等文件材料	
11.3.1	资产价值相对大、单个资金30万以上且使用寿命5年以上的	永久
11.3.2	办公设备等价值相对小、使用寿命短的	10年
11.4	行政管理、后勤服务过程中产生的文件材料	
11.4.1	重要的	30年
11.4.2	一般的	10年
12	贯彻执行信访维稳、安全生产、档案保密、脱贫振兴等非医院职能工作	
12.1	本单位工作过程中产生的材料	
12.1.1	重大事件和重要节点材料	30年
12.1.2	日常工作形成的材料	10年
12.2	省(市)委、省(市)政府及省(市)直行政机关制发的非本机关主管业务但要贯彻执行的文件材料	10年
13	医院承建的学会、协会	
13.1	谋划会议及过程材料，成立或注销的佐证材料、请示和批复等文件	永久
13.2	成立、换届、增补理事及以上成员(单位)等过程中的请示、通知、名单、日程、报告、讲话、决议、纪要、经费使用等文件材料	永久
13.3	全体理事、会员等重大会议或活动文件材料	永久

（续表）

序号	档案类型	保管期限
13.4	会员申请书、登记表等文件材料	30年
13.5	表彰、处罚等文件材料	30年
13.6	年审、常规性工作会议等文件材料	10年

二、科技档案

(一)科技档案的收集

收集工作是科技档案管理工作的重要基础工作。严格地讲，档案部门的收集工作是对科技档案的收集，也就是收集上来的应是科技业务部门整理立卷后的科技档案，而不是科技文件。科技文件是科技档案的前身，科技档案是由科技文件转化而来的。

由科技业务部门及有关科技人员负责科技文件的整理归档工作，是国家的一项规定，这是由科技、生产活动及科技文件形成的特点决定的，档案部门只是有责任监督、指导科技人员做好整理归档工作。这也是科技文件归档制度的要求。但是现实工作中，各单位档案室收集上来的大多是未经整理的科技文件。这就要求档案部门或档案人员协同科技部门（人员）共同做好科技文件的收集、整理工作。收集时要对照《科技文件的归档范围和保管期限表》，把每个项目、课题、产品、每套设备的科技文件齐全完整、准确地收集、存放在一起，以便集中整理。

(二)科技档案归档范围

在整理科技档案之前，档案部门和有关科技部门要研究和分析本单位在科技、生产活动中形成的科技文件的种类和成分，确定每类科技档案的归档范围并编制其保管期限表。科技文件的归档范围如下。

(1)一般基建项目文件的归档范围主要包括可行性研究文件、勘察材料、设计材料、工程管理材料、施工、监理、竣工文件、财务管理及其他材料等。

(2)设备仪器档案的归档范围主要有购置设备、自制设备仪器、设备仪器安装调试、设备仪器操作规程、设备改进改装、设备申请报废等材料。

(3)一般科研项目文件的归档范围主要包括科研准备阶段、研究实验阶段、总结鉴定验收阶段、成果奖励申报阶段、推广应用阶段等形成的科技文件。

(4)产品档案的归档范围主要有产品开发研制报告、可行性研究报告等材料，产品设计过程中形成的文件材料、产品实验材料、工艺材料、原材料检验材料等。

(三)不同类型单位科技档案保管期限表

1. 机关单位"普适版"

机关单位"普适版"科技档案保管期限见表2-13～表2-15所列。

表2-13 机关单位"普适版"科技档案保管期限——基建档案

序号	内容	保管期限
1	立项文件	
1.1	项目策划、筹备文件，项目建议书、预可行性研究报告、可行性研究报告、初步设计及投资概算审批文件	永久
1.2	项目咨询、评估、论证文件	永久
1.3	项目审批、核准、备案申请报告及批复、补充文件、项目变更调整文件	永久
1.4	项目规划选址、环境影响、水土保持、职业安全卫生、节能、消防、文物、地震安全性评价、压覆矿产资源、林地、水资源等专项报审和批复	永久
2	招标投标、合同协议文件	
2.1	招标计划及审批文件、招标公告、招标书、答疑文件、招标委托合同、资格预审文件	30年
2.2	中标的投标书、澄清、修正补充文件、评标报告(开标记录、评标人员签字、评标纪律、评标办法、评标细则、打分表、汇总表、评审意见)、定标文件、中标通知书	永久
2.3	未中标的投标文件(或作资料保存)	10年
2.4	市场调研、技术经济论证采购活动记录、谈判文件、询价通知书、响应文件，供应商的推荐、评审、确定文件，政府采购、竞争性谈判、单一来源采购协商记录、质疑答复	30年
2.5	合同准备、谈判、审批文件，合同书、协议书，合同执行、合同变更、合同索赔、合同了结文件、合同台账	永久
3	勘察、设计文件	
3.1	地质、水文勘察报告，地质图，地形图，化验、试验报告，重要土、岩样及说明，气象、地震等其他设计基础资料	永久
3.2	地形、地貌、控制点、建筑物、构筑物及重要设备安装测量定位、观测监测记录	永久
3.3	施工图、施工技术要求、设计通知、设计月报，特种设备设计计算书	30年

（续表）

序号	内容	保管期限
3.4	技术秘密、专利、关键技术设计、试验文件、设计接口及设备接口文件，技术设计审查文件、设计报告及审查文件，施工图设计审查文件、供图计划，设计评价、鉴定文件	永久
4	征地、拆迁、移民文件	
4.1	建设用地评估报告、用地申请审批文件，临时用地及土地复垦申请审批、验收文件，征用土地协议、土地划拨、置换批准文件、建设征地规划设计报告及审查意见，建设规划用地许可证、国有土地使用证、林权证、不动产权证等	永久
4.2	拆迁方案、拆迁评估、拆迁补偿、拆迁实施验收文件	永久
4.3	淹没实物指标调查材料，移民安置规划、方案及审批，移民补偿计划，移民安置合同协议，合同安置实施、项目验收文件，实物补偿、资金补偿、决算、审计等移民资金管理文件，移民监理文件，移民安置验收	永久
5	项目管理文件	
5.1	项目建设管理组织机构成立、调整文件，项目管理人员任免文件，项目各项管理的管理制度、业务规范、工作程序及质保体系文件	永久
5.2	项目管理重要会议文件、年度工作总结，获得奖项、荣誉及先进人物等材料	永久
5.3	投资、质量、进度、安全、环保等计划、实施、调整、总结文件，质量、安全、环保、文明施工等专项检查考核文件，履约评价文件，质量监督、安全监督文件	30年
5.4	通知、通报等日常管理性文件，一般性来往函件	30年
6	项目施工文件	
6.1	施工管理、技术文件	
6.1.1	施工项目部组建、印章启用、人员任命文件、质量承诺书，进场人员资质报审文件，施工设备仪器进场报审文件，设备仪器校验及率定文件，开工报告、项目划分、工程技术要求、技术（安全）交底、图纸会审文件	永久
6.1.2	施工组织设计、施工方案及报审文件，施工计划、施工技术及安全措施、施工工艺及报审文件	永久
6.1.3	设计变更通知、变更洽商单、材料代用核定审批、技术核定单、工程联系单、备忘录、工程变更台账	永久

（续表）

序号	内容	保管期限
6.1.4	工地试验室成立、资质、授权文件，外委试验协议、资质文件，原材料及构配件出厂证明、质量鉴定、复试报告及报审文件，试验检验台账，施工日志、月报、年报	30 年
6.1.5	施工总结、完工报告、验收证书、遗留问题清单	永久
6.2	建筑施工文件	
6.2.1	见证取样记录、砂浆、混凝土试验记录及报告，钢筋连接接头试验报告，工艺试验方案、试验成果报告，锚杆检测报告、地基承载力检测记录及报告、压实度检测记录及报告，桩身及桩基检测报告，防水渗漏试验检查记录，节能保温测试记录、室内环境检测等技术试验检测记录和报告，成品及半成品试验检验台账	永久
6.2.2	交桩记录、施工定位、测量放线记录及报审文件	永久
6.2.3	施工勘察报告、岩土试验报告、地基验槽记录、工程地基处理记录	永久
6.2.4	各类工程记录及测试、监测记录、报告	永久
6.2.5	隐蔽工程检查验收记录、交工验收记录、验收评定记录、验收评定台账	永久
6.3	设备及管线、电气、仪表安装调试文件	
6.3.1	焊接工艺评定报告，焊接试验记录、报告，施工检验记录、报告，探伤检测、测试记录、报告，管道单线图（管段图）	永久
6.3.2	强度、密闭性等试验检测记录、报告，联动试车方案、记录、报告齐全	30 年
6.3.3	隐蔽工程检查验收记录，管线标高、位置、坡度测量记录	永久
6.3.4	管线清洗、试压、通水、通气、消毒等记录	30 年
6.3.5	安装记录、安装质量检查文件，交工验收记录、质量评定、验收评定台账、事故处理报告、缺陷处理记录及台账	永久
6.3.6	绝缘、接地电阻等性能测试、校核文件，系统调试方案、记录、报告，电气装置交接记录	30 年
6.3.7	材料、设备明细表及检验记录、电气试验检验台账	永久
6.4	建筑施工、设备和管线安装、电器和仪表安装的竣工图及竣工图编制说明	永久
7	监理文件	
7.1	监理管理文件	

（续表）

序号	内容	保管期限
7.1.1	监理(监造)项目部组建、印章启用、监理人员资质,总监任命、监理人员变更文件,监理规划、监理实施细则	永久
7.1.2	施工(设备制造)计划进度、延长工期报审,开工、复工报审,开工令、暂停令、复工令,监理通知单、回复单、工作联系单,来往函件	永久
7.1.3	监理(监造)例会、专题会等会议纪要、备忘录	永久
7.1.4	监理(监造)日志、月报、年报	30年
7.1.5	(关键工序、零部件)旁站记录、见证取样、平行检验、抽检文件,质量缺陷、事故处理、安全事故报告	永久
7.1.6	监理工作总结、质量评估报告、专题报告	永久
7.2	施工监理文件	
7.2.1	原材料抽检、构配件、设备抽检文件,监理检查、复检、实验记录、报告,工程计划、实施、分析统计、完成报表	30年
7.2.2	单位(单元)工程检查及开工签证、分部分项工程质量验收,混凝土开盘鉴定(开仓签证)、混凝土浇灌申请批复文件	30年
7.2.3	测量控制成果报验及复核文件,质量、施工文件等检查报验,质量检查评估报告、阶段验收、竣工验收监理文件	永久
7.2.4	工程计量、支付审批、工程变更审查、索赔文件	永久
7.3	设备监造文件	
7.3.1	设备制造单位质量管理体系报审,控制节点、检验计划齐全	30年
7.3.2	原材料、外购件等质量证明文件报审,分包单位资格报审文件,试验、检验记录及报告齐全	30年
7.3.3	变更报审文件,设备制造支付、造价调整、结算审核、索赔文件	永久
7.3.4	设备出厂验收、交接文件	永久
8	试运行文件	
8.1	技术准备计划、方案及审批文件	永久
8.2	试生产、试运行管理、技术规程规范;试生产、试运行方案、操作规程、作业指导书、运行手册、应急预案;试车、验收、运行、维护记录;试生产产品质量鉴定报告	30年

（续表）

序号	内容	保管期限
8.3	缺陷处理、事故分析记录、报告；试生产工作总结、试运行考核报告，产品技术参数、性能、图纸	永久
8.4	技术培训材料，环保、水保、消防、职业安全卫生等运行检测监测记录、报告	10年
9	竣工验收文件	
9.1	项目各项管理工作总结；设计工作报告、监理工作报告、施工管理报告、采购工作报告、总承包管理报告、建设管理报告、运行管理报告；项目安全鉴定报告、质量检测评审鉴定文件、质量监督报告；同行评估报告、阶段验收文件	永久
9.2	环境保护、水土保持、消防、职业安全卫生、档案、移民安置、规划、人防、防雷等专项验收申请及批复文件，决算审计报告；竣工验收大纲、验收申请、验收报告；验收组织机构、验收会议文件、签字表，验收意见、备忘录、验收证书；验收备案文件、运行申请、批复文件、运行许可证书	永久
9.3	项目评优报奖申报材料、批准文件及证书；项目后评价文件	永久

表2-14　机关单位“普适版”科技档案保管期限——科研档案

序号	内容	保管期限
1	立项论证阶段	
1.1	项目指南、可行性研究报告，项目经费预算文件材料，申报书及相关证明	永久
1.2	立项评审文件材料，预算申诉、评审文件材料	永久
1.3	立项（含预算）批复，任务合同书（含预算书）及各类协议等	永久
2	研究实施及过程管理阶段	
2.1	研究计划、组织实施工作方案，研究、试验任务书、大纲，试验、探测、测试、观测、观察、野外调查、考察等的原始记录和整理记录，综合分析报告	永久
2.2	设计文件、图样，集成电路布图，工艺文件，计算文件，数据处理文件	永久
2.3	科学数据	永久
2.4	研制的样机、样品、标本等的实物及其目录、图片等	永久

（续表）

序号	内容	保管期限
2.5	中期、年度等阶段执行进展情况报告、总结报告、研究成果等	30年
2.6	项目、人员、进度、经费等的调整、变更文件材料；撤销项目已开展工作、已使用经费、已购置设备仪器、阶段性成果、知识产权等情况文件材料	永久
2.7	专家咨询、中期检查、中期评审、项目监督工作形成文件材料	30年
2.8	建设的中试线、试验基地、示范点一览表、图片及数据等	30年
3	结题验收及绩效评价、成果管理阶段	
3.1	验收申请书，验收承诺书；工作总结报告，技术报告，项目经费决算等财务情况文件材料	永久
3.2	验收通知，验收评审文件材料；验收现场测试报告，第三方检测、测试、评估报告，用户使用报告及证明、典型用户报告、产业化审核报告；验收结论书，结题书面通知等	永久
3.3	绩效自评价报告，专家评议文件材料、评价结论等绩效评价工作文件材料	永久
3.4	研究报告、论文、专著、数据库等研究成果文件材料；自评价报告，科技报告；专利、软件及其他知识产权文件材料	永久
3.5	产业化报告、证书、出版物等成果应用，获奖、宣传推广文件材料	永久

表2-15　机关单位“普适版”科技档案保管期限——设备档案

序号	内容	保管期限
1	综合	
1.1	工艺设计、说明、规程、试验、技术报告	永久
1.2	自制专用设备任务书、设计、检测、鉴定、台账	永久
1.3	设备设计文件、出厂验收、商检、海关文件	永久
1.4	设备技术管理文件(条例、办法、方案、规定、通告等)、材料装箱单、开箱记录、工具单、备品备件单	30年
1.5	设备台账、备品备件目录、设备图纸、设备制造检验检测、出厂试验报告、产品质量合格证明、安装及使用说明、维护保养手册	永久
1.6	设备制造探伤、检测、测试、鉴定的记录、报告	永久
1.7	设备变更、索赔文件	永久

（续表）

序号	内容	保管期限
1.8	设备质保书、验收、移交文件	永久
1.9	特种设备生产安装维修许可、监督检验证明、安全监察文件	永久
1.10	设备运行使用、检修维护文件	永久
2	单台(套)设备仪器	
2.1	调研、考察材料；购买设备的申请、批复文件	30年
2.2	购置合同、协议	30年
2.3	洽谈记录、纪要、备忘录、来往函件及商检材料	30年
2.4	设备仪器开箱验收记录	30年
2.5	设备仪器合格证、装箱单、出厂保修单、说明书、环保材料等随机图样及文字材料	30年
2.6	设备仪器安装调试、试车记录、总结、竣工图样、检测验收等材料	30年
2.7	运行记录及重大事故分析处理报告	30年
2.8	设备仪器保养和大修计划、记录	30年
2.9	设备仪器检查记录、设备仪器履历表	30年
2.10	设备改造记录和总结材料	30年
2.11	技术、质量异议的处理结果材料	永久
2.12	设备仪器报废鉴定材料、申请、批复和处理结果	30年

2. 机关单位“乡镇版”

机关单位“乡镇版”科技档案保管期限见表2-16所列。

表2-16　机关单位“乡镇版”科技档案保管期限

序号	内容	保管期限
1	基建	
1.1	项目建议书、可行性研究报告、初步设计文件及项目申报和审批材料，中标的投标书、中标通知书，合同、协议等，相关的土地、资源、安全等专项报审、批复材料，征地拆迁材料等	永久
1.2	招标计划及审批、招标、评标等文件材料	30年
1.3	勘察、设计及审批等文件材料	永久
1.4	项目管理重要会议记录、纪要，项目管理制度、规范等文件材料	永久

（续表）

序号	内容	保管期限
1.5	建筑施工、设备及管线安装施工、电气仪表安装施工等文件材料	
1.5.1	重要的	永久
1.5.2	一般的	30年
1.6	竣工文件	永久
1.7	竣工验收相关文件材料	永久
2	科研	
2.1	科研项目立项、批准文件，科研项目合同、协议书，研究方案、开题报告等文件材料	永久
2.2	试验方案、设计标准，试验过程记录、图表、数据，试验计算、分析报告等文件材料	永久
2.3	样品试制、工艺流程、质量控制、分析报告、试验总结等文件材料	永久
2.4	技术评审、研究报告、结题验收报告，成果申报、鉴定、获奖及推广应用材料，专利、认证证书等文件材料	永久
3	设备仪器	
3.1	招投标、采购合同、协议等文件材料	永久
3.2	开箱记录、说明书、操作手册、合格证、装箱清单等文件材料	30年
3.3	安装调试记录、验收报告、操作保养规定等文件材料	30年
3.4	设备仪器运行、检修、保养、事故处理等记录材料	30年
3.5	报废申请、批复、证明等文件材料	永久

3. 机关单位“医院版”

机关单位“医院版”科技档案保管期限见表2-17～表2-19所列。

表2-17　机关单位“医院版”科技档案保管期限——科研档案

序号	档案类型	保管期限
1	重点专科建设（重点专科申报书、重点专科立项通知、重点专科过程管理阶段性监控记录、重点专科结题验收、重点专科经费使用记录）	
1.1	国家级	永久
1.2	省级	30年

（续表）

序号	档案类型	保管期限
1.3	院（市）级	10 年
2	科研课题和三新项目立项（申请书、原始数据备案、学术委员会和伦理委员会审查备案、科研立项或见刊通知、过程管理与阶段性监控记录、结题验收报告、科研成果转化、经费使用记录）	
1.1	国家级	永久
1.2	省级	30 年
1.3	院（市）级	10 年
3	继续教育（继教项目申请书，项目立项通知，项目开展现场照片、签到记录，学分录入管理，授课专家信息，经费使用记录）	
3.1	国家级	永久
3.2	省级	30 年
3.3	院（市）级	10 年
4	专著或论文发表（原始数据，学术委员会和伦理委员会审查备案，专著或刊登杂志的简述及封面、目录页、内容页复印件，获奖证书，版面费和奖励费文件材料）	
4.1	中文核心、SCI 及以上	永久
4.2	科技核心	30 年
4.3	普刊	10 年
5	学生教育	
5.1	院校合作协议书，带教师资培训与备案	永久
5.2	带教计划、轮转表、定期考核等教学记录，学员结业记录，教材、器具与教室使用管理，带教经费使用记录	10 年
6	进修学习	
6.1	外派进修材料（进修计划、会议研究后通过的进修人员名单、进修时间证明）	永久
6.2	前来进修材料（进修人员单位介绍信、申请书、基本信息、进修轮转计划）	30 年

表 2-18 机关单位“医院版”科技档案保管期限——基建档案

序号	档案类型	保管期限
1	可行性研究、任务书	
1.1	项目策划、筹备文件	永久
1.2	项目建议书、预可行性研究报告、可行性研究报告、投资概算审批文件	永久
1.3	项目咨询、评估、论证文件	永久
1.4	项目审批、核准、备案申请报告及批复、补充文件、项目变更调整文件	永久
2	设计基础文件	
2.1	选址报告、地质、水文勘察报告，地质图，地形图，化验、试验报告，重要土、岩样及说明	永久
2.2	地形、地貌、控制点、建筑物、构筑物及重要设备安装测量定位、观测监测记录	永久
2.3	气象、地震等其他设计基础资料	永久
3	设计文件	
3.1	总体规划论证、审批文件	永久
3.2	方案论证、设计及审批文件	永久
3.3	技术设计审查文件、招投标报告及审查文件	永久
3.4	施工图设计审查文件、供图计划	30年
3.5	特种设备设计计算书	30年
4	工程管理文件	
4.1	承发包合同、协议书、招投标、租赁文件	永久
4.2	施工执照	永久
5	施工文件	
5.1	设计变更、工程变更洽商单	永久
5.2	开工报告、工程技术要求、图纸会审纪要	30年
5.3	施工组织设计、工艺、方案计划	30年
5.4	原材料及构件出厂证明、质量鉴定	30年
5.5	施工技术/安全措施，建筑材料试验报告	30年

（续表）

序号	档案类型	保管期限
5.6	分项、分部、单位工程质量检查、评定	30 年
5.7	交工验收记录证明	30 年
5.8	施工总结、技术总结	30 年
5.9	施工记录、日记、大事记	10 年
6	竣工文件	永久
6.1	项目竣工验收报告	永久
6.2	全部竣工图	永久
6.3	项目质量评审材料	永久
6.4	竣工验收会议决议文件	永久
7	监理、审计文件	
7.1	监理发现问题及整改报告	永久
7.2	审计结果	永久

表 2-19　机关单位“医院版”科技档案保管期限——设备档案

序号	档案类型	保管期限
1	综合	
1.1	设备台账	永久
1.2	设备管理条例、办法、方案、规定、通告等	30 年
1.3	设备技术管理文件	30 年
1.4	设备管理规划、计划、总结，设备运行管理文件，备品备件管理文件	10 年
2	单台(套)设备仪器	
2.1	技术、质量异议的处理结果材料	永久
2.2	调研、考察材料	30 年
2.3	洽谈记录、纪要、备忘录、来往函件及商检	30 年
2.4	购买申请、批复、合同等材料	30 年
2.5	开箱验收记录，合格证、装箱单、出厂保修单、说明书、环保材料等随机图样及文字材料	30 年
2.6	安装调试、试车记录、总结、竣工图样、检测验收等材料	30 年

（续表）

序号	档案类型	保管期限
2.7	运行记录及重大事故分析处理报告	30 年
2.8	设备仪器保养和大修计划、记录	30 年
2.9	设备仪器检查记录、设备仪器履历表	30 年
2.10	设备改造记录和总结材料	30 年
2.11	报废鉴定材料、申请、批复和处理结果	30 年

三、会计档案

(一)应归档的会计资料

单位会计管理机构按照规定要求和标准规范，将会计资料整理立卷的工作过程叫作会计资料归档。应归档的会计资料分为以下 4 类。

(1)会计凭证，包括原始凭证、记账凭证。

(2)会计账簿，包括总账、明细账、日记账、固定资产卡片及其他辅助性账簿。

(3)财务会计报告(财务报表和相关信息)，包括月度、季度、半年度、年度财务会计报告；企业财务报表至少应当包括资产负债表、利润表、现金流量表、所有者权益(或股东权益)变动表及附注。行政事业单位的财务会计报告至少应当包括资产负债表、收入费用表、现金流量表、附注及决算报告。

(4)其他会计资料，包括银行存款余额调节表、银行对账单、纳税申报表、会计档案移交清册、会计档案保管清册、会计档案销毁清册、会计档案鉴定意见书及其他具有保存价值的会计资料(如现金盘点表、支票盘点表、固定资产盘点表、财务印章保管登记表等)。

(二)应纳入文书档案管理的财务工作文件材料

(1)财务管理制度、规定、办法、总结。

(2)财务管理工作计划、报告、通知。

(3)固定资产新增、报废、调拨文件材料。

(4)生产财务和成本核算文件材料。

(5)资金管理、价格管理、会计管理文件材料。

(6)企业税务登记、交纳、减免、返还等工作文件材料。

(7)企业经营盈亏情况报告、报表(含重要的、一般的)。

(8)企业财务预、决算报告。

(9)审计工作制度、总结。

(10)审计意见、审计报告、专项审计通知、报告、批复、结论、调查与证明等文件材料。

(11)审计工作方案、计划、报告、纪要。

(12)机关财务预算、年度和年度以上财务计划。

(三)不同类型单位会计档案保管期限表

《会计档案管理办法》(财预字〔1984〕85号)第九条规定,各种会计档案的保管期限,根据其特点,分为永久、定期二类。定期保管期限分为三年、五年、十年、十五年、二十五年五种。

《会计档案管理办法》财政部　国家档案局令第79号第十四条规定,会计档案的保管期限分为永久、定期两类。定期保管期限一般分为10年和30年。

企业和其他组织会计档案保管期限表见表2-20所列,财政总预算、行政单位、事业单位和税收会计档案保管期限表见表2-21所列。

表2-20　企业和其他组织会计档案保管期限表

序号	档案名称	保管期限	备注
一	会计凭证		
1	原始凭证	30年	
2	记账凭证	30年	
二	会计账簿		
3	总账	30年	
4	明细账	30年	
5	日记账	30年	
6	固定资产卡片		固定资产报废清理后保管5年
7	其他辅助性账簿	30年	
三	财务会计报告		
8	月度、季度、半年度财务会计报告	10年	
9	年度财务会计报告	永久	
四	其他会计资料		
10	银行存款余额调节表	10年	
11	银行对账单	10年	
12	纳税申报表	10年	

（续表）

序号	档案名称	保管期限	备注
13	会计档案移交清册	30年	
14	会计档案保管清册	永久	
15	会计档案销毁清册	永久	
16	会计档案鉴定意见书	永久	

表2-21　财政总预算、行政单位、事业单位和税收会计档案保管期限表

序号	档案名称	保管期限			备注
		财政总预算	行政单位事业单位	税收会计	
一	会计凭证				
1	国家金库编送的各种报表及缴库退库凭证	10年		10年	
2	各收入机关编送的报表	10年			
3	行政单位和事业单位的各种会计凭证		30年		包括原始凭证、记账凭证和传票汇总表
4	财政总预算拨款凭证和其他会计凭证	30年			包括拨款凭证和其他会计凭证
二	会计账簿				
5	日记账		30年	30年	
6	总账	30年	30年	30年	
7	税收日记账（总账）			30年	
8	明细分类、分户账或登记簿	30年	30年	30年	
9	行政单位和事业单位固定资产卡片				固定资产报废清理后保管5年
三	财务会计报告				
10	政府综合财务报告	永久			下级政府、本级部门和单位报送的保管2年
11	部门财务报告		永久		所属单位报送的保管2年

（续表）

序号	档案名称	保管期限			备注
		财政总预算	行政单位事业单位	税收会计	
12	财政总决算	永久			下级政府、本级部门和单位报送的保管2年
13	部门决算		永久		所属单位报送的保管2年
14	税收年报(决算)			永久	
15	国家金库年报(决算)	10年			
16	基本建设拨、贷款年报(决算)	10年			
17	行政单位和事业单位会计月、季度报表		10年		所属单位报送的保管2年
18	税收会计报表			10年	所属税务机关报送的保管2年
四	其他会计资料				
19	银行存款余额调节表	10年	10年		
20	银行对账单	10年	10年	10年	
21	会计档案移交清册	30年	30年	30年	
22	会计档案保管清册	永久	永久	永久	
23	会计档案销毁清册	永久	永久	永久	
24	会计档案鉴定意见书	永久	永久	永久	

注：税务机关的税务经费会计档案保管期限，按行政单位会计档案保管期限规定办理。

四、人事档案

“人事档案”是人事工作的原始记录，保管期限一般为永久。中国人事档案历史源远流长。中国出土距今4000年前的商代甲骨谱牒，是以一姓一族的世系为纲，记述其来源、繁衍生息、婚姻状况、人物事迹等情况，具有后世人事档案的雏形。秦国的商鞅变法制定了十二级爵，各诸侯国的改革也开始打破官吏世袭传统，为平民出身人才建立了个人生平记载。汉代对人才事迹的记录主要体现在“行、义、年”，其中“行”是选官的重要标准。唐代甲历档案和宋代的家状与角色，体现了“人事档案”管理制度。明代以“勘查文状”为核心，从读书时开始就形成了“文簿”、“堪合文簿”和“讲诵簿”为主的“人事档案”材料，另外还有荐举、军功和吏进活动的“人事档案”。清代内阁和后期的军机处也形成了大量的人事档案，对于保存这方面的文件材料起到了重要作用。我党历来重视干部人事档案工作，大致经历了新中国成立前干部档案的形成时期、新中国成立以后开始走上比较正规化的轨道和党的十一届三中全会以来的清理档案、充实内容、健全制度三个时期。干部人事档案，是考察和了解干部的重要依据，是澄清个人有关问题的凭证，能为开发人才提供准确、全面和可靠的信息，是进行科学研究和编史修志的宝贵史料，也是垂训后世的宝贵财富。干部人事档案工作，是干部工作的重要组成部分，是一项政治性很强的工作，是一项科学性的工作，也是一项服务性的工作。

干部人事档案的整理依据主要有《干部档案整理工作细则》(组通字〔1991〕11号)、《关于认真做好干部出生日期管理工作的通知》(组通字〔2006〕41号)、《关于印发〈干部人事档案材料收集归档规定〉的通知》(中组发〔2009〕12号)、《关于做好文件改版涉及干部人事档案有关工作的通知》(组通字〔2012〕28号)、《中共中央组织部关于进一步从严管理干部档案的通知》(中组发〔2014〕9号)、《关于印发〈安徽省干部档案任前审核暂行规定〉的通知》(皖组字〔2014〕17号)、《组工通讯》(2015年第10期)、《关于干部人事档案审核工作的问答》(2015年第10期)、《干部人事档案数字化技术规范》(GB/T 33870—2017)、《干部人事档案工作条例》(自2018年11月20日起施行)、《档案著录规则》(DA/T 18—2022)等。下面通过干部人事档案的材料收集、整理、保管保护、查借阅和转递、审核工作、审核工作重点问题，以及审核的整改方法7方面进行简单讲解。

(一)材料收集

干部人事档案材料收集是指干部人事档案管理部门按照干部管理权限，根据有关政策规定要求，向有关部门收集干部的档案材料，集中起来统一管理的工作。收集工作是干部人事档案管理部门的一项基础性工作，是干部人事工作政策要求的具体体现，是干部人事档案各项业务工作的前提和基础，同时也是历史全面地反映干部面貌的现实需要。

1. 材料收集范围

根据形势任务的发展和实际工作的需要，中共中央组织部对1996年颁布的《干部人事档案材料收集归档规定》进行了修订，并于2009年7月正式颁布新的《干部人事档案材料收集归档规定》(中组发〔2009〕12号)。

1)履历材料

(1)干部履历表(书)、以履历为主的简历表。

(2)属于履历性质的各类人员登记表(干部、职工、军人、学生等)。

2)自传材料

(1)自传和属于自传性质的材料,含带自传的履历或简历表。

(2)参加党的重大教育活动情况和重要党性分析、重要思想汇报。

(3)经审查核实后有关事项发生变化的报告个人有关事项材料。

3)考察、考核、鉴定材料

(1)以鉴定为主要内容的各类人员登记表,工作调动、转业等组织正式出具的鉴定性的干部表现情况材料。

(2)干部任免(后备干部提拔使用后的登记表)、调动(含援派、挂职锻炼等考核)依据的正式考察综合材料。

(3)考核登记表、干部考核材料(平时考核、年度考核、专项考核、任聘期考核、定期考核材料)。

(4)民主评议的综合材料、党组织书记抓基层党建评价意见。

(5)重大政治事件、突发事件和重大任务中的表现、考核鉴定等材料,以更加全面地反映干部经历、政绩等情况;经济责任审计结果报告等审计材料。

注意:有任免职务内容的干部登记表、任免呈报表所附的考察材料或主要表现情况的综合材料、提升工资级别的评级、评定军衔的鉴定表等材料,根据其主要用途,归第九类。

4)学历学位、职称、科研学术、培训等材料

(1)学历学位材料:

① 普通高等教育、成人高等教育、自学考试、党校、军队院校报考登记表、审核表,研究生推免生登记表,专家推荐表;

② 中学以来学生(学员、学籍)登记表,学习(培训结业)成绩表,毕业生登记表(含高中和中专);

③ 授予学位的材料,毕业证书、学位证书复印件,党校学历证明;

④ 选拔留学生审查登记表等参加出国(境)学习和中外合作办学学习的审查登记表等有关材料,国务院学位委员会、教育部授权单位出具的国内外学历学位认证材料等。

(2)职业(任职)资格和评(聘)专业技术职务(职称)材料:

① 职业(任职)资格材料,如职业资格考试合格人员登记表、成绩单或职业(任职)资格证书复印件、专业技术职务任职资格申报表等材料;

② 评(聘)专业技术职称(职务)材料,即干部本人专业技术职务不可缺少的材料,如专业技术职务任职资格评审表、申(呈)报表,聘任、套改和晋升专业技术职务审批表等。

(3)科研学术材料：

① 当选为中国科学院(工程院)院士通知,入选重大人才工程等材料；

② 遴选博士生导师简况表,博士后工作期满登记表；

③ 被县处级以上党政机关、人民团体等评选为专业拔尖人才的材料；

④ 科研工作及个人表现评定材料、业务考绩材料；

⑤ 创造发明、科研成果鉴定材料,著作、译著和有重大影响的论文目录；

⑥ 政策理论、业务知识、文化素养培训和技能训练情况等材料。

(4)培训材料:为期两个月以上的学员培训(学习、进修)登记表、考核登记表、结业登记(鉴定)表等材料。

5)政审材料

(1)审查干部政治历史情况(包括党籍问题):上级批复、审查(复查、甄别)结论(意见、决定)、调查报告、批复及有关的依据材料,本人对结论或处分的意见、调查报告、证明材料、本人检讨或交代的说明材料(证明问题按此顺序相对集中排列),撤销原审查结论的材料。

(2)领导干部经济责任或自然资源资产离任审计的审计结果及整改情况,履行干部选拔任用工作职责、离任检查结果、说明、证明。

(3)干部基本信息审核认定、干部人事档案任前审核登记表,廉洁从业结论性评价等材料。

(4)入党、入团、参军、出国等各类政审材料。

(5)更改或认定干部的姓名、民族、年龄、国籍、入党入团和参加工作时间的个人申请、组织审查意见,上级批复及所依据的证明材料。

(6)计算连续工龄审批材料等。

需要注意的是,政治历史问题与违纪混同一起给予处分的结论、调查报告、处分决定等材料归第八类;未给予处分,以政治历史问题为主的归第五类。

6)党团材料

(1)中国共产党入党志愿书(在前)、入党申请书、转正申请书。

(2)整党工作,党员重新登记工作中民主评议党员的组织意见,党员登记表,党支部不予登记或缓期登记的决定、上级组织审批意见及所依据的材料。

(3)不合格党员被劝退或除名的组织审批意见及主要依据材料,取消预备党员资格的材料,退党、自行脱党材料,保留组织关系、停止或恢复组织生活(党籍)有关审批材料。

(4)中国共产主义青年团入团志愿书(前面)、申请书,团员登记表、退团材料。

(5)加入或退出民主党派的材料。

7)奖励材料(科技、业务)

(1)县处级以上党政机关、人民团体等予以表彰、嘉奖、记功和授予荣誉称号的审批(呈报)表、先进人物登记(推荐、审批)表、先进事迹材料。

(2)享受政府特殊津贴的材料(不放第九类)。

(3)撤销奖励的有关材料等。

8)处分材料

(1)上级批复、结论或处分决定(免予处分的处理意见)、本人对处分的意见、查证核实报告、本人对处分的检查或交代材料(按顺序)。

(2)解除(变更、撤销)处分的材料。

(3)检察院不起诉决定书。

(4)法院审判工作形成的判决书、裁定书,认定的被执行人失信信息。

(5)公安机关行政拘留、限制人身自由、没收违法所得、收缴非法财物、追缴违法所得等的行政处理决定。

(6)有关行业监管部门对干部有失诚信、违反法律和行政法规等行为形成的记录等。

9)工资、任免、出国、会议材料

(1)工资材料:

① 新增人员工资审批表、转正定级审批表、工资变动(套改)表、提职晋级和奖励工资审批表或工资变动登记表、工资停发(恢复)通知单。

② 定级和解决待遇的审批材料。

(2)任免材料:

① 招录、聘用材料,如录(聘)用审批(备案)表,选调生登记表及审批材料,选聘到村任职高校毕业生登记表,应征入伍登记表,招工审批表,取消录用、解聘材料;

② 任免、调动、授衔、军人转业(复员)安置、退(离)休材料,如干部任免呈报表(含附件)、审批表及相应考察材料,干部试用期满审批表,公务员登记表,参照公务员法管理机关(单位)工作人员登记表,公务员调任审批(备案)表,干部调动审批材料,援藏、援疆、挂职锻炼登记(推荐)表,授予(晋升)军(警)衔、海关关衔、法官和检察官等级审批表,军人转业(复员)审批表,退(离)休审批表等材料;

③ 辞职、辞退、罢免材料,如自愿辞职、引咎辞职的个人申请、同意辞职决定等材料,责令辞职的决定材料,对责令辞职决定不服的申诉材料、复议决定材料,辞退公务员审批表,辞退决定材料,罢免材料。

(3)出国(境)材料

① 因公出国(境)审批表,在国(境)外表现情况或鉴定等材料。

② 外国永久居留证、港澳居民身份证等的复印件。

(4)会议代表材料

① 当选党代会、人民代表大会、政协会议、工青妇等群众团体代表会、民主党派代表会代表登记表。

② 党代会、人民代表大会、政协会议、人民团体和群众团体代表会议、民主党派代表会议形成的材料。

③ 委员当选通知或证明材料、委员简历。

10)其他材料

(1)健康检查和处理工伤事故材料,如录用体检表,反映严重慢性病、身体残疾的体检表,工伤致残诊断书,确定致残等级的材料。

(2)干部人事档案报送、审核工作材料,如干部人事档案报送单、干部人事档案有关情况说明等材料。

(3)治丧材料,如报纸报道的消息或讣告、悼词(生平)、非正常死亡调查报告、有关情况的遗书等材料。

(4)其他材料,如毕业生就业报到证(派遣证)、人事争议仲裁裁决书(调解书)、公务员申诉处理决定书(再申诉处理决定书、复核决定)、再生育子女申请审批表等有参考价值的材料。

2. 材料收集的基本要求

围绕收集工作的关键环节,努力做到真实、完整、规范、及时。学习宣传档案工作法律法规,强化依法归档意识。建立健全材料收集工作网络、移交机制、审核登记制度、检查督促制度等工作机制,促进收集工作的规范化;把握材料形成规律,掌握收集工作主动权。

(1)所谓"真实":一是,档案材料由法定作者形成,材料文字清楚、所指对象明确,材料内容符合干部的客观实际;二是,档案材料没有涂改造假,没有与实际情况不符合的信息;三是归档材料上的姓名、出生时间、参加工作时间、入党时间、民族、籍贯等自然情况应当与档案记载一致。凡经鉴别确认不真实的材料和未经组织查证核实的材料都要清出处理。

(2)所谓"完整":一是,要将记载干部本人德、能、勤、绩、廉的各方面材料收集齐全,使干部档案能够反映干部本人的基本面貌;二是,收集到的每份档案材料要齐全,系列材料要系统成套、有头有尾,单份材料不缺页、无损坏;三是,收集的材料要严格按照归档需要的数量来收集,正、副本均要求收集的材料收 2 份,不建副本的只收 1 份。

(3)所谓"规范":一是,归档材料必须是属于同一立卷对象,避免张冠李戴归入他人档案;二是,归档材料必须是《收集规定》确定的归档范围内的材料,避免随意扩大或缩小收集范围；三是，归档材料必须是办理完毕的正式材料；四是，归档材料的载体和记录材料应当符合规范档案保护要求，载体使用16开型(长260 mm，宽184 mm)或国际标准A4型(长297 mm，宽210 mm)的公文用纸，材料左边应当留有20～25 mm装订边，字迹材料应当符合档案保护要求，不得使用圆珠笔、铅笔、荧光笔、水彩笔、红色墨水、纯蓝墨水、复写纸等不符合档案保护要求的记录材料书写；五是，归档材料的手续要完备，凡规定由组织审查盖章的须有组织印章，审(复)查结论、处分决定等材料应当与本人见面并由本人签字，本人见面后未签字的由组织注明；六是，除各类证书证件、全国统考科目成绩单和补充收集的历史久远的材料，一般不得使用复制件，复印件必须在复制件上注明出处、复制时间，并加盖材料出具单位或干部人事关系所在单位组织人事部门的印章，对于复印纸复写等不能长久保存的材料进行复印并将原件附后。

(4)所谓“及时”：一是，要随时注意收集需要归档的材料，做到随办、随收、随审、随归；二是，在材料形成之日起一个月内按要求送交干部人事档案管理部门归档并履行移交手续，放入本人档案，一年内整理归档。

(二)档案整理

1. 干部人事档案整理的基本概念

干部人事档案的整理是指根据一定的原则和方法，将收集起来的档案材料，以个人为单位，进行鉴别、分类、排序、编目、技术加工和装订等，使之成为系统化和条理化的专门案卷，并在此基础上，不断对档案内容进行补充。整理工作能使干部人事材料成为规范的干部人事档案，有利于干部人事档案的保管和保护，方便干部人事档案的利用。

2. 干部人事档案整理的原则要求

严格按照《收集归档规定》要求，做到“严格鉴别、分类准确、排列有序、目录清楚、装订整齐”的同时，保守党和国家的秘密，不得私自涂改、圈划、污损、撤换、抽取、增添或伪造档案材料，不得擅自处理或销毁档案材料，专人专管加强管理，整理时严禁吸烟，防止水杯、墨水瓶倾倒污染档案材料。

3. 干部人事档案整理的步骤

整理工作包括鉴别、分类、排序、编目、技术加工、装订6个步骤。

(1)鉴别。对准备归档的材料进行审查、甄别，包括归档材料是否办理完毕，是否对象明确、齐全完整、文字清楚、内容真实、填写规范、手续完备。

(2)分类。按照《干部档案工作条例》规定，根据其材料内容特征将干部人事档案分为十大类，根据材料的主要内容或用途来确定内容交叉材料的类别，第四类、第九类材料可以采用二级分类法。

(3)排序。每一类别的材料按形成的时间排序或按内容的内在联系排序,并通过编写类号、顺序号和页码固定下来。排序的具体方法有两种。

① 按材料形成的时间排序。这种方法适用于干部人事档案材料第一、二、三、四、七、九、十类材料。第四类、第九类材料排序时,是在采用二级分类后的各小类中按时间排序,注意学历学位材料中将各学历阶段分开后再按时间排序。

② 按材料内容的内在联系排序。这种方法适用于第五、六、八类材料。第五类、第八类材料的排列顺序一般为上级批复、结论或处分决定、本人对结论或处分决定的意见、调查报告、证明材料、本人检讨或交代材料等。第六类材料排序时,入团志愿书应排在入团的其他材料之前,入党志愿书应排在入党的其他材料之前,党员登记表等可按时间先后依次排序。

每个类别中的档案材料排序后,要用铅笔在每份材料首页的右上角编上类号和顺序号,并在材料正面的右下角,材料反面的左下角逐页编写页码。页码的编写方法:凡有图文、表格的页面,每面作为一页;有封面的材料从封面开始编写;空白纸和托裱用的衬纸不计页数;复印件和原件应视为一份材料,只编写原件页数。

(4)编目。卷内目录置于一卷之首,具体要求:①档案材料应按照排列顺序,逐份逐项进行编目,做到目录清楚,填写准确,书写目录要工整、准确、清楚、美观,使用规范的书写材料,目录不能粘贴涂改;②每类目录应首先注明材料类号和类别名称,“类号”下再依次填写排列顺序号;③“材料名称”根据材料题目填写。对没有标题、标题不规范、不符合实际内容的自拟标题,简化题目过长的材料;④“材料形成时间”为落款时间,有多个时间的以文件办理完毕、正式生效的时间为准,复印件以原件时间为准;⑤“页数”填写材料的页数;⑥“备注”填写需要说明的情况,归档材料因为内容相关合并为一份材料的,要在备注栏中进行简要说明;⑦书写目录时,每类目录之后,须留出适量的空格,供补充档案材料时使用。

(5)技术加工。为便于装订、保管和利用,延长档案材料的寿命,对纸张破损、幅面不规则,或字迹材料不符合归档要求的档案材料,应进行技术加工。主要方法:①采用复印、扫描、拍摄等方法对纸张破损或字迹不符合要求的档案材料进行复制;②折叠或剪裁幅面过大的档案材料,折叠后的档案材料要保持平整,文字、照片不得损坏,便于展开阅读;③托裱幅面过小的材料,装订边过窄或装订线内有文字的材料应加边,一般应留够 25 mm 的装订边;④拆除档案材料上的订书钉、曲别针、大头针等金属和易腐蚀装订物;⑤为方便档案利用和后续材料补充,每份档案材料在整理时必须保证各自独立,禁止将多份材料以缝纫、裱糊等形式粘连在一起。

(6)装订。目录置于卷首,卷内材料排列顺序与目录相符,做到左下边对齐、结实、齐整、美观,不掉页、不倒页、不压字、不损坏文件,方便阅读。按照《关于做好文件改版涉及干部人事档案有关工作的通知》(组通字〔2012〕28号)要求,干部人事档案卷盒统一使用A4纸型档案卷盒。档案材料要求左边、下边、两边对齐,16开规格档案材料不需要按A4纸张大小托裱补齐,卷夹背脊的边签用于书写干部的姓名、籍贯、档案编号等。当对过厚的档案进行分卷装订时,可以按照前后顺序平均分,或将材料较多的一、二个大类抽出单独分卷,但必须保证同一类材料分在同一卷中。

(三)保管保护

1. 保管保护工作的要求

根据《干部档案工作条例》规定,安全保密、便于查找,以防为主、防治结合是干部档案保管保护工作的原则。安全保密,要求干部档案必须由相应的组织人事部门集中统一管理,具备必要的管档条件,确保干部档案安全与保密;便于查找,要求建立登记和统计制度,及时登记档案保管的数量、存放的库房、查阅、借用、收进或转出等事项,提高工作效率;以防为主、防治结合,要求档案工作人员必须具有高度的政治警惕性和责任感,掌握保护档案的科学技术知识,建立健全严格的保管保护制度和岗位责任制,采用有效方法做好档案的保护工作。

2. 保管范围

(1)干部档案按照干部管理权限由管理该人的组织、人事部门管理,正本由干部的主管部门保管,副本由协管部门或干部所在部门保管。

(2)死亡干部档案由原管理部门保存五年后,按同级档案馆接收范围的规定进馆。

(3)根据《干部档案工作条例》、《中共中央组织部、人力资源和社会保障部关于印发〈公务员辞去公职规定(试行)〉的通知》(人社部发〔2009〕69号)和《中共中央组织部、人力资源和社会保障部关于印发〈公务员辞退规定(试行)〉的通知》(人社部发〔2009〕71号)规定,公务员辞去公职或者被辞退后,未就业的,其档案仍由原管理单位保管;在九十日内重新就业的,应当在就业单位报到后三十日内,按照干部人事档案转递的有关规定,将档案转至有关的组织人事部门保管;在九十日内未就业或者重新就业单位不具备保管条件的,按照流动人员人事档案的有关规定转递档案。

(4)干部被开除公职以后,未就业的,其档案由原管理单位保管;另就业的,其档案转给有关的人事部门保管。凡通过劳动部门就业的,其档案由有关的劳动部门保管。

(5)干部在受刑事处分期间,其档案由原管理单位保管。刑满释放和解除劳教以后,重新安排工作的,其档案由有关的人事部门或政府人事部门所属的人才流动服务中心保管。凡通过劳动部门就业的,其档案由有关的劳动部门保管。

(6)干部出国不归、失踪、逃亡以后,其档案由原管理单位保管。

(7)根据《关于印发〈关于选聘高校毕业生到村任职工作的意见(试行)〉的通知》(组通字〔2008〕18 号)规定,大学生村官人事档案由县委组织部门管理或县级人事部门所属人才服务机构免费代理。

(8)根据《中共中央组织部　人力资源社会保障部等五部门关于印发〈流动人员人事档案管理服务规定〉的通知》(人社部发〔2021〕112 号)规定,流动人员人事档案是国家档案和社会信用体系的重要组成部分,是党和政府联系服务人才的重要载体,是流动人员参加机关公务员考录和国有企事业单位招聘、办理政审考察、申报职称评审和核定社保待遇等事项的重要依据。流动人员人事档案工作遵循"集中统一、归口管理"原则,主管部门为政府人力资源社会保障部门,接受同级党委组织部门、档案主管部门的指导和监督。

3. 档案保管的物质条件

(1)库房:坚固、防火、防潮的专用档案库房,配备铁质的档案柜架,库房面积每千卷需 20～25 m^2,库房设置空调、去湿、灭火等设备;库房的防火、防潮、防蛀、防盗、防光、防尘、防有害气体、防高温等设施和安全措施应经常检查;要设置专门的档案查阅室和档案管理人员办公室,有条件的应将档案库房、阅档室、微机室和档案人员办公室四室分开;由专人管理,无关人员不得进入,库房内严禁吸烟。

(2)档案柜::一般应使用铁制档案柜,不得使用木制档案柜保管干部档案;档案柜的排放应避光和方便通风,有窗档案库房内档案柜的排列应同窗户垂直;档案柜的排列应充分利用库房的面积和空间,柜与柜之间留一定通道,所有架柜不宜紧靠墙壁。

(3)档案卷夹和档案存放:档案卷夹统一使用中共中央组织部推荐的新型干部档案卷夹;档案卷夹宜横排在柜内,朝外一方贴上档案标签,按档案号顺序排列,柜内不宜一下放满,以便日后新档案入柜。

(4)干部档案的保护:纸张老化主要指纤维素、半纤维素和木素在酸、光、氧、水分、温度、霉菌和空气中有害物等因素作用下发生化学变化的情况,会随纸张性能而变化,当纸张老化到一定程度后就无法再利用;档案的字迹材料也直接关系到档案的寿命,对于字迹耐久性差而又须归档的文件应进行静电复印;同时,做好档案"九防"工作,建立健全干部档案管理制度,采取隔绝库房内外温湿度的相互交流后用空调及恒温恒湿技术，或一系列机械的或自然的方法，将温度控制为14～24 ℃、相对湿度控制为45%～65%，保持库内外的清洁卫生，库内放置驱虫剂、灭虫剂，库内严禁吸烟和带进易燃物品，配备灭火器等消防器材，经常检查库房内电器、电线等的安全。

(四)查借阅和转递

1. 干部人事档案查借阅工作

干部人事档案查借阅工作是指干部人事档案管理部门以所保管的干部人事档案为基础，通过一定的方式和方法，为社会各方面提供服务的工作。

(1)必须符合“严格管理、安全保密、规范程序、方便利用”的原则。建立健全查借阅制度，明确可以查借阅档案的单位范围，规定可以查借阅档案的事由，对查档人员的身份、级别等作出相应的限制；涉及党和国家秘密的信息必须严格保密，组织内部掌握的信息需要严格保密，干部个人的私密信息不能扩散；查档人员要先在本单位履行报批手续，由本单位领导对是否需要查档、查阅哪些档案内容进行把关，按照要求进行签批、加盖印章，管档部门对查档需求要进行审查，确保符合规定、手续完备，并按程序报领导批准后提供相应的查借阅服务；不能过分强调安全保密而限制利用，要正确把握干部人事档案保密和开放之间的关系，满足社会化利用需求。

(2)查档要带上单位介绍信和中共中央组织部制发的“干部档案查(借)阅审批表”。查借阅干部档案的单位范围、事由、审批手续均需明确，审批表需要填写查档对象、查档人员、查档事由、查档内容和查档单位意见5栏，即要写明查谁的档案、谁来查、为什么查、查什么内容和谁批准查。①查档对象：姓名、单位、职务、政治面貌4项齐全。②查档人员：填写两名以上查借阅单位正式干部且是中共党员的姓名、单位、职务和政治面貌，非干部本人且与干部没有夫妻关系、直系血亲关系、三代以内旁系血亲关系和近姻亲关系，查借阅单位主要是拥有相应干部管理权限的干部主管、协管及人事关系所在单位，根据查办案件工作需要的纪检(监察)、检察、审判部门也可查档，无查档权限的单位和个人可委托有查档权限的单位代为查借阅。③查档事由：填写查档的原因和用途，主要有干部人事工作、办理案件、社会保险公证、编史修志、撰写大事记或人物传记、举办展览或纪念活动和编辑其他出版物。④查档内容：填写需要查借阅哪些档案材料和利用方式，写明要查阅材料内容时可不列出具体的材料名称，填写查阅、借阅、复制三种利用方式即可。⑤查档单位意见：查档单位负责审批查档事宜的领导签名，并加盖相应印章。因组织人事工作需要的，县市区由党委组织部部长或分管干部的副部长签字、盖党委组织部印章，市直单位由党委(党组)主要负责人或分管组织人事工作的领导签字、盖党委(党组)印章。因办理案件查借阅干部档案的，市纪委由负责审查该案件的业务室的分管领导签字、盖省纪委相关印章，市法院、检察院由案件办理部门的分管院领导签字、盖市法院检察院印章。因办理社会保险、公证等查阅干部档案的，由干部人事关系所在单位代为查阅，按规定签批、用印。另外，严格执行档案管理部门内部查借阅干部人事档案审批程序，根据干部级别的不同，按相应的审批手续办理，经领导批准查借阅的，档案管理员向查借阅人员提供相关干部档案材料，并对查档和摘抄、复制档案材料的情况进行登记。

2．干部人事档案转递工作

干部人事档案转递工作是指干部所在单位或主管部门发生变化后，干部人事档案管理部门将其档案转给新的主管单位的一项工作。其主要包括干部档案和干部档案材料的转出、接收，做到"合格、及时、安全、规范"。

(1)合格。转出的干部档案质量要符合档案管理要求。档案转出单位要按照《新任干部档案接收标准》(组通字〔2008〕19号)和《关于印发〈干部人事档案材料收集归档规定〉的通知》(中组发〔2009〕12号)，把握"信息准确、材料齐全、手续完备、整理规范"的要求，对需要转出的档案严格进行审核，对不符合要求的档案认真进行整改。档案接收单位应按照上述干部档案接收标准和规定，逐条对照，严格审核、评分，接收单位要及时向转出单位反馈存在的问题并将档案退回整改。经整改合格后，转出单位再将档案转给接收单位，接收单位管档人员复查合格，报本单位分管领导审批后入库。

(2)及时。《关于认真做好新任中管干部档案报送工作的通知》(组通字〔2007〕29号)明确规定，各级管档部门(新任干部、新任市管干部等)、档案转出单位都应在干部工作调动或职务变动后2个月内完成档案的整理、转出工作(包括建立方便适用的档案副本、报送电子目录等)。档案接收单位应在收到档案半个月内完成档案审核工作，并将审核发现的问题及时反馈给档案转出单位；档案转出单位要在接到反馈问题通知之日起一个月内整改完毕，并将整改后的档案或补充的材料转给接收单位；等等。

(3)安全。干部人事档案必须严密包封，通过机要交通转递或派专人递送，严禁邮寄或将档案交个人自带。接收单位发现档案有拆封痕迹的，要会同干部原单位上级主管部门进行调查核实。对违反转递规定，造成档案丢失或出现抽取、更换档案材料等造假行为的，要严肃追究当事人和有关管档人员的责任。

(4)规范。转递干部人事档案，要严格履行相应的审批、登记程序。转出档案必须报本单位分管领导审批，经批准转出的档案要详细进行登记；必须统一填写"干部档案转递单"，接收单位对转来的档案审核无误后在干部档案转递单的回执上签名盖章，立即退回原单位；逾期一个月未退回，档案转出单位要进行催问;转递新任市管干部档案,报送单位应逐项填写《新任市管干部档案报送单》,由报送单位组织人事部门分管领导签批并加盖组织人事部门公章,归在干部档案第十类材料中。

要特别注意机构调整、区划调整中干部档案的移交和转递工作。2008 年,中央国家机关有关部委的机构改革中,中共中央组织部就专门印发了《关于在机构改革中加强干部档案管理的通知》(厅档字〔2008〕5 号),要求各地在机构改革中要认真做到:①干部档案转出单位要抓紧完成干部档案材料收集、审核与归档工作,保证归档材料齐全完整、内容准确、手续完备、整理规范、质量达到合格标准,要编制准确、详细的移交清单,严密包封后一并转给接收单位干部档案管理部门;②对转入的干部档案和档案材料进行认真审核,及时向档案转出单位进行反馈不符合要求的档案,档案转出单位应积极整改;③移交干部档案必须严格遵守干部档案转递规定和安全保密制度,严防出现丢失、损毁、泄密现象,避免产生新的"无头档案",妥善保管移交清单及回执。

(五)审核工作

1. 干部人事档案审核工作总体情况

干部人事档案审核工作是考察和了解干部的重要依据,是维护干部合法权益的重要凭证,是研究组织干部工作规律的重要史料,是党和国家的宝贵史料,对干部人事工作有较好的规范和监督作用。干部人事档案审核工作大致经历了 2001 年中共中央组织部集中开展中管干部人事档案审核工作、2002 年中共中央组织部在河北 5 省试点后印发《关于开展干部档案审核工作的通知》、2004—2012 年安徽省委印发《关于开展干部档案审核工作的通知》《关于全面开展干部人事档案审核工作的通知》和组织验收审核全面推行干部人事档案审核工作、2012 年上半年中共中央组织部在全国范围内对县(市、区)委书记、组织部长的干部档案集中开展审核工作、2014 年至今多次启动全国干部人事档案专项审核工作 5 个阶段。

2. 专项审核工作的主要内容和基本流程

对干部人事档案进行全面审核,重点审核干部的出生时间、参加工作时间、入党时间、学历学位、工作经历、干部身份、家庭主要成员及重要社会关系等重要信息,尤其要注意审核档案材料是否涂改造假,干部信息是否真实准确,重要原始依据材料是否完整规范等。

(1)审核工作的评价标准:档案内容是否真实、材料是否齐全、填写是否规范、手续是否完备和档案整理是否符合要求。

(2)审核工作的基本流程如下。①结合实际成立组织,制定方案。②填写并审核《干部任免审批表》、对照《干部人事档案专项审核情况登记表》逐卷逐页逐项进行审核，发现问题如实登记，每卷档案必须经过初审和复审签字确认。③从材料形成部门和流转途径查找需补充的材料，应尽可能收集补充原件或采用性质和记载内容相同的替代材料（如文书档案），严格按照规定的程序制作填写必须重新制作的档案材料；在确保档案材料信息真实的前提下补充完善相应手续，要注明复制、补制的标识和复制、补制的时间；干部本人要对存疑的重要信息作出书面说明，并由组织进行调查核实；对于干部人事档案造假的，责令造假干部本人及相关责任人作出书面检查且纠正，给予情节严重的组织处理或党纪政纪处分，未查清前不得提拔或重用。④根据组织对干部审核及调查核实情况的认定结果，由组织填写专项审核专用《干部任免审批表》（档案存在涂改或材料涉嫌造假的需同时填写《干部人事档案专项审核认定表》），交干部本人核对并签字确认（本人意见与组织认定意见不一致或拒不签字的，以组织认定意见为准）。⑤对审核过程中的补充收集材料、个人说明材料、组织认定和处理材料等，要认真鉴别、及时归档。整个审核工作完成后要及时进行总结，并向上级组织人事部门报告。

3. 审核工作的检查验收

审核工作的检查验收主要包括干部人事档案审核工作检查验收办法，检查验收评分表和“单项否决”情况登记表，也就是“一个办法、两张表格”，配套使用。

（1）检查验收办法，明确了检查验收主要内容、程序和要求，案卷评分标准，验收标准和组织领导等。

（2）检查验收评分表，将检查验收的主要内容细化为 20 项具体指标，每项指标又分为评分项目及标准、评分方法、存在问题和评分 4 个方面，评定具体扣分和得分的分值，最后计算案卷得分。

（3）“单项否决”情况登记表，用于登记涂改造假情况、装错材料情况、缺少 1997 年以来任副处级以上职务变动《干部任免审批表》情况和缺少“公务员登记表”或参公人员登记表情况。验收时，只要发现一卷案卷中存在缺少上述 4 种材料中的一种情况，即为单位验收不合格。对于检查验收中被确定为不合格的单位，必须重新进行全面审核并限期完成，然后再进行检查验收。

4. 干部任前档案审核工作

2014 年 8 月，《关于印发〈安徽省干部档案任前审核暂行规定〉的通知》（皖组字〔2014〕17 号）进一步明确了，在办理干部录用、任免等事项时，以及干部交流任职、接收军队转业干部和新进干部队伍人员时，都要对干部“三龄二历一身份”等重要信息进行严格审核，做到凡提必审、凡转必审、凡进必审。

干部任前档案审核工作要按照干部管理权限和“谁管理、谁把关，谁考察、谁审核,谁签字、谁负责”原则进行。考察干部时,考察组应指定专人负责审核考察对象的干部档案,填写《干部档案任前审核表》,考察组负责人、具体审核人签字确认,考察对象主管部门党委(党组)复核盖章。审核中发现干部信息有疑义的,据实记入《干部档案任前审核表》“需要调查核实的问题”栏,由考察对象主管部门党委(党组)针对考察组提出的问题进行调查核实,核实结果填入《干部档案任前审核表》中的“主管单位党委(党组)意见”栏。

档案任前审核发现的问题,经干部主管部门党委(党组)整改后存在问题的,仍存在下列情况的,不呈报、不上会、不审批:因缺少重要原始依据材料、材料涉嫌涂改造假或重要问题情况不明等原因,影响干部任职资格条件,干部主管部门没有补全材料、调查处理或问题没有结论的;干部主管部门没有对干部“三龄二历一身份”进行认定或认定不符合相关规定,经考察组审核后没有纠正的;干部本人对档案任前审核确认的基本信息,经说明情况和政策解释后,无正当理由拒不接受的。

考察组不认真审核干部档案,导致干部有关信息不准确,造成严重后果的,依照《党政领导干部选拔任用工作责任追究办法(试行)》等有关规定追究考察组负责人和有关人员的责任。干部档案管理部门不认真履行职责,致使干部档案存在严重问题不能如实反映干部基本信息,情节严重的,依照《干部人事档案材料收集归档规定》等有关规定追究相关人员的责任。

(六)审核工作重点问题

依据最新的干部任免审批表和干部履历表,确定干部的相关信息,再到涉及该信息的材料中反查核对。重点关注干部的“三龄两历”(年龄、党龄和工龄,学历学位和简历)。

1. 审核出生日期

更改出生日期的情况包括虚实岁和阴阳历换算误差造成出生月份或出生年份不一致,笔误和个人为入学、参军、工作等有意将出生日期提前或拖后填写。

(1)出生日期认定的政策规定:①《中共中央组织部 人事部 公安部关于认真做好干部出生日期管理工作的通知》(组通字〔2006〕41 号):档案记载与户籍登记不一致的,以干部档案和户籍档案中最先记载的出生日期为依据,不再办理干部本人要求确定或更改出生日期,废止过去与本通知精神不符的规定;②《关于做好公务员登记中干部档案相关工作的通知》(组通字〔2007〕4 号)、《关于对〈公务员登记表〉进行集中审核的通知》(组通字〔2009〕40 号):出生日期、参加工作时间等信息前后记载不一致的,以干部档案中最先记载的内容为依据。

(2)出生日期认定的总体要求:原则上不改、造假的纠正。基本原则:①公平公正，不让造假者得利，更不能重复得利；②严格执行组通字〔2006〕41 号文件的“最先最早”规定；③全面取证，组织人事部门须派专人到公安部门调阅原始户籍档案，鉴定涂改、虚填（填大或填小）等涉嫌造假且难以认定的情形，取证的原始依据材料须是原件且无涂改；④全面调查取证后，党委（党组）或组织人事部门按照干部管理权限、经集体研究后，对干部的出生日期作出认定。

（3）目前审核出生日期的做法：①对出生日期尚未认定的，根据组通字〔2006〕41 号文件规定，不再办理干部本人要求确定或更改出生日期的，组织认定以干部档案（一般是入团志愿书、高中毕业生登记表、入伍登记表、招工登记表等）和户籍档案最先记载为依据；②2006 年 10 月 15 日以前已经按照干档字〔1989〕1 号、组通字〔1990〕24 号规定更改了出生日期的，档案中必须有个人申请、所在单位党委（党组）或组织人事部门的调查报告、证明材料（原始户籍内册、登记卡片、出生证等的复印件）、按干部管理权限上级党委（党组）或组织人事部门的批复并归在干部档案第五类；③2006 年 10 月 15 日以后，未按组通字〔2006〕41 号规定认定、认定依据不足或不合逻辑，原单位重新进行认定。

2. 审核参加工作时间

记载干部工龄或参加工作时间的材料比较多，其中早期的材料一般为第九类中的录（聘）用审批（备案）表、应征入伍登记表、招工审批表、职工登记表、毕业生转正定级审批表等，以及第五类中招生（入伍、招工）政审材料、知青上山下乡证明、参军入伍时间认定及本人早年填写的有关材料上的记载等。

新中国成立以来，关于确认干部参加工作时间的政策性文件包括《中共中央组织部、劳动人事部印发〈关于确定建国前干部参加革命工作时间的规定〉的通知》（中组发〔1982〕11 号）、《国家教育委员会、劳动部、人事部关于博士生和在职人员考取硕士生学习期间工龄计算问题的通知》（教高〔1990〕001 号）、《人事部关于“文革”前赴苏联、东欧国家留学的本科生学习期间工龄计算问题的通知》（人薪发〔1992〕11 号）、《人事部、劳动部关于一九六六至一九六九届大中专毕业生参加工作时间和工龄计算问题的通知》（人薪发〔1994〕43 号）、《劳动人事部关于解决原下乡知识青年插队期间工龄计算问题的通知》（劳人培〔1985〕23 号）等。

有的干部因为有上山下乡、“文革”延迟分配等经历，根据上述规定申请更改参加工作时间并经组织批准的，相应的申请和批复材料应归在干部档案第五类。对更改参加工作时间而没有组织批复的，视为擅自更改，不予承认。

3. 审核入党时间

确定干部党员身份和党员入党时间的材料，主要是干部档案第六类中《入党志愿书》和《党员登记表》，其他履历材料、任免材料也有入党时间的记载。

缺少《入党志愿书》，由其原单位党组织出具证明，并经县级或县级以上党委组织部门审核后，在有关栏目里注明情况和原因、提出承认其党员资格意见，报上级党组织审查同意后，连同原单位党组织的有关证明材料，一并存入本人档案。如原单位已不存在，现单位党组织在能够确认党员干部身份的前提下，出具书面证明，在重新填写的《入党志愿书》有关栏目里注明情况和原因，提出承认其党员资格的意见，报上级党组织审查同意后，将补填材料存入本人档案。

入党时间的计算方法各有不同：1956 年 9 月 15 日—1969 年 3 月 31 日，为党员大会接收为预备党员之日（须经上级党委批准）；1969 年 4 月 1 日—1977 年 8 月 11 日，为上级党委批准之日；1977 年 8 月 12 日—1982 年 9 月 5 日，为上级党委批准为预备党员之日；1982 年 9 月 6 日至今，为党员大会接收为预备党员之日（须经上级党委批准）。需要注意的是，20 世纪 70 年代左右入党的无预备期人员，除非入党志愿书中能反映出上级党委已批准但盖章时间推后，无论有无说明入党时间从某一时间算起，其入党时间均是从上级党委批准时间算起。

民主党派的党员身份及入党时间，要根据该党派相应的章程来确定，并及时将相关材料归档。

4. 审核学历学位

学历是指一个人最后也是最高层次的一段学习经历，以经教育行政部门批准、实施学历教育、有国家认可的文凭颁发权力的学校及其他教育机构所颁发的学历证书为凭证；学历教育是指受教育者经过国家教育考试或者国家规定的其他入学方式，进入国家有关部门批准的学校或者其他教育机构学习，获得国家承认的学历证书的教育形式；学位是标志被授予者的受教育程度和学术水平达到规定标准的学术称号，我国学位分学士、硕士、博士三级，“博士后”是指获准进入博士后科研流动站从事科学研究工作的博士学位获得者，学士学位由国务院授权的高等学校授予，硕士和博士学位由国务院授予的高等学校和科研机构授予。

(1)学历与学位的区别和联系：获得学位证书而未取得学历证书者仍为原学历，如本科学历毕业后通过在职人员学位申请取得了硕士学位，学历仍为本科。

(2)全日制教育与在职教育：干部在参加工作之前所取得的学历学位，属于普通全日制教育的，按全日制教育掌握；根据中共中央组织部《关于干部人事档案审核工作的问答》，干部在参加工作之后所取得的学历学位，按全日制教育掌握的，须同时符合以下条件：①通过参加全国统一的普通高校招生考试入学、达到录取分数线、经省级招办批准录取；②学习期间采取全天在校学习方式（全脱产学习）；③学习期间须与原单位脱离工作关系和工资关系，转递本人档案；

④毕业时颁发普通高等学校学历证书和学位证书，并重新派遣。否则，一般按在职教育掌握。

(3)学历的规范填法：高中、中专、大学(大专)结业(肄业)、在职大专(大学)、大学、硕士研究生、博士研究生、××党校研究生(大学)、大普、电大本(专)科、自考本科(大专)、在职研究生等。

(4)学位的规范填法：学士、硕士、博士、在职硕士(博士)、××党校硕士、公共事业管理硕士、工商管理硕士。

(5)特殊情况：①教育部门颁发了“双大专”或“双学士”证明，学历仍填写为大专或大学，“毕业院校及专业”填写为两个专业；②国家承认中国社科院研究生院培养研究生并颁发国家统一印制的学历、学位证书，但不承认该院在20世纪90年代自行印制的研究生毕业证书，主要是看其证书是否属于国家统一印制、学员的学习经历及参加入学和国家统考的有关情况来鉴定；③各类成人高等教育(电大、函大、夜大、职大、业大、管理干部学院等)或通过高等教育自学考试形式取得的学历，符合招生学校经教育部备案审定、参加全国成人高考且经省级招办审批录取、学生入学取得学籍、学完全部课程且考试成绩合格4点的均予以承认，但在填写学历时应具体写明电大本(专)科毕业、自学高考大专毕业等；④经国家教育主管部门批准纳入国家招生计划并参加全国统一考试录取在党校就读的学生所取得的党校国民教育学历，填“全日制教育”栏。党校学历均采取写实的办法填入“在职教育”栏，如在研究生、大学或大专学历前加“中央党校”或“省(区、市)委党校”。但各级党校培训、进修一年半以下的，均不作为学历填写。

(6)相关政策规定和须归档材料：《教育部关于重申保证高等教育质量，加强学历文凭、学位证书管理的通知》(教学〔2001〕6号)、《中共中央办公厅、国务院办公厅关于转发〈中央组织部、人事部、教育部、国务院学位委员会关于加强和规范干部学历、学位管理工作的意见〉的通知》(厅字〔2002〕4号)、《国家教育委员会关于印发〈普通高等教育学历证书管理暂行规定〉的通知》(教学〔1993〕12号)、《教育部关于职工大学、职工业余大学、高等学校举办的函授和夜大毕业生若干问题的请示的通知》(国办发〔1983〕7号)等。军队院校学历学位问题，可按照原国家教委、原总参谋部、原总政治部联合下发的《关于中国人民解放军院校学历证书实行统一制作和管理的通知》(教学〔1995〕2号)和原总参谋部、原总政治部印发的《中国人民解放军院校学历证书管理暂行规定》(〔1995〕参训字第034号)来执行。收集不齐全的将学历、学位证书复印归档，收集材料如下。①“文革”前入学有学历无学位的档案中应有高校毕业生登记表，“文革”期间入学学历认定为“大普”的档案中应有高校毕业生登记表或高校选拔学生登记表，恢复高考制度后入学大学本（专）科学历的档案中须有高校学生登记表、高校学生学习成绩表、高校毕业生登记表，本科毕业的一般还有授予学士学位的材料。②硕士研究生学历须有报考攻读硕士学位研究生登记表、硕士研究生登记表、硕士研究生学习成绩表、硕士毕业研究生登记表、授予硕士学位决定，参加硕士研究生单独考试的还应有专家推荐表。③博士研究生学历须有专家推荐书、报考攻读博士学位研究生登记表、博士研究生登记表、博士研究生学习成绩表、博士毕业研究生登记表、授予博士学位决定。④专业硕士学位须有报考专业硕士学位登记表、专业硕士登记表、专业硕士学习成绩表、专业硕士毕业登记表、授予硕士学位决定。同等学力申请硕博士学位的属于非研究生学历教育，有学位无相应的学历，但须有学位课程进修成绩表和授予硕士、博士学位的材料，其中授予硕士学位的还须有国家统考科目成绩合格证书（通知单）复印件，1996 年开始必须通过国家组织的外语水平考试，1998 年开始必须通过国家组织的外语水平考试和学科综合水平考试。⑤党校学历须有学员成绩表、毕业论文评审情况表、学员毕业登记（鉴定）表或党校学历证明。⑥在国（境）外取得学历学位的，要经过国家学历学位认证机构认证，档案中须有国家学历学位认证机构出具的相关认证材料。1991 年开始，通过教育部留学服务中心，评估认证在国外攻读正规课程所获大学专科以上（含大专）学历、学位证书和经批准的中外合作办学项目颁发的国外学历、学位证书；2000 年以后，教育部明确由教育部留学服务中心负责国（境）外学历、学位认证，并出具认证材料。

（7）学历学位认定方式如下。①通过各种学历、学位相应的入学考试成绩、学生登记表、考生登记表、学习成绩表、毕业生登记表（鉴定表）、毕业证书，外语水平或学科综合水平考试、论文答辩评审、学位证书等各种材料相互印证。②根据教育部高校学生司编写的《高等教育学历问题咨询手册》，查学校名录和证书式样，普通高等教育自 1994 年到 2000 年、成人高等教育自 1993 年到 2000 年使用的学历证书均为教育部统一印制。③2001 年起登录中国高等教育学生信息网（http://www.chsi.com.cn）查询，2000 年以前的由全国高等学校学生信息咨询与就业指导中心查询并出具《中国高等教育学历查询报告》。④通过与学位授予单位进行电话查询认定学位证书或将有关材料寄到全国学位与研究生教育发展中心（www.cdgdc.edu.cn）进行认证。⑤通过教育部留学服务中心国际合作处（www.cscse.edu.cn）进行评估认证，在国外攻读正规课程所获大学专科以上（含大专）学历、学位证书和经批准的中外合作办学项目颁发的国外学历、学位证书。⑥申请国外学历、学位的认证，须出具以下原始材料：本人护照，所获国外学历、学位证书，国外学习成绩单，出国前最后学历证书及其他相关材料，中国驻外使（领）馆开具的留学回国人员证明。申请中外合作办学学位认证，须出具以下原始材料：所获国外学位证书、国外学习成绩单、合作办学中方机构背景资料、合作办学双方合作协议副本、国务院学位委员会办公室审核批准当期合作办学的批文复印件（加盖学校公章）、当期合作办学学生名单并注明第几期及学生入校、毕业时间。由地方省级教育部门批准的硕士以下合作办学项目，除提交上述材料外，还须提交合作办学外方机构背景材料及我驻当地使馆教育（文化）处开具的对合作办学外方机构资格认证书。复印件须经用人单位（县团级以上）或当地组织人事部门审核，经办人签字并加盖公章。⑦国（境）内外学历学位认证，可以通过高校学生咨询处普高学历、高等教育处咨询成高学历、安徽省教育招生考试院自学考试处咨询自考学历、职成处咨询中等教育学历、科学研究与研究生教育处（省政府学位委员会办公室）咨询各类学位业务，安徽省教育信息咨询中心（安徽省教育厅文凭验证中心）或安徽教育网网上办事大厅办理鉴定学历学位。

(8)八种不予认证的证书：参加外语培训或攻读其他非正规课程的结业证书；进修人员、访问学者的研究经历证明和博士后研究证明；国（境）外高等院校或其他高等教育机构颁发的预科证明；国（境）外非高等教育文凭、荣誉称号和无相应学习或研究经历的荣誉学位证书；未经中国政府相关教育行政部门批准的办学机构（项目）颁发的国（境）外学历学位证书或高等教育文凭；通过函授、远程教育及网络教育等非面授学习方式获得的国（境）外学历学位证书或高等教育文凭；国（境）外各类职业技能或职业资格证书；《教育部关于重申保证高等教育质量，加强学历文凭、学位证书管理的通知》（教学〔2001〕6 号）规定，研究生课程进修班是为在职人员提高业务水平、更新知识的一种非学历教育教学形式、只颁发“研究生课程进修班结业证书”、不得冠以“硕士学位”“毕业”等名称。

5. 审核简历

干部档案中反映干部学习、工作经历等简历信息的材料，主要包括第一类中的各种履历表、登记表，第四类中的学历、学位材料，第九类中的干部任免审批表、工资材料等。审核干部简历时，从档案中最新的《干部履历表》和《干部任免审批表》确定其简历，再反查档案其他各类材料印证干部的每段经历。如出现不一致的情况，除明显错误外，一般应以组织填写的《干部任免表审批表》或任免文件为依据。

6. 审核身份

通过对反映这些信息的档案材料进行认真对照鉴别、审核。核查的重点环节是看干部在升学、招工、入伍、录用、调动、提拔时，手续是否齐全、程序是否合法、材料是否真实，特别要对录干、调动、提拔及公务员登记的情况进行认真核对。核查的重点是对所有在职干部档案进行核查，特别是近年来新录用的、部队转业的、交流调任的及新提拔的干部作为重点核查对象。

7. 审核家庭情况

记载干部家庭情况的材料，主要包括第一类中的履历材料，第二类中的自传，第五类中的政审材料，第六类中的入团志愿书、入党志愿书和党员登记表，第九类中的干部任免审批表、初次出国审批表，第十类中的相关材料等。有时材料中的家庭信息因各种原因记录不统一，需要前后核对。最新的家庭信息在档案中没有反映的，应经组织核实确定。

8. 审核整改方法

审核整改方法主要是审核档案材料是否齐全完整、归档准确，内容是否客观真实，整理是否符合要求，转递手续是否完备。审核整改方法的要求：逐页逐项地核对材料内容和有关信息，保证档案材料完整、齐全、真实，保证信息准确无误；逐一进行登记审核出的问题，找出问题产生的原因，并研究提出解决的措施和意见；逐一登记档案中缺少的主要材料，并补充收集归档；按照有关政策规定确认档案中涉及的“三龄两历”等信息，确保档案中的信息真实可靠。

1)干部人事档案审核方法

(1)先审核目录掌握整体，做到档案材料齐全完整、档案材料归档准确。①审核目录是否及时更新，卷面是否涂改，编目是否正确，分类归档是否准确，对问题目录重新打印和调整；②对照省委组织部《关于全面开展干部人事档案审核工作的通知》(组通字〔2011〕50号)，逐一审核档案材料是否完整齐全，重点把握：1988年、1999年《干部履历表》是否齐全，年度考核是否齐全，入团志愿书、入党志愿书、入党申请书是否齐全，1985年、1990年中国共产党党员登记表、评议表是否齐全，工资变动表、85工改表、93工改表、公务员登记表、06工改表等重要材料是否齐全，并查验核对目录。

(2)以1999年《干部履历表》为审核主线，做的档案内容是否客观真实。主要审核：有无2寸彩照；出生年月填写是否不一致；学历学位；参加工作时间；入党情况(尤其需补正入党时间和入党介绍人填错和漏填内容并加盖组织印章)；入团情况；专业技术职称、任职资格、授予军衔警衔情况；参加政治理论或业务培训情况；奖励、处分情况(注意本人很少主动填写处分情况)；工作经历情况；学习经历、参加人大等会议、家庭成员等情况；档案填写是否规范等其他情况(空白栏应注明“无”、填表人应有签名、审核机关应有印章)。组织印章在对“三龄两历”校核后方可加盖，管档人员最好不要续填干部履历表。

2)查缺补遗，全面审核

干部身份、经历和工资是核查的重点，审核干部转正定级表、职工聘用表、以工代干登记表、公务员过渡审批表、转业干部审批表、公务员招录表等;审核《干部任免审批表》简历中职务任免连贯填写,家庭成员情况、干部任免时间、任免文号应填写齐全,干部提拔或调任重要领导岗位应有干部考察材料,2008年3月以后从其他单位调任机关或参照公务员法管理机关的必须有《公务员调任审批(备案)表》;应系统审核工资变动情况,确保工资变动衔接顺畅,工资材料齐全。

3)边核边改,催补结合

及时登记催要缺少的材料,尽量查找原件,从文书档案或相应的文件证书复印,需注明核对无误和复制时间后,加盖组织印章。1985年、1990年填写的《党员登记表》查找不到的,由所在单位党组织写出情况说明。1990年由于部分单位未开展党员登记工作而缺少《党员登记表》的,检查验收时应予以说明。

4)"单项否决"问题的处理

干部人事档案审核"单项否决",具体包括档案有涂改造假、"三龄两历"不准确、装错材料、缺少《公务员登记表》或《参照公务员法管理机关(单位)工作人员登记表》、1997年以来副科级以上《干部任免审批表》、考察材料及工资级别待遇审批材料等情况,凡有上述情况之一者,即视为审核验收"不合格"。

(1)涂改造假:用不正当的方式涂改档案内容或将虚假材料装入个人档案,如伪造的学历材料、奖励材料,虚假的更改出生日期的相关材料等,但因填写过程中出现笔误而修改的不是涂改造假。这种修改可以通过干部档案反复印证核实,文书学历学位档案记载印证核实,户籍档案记载印证核实,以及笔迹、墨迹和专用仪器鉴定技术鉴定核实。《干部档案工作条例》《中华人民共和国档案法》《中华人民共和国公务员法》《中国共产党纪律处分条例》和《党政领导干部选拔任用工作责任追究办法(试行)》等法律法规中均有对造假进行处理的规定。

(2)装错材料:档案中错装入其他人的档案材料,也就是在材料归档过程中张冠李戴。

(3)缺少1997年以来任副科级以上职务的《干部任免审批表》、考察材料:确实找不到《干部任免审批表》的,可根据任免文件时间补填干部任免表或从文书档案中找出任职通知复印替代,并加盖组织印章;考察材料找不到的不能补填。

(4)缺少《公务员登记表》或《参照公务员法管理机关(单位)工作人员登记表》。①审核是否及时归档,公务员登记办理完毕,登记管理部门必须在1个月内将《公务员登记表》或《参照公务员法管理机关(单位)工作人员登记表》送交干部档案管理部门归档。②审核信息是否真实准确,对《公务员登记表》或《参照公务员法管理机关(单位)工作人员登记表》信息不真实的,特别是干部的出生日期、参加工作时间和学历学位等重要信息与本人档案记载不一致的,要将《公务员登记表》或《参照公务员法管理机关(单位)工作人员登记表》从本人档案中撤出,并以干部档案为依据重新填写,在履行相关审核、审批手续后,归入本人档案。③审核制作填写是否规范,《公务员登记表》或《参照公务员法管理机关(单位)工作人员登记表》不符合标准样式或者缺少有关机关意见、文号及公章的,要重新制作补办相关手续;缺少照片或者项目填写缺漏的,要补充完善相关项目。

(5)缺少工资级别待遇审批材料:审核干部人事档案中各类待遇审批材料和1993年以后的工资材料是否齐全。对工资变动没有形成工资材料的,机关、事业单位要根据工资变动情况补填工资变动审批表;企业根据实际情况自行处理。

5)档案材料各类审核重点

(1)第一类1988年履历表、1999年履历表审核关键点:"三龄两历"是否准确,有无照片等;通过履历表的相关记载与档案第四类中的职称、培训材料、第七类中的奖励材料进行核对;审查其履历表填写的学习、工作经历;审查有无填表人签名和审核机关签字、盖章。

(2)第二类自传审核关键点:早期填写的出生年月和家庭成员情况。这也是自传材料利用价值所在。

(3)第三类考核材料审核关键点:1994年以来考核材料是否归档,手续是否完备。

(4)第四类学历材料审核关键点:学历整套材料收集是否齐全,职业资格和专业技术材料、培训学习材料是否缺失等。同时应注意,早期的高中毕业生登记表和大学新生入学登记表填写出生年月是否与后期填写一致。

(5)第五类政审材料审核关键点:更改"三龄"的批复材料是否成套完整。

(6)第六类党团材料审核关键点:审核入团志愿书出生年月、入党志愿书入党时间和入党介绍人,有无入党志愿书、申请书、转正申请书、85党表和90民主评议表。

(7)第七类奖励材料审核关键点:市厅级以上的奖励是否收集归档,复印件材料有无组织人事部门盖章及审核说明;是否按照呈报表优先、证书次之、文件最后的归档顺序。

(8)第八类处分材料审核关键点:处分材料是否归档完整,取消处分后材料有无归档。

(9)第九类工资任免材料审核关键点:早期的招工表、转正定级表是否缺失

(可作为认定出生年月和参加工作时间的参考依据)，工资表是否连贯(重点看85工改、93工改、2006工改表)，干部任免材料是否缺失(任职经历都要有任免表、提拔任职要有考察材料、任免表填写要规范)，公务员登记表是否缺失(信息是否准确、填写是否完整、制作是否规范)。

(10)第十类其他材料审核关键点：干部人事档案报送单是否装订归档，干部人事档案有关情况说明、毕业生就业报到证(派遣证)等其他有参考价值的材料有无可利用信息。

五、实物档案

各种实物档案归档范围和保管期限表见表2-22～表2-24所列。

表2-22　"普适版"实物档案归档范围和保管期限表

序号	内容	保管期限
1	领导、知名人士的题词、字画	永久
2	国内外交流、重要活动馈赠的礼品、纪念品	永久
3	区级以上荣誉的奖状、奖牌、奖章、奖杯等	永久
4	停止使用的有保存价值的公章	永久
5	其他具有保存价值的物品	30年

表2-23　"医院版"实物档案归档范围和保管期限表

序号	内容	保管期限
1	领导、知名人士的题词、字画	永久
2	国内外交流、重要活动馈赠的礼品、纪念品	永久
3	奖状、奖牌、奖章、奖杯、锦旗等	
3.1	市级以上	永久
3.2	市级以下单位、行业协会、医院颁发	30年
3.3	患者及家属赠送	10年
4	停止使用的有保存价值的公章	
4.1	医院党政、纪委	永久
4.2	各职能科室、临床科室，以及二级科室或临时性机构	30年
5	其他具有保存价值的物品	30年

表 2-24 “乡镇版”实物档案归档范围和保管期限表

序号	内容	保管期限
1	本乡镇获得的奖牌、奖章、奖状、奖杯、锦旗、证书等	
1.1	县级(含)以上	永久
1.2	县级以下	10年
2	本乡镇在公务活动中收到的字画作品、礼品、纪念品等	
2.1	重要的	永久
2.2	一般的	10年
3	反映本乡镇特色文化、产业的服饰、手工艺品、产品样本等	永久
4	本乡镇行政区划调整、机构变动中停止使用的印章、牌匾(衔牌)等	永久
5	其他具有重要保存价值的实物	永久

六、专业档案

专业档案的收集范围和保管期限从其规定，以阜阳市第三人民医院为例，部分专业档案归档范围和保管期限表见表 2-25 所列。

表 2-25 部分专业档案归档范围和保管期限表

序号	内容	保管期限
1	病历档案	
1.1	住院病历	30年
1.2	门诊病历	5年
2	医疗档案	
2.1	重要的	30年
2.2	一般的	10年
3	护理档案	
3.1	重要的	30年
3.2	一般的	10年
4	医院感染管理档案	
4.1	重要的	30年
4.2	一般的	10年

（续表）

序号	内容	保管期限
5	招标采购档案	
5.1	代理公司院外采购：采购申请审批单、采购需求（工程类：工程量清单、图纸、论证报告）、议定事项通知单、政府招标采购项目委托代理协议书、项目招标采购项目档案、响应文件、固定资产验收单、履约保证金网上银行电子回单、履约保证金退还申请书、合同审批表、合同、验收单（审计报告）	永久
5.2	院内/官网招标：议定事项通知单、采购需求、信息发布审批表、采购项目公告、授权委托书（含身份证复印件）、营业执照、供应商登记表，信息发布审批表、中标结果公告、投标文件、报价单、合同审批表、合同、验收单	30年
5.3	集体议价：议定事项通知单、采购需求、采购议价记录表、营业执照、授权委托书（含身份证复印件）、报价表、合同审批表、合同、验收单	10年
6	党员档案	
6.1	重要的	30年
6.2	一般的	10年

七、声像档案

各类声像档案归档范围和保管期限表见表2-26～表2-28所列。

表2-26　“普适版”声像档案归档范围和保管期限表

序号	内容	保管期限
1	照片档案	
1.1	本单位主办或承办的重点工作、重大活动、重要会议的照片	永久
1.2	领导人、著名人物和国际友人参加本单位有关的重大公务活动的照片	永久
1.3	记录本单位重大事件、重大事故、重大自然灾害及其他异常情况和现象的照片	永久
1.4	本单位劳动模范、先进人物及典型活动的照片	30年
1.5	本单位获得的各种荣誉性实物的照片	30年
2	录音档案	

（续表）

序号	内容	保管期限
2.1	反映本机关主要职能活动和工作成果的录音	永久
2.2	县处级以上领导视察本单位重要讲话录音等	永久
2.3	著名人士、专家学者来本单位参观、访问、洽谈及从事其他活动过程中形成的重要录音档案	30年
2.4	其他具有保存价值的录音档案	10年
3	录像档案	
3.1	反映本机关主要职能活动和工作成果的录像	永久
3.2	县处级以上领导视察本单位的录像	永久
3.3	本单位荣获区级以上先进集体、劳动模范、先进个人的录像	永久
3.4	本单位发生和处理的重大事件、重大事故、自然灾害及异常现象的录像	
3.5	著名人士、专家学者来本单位本地区参观、访问、洽谈及从事其他活动形成的重要录像档案	30年
3.6	区供销合作社举办的全区性培训会议录像	30年
3.7	其他具有保存价值的录像档案	10年

表2-27 “医院版”实物档案归档范围和保管期限表

序号	内容	保管期限
1	照片档案	
1.1	主办或承办的重点工作、重大活动、重要会议的照片	永久
1.2	领导人、著名人物和国际友人参加本单位有关的重大公务活动的照片	永久
1.3	记录本单位重大事件、重大事故、重大自然灾害及其他异常情况和现象的照片	永久
1.4	医院劳动模范、先进人物及典型活动的照片	30年
1.5	医院获得的各种荣誉性实物的照片	30年
2	录音档案	
2.1	反映本机关主要职能活动和工作成果的录音	永久
2.2	市厅级以上领导视察本单位重要讲话录音等	永久

（续表）

序号	内容	保管期限
2.3	著名人士、专家学者来本单位参观、访问、洽谈及从事其他活动过程中形成的重要录音档案	30年
2.4	其他具有保存价值的录音档案	10年
3	录像档案	
3.1	反映本机关主要职能活动和工作成果的录像	永久
3.2	市厅级以上领导视察本单位的录像	永久
3.3	医院荣获市级以上先进集体、劳动模范、先进个人的录像	永久
3.4	医院发生和处理的重大事件、重大事故、自然灾害及异常现象的录像	永久
3.5	著名人士、专家学者来本单位本地区参观、访问、洽谈及从事其他活动形成的重要录像档案	30年
3.6	医院举办的全市性培训会议录像	30年
3.7	其他具有保存价值的录像档案	10年

表2-28　“乡镇版”实物档案归档范围和保管期限表

序号	内容	保管期限
1	照片档案	
1.1	记录本乡镇主要职能活动和重要工作成果的照片	
1.1.1	本乡镇主办或承办的工作、活动、会议的照片	
	重点工作、重大活动、重要会议	永久
	一般工作、一般活动、一般会议	30年
	本乡镇建设项目、科研项目的照片	永久
	领导人、著名人物和国际友人参加与本乡镇有关的重大公务活动的照片	永久
1.1.2	本乡镇劳动模范、先进人物及其典型活动的照片	
	县级(含)以上	永久
	县级以下	30年
	本乡镇历届领导班子成员的证件照片	永久
	本乡镇获得的各种荣誉性实物的照片	30年

（续表）

序号	内容	保管期限
1.2	记录本乡镇区域内重大事件、重大事故、重大自然灾害及其他异常情况和现象的照片	永久
1.3	记录本乡镇区域内地理概貌、城乡建设、重点工程、名胜古迹、自然风光、民间风俗和著名人物的照片	永久
1.4	其他具有保存价值的照片	10年
2	录音档案	
2.1	反映本乡镇主要职能活动和工作成果的录音	永久
2.2	本乡镇重要工作会议、调研、活动的录音	永久
2.3	上级领导来本乡镇视察、调研的重要讲话录音	永久
2.4	著名人士、专家学者来本乡镇参观、访问、洽谈及从事其他活动过程中形成的重要录音档案	30年
2.5	其他具有保存价值的录音档案	10年
3	录像档案	
3.1	反映本乡镇主要职能活动和工作成果的录像	永久
3.2	上级领导来本乡镇视察、调研的录像	永久
3.3	本乡镇荣获县级以上先进集体、劳动模范、先进个人的录音	永久
3.4	本乡镇发生和处理的重大事件、重大事故、自然灾害及异常现象的录像	永久
3.5	著名人士、专家学者来本乡镇参观、访问、洽谈及从事其他活动过程中形成的重要录像档案	30年
3.6	其他具有保存价值的录像档案	10年

八、数字类档案

数字类档案归档范围和保管期限表见表2-29所列。

表2-29 数字类档案归档范围和保管期限表

序号	内容	保管期限
1	业务数据、公务电子邮件、网页信息、社交媒体	
1.1	重要的	永久
1.2	一般的	30年

第三章　数字档案室建设

第一节　数字档案室基本概述

一、档案室类型

《中华人民共和国档案法》(中华人民共和国主席令第 47 号)规定,机关、团体、企业事业单位和其他组织应当确定档案机构或者档案工作人员负责管理本单位的档案;《机关档案管理规定》(国家档案局令第 13 号)要求,机关应当按规定设立档案工作机构。档案工作机构即通常意义上的档案室,是各个机关单位统一保存和管理本组织档案的内部机构,是整个组织的组成部分。

我国档案室数量多、分布广、类型复杂,归纳起来主要有以下几种类型。

(1)普通档案室,又称为文书档案室,是指大多数机关、团体、企业事业单位建立的档案室,负责管理本组织在行政管理中形成的各种载体形式的文书档案。

(2)科技档案室,即集中保管科技档案(如基建档案、设备档案)的专门档案机构。它是档案室的一种形式,是本组织生产技术资料的信息管理中心。

(3)录音录像档案室,又叫作音像档案室或声像档案室,即专门管理电影片、电视片、录音带、录像带、唱片、照片的档案室。

(4)人事档案室,即单位人事部门设立的专门管理职工的履历、自传、考核、奖惩、任免、职称、学位、工资、级别、离休、退休、退职等个人材料的档案室。

(5)综合档案室,是指建立的综合型档案机构,统管本单位形成的各种类型的档案。

(6)联合档案室,即同一专业系统或专业性质相近的若干机关、团体、企事业单位共同建立的档案管理机构。《机关档案管理规定》(国家档案局令第 13 号)要求,经同级档案行政管理部门同意,办公地点相对集中且条件成熟的县级或形成档案数量较少的多个机关可以成立联合档案工作机构,对相应机关的档案进行集中管理。

二、建设的必要性和文件依据

机关、团体和其他社会组织档案工作是国家档案事业的组成部分，也是机关提高工作效率和工作质量的必要条件。随着档案信息化建设的逐步深入，传统机关档案工作面临着机关办公自动化应用、数字档案室建设及用户多样化需求的严峻挑战，是档案信息化建设中亟须强化的重要节点。

数字档案室是信息化条件下档案室的“升级版”，是管理机关档案信息、联结机关办公自动化与数字档案馆建设的关键一环。建设符合国家和社会信息化发展要求的数字档案室，有利于提高机关档案工作水平，维护机关档案信息的真实、完整、可用和安全，提升机关行政效率和公共服务能力；有利于促进国家核心信息资源建设，实现信息资源总量增加、质量提高和结构优化，为数字档案馆的最终实现奠定基础，以推动全国档案信息化工作全面、健康、均衡发展。

中共中央办公厅、国务院办公厅印发的《“十四五”全国档案事业发展规划》要求，加大机关数字档案室建设力度，加强大数据、人工智能等新一代信息技术在数字档案馆（室）建设中的应用，推动数字档案馆（室）建设优化升级；《机关档案管理规定》（国家档案局令第 13 号）要求，机关应当开展数字档案室建设，统筹传统载体档案数字化、电子文件归档与电子档案管理工作；数字档案室建设按照《国家档案局关于发布〈数字档案室建设指南〉的通知》（档发〔2014〕4 号）执行。

三、数字档案室的概念和特征

所谓数字档案室，是指机关在履行职能过程中，运用现代信息技术对电子档案和传统载体档案数字副本等数字档案信息进行采集、整理、存储、管理，并通过不同类型网络提供共享利用和有限公共档案信息服务的档案信息集成管理平台。

数字档案室基本特征为档案资源数字化、档案实体虚拟化、档案管理系统化、信息传递网络化和档案利用知识化，具体情况如下。

（1）档案资源数字化。数字档案室以统一的数字形式存储各种信息，包括文本、图像、声音、视频等，压缩了存储空间，改进了组织形式。信息记录形式的数字化，是数字档案室的基本特征。

（2）档案实体虚拟化。通过对纸质档案、缩微胶片、照片、录音、录像等传统载体档案进行数字化加工，实现档案实体虚拟化，使之能够与其他数字档案资源一并进行管理和规范。

（3）档案管理系统化。将档案业务流程、标准规范固化在数字档案室应用系统中，实现数字档案资源系统、规范管理。

(4)信息传递网络化。数字档案室依附于网络而存在，通过不同类型的网络实现档案收集、管理和移交，用户不必亲自“登门造访”，就可以利用所需的信息，从而加快信息交流与反馈的速度。

(5)档案利用知识化。数字档案室将文书、照片、录音、录像等各类信息载体与信息来源在知识单元的基础上有机组织并链接起来，以动态分布的方式为用户提供服务，实现由档案的提供向知识的提供转变。

四、档案资源建设

(一)档案集中、统一管理，门类齐全，材料完整

(1)综合档案室集中统一管理本机关全部档案。

(2)建立健全档案门类：

① 文书、科技(科研、基建、设备)、人事、会计档案；

② 机关履行行业特有职责形成的专业档案；

③ 照片、录音、录像等音像档案；

④ 业务数据、公务电子邮件、网页信息、社交媒体档案；

⑤ 印章、题词、奖牌、奖章、证书、公务礼品等实物档案；

⑥ 其他档案。

前款①～③项包含传统载体档案和电子档案两种形式。电子档案与传统载体档案具有同等效力。

(3)各门类档案材料收集规范、真实有效、齐全完整、应归尽归。

(二)其他介质文件归档齐全

(1)收集除纸质档案之外的光介质、磁介质、银盐感光介质等其他载体形态的档案材料。

(2)按照数据标准，收集各门类档案的电子文件和数字化副本文件，包括网页信息、公务电子邮件及公务社交媒体产生的数字信息等。

五、档案信息化建设

(一)信息化规划设施

(1)加强档案信息化工作，将档案信息化工作纳入单位电子政务和信息化总体规划。档案信息化工作应当与单位信息化建设、档案馆信息化建设协调配合，实现系统互联互通，资源共享共用。

(2)应当开展数字档案室建设，统筹传统载体档案数字化、电子文件归档与电子档案管理工作。建立档案数字化常态机制，有序开展档案数字化工作。

(3)配备的网络基础设施、系统硬件、基础软件、安全保障系统、终端及辅助设备应当满足档案信息化的管理需要并适当冗余、方便扩展。

(二)数字资源

按照有关标准收集、整理数字资源信息,建立各种门类档案的目录数据库、全文数据库、多媒体数据库及专题数据库等。使用的档案管理系统符合国家对电子文件管理系统通用功能的要求,并与同级综合档案馆信息接收平台对接,按照要求移交电子档案及电子目录等。

(三)信息安全

(1)定期检查非纸质载体的可读性,确保其数据长期有效性;及时备份档案数字信息,建立数据恢复机制,保障数字信息安全;开展重要档案异质异地备份。

(2)开展纸质档案数字化过程中,采取严格信息安全保障措施。对涉密档案严格管理,如需开展涉密档案数字化,需选择具有涉密资质的机构。

六、档案安全保障

(一)档案用房及设施配备

(1)档案库房、档案阅览室、档案工作人员办公室,做到三室分开,满足开展档案工作基本需求。

(2)档案室要安装防盗门、防盗窗,配备有足够的铁皮档案柜,有条件的可安装档案密集架。室内应配备计算机、打印机、装订机、空调、去湿机、灭火器、防磁柜、吸尘器、温湿度表等档案保护设备,切实达到“九防”(防盗、防火、防尘、防潮、防有害生物、防霉、防高温、防光、防污染等)措施的要求。

(3)档案装具符合标准,档案盒采用无酸纸档案盒。

(二)库房安全管理

(1)档案的出入库登记内容准确、及时;库房温湿度记录完整规范;定期开展库房安全检查,有库房安全检查记录和总结;发现问题应有整改措施且落实到位。

(2)制作档案人员离岗交接清点台账,办理档案交接手续,到同级档案行政管理部门备案;定期开展档案清点工作,并写出清点报告。

(3)制定档案灾害应急处理预案,并组织演练、培训,提高危机事件发生时相关责任人按照预案有序处置的能力。

七、档案服务利用

(一)档案服务利用的原则

应当积极开展档案利用工作,建立健全档案利用制度,根据档案的密级、内容和利用方式，规定不同的利用权限、范围和审批手续。机关保管的档案对外提供利用的，需经本单位负责人批准。

(二)检索工具

(1)按照要求编制各种门类、各种载体档案的检索工具。

(2)建立全宗卷，材料齐全，整理规范。

(三)档案利用

(1)严格查阅登记和利用效果反馈记录，编制档案利用效果实例汇编。

(2)编写全宗介绍、组织沿革、大事记、基础数字汇编、专题文件汇集、年鉴等，以及举办陈列展览、拍摄专题片等多种形式，发挥档案价值。

(3)开展档案鉴定销毁和档案解密、开放审核工作。

八、数字档案室主要建设内容

数字档案室建设是一项系统工程，包括基础设施建设、应用系统建设、数字档案资源建设、保障体系建设，是集合档案信息的采集、加工、存储、管理、利用为一体的集成化管理体系和平台，需要机关档案部门、信息化部门、业务部门和保密部门共同参与实施。

数字档案室建设应遵循“资源为先，标准规范，整体推进，确保安全”的原则，根据单位档案情况统筹规划，数字档案室以电子档案为主，有效提高档案利用效率。建设内容主要包含以下几点。

(一)建设基础设施

按照数字档案室基础网络架构、主要技术路线与软硬件配置基本要求，建设适应未来一定时期数字档案资源管理要求、满足数字档案室各项管理与服务需求的基础设施。除信息安全和管理方便因素之外，鼓励依托机关信息化基础设施进行数字档案室基础设施建设。

(1)网络基础设置。在机关中心机房设置网络管理中心，机房应具备防雷、防静电、防磁、防火、防水、防盗、稳压、恒温、恒湿等基本管理条件。要充分考虑各类电子文件采集、归档和数字档案资源安全管理、移交等工作要求，配备能适应图像、音频、视频等各类数据的传输、利用要求，足够数量的内部局域网、政务外网和政务内网网络信息点。

(2)系统硬件设置。一是服务器配置，要能满足应用系统及数据库、中间件、全文检索、备份、防病毒等基础软件的部署和安全高效运行的需求，且留有部分冗余；二是资源在线存储设备，尽量采取先进、高效和稳定的磁盘阵列；三是办公终端设备和辅助设备，配备专用终端计算机、扫描仪、数码照相机、打印机等办公终端设备及恒温恒湿防磁柜、刻录机、移动存储介质等辅助设备；四是配备必要的正版基础软件；五是建立安全保障体系。

(二)建设应用系统

开发或采用功能完善、安全可靠、性能良好、方便易用的数字档案室应用系统，实现档案管理各业务环节的自动化、网络化。

(1)档案门类管理。数字档案室应用系统应具有管理文书、声像、科技、专业等各门类电子档案和辅助管理实体档案资料的功能，且具备灵活的可扩展功能(档案资料门类的扩展管理、分类方案的扩展管理、适当的元数据方案扩展管理、电子档案移交包制作的扩展管理等)。

(2)接收采集。数字档案室应用系统应能以在线或离线方式自动或半自动接收、采集形成于不同环境的，经过系统整理的各门类电子文件及其元数据，登记归档电子文件，并通过计算机文件名元数据等关键指针建立二者间的关联。

(3)分类编目。数字档案室应用系统应支持电子文件的分类、编目、命名和存储，完成电子文件的归档保存，辅助完成纸质等传统载体归档文件的分类、编目工作。

(4)检索利用。数字档案室应用系统应以权限管理为基础，支持多途径、多角度且易用的检索、利用、编研等方式，应能满足用户各类查档需求。

(5)鉴定统计。数字档案室应用系统应具备各门类档案资料的鉴定处置功能，应具备对各种档案资料及相关业务情况的统计管理功能。

(6)系统管理。数字档案室应用系统应具备审计跟踪、用户与权限管理、数据维护、参数设置等基本系统管理功能。

(7)技术文档管理。应收集保存必要的应用软件文档，为系统的稳定运行、维护等提供保障。采用开发方式建设的应用软件，应收集保存功能规格设计说明书、详细设计书、数据库设计书、技术报告、用户手册等文档，文档编制应符合《计算机软件文档编制规范》(GB/T 8567—2006)的相关要求。当采购商品化的应用软件时，至少应收集保存数据库设计文档、用户手册等。

(8)测评鉴定。选择第三方权威检测机构根据招投标文件及相关标准对应用软件进行功能性检测并出具检测报告，在测评合格的基础上，组织数字档案室应用系统建设方、承建方、监理方、同级档案行政管理部门进行项目的鉴定验收。

(三)严格遵循标准规范

全面进行传统载体档案数字化转换，积极推进电子文件归档和电子档案管理，全面推进数字档案资源建设。应用先进技术和手段，保证数字档案资源真实、完整、可用和安全，满足各类用户共享需求。

(四)建设数字档案室

修订完善档案工作流程、文件材料及声像电子文件归档范围和保管期限表，以及适合电子档案管理、利用、安全保障、应急处置等各项规章制度，明确要求和权限，确保数字档案资源的规范管理，保证数字档案室运行顺畅。

数字档案资源应包含文书、声像、科技、专业等各门类电子档案、传统载体档案数字副本和数字资料等，若条件成熟，公务电子邮件、网页等门类的电子档案也应作为数字档案资源建设内容。数字档案资源建设的要求：齐全完整、标准规范，采用档号或唯一标识符为数字档案资源命名，文书类电子档案质量要符合《机关文件材料归档范围和文书档案保管期限规定》（国家档案局令第8号）、《归档文件整理规则》（DA/T 22—2015）等要求（办公自动化保存的电子公文应满足完整性、版面格式、文件格式、元数据捕获和封装等要求），声像类电子文件的归档范围应参考《照片档案管理规范》（GB/T 11821—2002）对品质、元数据集和著录要求，科技类电子文件的收集、整理、鉴定、编目等应参照《科学技术档案案卷构成的一般要求》（GB/T 11822—2008）、《建设项目档案管理规范》（DA/T 28—2018）等标准规范执行（图形类电子文件应以DWG等通用格式收集归档，其他电子文件归档保存格式可参照文书、声像类电子文件执行），专业类电子文件的整理、鉴定、编目参照相应的管理办法执行，纸质档案数字副本质量按照《纸质档案数字化规范》（DA/T 31—2017）等规则对数字化对象确认、元数据捕获、数字化质量控制和数字化工作文档管理，着眼本单位电子政务整体备份需求制定数字档案资源备份策略。

（五）加大人才建设力度

数字档案室是机关电子政务的核心信息资源中心，其建设、运行和维护是一项长期的系统工程，需建立经费、制度和人才等各方面的保障机制。通过培训或引进人才，为数字档案室的建设和运行储备既通晓信息技术，又精通信息资源管理、知识管理的人才。

1. 档案组织管理

（1）设立档案工作机构，建立健全科学有效的档案工作管理体制和管理网络。

（2）确定档案工作分管领导，明确岗位职责。

（3）制定本机关、本系统档案工作中长期规划或在机关工作的中长期规划中有档案工作内容。

（4）档案工作接受同级档案行政管理部门和上级业务主管部门监督、指导，按规定时限完成重大活动档案移交，档案统计年报、政府公开信息报送，向综合档案馆移交档案及其他档案业务工作。

2. 档案工作人员

（1）配备符合档案业务管理要求的专职档案工作人员并保持稳定。

(2)档案工作人员应持证上岗,并积极参加档案业务知识和技能培训。

3. 档案工作保障制度

(1)档案工作纳入整体规划、年度工作计划和考核体系,与业务工作同步部署、同步实施、同步发展,建立档案工作奖励和责任追究制度。档案工作所需的基础设施配备和维护经费,档案日常管理工作经费,档案信息化建设经费,档案宣传、培训等其他经费应当列入机关年度财政预算。

(2)建立完善的档案工作制度,结合单位实际,可操作性强,并根据需要进行修改完善。这主要包括机关档案工作岗位责任制、文件材料归档、档案整理、保管、保密、鉴定、销毁、统计、利用、库房管理、文件交接、离岗交接清点、设施设备维护使用制度、数字化信息安全管理及重大活动(重点建设项目、重大科研项目)档案管理办法等。

(3)按照实际情况制定或者转发机关专业档案管理办法并报同级档案行政管理部门备案。

九、档案用房的“三分开”设置方法

档案用房“三分开”是指档案馆室拥有专用档案库房、专用档案阅览室和专用档案整理室(兼作档案人员的办公室和档案整理工作室)。《机关档案管理规定》(国家档案局令第 13 号)第三章基础设施第十四条规定:机关应当分别设置档案办公用房、整理用房、阅览用房和档案库房,并根据工作需要设置展览用房、档案数字化用房、服务器机房等。档案库房应当根据载体类型分别设置,不具备条件的应当根据载体类型分区设置。县级或形成档案数量较少的机关设置库房以外其他档案用房时,可以按照办公、整理、阅览等基本功能分区设置。

(一)档案办公用房

档案办公用房的面积按照《党政机关办公用房建设标准》执行。

(二)档案阅览用房

档案阅览用房的面积应当满足不同类型档案阅览需求,适应涉密档案与非涉密档案分区阅览的需要。

(三)档案库房

档案库房面积应当满足机关档案法定存放年限需要,使用面积按(档案存量+年增长量×存放年限)×60 m^2/万卷(或 10 万件)测算。档案数量少于 2500 卷(或 25000 件)的,档案库房面积按 15 m^2 测算。

(四)档案用房的设置要求

(1)档案用房宜集中布置,自成一区。

(2)档案办公用房选址应当便于档案库房管理。档案库房选址应当防潮、防火、避免阳光直射，利于档案保护。

(3)档案库房不应设置在地下或顶层，地处湿润地区的还不宜设置在首层。档案库房不得毗邻水房、卫生间、食堂(厨房)、变配电室、车库等可能危及档案安全的用房。

第二节　数字档案室建设困境及对策

一、数字档案室建设面临的问题

(1)理论知识和技术支持欠缺。数字档案室建设还处于建设初期，相关理论研究和实践探索均处于初级阶段，且新技术发展速度快，缺少数字档案室建设的模式和标准，导致数字档案室建设推进速度缓慢。

(2)整合数字档案信息资源难点重重。一是数字化工作艰巨，数字档案室建设的前提是传统档案进行数字化前处理和纸质等载体的数字化工作，面对繁多冗杂的档案资料，前处理和数字化工作需要消耗大量人力、物力、财力；二是档案信息资源建设主体协同性不足，在现实工作中各部门之间存在意见不一致或各自为政的情况，不同单位对于档案资源建设的标准要求和重视程度不一致，加大了档案资源整理和数字化的难度。

(3)数字档案室基础设施不完善。数字档案室建设对软硬件的要求较高，产品更新换代较快，许多档案室存在软硬件设施不完善和网络系统更新不及时等情况，难以为数字档案室高效建设提供有力支持。

(4)人才队伍建设任重道远。数字档案室需结合单位档案事业发展的要求创新服务形式，对档案人员提出了新的挑战。绝大多数单位现有档案人员的专业技术能力较弱，且整体结构不合理，甚至有的单位连兼职档案员都未配备。

二、数字档案室建设探讨

数字档案室建设归根到底在于主要领导亲自抓，做好前期调研和实施方案，成立专项工作领导小组，对标对表逐项完成。具体细节可以通过档案管理部门的积极参与和科学指导，以弥补现阶段在理论研究和实践创新中的不足；通过强化档案数字化工作，做好档案划控工作，进一步提升档案的服务利用水平；通过资金和人员的充足保障，细化网络协调工作，提升数字档案应用的整体效应。

第三篇 档案数字化建章立制

第一章　数字化加工管理制度

为了满足档案信息化工作的要求，提高档案查询利用的效率，越来越多的档案馆(室)对馆藏(室藏)档案资源开展了数字化外包服务工作。工作开展的过程中如何做好项目管理工作，保证档案实体和档案信息安全，需要严格按照相关法律法规、制度规范去开展工作。

纸质档案数字化工作的开展有利于保护纸质档案，提高档案的查阅、利用效率，让人民群众及时准确地获取所需信息，为社会、政府提供有价值的建议、参考。现阶段开展的档案数字化工作主要还是依赖于档案外包服务公司，制定行之有效的管理制度，有利于数字化工作的正常开展，有利于档案信息安全的保护。按照《纸质档案数字化规范》(DA/T 31—2017)、《档案服务外包工作规范　第 1 部分：总则》(DA/T 68.1—2020)等标准规范进行操作，本章简单谈谈档案数字化加工的管理制度。

第一节　《纸质档案数字化规范》(DA/T 31—2017)的“5　管理制度”

(1)应制定科学化、规范化的管理制度，并在工作过程中严格执行，以有效保障档案安全和纸质档案数字化成果质量。

① 纸质档案数字化工作如需外包，档案部门应从企业性质、股东组成、安全保密、企业规模、注册资金情况等方面严格审查数字化加工企业的相关资质；按照 GB/T 20530—2006 第 5 章的要求评估数字化加工企业的技术能力；从规章制度的建立健全程度等方面考查加工企业的管理能力。

② 在项目实施过程中，应依据《档案数字化外包安全管理规范》(档办发〔2014〕7 号)，从档案部门、数字化服务机构、数字化场所、数字化加工设备、档案实体、数字化成果移交接收与设备处理等层面执行严格的安全管理要求。

③ 档案部门应指派专门人员参与纸质档案数字化外包业务的监督、指导，

完成质量监控、进度监控、投资监控、安全监控和协调沟通等方面的工作。

(2)纸质档案数字化管理制度应包含岗位管理、人员管理、场地管理、设备管理、数据管理、档案实体管理等方面的制度。

① 岗位管理制度主要规定数字化工作各岗位的工作目标和职责,形成明确的岗位业务流程规范、考核标准、奖惩办法等;

② 人员管理制度主要对人员的安全责任、日常行为、外聘人员信息审核及管理、非工作人员来访登记等进行规范;

③ 场地管理制度主要对人员出入和工作场地内基础设施、环境、网络、监控设施、现场物品、证件等的管理进行规范;

④ 设备管理制度主要对数字化工作各环节涉及的全部设备的管理进行规范;

⑤ 数据管理制度主要对数字化各环节所产生的数据的管理进行规范;

⑥ 档案实体管理制度主要对档案实体在数字化过程中的交接、管理、存放等工作进行规范。

第二节 《档案服务外包工作规范　第2部分:档案数字化服务》(DA/T 68.2—2020)的“4　发包方工作规范”和“5　承包方工作规范”

一、发包方工作规范——档案数字化过程管理

(1)发包方应对承包方的档案数字化加工进行全过程、全方位的管控。

(2)发包方应要求承包方将直接参与本项目档案数字化加工过程的员工名单向发包方备案。

(3)发包方应对拟数字化的档案进行敏感性、完整性、有序性及档案实体与目录的一致性检查。档案实体破损、残缺的要进行登记与处理,档案实体与文件目录不对应的要进行必要地记录或标记。

(4)发包方应按照工作计划分批调档出库,并根据工作完成情况分批接收归库。调档出库与接收归库时,发包方应与承包方办理档案交接手续,填写档案交接单一式两份。

(5)对正在进行数字化加工的档案,发包方应该(或要求承包方) 安排专人保管,每天入库(柜),不得在工位上留存过夜。对于数字化加工完毕的档案,发

包方应及时与承包方办理交接手续，接收入库保存。对于离库超过1个月或有虫霉隐患的档案，应进行消毒杀虫处理。

(6)发包方应禁止承包方工作人员擅自进入档案库房。

(7)发包方应要求承包方按照DA/T 31的规定制作工作流程单，对档案数字化加工各个环节的工作情况进行记录。工作流程单应与档案实体同步流转。

(8)发包方应对档案数字化加工过程中使用的计算机硬盘、移动硬盘、U盘、光盘等各种存储介质进行安全检查并登记造册、统一保管，严禁承包方擅自处理。

(9)发生(可能导致)档案被损毁、丢失或信息泄露的重大事件后，发包方应及时向有关部门报告，并采取补救措施。

二、外包服务公司可开展的档案业务类型

档案服务通常包括档案寄存服务、档案数字化服务、档案整理服务、档案管理咨询服务、档案开发利用服务、档案销毁服务等几种业务类型。

(1)档案寄存服务是指在不改变档案所有权和处置权的前提下，发包方将档案委托给承包方保管，承包方为发包方提供档案保管的库房、设备，进行日常保管、安全防护，并按需要提供利用的服务过程。

(2)档案数字化服务是指承包方利用计算机技术对发包方的纸质档案、音像档案、缩微档案等进行数字化加工，将其转化为存储在磁带、磁盘、光盘、固态硬盘等载体上并能被计算机识别的数字图像或数字文本的服务过程。

(3)档案整理服务是指承包方按照一定原则对发包方形成的档案实体进行系统分类、组合、排列、编号和基本编目，使之有序化的服务过程。

(4)档案管理咨询服务是指承包方通过口头或书面形式为发包方提供意见、建议，指导、帮助发包方解决档案工作遇到的问题的服务过程。

(5)档案开发利用服务是指承包方帮助发包方将其保存的档案通过多种途径、手段和技术、方法进行开发，形成各种形式的信息、知识产品，提供利用，发挥档案价值的服务过程。

(6)档案销毁服务是指承包方帮助发包方将经过鉴定、需销毁的档案做毁灭性处置的服务过程。

三、承包方工作规范

(1)人员管理规范如下。

① 承包方应保证参与档案数字化外包服务的工作人员，已根据国家劳动法律法规与公司签订书面劳动合同，并要求员工签订保密承诺书。

② 承包方应根据项目需要，配备具有相应知识水平和业务技能的项目经理和员工，并保证项目团队成员具有一定的稳定性。

③ 承包方应对项目组成员进行不少于5天的操作培训，相关成员经考核合格后方可正式上岗。

④ 承包方应按发包方要求规范驻场人员的行为和着装。

(2)设备管理规范如下。

① 档案数字化加工所需的计算机各种硬件设备、软件系统和档案装具等，应符合国家相关法律法规和标准的要求。其中，软件系统应为正版软件，数据安全与网络监控软硬件须通过国家安全认证。

② 除必要的计算机操作系统、杀毒软件、档案数字化加工软件、数据库软件和第三方安全管理软件外，禁止安装其他无关软件。

③ 档案数字化加工使用的计算机、扫描仪等设备，必须采用技术手段或物理设备封闭所有不必要的信息输出装置或端口，如USB接口、红外线、蓝牙、SCSI接口、光驱接口等，封闭的装置或端口要定期进行检查。

④ 档案数字化加工网络要与其他网络物理隔离，禁止使用无线网卡、无线键盘、无线鼠标等设备。

⑤ 档案数字化加工网络及信息管理软件应建立身份鉴别、访问权限设置等安全保密措施，根据员工类型及岗位职责赋予相应的访问权限。

⑥ 档案数字化加工网络环境中应配备具有权限管理、设备管理、端口管理、日志管理和安全审计等功能的安全保护系统，准确记录授权用户的访问行为、设备接入和档案数字化成果流向等信息。

⑦ 用于档案数字化加工的设备、存储介质严禁与其他设备、存储介质交叉使用，非数字化加工专用的设备、存储介质严禁带入数字化加工场所。

⑧ 档案数字化加工设备和存储介质不得擅自送外维修，必须送外维修的应经发包方同意，并由发包方工作人员现场监督。

(3)现场管理规范如下。

① 非工作人员未经允许不得进入档案数字化加工场所。工作人员完成作业之后，不得在档案数字化加工场所内停留。

② 档案数字化加工场所应设有储物箱柜，供工作人员和访客存放物品，并与工作区相隔离。严禁将水杯等私人物品以及照相机、摄像机、手机、电脑、移动存储介质等电子设备带入工作区域。

③ 档案数字化加工场所内严禁存放除档案和必备的工具器材设备之外的任何易燃易爆危险品。严禁将火柴、打火机、饮料、食品、动物等带入档案数字化加工场所。

④ 档案数字化加工场所内作业完毕后，除必须开启的监控、报警、消防等电源外，包括照明在内的其他电源必须关闭。

⑤ 承包方应建立现场上下班物品清点值班制度，严禁任何人员擅自将档案数字化加工场所内的物品带离现场。下班后，移动存储设备应存放于专柜、上锁，指定专人负责保管。

(4)访客管理规范如下。

① 发包方、承包方因业务需要，邀请或接受非工作人员进入档案数字化加工场所时，应征得发包方的同意，并对访客的身份、来访事由进行审核和登记。

② 必要时，访客在进入档案数字化加工场所前应签订保密承诺书，承诺不泄露在参观过程中可能接触的任何档案信息。

③ 访客不得将手机、电脑、照相机、录像机等具有拍照、录音、录像功能的设备带入档案数字化加工场所。

④ 访客进入档案数字化加工场所，应佩戴发放的标明访客身份的胸牌，并由发包方或承包方工作人员全程陪同。

⑤ 访客应遵守档案数字化加工场所管理规定，在指定区域内进行参观，不得随意走动，不得触碰物品。

(5)流程与作业管理规范如下。

① 承包方应按照 DA/T 31 的规定设计档案数字化流程，主要包括档案出库、数字化前处理、档案扫描、图像/音视频处理、数据库建立、数据挂接、数字化成果验收与移交、档案入库等。每一环节均应填表记录。

② 承包方应防止工作人员在档案数字化过程中，尤其是对档案进行拆卷、预整理、复卷等过程中损坏档案载体，篡改档案内容。

③ 承包方应根据档案具体情况使用合适的扫描仪器和方法进行数字化，防止因不当扫描仪器和方法损害档案。

④ 档案数字化加工的具体操作方法和质量要求应符合 DA/T 31、DA/T 43. DA/T 62 的相关规定。

(6)成果管理规范如下。

① 对于尚未移交发包方的档案数字化成果，承包方应做好备份管理，以免数据丢失。

② 承包方应将经数据检验的档案数字化成果，包括档案数字化过程中形成的各种数字化工作文件、日志、记录、元数据等，以及使用的各种存储介质，及时移交发包方，并履行书面交接手续。

③ 承包方应将各种工作人员名单、访客名单、保密承诺书、档案交接单、工作流程单、项目验收报告，以及工作过程中形成的其他记录归档保存两份，其中

一份提交发包方。

四、《中华人民共和国档案法》的"第七章　法律责任"

第四十八条"单位或者个人有下列行为之一,由县级以上档案主管部门、有关机关对直接负责的主管人员和其他直接责任人员依法给予处分:(1)丢失属于国家所有的档案的;(2)擅自提供、抄录、复制、公布属于国家所有的档案的;(3)买卖或者非法转让属于国家所有的档案的;(4)篡改、损毁、伪造档案或者擅自销毁档案的;(5)将档案出卖、赠送给外国人或者外国组织的;(6)不按规定归档或者不按期移交档案,被责令改正而拒不改正的;(7)不按规定向社会开放、提供利用档案的;(8)明知存在档案安全隐患而不采取补救措施,造成档案损毁、灭失,或者存在档案安全隐患被责令限期整改而逾期未整改的;(9)发生档案安全事故后,不采取抢救措施或者隐瞒不报、拒绝调查的;(10)档案工作人员玩忽职守,造成档案损毁、灭失的。"

第四十九条"档案服务企业在服务过程中有本法第四十八条第一项、第二项、第四项违法行为之一的,由县级以上档案主管部门给予警告,并处二万元以上二十万元以下的罚款。"

第三节　数字化管理制度相关示例

数字化管理制度相关示例如下。

工作人员管理制度

第一条　为了营造和谐、健康、文明、积极的工作环境,加强档案保密安全管理,特制定本制度。

第二条　从事档案数字化的工作人员必须按规定完成安全保密教育,签订保密承诺书,经备案登记后方可进入工作现场。

第三条　工作人员须遵守相应的考勤、考核、安全保密管理等规章制度。

第四条　工作人员须遵守现场管理制度,禁止携带手机、相机、包等私人物品进入工作场所。

第五条　工作时间内禁止饮水、就餐、睡觉、串岗、上网、听音乐等影响工作或与工作无关的行为。

第六条　工作人员须严格按照工作流程及标准从事各项工作,不得擅自修改作业标准。

第七条　工作时间应统一着工作服或悬挂工牌上班，不浓妆艳抹，朴素大方，端庄得体。

第八条　工作现场档案及办公用品摆放整齐，水杯放在公共饮水区（数字化加工现场室外）。

第九条　工作人员应遵守有关工作设备的安全操作规则，非工作职责范围，不得擅自使用其他设备。

第十条　未经许可，不得随意到其他部门，不准非上班时间到办公区，不准把非工作人员带入办公区。

第十一条　经批准调换工作岗位的员工，须将工作交接完毕后方可离开原工作岗位。

数字化工作档案调还卷管理制度

第十二条　安排专人负责档案调还卷工作，妥善保管档案实体。

第十三条　严格执行定期检查和进出档案清点制度。

第十四条　每次长假前对档案进行全面检查，档案柜加贴封条。

第十五条　注意爱护和保管好档案，加强在档案调出、归还和工作流程中的清点核对。

第十六条　下班后不允许桌面存有散放档案，未经允许不得私自将档案带出工作间。

第十七条　工作过程中不得损坏档案，不得抄阅、更改档案内容，不得泄露档案信息，不得丢失档案及档案信息。

第十八条　档案借、还要按规定办理登记手续，并当面认真进行清点。

第十九条　借出的档案资料，要认真办理交接手续。交接双方要根据移交目录仔细清点核实，填写档案交接文据两份，交接双方各执一份。

第二十条　调阅和归还档案资料，交接双方要根据调卷单当面进行清点，办理调还卷手续。

数字化工作数据管理制度

第二十一条　档案保密工作领导小组统一领导安全保密管理工作，处理紧急突发事件。

第二十二条　数据库管理员每日对系统数据做更新备份，每月对系统数据做完全备份。

第二十三条　磁盘、光盘等存储介质由专人负责保管，放置在专用存储柜内。

第二十四条　对需长期保存的备份数据定期进行检查并转储。

第二十五条　定期对档案管理系统的数据库、数字化原文进行备份，推荐使用硬盘或光盘（档案级光盘）备份。

第二十六条　数字化工作人员应严格按照计算机系统操作规程对数据进行存储、备份。

第二十七条　不得越权随意删除、修改档案管理系统内的数据。

第二十八条　服务器的数据备份由计算机系统管理部门负责定期检查。

第二十九条　为防止病毒造成严重后果，对外来存储设备、软件要严格管理，原则上不允许外来存储设备、软件在内部局域网计算机上使用。确因工作需要使用的，须进行杀毒处理，确认无病毒感染后，方可使用。

第三十条　不得擅自将参与数字化工作使用的计算机及移动存储介质、复印机等设备交由外部人员维修；不得将未经专业销密的文件、资料、办公自动化设备等涉密载体出售、赠送、丢弃。

数字化设备使用规定

第三十一条　设备使用坚持“安全第一，预防为主”的原则。操作人员必须爱护设备，熟练掌握设备使用性能、操作要求、不违规操作。

第三十二条　设备损坏必须立即报告，查明原因及时报修，不允许设备带病使用。非维修需要，不得拆卸设备，杜绝人为损坏。

第三十三条　数字化外包公司应加强对工作现场的计算机、扫描仪、打印机、数据存储设备的管理。

第三十四条　计算机上光驱、蓝牙、红外线和USB接口（除了必要的设备外）须锁死或屏蔽。

第三十五条　服务器专人使用，未经允许不得使用。

第三十六条　计算机采用安全性高的屏蔽网线及水晶头，所有设备外壳均接地线确保安全。

第三十七条　操作人员应做好设备使用前的安全检查，发现设备有故障或异常现象时应停止使用，及时报修。数字化公司要加强电力线路、电器电源的检查，防止线路老化或受潮引起安全事故。

第三十八条　每天下班前操作人员应确认数据保存完毕后依顺序关闭设备电源及数字化现场总电源。

第三十九条　数字化现场严禁使用电炉、热得快等电器，严禁带入蜡烛、打火机等易燃易爆品。

第四十条　经常进行设备维护保养工作，保持设备清洁、运行状况良好，设备报废应报请相关部门批准后及时登记造册、注销或更换补充。

档案数字化监理制度

第四十一条　项目金额较大的档案数字化项目，需要由专业档案数字化监理公司对项目进行监理。

第四十二条　监理项目组由总监理工程师和监理工程师组成。

第四十三条　档案数字化项目开展的全过程，总监理工程师必须全程在场，无特殊原因不得离开项目现场。

第四十四条　所有监理人员须具有丰富的档案数字化经验、有良好职业道德，同时遵守《档案数字化工作人员管理制度》。

第四十五条　档案数字化监理工作主要内容如下。

（1）纸质档案监理，包括收集、整理、规范、复原情况。

（2）目录数据监理，包括数据库中各条目的内容、格式等的准确程度，必填项是否填写等。

（3）元数据监理，包括元数据元素的完整性、赋值规范性等。

（4）数字图像监理，包括数字化参数、存储路径、命名的准确性、图像的完整性、排列顺序的准确性、图像质量、图像压缩情况等。

（5）数据挂接监理，包括目录数据与其对应的数字图像的挂接的准确性等。

（6）存储载体监理，包括载体的可用性、有无病毒等。

（7）工作现场监理，包括数字化实施人员、项目现场档案实体安全、加工设备安全、加工数据安全、项目现场施工日志、项目现场监理日志等。

第四十六条　档案数字化监理标准如下。

档案整理符合相关规范要求，纸质档案复原率达到100％，能够采用计算机自动检验的项目应采用计算机自动检验的方式进行100％检验，检验合格率应为100％。对于无法用计算机自动检验的项目，可根据情况以件或卷为单位采用抽检的方式进行人工检验，抽检比率不得低于90％，对于数据库条目与数字图像内容对应的准确性，抽检合格率应为100％，其他内容的抽检合格率应不低于95％。

数字化工作现场管理制度

第四十七条　全体工作人员必须严格按照《中华人民共和国档案法》《中华人民共和国保守国家秘密法》等法律法规进行档案数字化相关工作，严守工作秘密，严防泄密、失密。

第四十八条　项目参与成员须签订安全保密协议，身份信息登记备案后方能上岗工作。

第四十九条　进入办公场所的工作人员严禁携带手机、相机、摄像机等个人信息设备和其他与工作无关的私人物品，未经许可严禁将场所内的任何物品带离场所。

第五十条　工作人员进入场所须着统一工作服上班，上班时不得随意串岗，不得将非项目工作人员带入办公区域。

第五十一条　设置档案前处理区、数据著录区、图像扫描区、图像处理区、档案装订区等功能区域，做到标志明显、规范有序。

第五十二条　工作人员应妥善保管档案，未经允许不得将档案带出工作间，不得随意废弃、损毁、涂改档案；废弃的打印目录、备考表、卷皮等需要集中销毁处理。

第五十三条　不同工作岗位的人员不得相互谈论、打听工作情况，不得阅读、讨论档案内容及相关情况。

第五十四条　注意安全操作，做好上班前、下班后的安全防范检查，下班后个人使用的设备要关机断电。

第五十五条　值班人员下班后要逐项检查是否关机、关灯、关窗、锁门等关键部位的安全，确保实体档案、数字化信息、档案库房、加工现场及各种设备的安全。

第五十六条　禁止在工作场所吸烟，保持工作场所的整洁。

第五十七条　做好办公场所的防盗、防火、防尘、防潮、防鼠等工作，安排专人值班检查。

数字化加工保密管理制度

第五十八条　严守国家秘密，不得以任何方式向外界散布、泄露项目涉及的档案秘密。

第五十九条　不得过问非本人工作职责内的项目涉及的秘密。

第六十条　严格遵守文件资料的登记和保密制度，涉密档案不参与外包公司的档案数字化项目。

第六十一条　在公共场所、私人信件、家庭子女及亲友相互交流时，不得谈论、交接工作的文档资料内容或信息。

第六十二条　严格遵守涉密文件、资料、档案的借用管理制度。

第六十三条　涉密文件、资料和档案不准私自翻阅、复印、摘录和外传，不准用普通电话、明码电报、平件传达涉密事项。

第六十四条　所有数字化加工的工作人员均须确保归档文档材料的完整性，不得出现遗失、损坏；不得以任何方式复制、摘抄、摄录文档资料中的任何内容；不得以任何形式向外界传播、公开任何内容。

第四节　质量和安全管理的要求

档案数字化工作，是个烦琐、细致的劳动密集型工作，稍有一步出错，对后面的工作便会产生很大的影响。比如，编完一卷200页的档案耗时约20分钟，如果在修图环节发现第50页编码错误，那么要从错的那一页往后将错误页码擦掉，编上正确页码，更改著录内容，再重新扫描、修图，期间耗时至少80分钟。

相关规定：《国家档案局办公室关于印发〈档案数字化外包安全管理规范〉的通知》（档办发〔2014〕7号）、《国家档案局印发〈关于进一步加强档案安全工作的意见〉的通知》（档发〔2016〕6号）、《档案服务外包工作规范》（DA/T 68—2017）、《档案服务外包工作规范　第1部分：总则》（DA/T 68.1—2020）、《档案服务外包工作规范　第2部分：档案数字化服务》（DA/T 68.2—2020）、《档案服务外包工作规范第3部分：档案管理咨询服务》（DA/T 68.3—2020）和《档案服务外包工作规范第4部分：档案整理服务》（DA/T 68.4—2020）等文件精神。

在实际操作中，绝大部分单位因为人员、技术等原因，选择将此部分工作进行外包。那么外包需要注意什么呢？接下来给大家讲述从安全和质量两方面，系统了解如何管理和约束第三方服务公司，避免出现"大规模返工"或"付款后发现质量无法满足要求"等重大事故。

一、安全管理

（一）制度管理要求

（1）建立档案数字化安全保密制度和保密措施：一是与服务公司签订保密协议，并报同级档案主管部门备案，服务公司需积极配合业主方开展安全保密检查；二是要求服务公司与员工签订保密协议，并明确规定其安全保密责任、义务，协议需报业主单位备案；三是服务公司定期对工作人员进行安全保密教育和必要的上岗培训。

（2）建立数字化操作规程或管理制度：规程和制度，需包含岗位管理、人员管理、场地管理、设备管理、数字化加工全过程管理、数据管理、档案实体管理等在内的全面管理，加强数字化工作的全流程管理。

(3)建立监管和问题反馈机制:对数字化工作中发现的问题进行及时反馈和修正,杜绝档案实体受损、丢失,以及擅自复制、留存、使用档案信息的行为。

(二)人员管理要求

(1)项目组成员:须接受必要的操作培训,相关成员经考核合格后方可正式上岗;未经业主方同意不得随意更换项目组人员,若项目经理不能满足工作需求,应按业主方要求及时更换。

(2)驻场服务人员:为在职专业人员,须经业主方同意方可驻场。

(3)项目工作人员:须具备一定档案业务知识、档案整理操作能力及档案数字化加工实际操作经验,且应保持相对稳定,中途不得随意更换。

(4)其他:服务公司应保证参与项目的工作人员已根据国家劳动法律法规与公司签订书面劳动合同,要求员工签订保密承诺书,按业主方要求进行登记备案并规范员工行为和着装;项目参与人员应经过背景调查和犯罪记录调查,确保无违法犯罪记录。

(三)现场管理要求

服务公司应指定人员经常对数字化加工场所进行巡查,确保有关数字化加工和管理的各项规章制度和操作规范得到切实贯彻执行。

(1)人员行为:非工作人员不得进入档案数字化加工场所,确需进入的,须经业主方同意并由馆方人员全程陪同;工作人员应挂牌上岗,接受身份核查登记和安全检查,不得在数字化加工场所内从事与数字化无关的活动,严禁在数字化加工区内喝水、进食、吸烟等;工作人员完成作业后,不得在档案数字化加工场所内停留。

(2)物品存放:工作人员和访客物品应存放在工作区外的指定位置;严禁将水杯、饮料、食品等物品,以及照相机、摄像机、手机、电脑、移动存储介质等电子设备带入工作区域;严禁将火柴、打火机等易燃易爆危险品,以及动物等带入档案馆;服务公司应建立现场上下班物品清点值班制度,严禁任何人员擅自将档案数字化加工场所内的物品带离现场;下班后,移动存储设备应存放于专柜并上锁,指定专人负责保管。

(3)电器使用:档案数字化加工场所内作业完毕后,除必须开启的监控、报警、消防等电源外,包括照明在内的其他电源必须关闭;不得在工作场所使用与工作无关的任何电器设备。

(4)网络环境:数字化加工场所须封断所有档案数字化加工设备的无线网络功能,并定期进行相关检测。

(四)设备管理要求

1. 设备安全处理

服务公司应当对项目设备进行必要的安全检查。档案数字化加工使用的计算机、扫描仪等设备，必须采用技术手段或专业物理设备封闭所有不必要的信息输出装置或端口(如 USB 接口、红外线、蓝牙、SCSI 接口、光驱接口等)，封闭的装置或端口要定期进行检查。

2. 软件系统

档案数字化加工过程中应使用正版软件。除必要的操作系统、杀毒软件、加工软件、数据库软件和第三方安全管理软件外，档案数字化加工计算机不允许安装任何与加工无关的软件。

3. 网络环境

档案数字化加工网络要与其他网络物理隔离，禁止使用无线网卡、无线键盘、无线鼠标等设备。数字化加工网络环境中应配备具有权限管理、设备管理、端口管理、日志管理和安全审计等功能的数字化加工安全保护系统，准确记录授权用户的访问行为、设备接入和电子档案信息流向等信息。档案数字化加工网络及信息管理软件应建立身份鉴别、访问权限设置等安全保密措施，根据员工类型及岗位职责赋予相应的访问权限。

4. 设备使用管理

档案数字化过程中使用的移动存储介质和刻录设备应指定专人保管，并对使用情况进行记录。用于档案数字化加工的设备和存储介质严禁与其他设备和存储介质交叉使用，非数字化专用的设备和存储介质严禁带入数字化加工场所。

档案数字化设备和存储介质不得擅自送外维修，必须送外维修的应办理书面审批手续，并由业主方人员现场监督。

数字化工作完成后，使用的所有移动存储介质必须交由业主方统一保管或销毁，严禁擅自带走。凡存有信息的，须做清除信息的安全处理。分批验收进行数据移交时，工作站上的数据必须在业主方工作人员现场监督下销毁。发生(可能导致)档案被损毁、丢失或信息泄露的事件后，服务公司应及时向业主方报告，并采取补救措施。

5. 档案实体和信息管理要求

服务公司在数字化加工生产过程中，须采取必要的安全措施，确保所有档案不被损伤、销毁、丢失、窃取、删除、更改、摘抄、公布、出版，不被未经档案馆同意或授权的组织或个人接触、复制和使用。出现以上情形的，将依照有关规定追究服务公司和有关人员责任。

正在进行数字化加工的档案必须每天入库(柜)，不得在加工工位上留存过夜。数字化加工完毕的档案要及时归还入库、上架。对于离库时间较长或有虫霉隐患的档案，应进行消毒杀虫处理。

整理过程中剔出的文件材料应在验收合格后进行登记并全部移交业主方，服务公司不得藏匿、丢弃和擅自销毁。

对尚未移交业主方的数字化成果，服务公司应做好备份管理，以免数据丢失。档案数字化成果的拷贝和刻录应相对集中，服务公司拷贝或刻录的数据介质（包括损坏的数据介质）应及时交接给档案馆指定人员，并办理交接手续。

6. 流程与作业管理要求

数字化加工的每一环节均应填表记录，并与档案实体同步流转。服务公司应防止工作人员在档案数字化过程中，尤其是对档案进行拆卷、预整理、复卷等过程中损坏档案载体、篡改档案内容；应根据档案具体情况使用合适的扫描仪器和方法进行数字化，防止因使用不当扫描仪器和方法损害档案。

二、质量管理

(1)制定工作方案。服务公司根据相关业务标准和拟数字化档案情况制定数字化加工方案，并经业主方审核同意。

(2)调档交接。服务公司应指定专人按照与业主方共同制订的计划分批次对需进行数字化加工的档案进行调档，并与业主方指定的专人一起做好检查、清点、交接和登记。

(3)档案前处理。在扫描之前，必须逐卷、逐件对拟数字化档案的涉密性、完整性、有序性、档案整理的规范性等进行检查、纠正，并做好记录和扫描准备工作。

① 规范整理：查看拟扫描的档案有无破损、残缺、霉变情况，以及排序混乱、缺页、倒页、漏号、重号、错号等整理不规范现象，若有，应进行登记，并根据有关规定和档案实际情况，进行适当规范化整理和必要的技术处理，技术处理应符合国家规定，且不得损害档案。

② 拆除装订：影响扫描工作进行的档案，应拆除装订物；拆除装订物时应注意保护档案不受损害，并对排列顺序不准确的档案进行重排，不允许裁切档案纸张。

③ 技术修复：对霉变、破损、折皱不平的档案，应当进行技术处理再扫描，档案除霉、托裱、展平等技术处理应符合国家规定，且不得损害档案。

④ 区分扫描件和非扫描件：按要求把同一卷（件）中的扫描件和非扫描件（尤其是涉密且未解密档案）区分开，不扫描的档案应与扫描档案一同著录（含案卷级目录和文件级目录），并做出相应标识，保持在档案中的原有位置，同扫描档案一同编号、排序。

⑤ 档案前处理登记：制作并填写档案前处理登记表单。

⑥ 目录数据准备：按照《档案著录规则》(DA/T 18—2022)等有关要求，规范档案中的目录内容，包括确定档案目录的著录项、字段长度和内容要求等。如有错误或不规范的著录项，应进行相应处理，并注明具体原因和处理方法，必要时由业主方进行审核。对需在目录数据库中进行标记的情况进行标记。

(4)档案扫描。扫描方式：纸质档案的扫描，要根据档案幅面的大小(如A4、A3等)选择相应规格的扫描仪或专业扫描仪进行扫描。主要采用平板扫描方式。以"件"为单位整理的档案宜通过OCR软件，采用双层PDF/OFD方式。扫描色彩模式：纸质档案采用彩色模式进行扫描。扫描分辨率：纸质档案扫描分辨率要求300 dpi，影像保存格式为JPG/TIFF格式。对于有特殊需求的档案必要时分辨率提高到600 dpi。扫描后的图像应清晰、完整、不失真、不影响图像利用效果和打印效果，扫描图像的打印效果不能低于对应的复印效果。扫描登记：认真填写加工流程表单，登记扫描的页数，核对每份档案的实际扫描页数与档案前处理时填写的页、张数是否一致，不一致时应注明具体原因和处理方法，并提交业主方审核同意后进行处理。其他要求：应认真核对实际扫描页码、页数与前处理时填写的页码、页数是否一致，不一致时应注明具体原因和处理方法。各类档案在扫描时要保证摆放端正、不压边、不漏扫、不错扫，严格确保图像质量，漏扫、压边的要及时补全、补正。图像顺序要与原档案顺序一致，不可颠倒错乱，不可出现多图、重图或漏图现象。

(5)图像处理。处理后的图像信息须与原档案内容完全一致，不删除页面任何有用信息，包括正文内容、页眉、页脚、手写注释和印鉴等，不裁切纸张部分。禁止出现页面内容残缺或将其他页面信息扫入本页的现象。

① 旋转及纠偏：对方向不正确的图像进行旋转还原，以符合阅读习惯。扫描的页面内容基本居中显示，不出现明显偏左或偏右现象。对出现偏斜的图像应进行纠偏处理，图像偏度不得大于1度，视觉上基本无偏差。

② 去污：对在扫描过程中产生的污点、污线、黑框、黑边等进行去污处理。处理过程要遵循在不影响可读性和可理解性的前提下展现档案原貌的原则。

③ 图像拼接：对纸质档案中的大幅面档案进行分区扫描形成的多幅图像，要进行拼接处理，合并为一个完整的图像，以保证档案数字化图像的整体性，不能缺少任何信息，无明显拼接痕迹。

④ 裁边处理：为节省存储空间，应在距页边最外延至少2 mm处对图像进行裁边处理，去除多余白边，裁边不能裁除原有字迹。

⑤ 质量检查：保证扫描图像字迹清晰、颜色恰当，不宜过浅或过深。档案原件存在斑迹变质、颜色过浅、过深或深浅不一致时，要确保档案原件能辨认的，其扫描图像也必须可以辨认。档案若因纸张太薄或字体颜色过浓导致扫描后

的图像倒映反面文字时,须采取措施保证正文文字可以看清楚。对于漏扫、重扫、多扫等情况,应及时纠正。数字图像排序应与档案原件一致。

(6)图像存储。存储格式:采用 JPG/TIFF 和 PDF/OFD 格式。图像文件的命名:文件夹存储,其中的每一份文件也需要单独创建文件夹。文件夹命名:存储时应分级建文件夹存储(具体内容和要求由业主方与服务公司在项目实施前商定,下文中也有专门一项内容介绍如何规范存储)。

(7)条目著录与核改。对档案目录数据进行"双机著录"[同一卷(件)档案,由两人用各自的计算机各自著录一次,然后导入目录比对软件进行比对、纠错]。在录入数据的同时做好校对、质检工作,核对著录项目是否完整,著录内容是否规范、准确,发现不合格数据时须进行修改或重录,并按照业主方要求进行排版、打印,建立档案目录数据库。档案前处理工作中对档案目录进行修改、补充的记录应录入目录数据库。

(8)质量自检。服务公司必须建立严格的质量检测体系,对加工的数据进行自检(一般要求服务公司两轮以上质检),形成自检记录。自检达到数据质量标准的(下文对质量标准有专门要求),才能递交业主方验收。

(9)数据挂接。档案数字化转换过程中形成的目录数据库与图像数据库,通过质检环节确认为"合格"后,方可挂接到服务器或单机版档案软件。

服务公司将数字化成果按规则挂接至业主方现有档案管理系统内,通过每一份图像文件的文件名与档案目录数据库中该份文件的档号的一致性和唯一性,建立起一一对应的关联关系,保证数据完整、有效、可利用。

认真填写纸质档案数字化转换过程交接登记表单,核对每一份文件关联后的页数与档案整理、扫描时填写的页数是否一致,图像是否能够正常打开,发现问题时应注明具体原因和处理办法,并及时纠正到位。

(10)后期整理复原。在完成扫描后,拆除过装订物的档案应按档案保管的要求重新装订,保持档案的排列顺序不变,不得漏页、错页、压字,装订牢固、不掉页,做到安全、准确、无遗漏,装订时应尽量按原有顺序原孔装订,右边和底边整齐,左侧不及装订线的要加装订边。

(11)成果验收。验收方式:服务公司对项目一定批次成果(具体数量由双方视情况而定)自检合格后,向业主方递交自检报告、项目总结报告(阶段性)和验收申请。业主方适时组织验收组,采用计算机自动检验与人工检验相结合的方式进行验收。验收内容:对数字图像、档案目录数据、元数据、数字化工作中产生的工作文件(包含但不限于工作人员名单、访客名单、保密承诺书、档案交接单、工作流程单、验收报告、日志、记录等),存储载体、挂接情况,以及档案实体整理、还原情况等进行验收。其中,档案实体验收以逐卷、件清点的形式进行，对档案数量、分类、组卷(件)、排序、编页、编号、装盒、装订、目录打印等情况进行检查，要求合格率达100%。如发现档案丢失、损坏、圈划或涂改等将追究法律责任。

数据验收时，能够采用计算机自动检验的通过计算机自动检验的方式进行100%检验，合格率要求为100%。对无法用计算机自动检验的，可根据情况以抽检方式进行，抽检比例不低于5%。经抽查，目录著录准确率达到100%，数据库条目与数字图像内容对应性合格率为100%，图像漏扫率和重扫率为0，档号、控制符、数据挂接准确率达到100%，其他项目合格率达到98%以上(含98%)，方予以验收通过，双方办理交接手续。

若抽检合格率未达到以上标准，提交的验收数据全部发回加工单位，服务公司应及时、无偿予以纠正，并在自检合格后，提交业主方进行复验，同一批数据的复验只组织一次。复验仍不合格的，业主方有权根据合同规定追究服务公司违约责任。

(12)档案归还。服务公司应在对需要归还的档案实体逐件、逐盒清点，按数量、状况、顺序等进行检查后向业主方交还并履行交接手续。在对实体档案进行自检的过程中如发现丢失、损坏、圈划或涂改等应报业主方按照相关规定进行处理；顺序错误、卷件文件颠倒等情况，要重新装订，合格率要求为100%。

(13)数据备份。备份范围：经业主方验收合格的完整数据应及时进行备份、移交。备份方式：为保证数据安全，扫描加工后的档案数据须提交移动硬盘和磁带做备份之用，数据分别保存为JPG/TIFF和PDF/OFD格式，备份介质(移动硬盘一式两份、磁带一份)由服务公司自行提供，并做相应说明。数据检验：备份数据也应进行检验。内容主要包括备份数据能否打开、数据信息是否完整、文件数量是否准确等。备份标记：数据备份后应在相应的备份介质上做好标签，以便查找和管理。备份登记：填写数字化备份管理登记表单。

(14)成果移交。服务公司将验收合格并完成备份的全部数据(含元数据等)、数字化工作中产生的工作文件(包含但不限于工作人员名单、访客名单、保密承诺书、档案交接单、工作流程单、验收报告、日志、记录等)，以及使用的各种存储介质等移交给业主方，并办理交接手续。

第二章　档案数字化的工作流程控制

为了保护档案实体，提高档案利用效率，推进档案信息化进程，越来越多的档案部门都在开展档案数字化项目。只有对整个项目的工作流程有个清晰的掌控，并且严格按照相关标准规范进行，才能更好地推进档案数字化项目的开展，保证项目成果的质量，顺利完成档案数字化项目。《纸质档案数字化规范》(DA/T 31—2017)第5章组织与管理部分对工作流程控制进行了描述。

第一节　《纸质档案数字化规范》对工作流程控制的规定

(1)应依据相关的法律法规和各类技术标准，制定相关的工作流程和各环节操作规范等(见图3-1)，对纸质档案数字化全过程进行有效的控制，确保数字化成果质量。

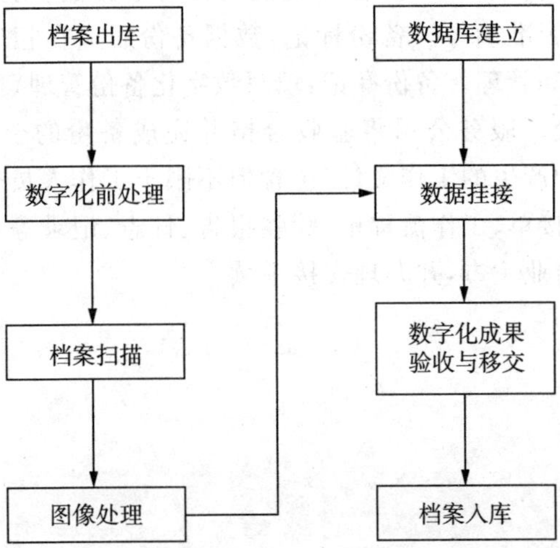

图3-1　纸质档案数字化流程示例

(2)应加强对纸质档案数字化工作的全流程安全管理。

(3)应建立完善的问题反馈机制，对纸质档案数字化工作过程中后端环节发现前端环节中产生的问题进行及时反馈和修正。

第二节　档案数字化项目开展中如何做好流程控制工作

(1)加强组织领导，明确工作责任制。档案数字化项目开展不是某一个科室就能独立完成的工作，也不是完全甩手托付于外包服务公司完成的工作，而是档案部门与外包服务公司需要通过共同努力而完成的一个项目、一个工程。要想按照标准规范完成好项目工作，无论是档案部门还是外包服务公司，都需要有牵头领导，需要有分管负责，需要有具办人员，并且按照相关职责进行履职尽责。档案的出入库、数字化前处理的规范化、数字化扫描、目录建库、数据挂接、成果验收，可能涉及各个科室，需要大家共同参与完成整个项目。

(2)组织培训，掌握档案数字化工作技能。对于单位，现代社会信息化发展的速度越来越快、覆盖面越来越广，档案部门的同志也需要掌握现代化的管理手段，若仅依赖于外包服务公司，则开展档案数字化的过程中会出现很多问题，如标准不明确，操作不统一等，甚至影响整个项目的整体质量。对于档案外包服务公司，需要对参与的员工积极开展培训，档案整理规范、著录规范、数字化扫描规范、安全保密要求等，全方位的提高参与者的综合素质。

(3)适时监督，控制项目成果质量。作为档案部门，需要对档案数字化项目进行适时监督，事前规范，事中抽查，事后验收。档案部门的具办同志，需要熟练掌握档案业务知识、档案数字化技能。监督成果质量，既能保证项目顺利进行，也是对自身业务素质水平的提高。外包服务公司需要积极配合，对监督过程中发现的问题及时补差补缺，并总结提高避免再发生类似事件。

(4)及时反馈，协调解决问题。项目开展的过程中，总是会有各种不确定因素的产生，无论是档案业主，还是数字化公司，都需要及时反馈，在共同协商的基础上群策群力解决问题，推进项目的进行。

(5)组织验收，确保项目顺利完工。数字化成果的验收是对项目的肯定与答复和对成果质量的一个确认。大型的档案数字化项目可以分批次、分阶段组织成果验收，最终正式验收的时候能减轻很多压力。

第三章　合理选择数字化扫描设备

开展档案数字化需要选择合适的数字化扫描设备，在选择扫描设备的同时不仅要考虑设备的价格，更需要全面了解设备的工作性能，做到价格上物美价廉，综合性价比高。主要通过《纸质档案数字化规范》(DA/T 31—2017)对扫描设备的相关要求，结合档案特点选择相应的数字化扫描设备。

第一节　《纸质档案数字化规范》(DA/T 31—2017)的“9　档案扫描”

一、档案扫描的基本要求

档案扫描应根据纸质档案原件实际情况、数字化目的、数字化规模、计算机网络和存储条件等选择相应的扫描设备，以及进行相关参数的设置和调整。参数的设置和调整应保证扫描后数字图像清晰、完整、不失真，图像效果最接近档案原貌。

二、扫描设备的要求

(1)扫描设备的选择应特别注意对档案实体的保护，尽量采用对档案实体破坏性小的扫描设备进行数字化。

(2)超出所使用扫描仪扫描尺寸的档案可采用更大幅面扫描仪进行扫描，也可以采用小幅面扫描仪分幅扫描后进行图像拼接的方式处理。分幅扫描时，相邻图像之间应留有足够的重叠，并且采用标版等方式明确说明分幅方法；若后期采用软件自动拼接的方式，重叠尺寸建议不小于单幅图像对应原件尺寸的1/3。

(3)应遵循相关设备的使用规律进行定期维护和保养。

第二节　扫描设备的性能指标

一、扫描仪简介

扫描仪，是一种捕获影像的装置，作为一种光机电一体化的电脑外设产品，扫描仪是继鼠标和键盘之后的第三大计算机输入设备，它可将影像转换为计算机可以显示、编辑、存储和输出的数字格式，是功能很强的一种输入设备。

二、扫描仪工作的基本原理

利用光感器件，将检测到的光信号转换成电信号，再将电信号通过模拟/数字(A/D)转换器转化为数字信号，传输到计算机。

三、扫描仪的光电转换部件——感光器件

完成光电转换的部件是感光器件，它是扫描仪的核心，其光电转换特性，如光谱效应、光的稳定性、灵敏度、噪声等，对图像信息传递很重要，常见的有接触式图像感应装置(Contact Image Sensor，CIS)、电荷耦合器件(Charge Coupled Device，CCD)。

(1)接触式图像感应装置，采用触点式感光元件(光敏传感器)进行感光，在扫描平台下 1～2 mm 处，300～600 个红、绿、蓝三色 LED(发光二极管)传感器紧紧排列在一起，产生白色光源，取代了 CCD 扫描仪中的 CCD 阵列、透镜、荧光管和冷阴极射线管等复杂机构，把 CCD 扫描仪的光、机、电一体变成 CIS 扫描仪的机、电一体。

CIS 优点：制作的扫描仪具有体积小、重量轻、生产成本低等优点。

CIS 缺点：不能做成高分辨率的扫描仪，扫描速度也比较慢。

(2)电荷耦合器件，与一般半导体集成电路相似，它在一块硅单晶上集成了成千上万个光电三极管，这些光电三极管分成三列，分别被红色、绿色、蓝色的滤色镜罩住，从而实现彩色扫描。光电三极管在受到光线照射时可产生电流，经放大后输出。采用 CCD 的扫描仪技术已相当成熟，是市场上主流扫描仪主要采用的感光元件。

CCD 优点：经它扫描的图像质量较高，具有一定的景深，能扫描凹凸不平的物体；温度系数较低，对于一般的工作，周围环境温度的变化可以忽略不计。

CCD缺点：由于组成CCD的数千个光电三极管的距离很近（微米级），在各光电三极管之间存在着明显的漏电现象，因此各感光单元的信号产生的干扰降低了扫描仪的实际清晰度；由于采用了反射镜、透镜，因此会产生图像色彩偏差和像差，需要用软件校正；由于CCD需要一套精密的光学系统，因此扫描仪体积难以做得很小。

四、扫描仪的光源

对于扫描仪而言，光源是非常重要的，因为感光器件上所感受到的光线，全部来自扫描仪自身的灯管，所以光源不纯或者偏色会直接影响扫描结果。

五、扫描仪主板

扫描仪主板是一块集成芯片的电路板，其作用是控制扫描仪各部件协调一致的动作。它的主要职能是完成图像数据转换、向计算机传送数字信息、控制扫描仪协调配合及对数据进行处理等。

六、扫描仪机械转动部分

扫描仪机械转动部分是指用来控制扫描头前后移动步进电机和托架，在主板对电机发出指令后负责控制扫描头按轨道移动以完成扫描工作。

七、扫描仪的主要性能指标

扫描仪的主要性能指标有分辨率、灰度级和色彩数、扫描速度、扫描幅面等。

（1）分辨率，表示扫描仪对图像细节的表现能力，DPI是分辨率的量度单位之一，用于点阵数字图像，意思是指每一英寸长度中，取样或可显示或输出点的数目。《纸质档案数字化规范》规定，扫描分辨率应不小于200 DPI，一般实际档案数字化过程中推荐使用300 DPI扫描分辨率。

（2）灰度级，表示灰度图像的亮度层次范围。级数越多说明扫描仪图像亮度范围越大、层次越丰富。

（3）色彩数，表示扫描仪所能产生颜色的范围。通常用表示每个像素点颜色的数据闰数即比特位（bit）表示。

（4）扫描速度，通常用一定分辨率和图像尺寸下的扫描时间表示。

（5）扫描幅面，表示扫描图稿尺寸的大小，常见的有A4幅面，其他有A3幅面、A0幅面等。

第三节　市场上常见的扫描设备

(1)平板扫描仪,又称为平台式扫描仪或台式扫描仪,一般上方有一个可以活动的盖板,中间有一块透光玻璃,玻璃下方是感光器件。工作时需要掀开扫描仪的盖板,将档案纸张平铺在透光玻璃上,再盖上盖板,感光器件在透光玻璃下方左右移动,从而完成扫描工作,并得到数字图像。常见的有A4幅面平板扫描仪、A3幅面平板扫描仪,其参数见表3-1所列。

表3-1　常见的平板扫描仪参数

	精益 A380	精益 A380PLUS	影源 M2480+	AW6060+
光学元件	CCD	CCD	CCD	CCD
光学分辨率	600 DPI	600 DPI	600 DPI	600 DPI
色彩深度	输入48 bit, 输出24 bit	输入48 bit, 输出24 bit		
扫描速度	2.48 s/张彩色, 1.65 s/张黑白	1.75 s/张 300 DPI 彩色A3	2 s/张, A3,200 DPI	5 s/张
扫描幅面	A3	A3	A3	A3

(2)高速扫描仪,通过滚轴转动馈纸的方式将档案纸张快速地进行扫描得到数字图像。高速扫描仪的优点是速度快、图像质量较好;高速扫描仪的缺点是容易卡纸,造成档案纸张破损。档案纸张质量较好的情况下推荐使用,纸张薄、脆、破损等情况下不推荐使用。常见的高速扫描仪参数见表3-2所列。

表3-2　常见的高速扫描仪参数

	松下 KV-SL1077	兄弟 ADS-2400N	富士通 iX1500/iX1600	富士通 fi-7160
光学元件	CIS	CIS	CIS	CIS
光学分辨率	600 DPI	600 DPI	600 DPI	600 DPI
扫描速度	70页140面/min	40 ppm/80 ipm	25 ppm/50 ipm	60页120面/min
扫描幅面	A4	A4	A4	A4

(3)特殊扫描仪,主要有高拍仪、零边距扫描仪、大幅面扫描仪、书籍扫描

仪、三维扫描仪等。

① 高拍仪,通过拍照的方式,对档案纸张进行扫描得到图像画面。

② 零边距扫描仪,不用对档案拆卷就可以进行扫描,在扫描装订成册的对象时,纸张不必紧贴玻璃面板,并且扫描后的图像能够做到不变形、不失真。

③ 大幅面扫描仪,能够对 A0、A1 这类的大型工程图纸进行扫描,保持图像的完整性。

④ 书籍扫描仪,可以对装订成册的档案、图书进行扫描,扫描的同时进行智能处理,如页面的自动展平、手指印自动去除、自动智能分页、去底色等。

⑤ 三维扫描仪,可以对实物进行立体三维扫描,扫描的结果存入数字图像或者数字视频。

第四节　选购扫描仪的方法

(1)根据工作需要选择扫描仪,档案数字化需要选择价格适中、扫描成像效果好、扫描速度快的扫描仪。

(2)扫描仪的分辨率需要 300 DPI 以上。

(3)高速扫描仪至少需要 A4 尺寸,平板扫描仪需 A3 尺寸。

(4)高速扫描仪得到的图像不少于 50 面/min,平板扫描仪的扫描速度不低于 4 s/张。

(5)扫描的色彩模式必须支持彩色。

(6)检查扫描仪的辅助功能,如 OCR 识别、扫描软件的处理速度与功能是否强大等。

(7)扫描时应根据纸质档案的材质选择相应的扫描设备和扫描方式,避免纸张褶皱、撕裂、破损等情况的发生,保证档案不受损,老旧纸质档案数字化采用平板扫描仪。

(8)对纸张脆化、较古老、超薄的和不可拆卷的档案需要采用专业不拆卷非接触冷光源扫描仪进行扫描。

第四篇　档案数字化前处理和档案目录建库

开展档案数字化项目时，首先要对本项目的工作内容进行调查研究，依据国家行业标准，参考各档案馆、档案室管理案例，结合实际工作制定符合自身需求的数字化图像管理措施，确定好工作思路，制定明确的工作计划和制度，有目的有计划地开展档案数字化工作。具体实施过程中，应按照《纸质档案数字化规范》(DA/T 31—2017)进行操作，本章简单谈谈《纸质档案数字化规范》中的“7　档案数字化的前处理”有关内容。

(1)数字化处理前具体要求如下。①对拟数字化的档案进行涉密性、完整性、有序性及档案实体与目录的一致性进行检查。实体有破损、残缺的要进行登记，征求档案保管单位同意后，对破损、残缺的档案进行裱糊抢救。档案目录错误的要予以修正，无数字化目录的要予以著录。②对档案进行拆卷/件并整理，对不平整的档案进行平整处理，对错误、漏编的页号进行修正或补编页号。扫描工作结束，需对纸质档案进行恢复性、规范性整理装订。拆卷和装订不能损害档案原件。拆卷时不允许裁切档案纸张，装订时应尽量按原有顺序原孔装订，案卷不掉页，右边和底边整齐，左侧不及装订线的要加装订边。③如果该档案为涉密档案，则不能直接进行数字化，需使用涉密计算机进行操作，著录过程需要标记密级符号，题名、文号特殊处理，扫描件特殊存储。

(2)数字化前处理基本流程如下。①确定扫描页。原则上应将确定为数字化对象的纸质档案全部扫描，不宜进行挑扫。如有不需要扫描的页面应加以标注。②编制页号。对没有页号或页号不正确的档案重新编制页号；重新编制页号时，应在统一位置书写页号，且不压盖档案内容；书写页号所使用的笔、墨等不应破坏档案原件或对档案长期保存造成影响；应将破损页面、缺页等特殊情况进行登记。③目录数据准备。按照目录数据库建立时制定的数据规则，对照档案原件内容，规范档案中的目录内容；对需在目录数据库中进行标记的情况进行标记。④拆除装订。应以对纸质档案的保护为原则确定是否拆除装订，但胶管、回形针、订书针、凤尾夹等易腐蚀物品必须拆除。如需拆除装订物，注意保护档案不受损害，并对排列顺序不准确的档案进行重排。特殊装订且拆除装订后需恢复的档案，拆除装订物时应采用拍照等方式记录档案原貌，以便于恢复。⑤技术修复。对于“档案砖”或用工业胶水等粘连较厉害的，可以采用“真空冷冻揭裱”或“高温加热脆化”等方式。对于破损严重或其他无法直接进行扫描的纸质档案，应按照《档案修裱技术规范》(DA/T 25—2022)对纸张进行修裱，主要有飞托法、腹托法和湿托法3种。飞托法主要有5步：将托纸铺在裱台并刷上糨糊；将档案放在裱台上，用喷水壶喷雾，使之稍加润潮；把档案逐渐用棕刷排到托纸上；揭起裱件，置于吸潮纸上，上面再放几张吸水纸，用棕刷用力排干、排实；揭起裱件，上墙。腹托法的操作步骤：裱台上铺垫膜，把档案反铺垫膜上，把拼接部位对齐；在托纸上用浆糊后，置于吸潮纸上撤潮，待托纸半干后，再将托纸浆面向下搭覆在反铺的档案上(应由二人合作)，边放边用棕刷刷平。然后将垫膜连同文件一起揭起来，反放在吸潮纸上，仔细揭下垫膜；揭起裱件，用吸水纸和棕刷排实；揭起裱件，上墙。湿托法的操作步骤：在修复工作台上铺档案，字面向下，用喷水壶喷湿展平；用排笔蘸糨糊由左向右在档案背面薄薄刷上一层，如发现文件上有裂纹要对齐，有洞要补好，并检查有无排笔毛，如有可用镊子拿掉；用左手拿着托纸，右手握住棕刷，从右向左进行排刷，托纸上完后，再用棕刷刷一遍，使文件和托纸紧贴在一起；反扣过来，在托裱纸的四周刷浆糊，贴标签纸；上墙。折皱不平影响扫描质量的纸质档案应先进行压平等相应技术处理。

档案的类别多种多样，但前处理的流程基本相同，只是涉及不同类别的档案整理方式会有所差异。

第一章　文书档案纸质档案数字化前处理

第一节　区分年度、保管期限和重复件

一、区分不同“年度”，按年度存放

（一）“卷”“件”的异同

档案的保管单位一般有两种，即以“卷”为保管单位的档案和以“件”为保管单位的档案。

1. 件

（1）术语。件，是归档文件的整理单位[《归档文件整理规则》（DA/T 22—2015）]。归档文件，立档单位在其职能活动中形成的，办理完毕、应作为文书档案保存的文件材料，包括纸质和电子文件材料。

（2）整理原则。归档文件整理应遵循文件的形成规律，保持文件之间的有机联系；区分不同价值，便于保管和利用；符合文档一体化管理要求，便于计算机管理或计算机辅助管理；保证纸质文件和电子文件整理协调统一。

（3）“件”的构成。归档文件一般以每份文件为一件。正文、附件为一件；文件正本与定稿（包括法律法规等重要文件的历次修改稿）为一件；转发文与被转发文为一件；原件与复制件为一件；正本与翻译本为一件；中文本与外文本为一件；报表、名册、图册等一册（本）为一件（作为文件附件时除外）；简报、周报等材料一期为一件；会议纪要、会议记录一般一次会议为一件，会议记录一年一本的，一本为一件；来文与复文（请示与批复、报告与批示、函与复函等）一般独立成件，也可为一件。有文件处理单或发文稿纸的，文件处理单或发文稿纸与相关文件为一件。

（4）以件为整理档案的特点。按照《归档文件整理规则》的要求，以件为基本保管单位的纸质档案，一份文件、一份资料即为一件，通常在首页顶部盖印归

档章。

2. 卷

(1)术语。案卷是由互有联系的若干文件组合成的档案保管单位[《档案工作基本术语》(DA/T 1—2000)];案卷是由互有联系的若干文件组合而成的档案保管单位[《科学技术档案案卷构成的一般要求》(GB/T 11822—2008)]。

(2)组卷原则。遵循文件的形成规律,保持案卷内文件的有机联系和案卷的成套、系统,便于档案的保管和利用。

(3)组卷要求。案卷内科技文件应齐全、完整,签章手续完备;案卷内科技文件的载体和书写印制材料应符合档案保护要求。

(4)以卷为保管单位的档案具有以下特点:通常有案卷封面、卷内文件目录和卷内备考表。2000年前文书档案通常以卷为单位进行整理,专业档案大多以卷为单位整理,土地确权档案、婚姻登记档案、贫困户档案等都是一户一卷,扶贫项目档案、建设项目档案、科技档案、案件档案都是按照事由原则进行组卷。

案卷封面包括全宗名称、类目名称、案卷题名、卷内文件起止日期、保管期限、件数、归档号和档号。

卷内文件目录是案卷内登录文件题名及其他特征并固定文件排列次序的表格,通常排列在卷内文件之前。卷内文件目录项目包括顺序号、文号、责任者、题名、日期和页号。

卷内备考表是案卷内文件状况的记录,通常排列在卷内文件之后,主要项目有本卷情况说明、立卷人、检查人、立卷时间等。

(二)正确区分“卷”和“件”

(1)内部材料的不同。一“卷”档案,就是一组有密切联系的若干“件”文件材料的组合体。一般科技档案、专业档案、人事档案、会计档案以“卷”为单位进行保管。一“件”档案,即一份文件,文书档案、照片档案、录音档案、录像档案、实物档案一般以件(张)等为单位进行整理。一般一份文件、一张图纸或照片、一盘录音带或录像带、一本表册或证书、一面锦旗、一个奖杯等均为一件。

(2)整理过程中的分类不同。针对归档文件,在整理过程中需要将各年度的文件材料分开,同一个年度的放在一起,年度分类一般以文件形成日期为准,计划、总结、预决算、统计报表、表彰等统一以文件的签发日期判定所属年度,跨年度形成的会议材料归闭幕年,几份文件作为一件时“件”的日期以排在前面的文件落款日期为准;针对科技档案,在整理的过程中,不能直接按照年度进行区分归类,而是按照项目、结构、阶段等进行分类后,寻找形成规律、内部联系,再按照时间进行排序。

二、鉴定保管期限，分期限存放

鉴定保管期限是一个相对复杂的工作，究其原因是因为其“见仁见智”的属性。除了“国标”或“地标”明确规定的类型，同一份文件在不同单位、不同人手中所划分的保管期限不尽相同。因此想要做好保管期限的划分，不仅要对相应类型档案的保管期限有个深刻的了解，更要结合单位特点和工作实际，制订出一个科学、合理、全面的归档范围和保管期限表，报本级档案行政部门审批，并以此为依据对归档文件划定正确的保管期限。

一般分为永久（以“Y”标识）和定期（以“D”标识）两种，其中定期分为100年（以“D100”标识）、30年（以“D30”标识）、10年（以“D10”标识）等。

三、区分“不归档件”，按规律排序

（一）剔除不归档的文件材料

收集来的文件材料并不是每一份都需要归档，要纠正两种错误认识：一是有文必档，二是红头文件（上级来文）都要归档。对于文书档案，需要认真学习《机关文件材料归档范围和文书档案保管期限规定》（国家档案局令第8号），结合本单位《保管期限表》，按照文件材料的不归档范围剔除不需要归档的文件材料。以下几种文件材料可以不归档。

（1）上级机关的文件材料中，普发性不需本机关办理的文件材料；任免、奖惩非本机关工作人员的文件；供工作参考的抄件；征求意见未定稿的文件等。

（2）本机关文件材料中的重份文件；无查考利用价值的事务性、临时性文件；未经领导审阅、签发的未生效文件；一般性文件的历次修改稿，各次校对稿；无特殊保存价值的信封；不需办理的一般性人民来信、电话记录；机关内部互相抄送的文件材料，不应履行公文的行文、介绍信等；本机关负责人兼任外单位职务形成的与本机关无关的文件材料；为参考目的从各方面搜集的文件材料。

（3）同级机关和非隶属机关的文件材料中，不需贯彻执行的文件材料，不需办理的抄送文件材料。

（4）下级机关的文件材料中，供参阅的简报，情况反映，抄报或越级抄报的一般性的文件材料。

（二）“件”（“卷”）内文件排序

（1）对以件为单位的归档文件排序时，正文在前，附件在后；正本在前，定稿在后；转发文在前，被转发文在后；原件在前，复制件在后；不同文字的文本，无特殊规定的，汉文文本在前，少数民族文字文本在后；中文本在前，外文本在后；来文与复文作为一件时，复文在前，来文在后。有文件处理单或发文稿纸的，文件处理单在前，收文在后；正本在前，发文稿纸和定稿在后。

(2)对于以卷为单位的档案排序时，根据每卷专业档案内各种材料的产生时间、逻辑顺序等，综合确定卷内文件总目录和排列顺序。

(三)归档文件之间的先后排序

1. 归档文件排列所遵循的原则

(1)遵循文件的形成规律，保持文件之间的有机联系。

(2)归档文件应在分类方案的最低一级类目内，按时间结合事由排列。

(3)同一事由中的文件，按文件形成先后顺序排列。这里要注意的是，事由是很小的单位，可以是一件事、一次会议，也可以是一个活动、一个人员提拔；事由不等于分类，把人事的、财务的集中排列是按问题分类，不是按事由排序；按“事由原则”排序体现了“遵循文件的形成规律、保持文件之间的有机联系、便于查找和利用”的整理原则，对判定和体现文件材料的价值具有十分重要的作用，有利于检索和实体件的查找、利用、存放。

(4)会议文件、统计报表等成套性文件可集中排列。

2. 同一年度和保管期限内的整体排序规则

文书档案按照《归档文件整理规则》(DA/T 22—2015)、《机关文件材料归档范围和文书档案保管期限规定》(国家档案局令第8号)进行整理，对于“入门档案员”来说，可以对同一保管期限下的归档文件按照本单位、本级单位、上级单位、下级单位排列，见表4-1所列。

表4-1 归档文件排序表

<table>
<tr><th>文件来源</th><th colspan="2">文件类型</th></tr>
<tr><td rowspan="4">本单位材料</td><td>会议</td><td>会议记录(党组、局办会等)、会议纪要、会议通知、签到表、通讯稿等按类型和会议分</td></tr>
<tr><td rowspan="2">红头文件</td><td>有文号的，按发文机关代字，按照“事由”结合重要程度进行排序，最重要的字号排在第一位，其他次之。同一“事由”文件顺序号先后排列，如院办〔20××〕1～N号、院党委〔20××〕1～N号、院人〔20××〕1～N号、院医〔20××〕1～N号……</td></tr>
<tr><td>无文号的，按文件事由或发文部门结合日期先后排列</td></tr>
<tr><td>白头材料</td><td>计划、总结、审批、房产(合同、协议)、预算、人事调动(介绍信、函)、花名单(册)、采购(招标采购文件、合同、验收)、活动材料(党建、文明创建等)、报表(各种类型的月报、季报、年报)，将同一类型或事由集中存放，再按时间先后进行排列</td></tr>
<tr><td rowspan="2">本级单位材料</td><td>红头文件</td><td rowspan="2">按来文单位分类后，按时间顺序排列</td></tr>
<tr><td>白头材料</td></tr>
</table>

（续表）

文件来源	文件类型
上级单位材料	按照国家、省、市结合单位分类后按实际排序
下级单位材料	按照单位分类后，按时间顺序排列

第二节　编制页码和归档章

一、编制页码，去除易腐蚀物品

（一）编制页码，确定扫描页

档案收集完成做好排列等工作后，需要对页码进行编制。很多人认为编页码是最简单的工作，任何人都可以去做，但在我们所接触的各单位或外包公司的情况来看，页码编制是档案工作中出错率最高的步骤。

编制页码就是为了确定纸质档案的页数，确保纸质档案页和扫描电子档案页一致。编制页码的过程如发现档案页有缺页，需要及时联系移交单位查明原因，补差补缺；如发现有重页，需要剔除；如发现破损页，需要进行技术处理，抢救保护。缺页、重页、破损页处理的过程都需要进行登记。

编制页码是前处理工作中“最困难”的工作，就是因为它的枯燥性。大量的、重复的、机械的劳动容易使人疲劳，容易出错，一定要采取措施保证编制页码的准确性和规范性。我们在编制页码时不仅是对档案内容、排序等工作的全面检查，也是对个人专注力和耐力的考核。

1. 具体要求

《归档文件整理规则》（DA/T 22—2015）规定，纸质归档文件一般应以件为单位编制页码。

《纸质档案数字化规范》（DA/T 31—2017）要求，应对没有页号或页号不正确的档案重新编制页号。

《文书档案案卷格式》（GB/T 9705—2008）规定，卷内文件页号应从 1 开始编制通号。

《科学技术档案案卷构成的一般要求》（GB/T 11822—2008）规定，案卷内科学技术文件(简称科技文件)以件为单位编写页号,以有效内容的页面为一页。已有页号的文件可不再重新编写页号。卷内目录、卷内备考表不编写页号。

《干部档案整理工作细则》规定,每类干部档案材料,都要根据材料内容的内在联系和材料之间的衔接或材料的形成时间排列顺序,并在每份材料的右上角编上类号和顺序号,在其右下角编写页数。

《建设项目档案管理规范》(DA/T 28—2018)规定,采用整卷装订的案卷,应对卷内文件连续编页号。

(1)使用铅笔编制页码。页码编制过程中会出现错误现象,书写页号所使用的笔、墨等不应破坏档案原件或对档案长期保存造成影响。为了保护档案原件,书写的笔一般采用铅笔,可以使用材质较软的 2B 铅笔,不建议使用带笔芯的 HB 自动铅笔和打码机,更不能使用圆珠笔、签字笔等。

(2)编制页码要写“规范字”。侥幸心理是不能有的,每一个数字的书写要横平竖直,不能应付了事,有些人写的数字不结合前后页码都无法识别。在后期扫描过程中会因扫描仪“带纸”或档案页堆放过高风吹、倒塌等,导致纸张混乱很难进行清点或确认。

(3)编制页码要字迹清晰。档案工作者,尤其是公司档案员“苦编页码久矣”,长时间紧握铅笔确实很难受,这种痛苦不是休息个三五天就能好的,因此有的人只追求写上字即可。但这种笔迹较淡的数字和编制靠边的数字,往往会出现扫描后看不清数字,甚至会出现无法显示的情况。

(4)编制页码要确定“有效内容页”。编制页码是确定扫描页的前提工作,原则上应将确定为数字化对象的纸质档案全部扫描,不宜进行挑扫。如有不需要扫描的页面应加以标注。文件材料在编制页码时,以“卷”或“件”为单位从“1”开始编制,只编制有效内容。合同封底一般只有标识类水印、封底或单位名称等,我们也把它们算作扫描页;页号不正确的档案重新编制;文件材料为印制成册并编有页码的,如拟编制页码与原有页码相同的,可以保持原有页码不变;有的文件背面是与档案无关的内容、空白页不算作档案页,不进行编制。

(5)编制页码要统一位置。编制页码时,应在统一位置书写页号,且不压盖档案内容。通常情况下,页码编制在文件正面右上角、背面左上角的空白位置,距离上顶边、左右顶边约 1 厘米处。

(6)应将破损页面、缺页等特殊情况进行登记。

2. 具体编制方法

以件为单位的档案,一般按照《归档文件整理规则》《纸质档案数字化规范》的“编页”要求进行编写页码,编页同时要注意保护实体档案安全和档案数字化过程对档案页纸张的要求。(1)以件为单位编制页码,即一件一个流水号;(2)以有效内容的页面为档案页,逐页编制页码,分别标注在文件正面右上角或背面左上角的空白位置,且不压盖档案内容;(3)编制的页码一般距离垂直或水平顶边 1 cm 处;(4)文件材料已印制成册并编有页码的,拟编制页码与文件原有页码相同的,可以保持原有页码不变,如有新增加页、减少页、重复页等情况,需要全部重新编制;(5)书写页号所使用的笔、墨等不应破坏档案原件或对档案长期保存造成影响,一般采用硬度较小的铅笔编制;(6)编页时对破损页面、缺页等特殊情况进行登记。以件为单位的档案的编制格式示例如图 4-1 所示。

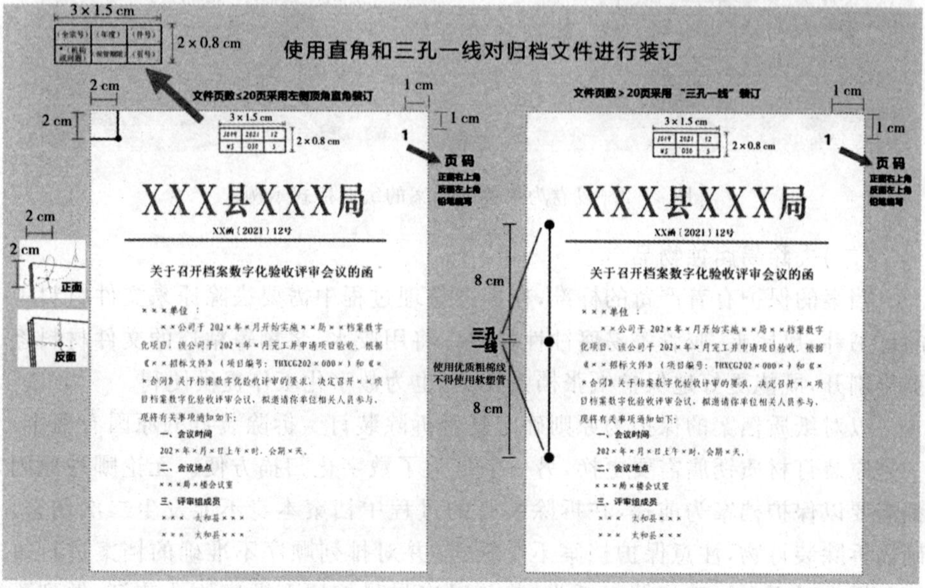

图 4-1　以件为单位的档案的编制格式示例

以卷为单位的档案,一般按照《文书档案案卷格式》《纸质档案数字化规范》《科学技术档案案卷构成的一般要求》的“编页”要求进行编页。(1)以卷为单位编制页码,即一卷一个页码流水号,中间不能断号;(2)以有效内容的页面为档案页,逐页编制页码,分别标注在文件正面右上角或背面左上角的空白位置,且不压盖档案内容(部分专业档案有明确档案整理规则的,按照规则选择编码位置);(3)编制的页码一般距离垂直或水平顶边 1 cm 处;(4)文件材料已印制成册并编有页码的,拟编制页码与文件原有页码相同的,可以保持原有页码不变,如有新增加页、减少页、重复页等情况,需要全部重新编制;(5)书写页号所使用的笔、墨等不应破坏档案原件或对档案长期保存造成影响,一般采用硬度较小的铅笔编制;(6)编页时对破损页面、缺页等特殊情况进行登记。以卷为单位的档案的编制格式示例如图 4 - 2 所示。

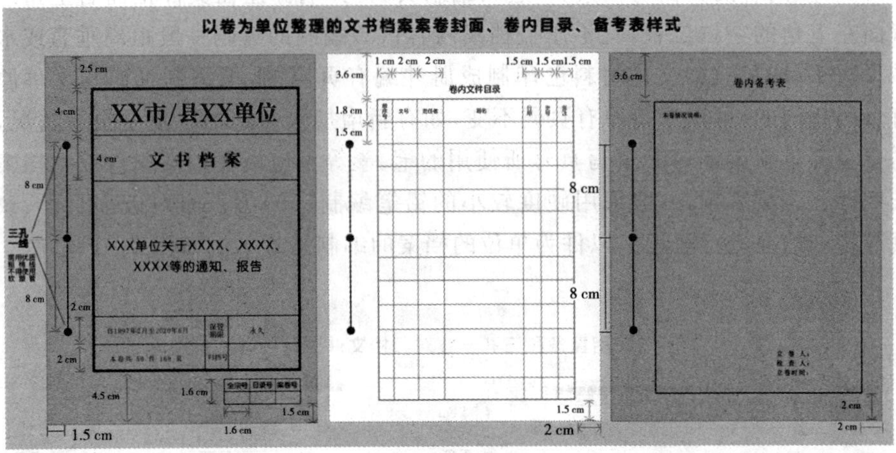

图 4 - 2　以卷为单位的档案的编制格式示例

（二）去除易腐蚀物品

档案的保护有着严苛的标准，在档案整理过程中需要去除原来文件材料上的订书针、凤尾夹、胶管等易腐蚀性材料。将用胶水、浆糊等粘连的文件材料逐页分割开，既能更好地保护纸张档案安全，也为数字化工作提供便利。

以对纸质档案的保护为原则确定是否拆除装订。拆除装订的原因有两个：一是原装订材质锈腐需要更换，另一个是为了数字化扫描方便。无论哪种原因都需要以保护档案为前提，在拆除装订的过程中档案本身不能发生二次伤害。确需拆除装订物，注意保护档案不受损害，并对排列顺序不准确的档案进行重排。拆卷时不允许裁切档案纸张，装订时应尽量按原有顺序原孔装订，做到不掉页，右边和底边整齐，左侧不及装订线的要加装订边。特殊装订且拆除装订后需恢复的档案，在拆除装订物时应采用拍照等方式记录档案原貌，以便恢复。

数字化著录和数字化扫描，一般不是同一个工作人员，著录人员一般不看扫描件，扫描人员很少关注著录数据，有时著录和扫描能够对应全凭运气。特别是以卷为单位的档案，不像以件为单位的档案可以靠归档章来区分。这就需要拆除装订后做好标识，便于著录和扫描工作的开展。

二、加盖归档章，填写档号项

对于归档文件，应在首页上端的空白位置加盖归档章并填写相关内容。归档章包括全宗号、年度、保管期限、件号、页数、机构（问题），其中全宗号、年度、保管期限、件号和页数为必填项。填写档号项时，需要使用不褪色的黑色笔，填写前一定要确认年度、期限和件号无误，不能有涂改现象。

归档章适用于归档文件和图纸等档案的整理，以卷为保管单位的档案需要案卷封面、卷内目录和卷内备考表，一般案卷封面、卷内目录上有档号或档号项。

第三节　编号

“编号”即“编制档号”，它是档案的身份标识，用于查找利用档案。在前文的“三合一”制度已详细说明编制规则，下面再作简单介绍。

一、术语和定义

(1)代码(code)：一个或一组有序的、易于计算机和人识别与处理的数字、字母、汉字及其他符号。

(2)档号(reference code)：《档案工作基本术语》(DA/T 1—2000)和《科学技术档案案卷构成的一般要求》(GB/T 11822—2008)，以字符形式赋予档案实体的用以固定和反映档案排列顺序的一组代码；《档号编制规则》(DA/T 13—2022)，以字符形式赋予档案的一组唯一代码，用于反映、固定和识别档案排列顺序；《归档文件整理规则》(DA/T 22—2015)，在归档文件整理过程中赋予其的一组字符代码，以体现归档文件的类别和排列顺序；《文书类电子文件元数据方案》(DA/T 46—2009)，以字符形式赋予档案(电子文件)的用以固定和反映档案(电子文件)排列顺序的一组代码；《照片类电子档案元数据方案》(DA/T 54—2014)和《录音录像类电子档案元数据方案》(DA/T 63—2017)，以字符形式赋予电子档案的、用以固定和反映电子档案排列顺序的一组代码。

(3)全宗号(fonds number)：档案所属全宗的代码。

(4)类别号(series number)：按照分类方案赋予全宗内各层级档案类别的代码。

(5)档案门类代码(archival category code)：档案所属门类的代码。档案门类代码是一级类别号，如文书档案代码、科技档案代码等。

(6)项目号(project number)：产品、工程、课题、设备等不同类别项目档案的代码。

(7)目录号(catalogue number)：全宗内案卷所属目录的代码。

(8)(案)卷号(file number):《档号编制规则》(DA/T 13—2022)指出案卷号是案卷排列的顺序代码,《文书档案案卷格式》(GB/T 9705—2008)规定案卷号是目录内案卷的顺序编号。卷号编制时需要按照档案分类方案进行分类编制,一“卷”一“号”。不能将本单位所有的档案编制成一个连续的流水号,需要分全宗、分门类、分类别、分项目、分期限、分年度进行编制。最底层的“卷号”是连续的,不能有断号、重号等现象发生。按组或册整理的档案可用组号或册号。

(9)件号(item number):《档号编制规则》(DA/T 13—2022)规定,件号是归档的文件排列的顺序代码。“件号”编制时,需要分全宗、分门类、分类别、分期限、分年度进行编制,最底层的“件号”需要保持连续性,不能有断号、重号等现象发生。归档文件整理的原则:遵循文件的形成规律,保持文件之间的有机联系,区分不同价值,便于保存和利用。“年度”是规律和联系的纽带,掌握文件材料的形成时间可以方便档案的整理排序。

(10)页号(page number):页号也称为页码,编制“页号”一般指的是纸质档案。无论是以“卷”为保管单位档案还是以“件”为保管单位档案都需编制页号。

二、编制档号的原则

(1)唯一性原则。档案馆(室)内档号应指代单一。“档号”就是这一卷或这一件档案的身份标识(ID),不同编号对象应赋予不同代码,一个代码只表示一个编号对象。

(2)一致性原则。档号结构应与馆(室)藏档案的整理分类体系保持一致。

(3)稳定性原则。确定好档号编制规则后,档案的档号就是固定的,不应随意改变。

(4)扩充性原则。档号应预留递增容量,以便适应馆(室)藏档案扩充的需要。

(5)简单性原则。档号力求简短明了、减少代码差错,以提高处理效率。

(6)适用性原则。档号的编制宜适应不同的技术环境。

三、档号的构成元素

(1)全宗号:如 J001。

(2)类别号:一级类别号(档案门类代码,如 KJ)、二级及三级类别号(如 JJ)、项目号(如 01)、目录号(如 01)、年度(如 2023)、保管期限代码(如 Y)、机构/问题代码(如 BGS)。

(3)案卷号/组号/册号:如 001。

(4)件号/页号:如 0001。

四、按卷整理档案的档号结构

(一)结构

(1)按卷整理档案的档号结构,其示例如图 4-3 所示。

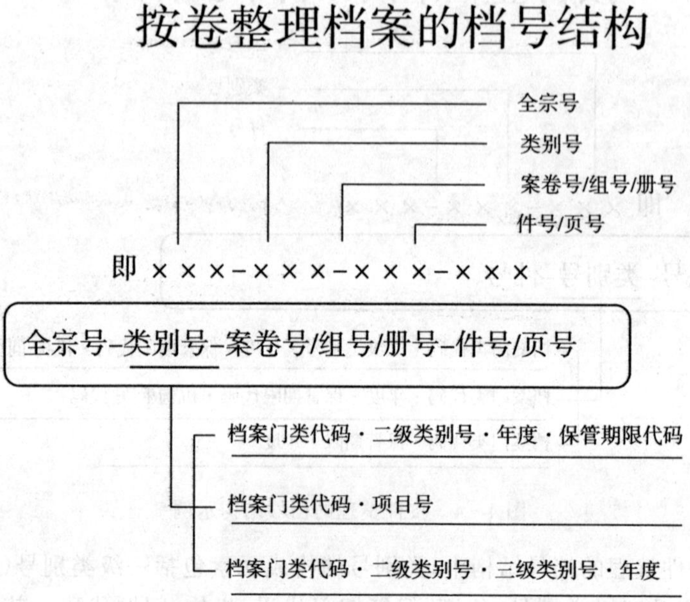

图 4-3　按卷整理的档号结构示例

(2)按卷整理的档号结构中,类别号的构成元素包括一级类别号(档案门类代码)、二级及三级类别号、目录号、项目号、年度、保管期限代码。其结构按相关规定或根据实际需要确定。

(3)结构说明:"××"不代表各代码所占的位数。左边为上位代码,右边为下位代码,连写时上、下位代码之间用连接号"-"(短横线)相隔;横线中的各元素均属类别号,为同级代码,同级代码之间用间隔号"·"相隔,连接号和间隔号各占半个字位置,上下居中。

(二)元素的选用

(1)全宗号、一级类别号(档案门类代码)、案卷号/组号/册号为必选项,不应省略。

(2)二级及三级类别号、目录号、项目号、年度、保管期限代码、件号/页号为可选项,可根据实际需要选择使用。

五、按件整理档案的档号结构

(一)结构

(1)按件整理档案的档号结构,其示例如图 4-4 所示。

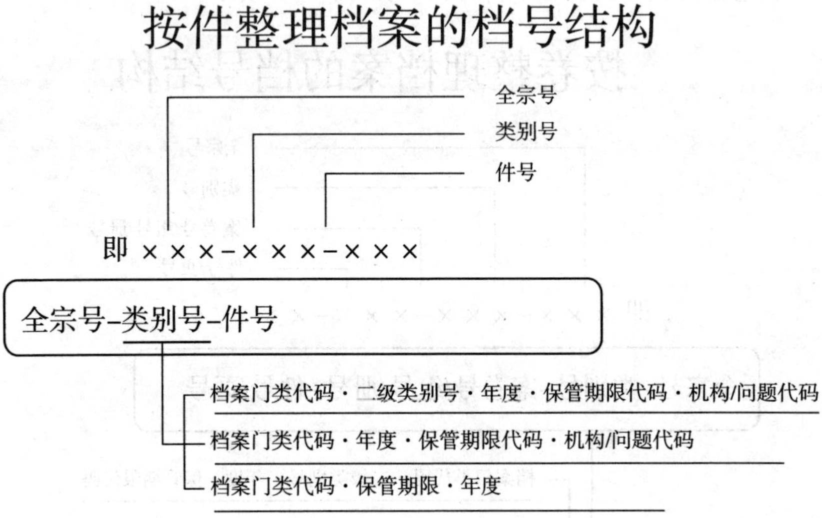

图 4-4　按件整理的档号结构示例

(2)按件整理的档号结构中,类别号的构成元素包括一级类别号(档案门类代码)、二级及三级类别号、年度、保管期限代码、机构/问题代码。其结构按相关规定或根据实际需要确定。

(3)结构说明:"××"不代表各代码所占的位数。档号结构中左边为上位代码,右边为下位代码,连写时上、下位代码之间用连接号"-"(短横线)相隔;横线中的各元素均属类别号,为同级代码,同级代码之间用间隔号"·"相隔,连接号和间隔号各占半个字位置,上下居中。

(二)元素的选用

(1)全宗号、一级类别号(档案门类代码)、年度、保管期限代码、件号为必选项,不应省略。

(2)二级及三级类别号、机构/问题代码为可选项,可根据实际需要选择使用。

六、档号的编制方法

(一)全宗号的编制方法

(1)一般采用 4 位代码标识全宗号。其中第 1 位用大写汉语拼音字母标识全宗属性，后 3 位用阿拉伯数字标识顺序号。

(2)在同一个档案馆(室)内，全宗属性代码不应重复。

(3)在同一个全宗属性内按排列次序流水编制全宗顺序号，不应有重号。

示例

示例 1：某省档案馆藏新民主主义革命历史档案第 13 号全宗，标识为“X013”。

示例 2：某市档案馆藏旧政权档案第 4 号全宗，标识为“J004”。

示例 3：某省档案馆藏第 123 号全宗，可标识为“R123”。

示例 4：某省档案馆藏已撤销的某地行署 003 号全宗，可标识为“D003”。

(二)档案门类代码的编制方法

(1)采用 2 位大写汉语拼音字母标识档案门类代码。

示例

机关档案门类代码标识为文书“WS”、科技“KJ”、人事“RS”、会计“KU”、专业“ZY”、照片“ZP”、录音“LY”、录像“LX”、业务数据“SJ”、公务电子邮件“YJ”、网页信息“WY”、社交媒体“MT”、实物档案“SW”。

(2)在同一个档案馆(室)内或一个全宗内，不应有重复的档案门类代码。

(三)二级及三级类别号的编制方法

(1)二级及三级类别号的设置应科学、简洁。根据实际情况，可扩展至四级。

(2)采用大写汉语拼音字母、阿拉伯数字或二者的组合编制二级及三级类别号，不应有重号。

示例

行政许可档案中登记注册档案中的注册类档案，标识为“XK・ZC・01”。

(四)项目号的编制方法

采用项目、课题、设备仪器等的代号或型号标识项目号。

(五)年度的编制方法

采用4位阿拉伯数字标识文件(档案)的形成年度。

(六)保管期限代码的编制方法

采用大写汉语拼音字母或大写汉语拼音字母与阿拉伯数字的组合标识保管期限。以代码“Y”标识永久;以代码“D”+年限标识定期。

示例

保管期限为定期30年的标识为“D30”。

(七)机构/问题代码的编制方法

采用大写汉语拼音字母、阿拉伯数字或汉字标识机构/问题。

示例

采用汉字“办公室”或在大写汉语拼音首字母“BGS”标识办公室。

采用代码“003”标识党务类。

(八)案卷号/组号/册号的编制方法

(1)采用阿拉伯数字标识案卷号/组号/册号,档案馆(室)应按照实际数量确定案卷号/组号/册号的位数。

(2)应在案卷号/组号/册号前最低一级档号构成元素下按照排列次序流水编制案卷号/组号/册号,不应有重号。

(九)件号的编制方法

(1)采用阿拉伯数字标识件号。可以是3位、4位,甚至5位,具体由档案馆(室)按照实际数量来确定件号的位数。

(2)应在件号前最低一级档号构成元素下按照排列次序流水编制件号,不应有重号。

(十)页号的编制方法

(1)采用阿拉伯数字标识页号。档案馆(室)应按照实际数量确定页号的位数。

(2)应从卷内首页档案开始按排列次序流水编制页号,不应有重号。空白页不编制页号。

七、档号编制示例

(一)按卷整理的档号编制示例

〖例1〗J019-ZY·JC·CC·2019·D30-001-001

说明:J019 为全宗号,ZY 为档案门类代码(专业档案),JC 为二级类别号(税务稽查),CC 为三级类别号(查处类),2019 为年度,D30 为保管期限代码,001 为案卷号,001 为件号。

〖例 2〗J019 - KU · 01 · 2017 - 001 - 001

说明:J019 为全宗号,KU 为档案门类代码(会计档案),01 为二级类别号(会计凭证),2017 为年度,001 为案卷号,001 为件号。

〖例 3〗A002 - RS - 001 - 002

说明:A002 为全宗号,RS 为档案门类代码(人事档案),001 为案卷号,002 为件号。

〖例 4〗X032 - KJ · KY · 01 - 003

说明:X032 为全宗号;KJ 为档案门类代码(科技档案),KY 为二级类别号(科研档案),01 为项目号,003 为案卷号。

〖例 5〗X032 - KJ · JJ · 02 - 005 - 054

说明:X032 为全宗号;KJ 为档案门类代码(科技档案),JJ 为二级类别号(基建档案),02 为项目号,005 为案卷号,054 为页号。

〖例 6〗K021 - ZP · 2019 · D30 - 025 - 005

说明:K021 为全宗号,ZP 为档案门类代码(照片),2019 为年度,D30 为保管期限代码,025 为组号,005 为件号。

〖例 7〗C038 - 001 - 002 - 003

说明:C038 为全宗号,001 为目录号,002 为案卷号,003 为件号。

(二)按件整理的档号编制示例

〖例 1〗A439 - WS · 2015 · D30 · 003 - 005

说明:A439 为全宗号,WS 为档案门类代码(文书),2015 为年度,D30 为保管期限代码,003 为问题代码(党务),005 为件号。

〖例 2〗Z109 - WS · 2011 · Y · 办公室 - 0001

说明:Z109 为全宗号,WS 为档案门类代码(文书),2011 为年度,Y 为保管期限代码,办公室为机构代码,0001 为件号。

〖例 3〗Z008 - WS · 2019 · Y - 037

说明:Z008 为全宗号,WS 为档案门类代码(文书),2019 为年度,Y 为保管期限代码,037 为件号。

〖例 4〗J019 - LY · 2019 · Y - 001

说明:J019 为全宗号,LY 为档案门类代码(录音档案),2019 为年度,Y 为保管期限代码,001 为件号。

〖例 5〗C015 - WY · TZGG · 2019 · D10 - 00001

说明：C015为全宗号，WY为档案门类代码（网页），TZGG为二级类别号（通知公告），2019为年度，D10为保管期限代码，00001为件号。

〖例6〗B168-SW·2015·Y-001

说明：B168为全宗号，SW为档案门类代码（实物），2015为年度，Y为保管期限代码，001为件号。

第四节　纸张修整

《纸质档案数字化规范》（DA/T 31—2017）要求：7.5.1 破损严重或其他无法直接进行扫描的纸质档案，应先由专业技术人员进行技术修复。7.5.2 折皱不平影响扫描质量的纸质档案应先进行压平等相应技术处理。因此在数字化处理前需要对部分纸质文件进行修正和加工。

（1）缺页和破损档案需用相应大小白纸进行裱糊修、复残，对小于页面1/2的档案页进行裱糊，裱糊尽量不使用浆糊；

（2）有折痕、叠角、“筒子页”等情况的档案页需要平整后才能扫描，可以采用铺平摊开重物压平的方法，熨斗等方法慎重考虑使用；

（3）字迹清淡的档案页，可以加深墨迹的形式再保留一份复印件；

（4）热敏纸需要及时复印留存；

（5）大幅页面纸张，应选择更大规格的扫描仪（如工程扫描仪）。若分页扫描后采用软件拼接成一页，重叠尺寸建议不小于单幅图像对应原尺寸的三分之一。

第二章　几种类型档案整理详解

第一节　科技档案整理

科技档案数字化前处理同文书档案类似，包含分项目、分保管期限、按时间排序、编号、图纸修正和盖归档章等。《科学技术档案案卷构成的一般要求》(GB/T 11822—2008)规定了科技档案案卷的组卷原则和方法、案卷和案卷内文件材料的排列、案卷的编目、案卷的装订、卷盒、表格规格及其制成材料的质量要求，适用于一般科学技术档案的案卷整理。

一、简单认识科技档案

(一)科技档案的案卷组织

(1)组卷原则：遵循科技文件的形成规律，保持案卷内科技文件的有机联系和案卷的成套、系统，便于档案的保管和利用。

(2)组卷要求：案卷内科技文件应齐全、完整，签章手续完备；案卷内科技文件的载体和书写印制材料应符合档案保护要求。

(3)组卷方法如下。

一是具体项目的管理性科技文件，应放入所针对的项目文件中，按阶段或分年度组卷。

二是科研课题、产品、建设项目、设备仪器方面的科技文件，应按其项目、结构、阶段或台(套)等分别组卷。

三是成册、成套的科技文件宜保持其原有形态。

四是通用图、标准图可放入相应项目文件中或单独组卷，其他涉及这些通用图、标准图的项目，应在卷内备考表中注明并标注通用图、标准图的图号和档号。

五是底图以张或套为保管单位进行整理。

六是产品局部或零部件变更、建设项目和设备仪器在维修和维护中所形成的科技文件，宜采取插卷方式放入原案卷中；亦可单独组卷排列在原案卷之后，并在原案卷的卷内备考表中予以说明和标注。

七是产品升级换代、建设项目后评估、改扩建或重建所形成的科技文件，应单独组卷排列。

(二)科技档案的案卷和案卷内科技文件的排列

(1)科技文件宜按系统、成套性特点进行案卷或卷内文件排列。卷内文件一般应文字材料在前，图样在后；译文在前，原文在后。

(2)案卷内管理性文件按问题结合时间(阶段)或重要程度排列。一般应印件在前，定稿在后；正件在前，附件在后；复文在前、来文在后。

(3)科研类案卷宜按课题可行性研究立项、方案论证、研究实验、总结鉴定、成果和知识产权申报、推广应用等阶段排列。

(4)产品类案卷宜按产品设计(含初步设计、基础设计、技术设计)、工艺、工装、制造、定型等工作程序，或按其产品系列、结构等排列。

(5)建设项目类案卷宜按项目前期、项目设计、项目施工、项目监理、项目竣工、项目验收及项目后评估等阶段排列。

(6)设备仪器类案卷应按设备仪器立项审批、外购设备仪器开箱验收(自制设备仪器的设计、制造、验收)、设备仪器安装调试、随机文件材料、设备仪器运行、设备仪器维护等阶段或工作程序排列。

二、科技档案归档流程

(一)确定科技档案的归档范围及编制科技档案的保管期限表

在整理科技档案之前，档案部门(人员)和有关科技部门(人员)要研究和分析本单位在科技、生产活动中形成的科技文件的种类和成分，确定每类科技档案的归档范围并编制其保管期限表。

1. 确定科技文件的归档范围

一般基建项目文件的归档范围主要包括可行性研究文件，勘察材料，设计材料，工程管理材料，施工、监理、竣工文件，财务管理及其他材料等。

设备仪器档案的归档范围主要有购置设备、自制设备仪器、设备仪器安装调试、设备仪器操作规程、设备改进改装、设备申请报废等材料。

一般科研项目文件的归档范围主要包括科研准备阶段、研究实验阶段、总结鉴定验收阶段、成果奖励申报阶段、推广应用等阶段形成的科技文件。

产品档案的归档范围主要有产品开发研制报告、可行性研究报告等材料，产品设计过程中形成的文件材料，产品实验材料，工艺材料，原材料检验材料等。

2. 编制详细的科技档案归档范围和保管期限表

根据“国家重大建设项目文件归档范围和保管期限表”结合自身特点编制保管期限表，前面在“三合一”制度中已详细写明不同材料的保管期限。

(二)科技档案的收集

科技文件是科技档案的前身，科技档案是由科技文件转化而来的。收集工作是科技档案管理工作的重要基础工作。严格地讲，档案部门的收集工作是对科技档案的收集，也就是收集上来的应是科技业务部门整理立卷好的科技档案，而不是科技文件。

由科技业务部门及有关科技人员负责科技文件的整理归档工作，是国家的一项规定，这是由科技、生产活动及科技文件形成的特点决定的。档案部门只是有责任监督、指导科技人员做好整理归档工作，这也是科技文件归档制度的要求。但是现实工作中，各单位档案室收集上来的往往是未经整理的科技文件。这就要求档案部门或档案人员协同科技部门(人员)共同做好科技文件的收集、整理工作。收集时要对照“科技文件的归档范围和保管期限表”，把每个项目、课题、产品、每套设备的科技文件齐全完整、准确地收集、存放在一起，以便集中整理。

(三)科技档案的分类

1. 科技档案分类的含义

科技档案的分类是根据科技档案的内容和形式特征，运用逻辑方法加以分门别类的过程；是把一个立档单位的全部科技档案划分成一定的类别，从而使全部科技档案形成一个具有一定从属关系和平行关系的不同等级和系统。一般先分大类，在大类下根据专业、性质、特点、项目等再分属类。分类的目的是便于对科技档案的保管、保密和利用。

2.(实体)分类前的准备工作

(实体)分类前的准备工作主要是指了解分类对象、分类要求，了解掌握分类方法，掌握相关专业知识，分析查找利用科技档案的规律，制订分类表或分类方案等内容。分类是整理科技档案的重要步骤，这种准备工作会在整理全过程中起作用。

(1)了解科技档案分类的基本要求。第一，科技档案的分类，要符合形成档案的专业和形成单位的科技活动的性质和特点；第二，在一个单位内部和一个专业系统内部，同一科技档案的分类标准应该一致；第三，分类的层次类目要简明，不宜过多过繁；第四，分类应力求按专业系统实行标准化。

(2)掌握基建档案、设备档案、产品档案、科研档案的分类方法(见表4-2)。

表 4-2 基建档案、设备档案、产品档案、科研档案的分类方法

种类	分类方法
基建档案	性质——工程项目分类法 流域——工程项目分类法
设备档案	性质——型号分类法 工序——型号分类法
产品档案	型号分类法
科研档案	专业——课题分类法

(3)编制分类方案(类目表)。分类标识:科技档案分类号可采用大写汉语拼音(前两位)字母和阿拉伯数字表示。在具体到每个单位的分类体系中,基建档案大类一般用(JJ)表示,产品档案大类用(CP)表示,设备档案大类用(SB)表示,科研档案大类用(KY)表示。用阿拉伯数“1”大类表示“党群工作类”,“6”表示“基建类”。科技档案二级类目和三级类目通常用双位制数码表示,第一类用“11”,第二类用“12”,依次类推,第九类用“19”。

如图 4-5 所示基建档案 1#办公楼的分类号构成就是 J1.1#;食堂项目的分类号是 J3。

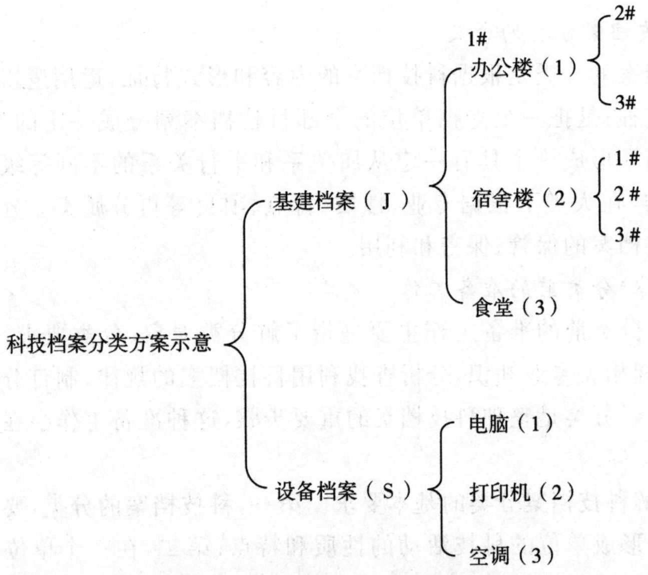

图 4-5 科技档案分类方案示意

见表 4-3 所列,基建档案中一车间的分类号就是 KJ·JJ3.1,设备档案中

机械设备车床的分类号是 KJ·SB1.1。

表 4-3 科技档案分类

一级类目		二级类目		三级类目	
类目名称	类号	类目名称	类号	类目名称	类号
基建档案	KJ·JJ	综合类	1		
		生活性建筑	2	集体宿舍	1
				家属宿舍	2
				食堂	3
				超市	4
		生产性建筑	3	一车间	1
				二车间	2
				三车间	3
设备档案	KJ·SB	机械设备	1	车床	1
				钻床	2
				磨床	3
		化工设备	2		
产品档案	KJ·CP				
科研档案	KJ·KY				

(四)科技档案的组卷

组卷就是把一组有联系的科技文件以卷、册、袋、盒等形式组合在一起,使它能够表达一个相对独立的概念,以便于保管、保密和利用。案卷是提供利用科技档案的基本保管单位,是一组具有有机联系的价值和密级大体相同的科技文件的集合体,组卷是科技档案整理中最关键的步骤。

1. 案卷的基本特征

案卷是一组具有有机联系的科技文件,案卷内的科技文件有一个相对的量的界限,一个案卷内科技文件的保存价值大体相同(参照保管期限表)。

2. 组卷原则

科技档案的组卷原则,应遵循成套性原则,遵循科技文件材料的形成规律,保持案卷内科技文件材料的有机联系,便于档案的保管和利用。

3. 组卷的要求

(1)案卷内科技文件材料要齐全、完整,签章手续完备;

(2)案卷内科技文件材料的载体和书写材料应符合耐久性要求,不能有热敏纸，不能有铅笔、圆珠笔、红墨水、纯蓝墨水、复写纸等书写的字迹。

4. 组卷方法

在分类体系最低一级类目内，根据一个项目文件材料的数量和形成情况，按项目形成阶段，结合科技文件的内容、性质，选择一定数量文件材料组成一卷。

(1)基建档案，一个工程项目编写一个案卷大流水号，按形成阶段结合内容、保管期限分别组卷。基建档案一般有依据性文件(可行性研究、立项、审批等)、基础性文件(勘探、测绘、征迁、招投标等)、设计文件、施工文件、监理文件、竣工和验收文件、评奖创优文件和后期文件(使用、维修、改扩建等)等不同阶段和内容。基建文件材料数量多、规格杂，组卷时可考虑在同一阶段内同一种格式的材料组卷，如前期依据性文件可以组成一卷或若干卷(案卷号 $1\sim n$)，施工文件可以组成若干卷，竣工图组成一卷或若干卷，原材料检测、质保书组成一卷或若干卷等。如果有的阶段材料较少，也可以与下一个阶段的材料组成一卷。

(2)科研档案按课题阶段分别组卷。科研档案一般有调研、申报立项、研究、实验、总结、鉴定、报奖和推广应用等阶段，具体操作可根据文件材料多少进行组卷，如调研材料根据内容的多少组成一卷或若干卷(案卷号 $1\sim n$)，申报立项材料组成一卷或若干卷等。如果有的阶段材料较少时，也可以与下一个阶段的材料组成一卷。

(3)产品档案按结构或阶段分别组卷。产品档案一般有市场调研和立项、产品设计和标准制定、图纸和工艺、工装和包装、鉴定和检验、创优评先和质量分析等阶段或内容。组卷时可按阶段分别组合，如果有的阶段材料较少时，也可几个内容合在一起，图纸按部件分别组卷。例如，市场调研材料根据内容的多少组成一卷或若干卷(案卷号 $1\sim n$)，设计材料组成一卷或若干卷等。

(4)设备档案一机一档，按形成阶段和文件种类分别组卷。设备档案一般有市场调研、立项审批、招标采购、开箱验收(合格证、说明书、随机图纸、质保书等)、安装调试、正式验收、使用维护和更新改造等阶段和内容。组卷时按文件形成阶段、文件形式结合数量多少确定组合，如果有的阶段材料较少时，也可几个内容合在一起。例如，市场调研材料根据内容的多少组成一卷或若干卷(案卷号 $1\sim n$)，验收材料组成一卷或若干卷等。

5. 在实际工作中遇到特殊情况的处理

(1)引进项目中的成套科技文件及设备说明书等可不拆散组卷，保持原有装订方式组卷。

(2)一个单位保存一套相关的通用图、标准图，并单独组卷；采用了这些通用图、标准图的项目，其科技文件组卷时可在卷内备考表中说明并标注标准图、通用图的图号和档号。

(3)底图以张为单位单独保存和管理,另行整理编号。

(4)产品更新换代或更换零部件时,保留新形成的科技文件,并单独组卷排列在原产品案卷之后。

(5)设备维修中形成的科技文件单独组卷。外购设备中的随机文件可以单独组卷。

(五)案卷的排列及编号(案卷号、档号)

1. 案卷的排列

科技档案案卷是一个有机的组合体,案卷与案卷的排列要遵循其形成规律和文件之间内在的自然联系和逻辑关系排序,排列时可参照如下规则。

(1)基建类案卷,在每个项目下按基建依据性材料、基础性材料、工程设计(含初步设计、技术设计、施工图设计)、工程施工、工程监理、工程竣工验收及项目后评估等阶段进行组卷排列(案卷号 1～n)。

(2)设备类案卷,每台设备按设备依据性材料、外购设备开箱验收(自制设备的设计、制造、验收)、设备安装调试、随机文件材料、设备运行、设备维护等阶段或工作程序进行组卷排列(案卷号 1～n)。

(3)科研类案卷,每个项目按课题准备立项阶段、研究实验阶段、总结鉴定阶段、成果申报奖励和推广应用等阶段进行组卷排列(案卷号 1～n)。

(4)产品类案卷,每项产品按产品开发设计(含初步设计、技术设计)、工艺、工装、加工制造、生产定型等工作程序,或按其产品系列、结构等进行组卷排列(案卷号 1～n)。

2. 编制案卷号和档案号

科技文件在分类和组卷后,通过有次序的排列,然后给定一个顺序流水号即案卷号,案卷号是在科技档案分类体系下,最低一级类目内所编的流水号,每个单项工程一个流水号,从 1 编到 n,案卷号要顺着编,不能漏号、重号,案卷号 1～n。

一组具有联系的成套的文件材料,数量较大,分开组成若干卷时,各编一个顺序号,即一卷一号,而不能在一个顺序号下设若干分册,使案卷顺序号出现 1/10 等形式。案卷号给定后,根据分类方案,再结合分类号,编制档案号(简称档号),档号要尽可能简练,分类号的层次要清晰,由分类时制定的分类方案决定。

档号＝全宗号(没有可不写)＋分类号＋案卷顺序号,分类号不同层次之间一般用间隔符号“·”隔开,分类号与案卷顺序号之间用横杠“-”隔开。在上文已有详细介绍。

(六)拟写案卷题名

案卷题名也称为案卷标题,案卷题名应简明、准确地反映卷内文件材料的内容,便于进行案卷级检索。档案题名命名“三要素”是责任者、事由和文种,对科技文件来说命名可以是责任者＋科技项目（工程、产品、设备）名称和具体专业名称＋文件材料名称（文种），一般情况三部分缺一不可。例如，阜阳市第三人民医院公共精神卫生服务项目（工程项目）＋水电照明（专业）＋施工图（文种）。

拟定案卷题名要注意以下几点。

（1）题名要简明、准确揭示内容，但不能过于概括笼统。例如，“某某工程前期文件材料”中“前期”概念太大，这是以大概小。

（2）内容表达要通畅、精炼，结构词使用要合理。例如，不要滥用“关于”“有关”。

（3）不要使用序数词。例如，“某某项目施工文件材料（一）”“某某项目施工文件材料（二）”中应尽量不用相同的题名，要用各种方式把相同的题名区分开来（如用标段、楼层、桩号等），而不要使用序数词。

（4）能标出具体文件名的尽量不用“文件材料”。例如，“某某设备说明书、安装说明”，不写成“某某设备文件材料”。

在实际工作中，组好卷后，题名可事先写在便签纸上，再往卷盒封面或脊背上填写。

（七）编写案卷封面、脊背及装盒

《科学技术档案案卷构成的一般要求》（GB/T 11822—2008）规定了科技档案案卷的组卷原则和方法、案卷和案卷内文件材料的排列、案卷的编目、案卷的装订、装盒、表格规格及其制成材料的质量要求，适用于一般科技档案的案卷整理。下面提供了科技档案案卷封面、背面、科技档案卷内文件目录、科技档案备考表和科技档案盒的样式，仅供参考，如图 4－6～图 4－9 所示。

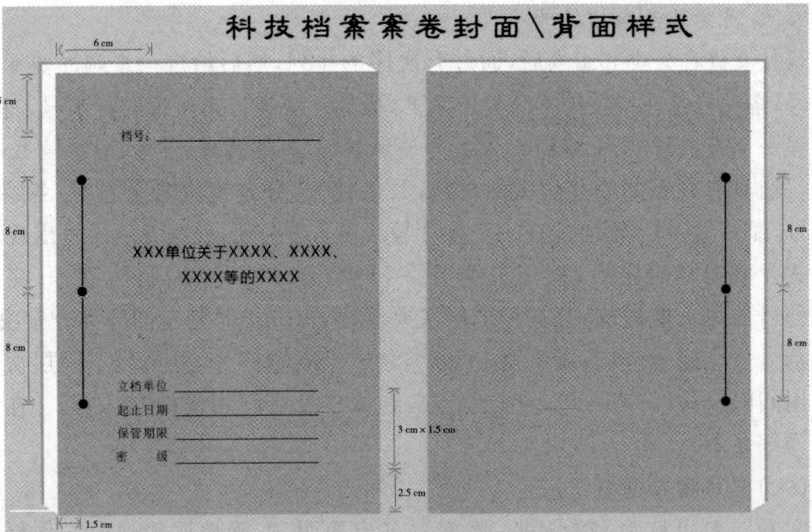

图 4－6　科技档案案卷封面\背面样式

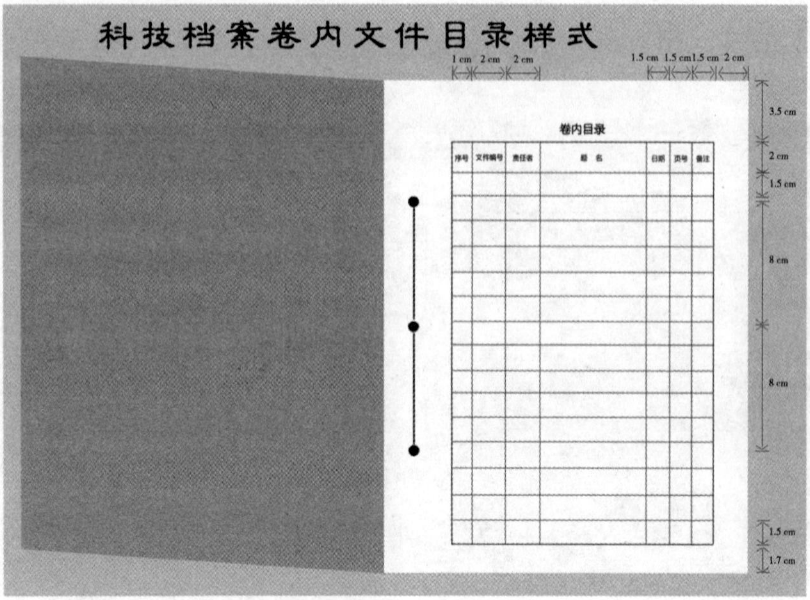

图 4－7　科技档案卷内文件目录样式

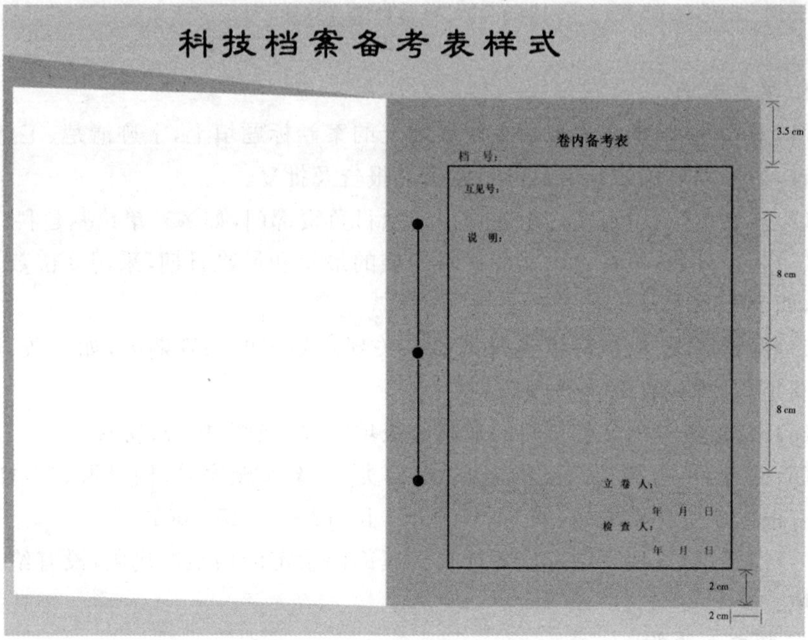

图 4－8　科技档案备考表样式

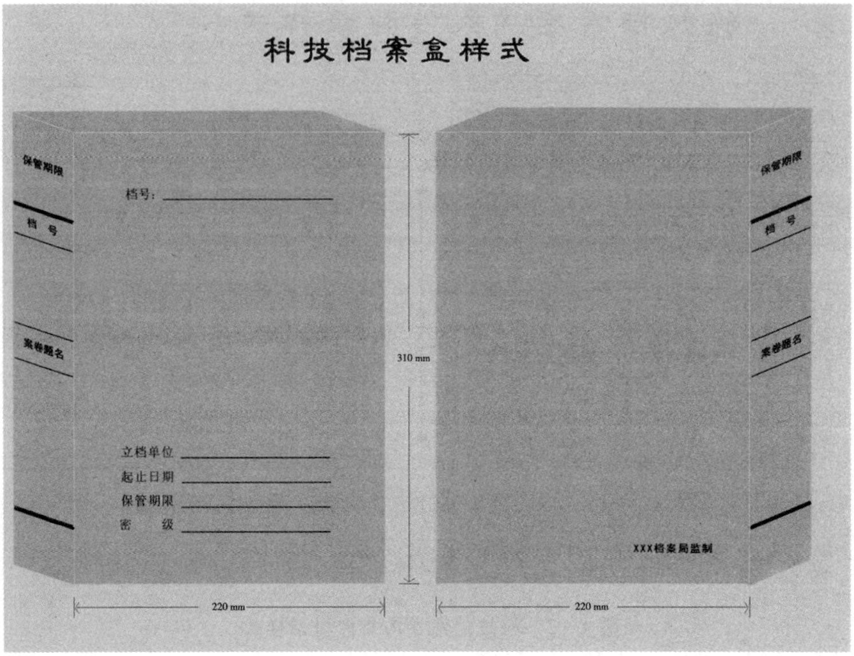

图 4-9 科技档案盒样式

1. 案卷封面

(1)案卷题名:把事先拟写在便签纸上的案卷标题填上,字迹清楚、工整、字迹适宜,如××单位××项目可行性研究报告及批复。

(2)立卷单位:填写文件组卷部门或项目负责部门,如××单位基建科。

(3)起止日期:填写卷内文件材料形成的最早和最晚日期,采用 8 位数加短横线,如 20130225 - 20131220。

(4)保管期限:应填写组卷时依照有关规定划定的保管期限,如永久、长期(或 30 年)、短期(或 10 年)。

(5)密级:按卷内文件材料的最高密级填写,如绝密、机密、秘密。

(6)档号:填写科技档案的全宗号-分类号-案卷顺序号,档号形式多样,大家可有根据单位特点编号,如 FYWNGS - J · 12 · 30015 - 001。

(7)档案馆号:填写国家档案行政管理部门给定的档案馆代码,没有给定的可不填。

2. 档案盒背脊

一是档号,二是案卷题名,三是保管期限。脊背各项内容的填写同封面上各项内容的填写是一致的。其中,案卷题名如果封面填写了,脊背上的可以省略不写。

3. 装盒

把整理好的案卷装入科技档案盒内,一卷一盒。采用“大装订”方式的,将软卷皮、卷内目录、归档文件材料和备考表一起装订成册后再装入科技档案盒内保存;采用“小装订”方式的,可将卷内目录、归档文件材料、备考表依次装入科技档案盒内保存。

(八)卷内文件材料的排列

科技档案案卷是一个有机的组合体,案卷内科技文件的排列要遵循其形成规律和文件之间内在的自然联系和逻辑关系排序,排列时可参照如下规则。

1. 文字材料的排列

(1)管理性科技文件材料按问题、时间或重要程度等排列。

(2)有请示、批复或正本、定稿的科技文件,批复在前,请示在后,正本在前,定稿在后,结论、决定在前,依据性材料在后。例如,征地形成的文件材料可按批复、申请、协议、红线图顺序排列。

(3)外文材料同时有译文的,中文译稿在前,外文原稿在后。

2. 图样材料的排列方法

(1)图样材料的排列一般是按总体和局部的关系进行排列。

(2)排列的顺序:总体布置图→系统图→平面图、立体图、剖面图→大样图。

(3)图样材料在其形成过程中若有目录,则按目录顺序排列;若没有目录有编号,则按原编号顺序排列。

(4)竣工图按专业、图号排列。

3. 图文混合材料的排列

图文混合材料的排列一般是文字材料在前,图样在后。如果文字材料是附图纸作补充说明的,那么图纸在前,文字材料在后。

(九)案卷的装订及加盖档号章

科技档案的案卷装订有两种方式,可以整卷装订(大装订),也可以以件为单位装订(小装订)。

(1)大装订:将整个案卷内所有科技文件,连同内封面(软卷皮)、卷内目录、备考表,在去掉金属物后,用线绳采取三孔一线法“一卷”装订在一起。

(2)小装订:小装订是指案卷内每份科技文件以“件”为单位,在去掉金属物后,“一件”单独装订在一起,整个案卷不再装订,采用小装订的案卷,要在每份文件材料的首页的空白处(右上角)加盖档号章(要用红色印泥)。小装订首页档号填写模式示例见表 4 - 4 所列。

表 4-4　小装订首页档号填写模式示例

档号	序号
J022-J. s. 1#-005	1

档号，填写本卷的档号，填写方法同案卷封面上的档号，如 J022-J. s. 1#-005；序号，即卷内文件材料按照一定的排列方法排列的顺序号，每卷都用阿拉伯数字从“1”开始依次标注。

（十）编写页号、卷内目录、备考表

1. 编写页号

因为案卷有大装订与小装订两种方式，所以编页号也有两种方式，一个单位内尽量统一选用一种方式。

(1)大装订成卷的案卷，其卷内科技文件均以有书写内容的页面用铅笔从 1 开始编写页号，一“卷”一个流水号，每“卷”都从 1 开始编，其卷内目录内登记的是“页号”。

(2)采用小装订的案卷，案卷内每份科技文件以“件”为单位用铅笔从 1 开始编写页号，每“件”一个小流水号，每“件”都从 1 开始编，其卷内目录内登记的是每件的“页数”。

(3)编写位置及详细要求如下。①单面书写的科技文件在其右下角编写页号；双面书写的科技文件材料，正面在其右下角编写页号、背面在其左下角编写页号。②图纸按规定折叠后标题栏在右下角，页号应在紧靠标题栏的外左下角或外右上角编写。③成套图样或印刷成册的科技文件，自成一卷的，原目录可代替卷内目录，不必重新编写页号；与其他科技文件组成一卷的，应排在卷内文件最后，将其作为一份文件填写卷内目录，不必重新编写页号，可在备注中注明总页数。④卷内目录、卷内备考表不编写页号。

2. 编写卷内目录

卷内目录是案卷内每份科技文件的明细表，编写卷内目录是将案卷内科技文件的内容、形式特征及其编号登记下来，以备查找利用和管理统计之需，卷内目录排列在卷内文件之前。各项填写要求如下。

(1)序号：用阿拉伯数字从 1 起依次标注卷内科技文件的排列顺序。采用小装订方式的，其序号的填写与档号章上的序号要一致。

(2)文件编号：填写科技文件的文号或图纸的图号、设备代号、项目代号等。

(3)责任者：填写科技文件的形成单位或主要单位名称。

(4)文件题名：填写科技文件的全称。文件没有题名的，应由立卷人根据文件内容拟写题名。

(5)日期:应填写科技文件的形成日期,要求以 8 位阿拉伯数字标注年月日,不要省略,如 20120901。

(6)页号(数):采用大装订的案卷,应填写每件科技文件首页上标注的页号,最后一件文件写起止页号。采用小装订的案卷,此项填写每“件”材料的页数。

采用大装订卷内目录示例如图 4-10 所示,采用小装订卷内目录示例如图 4-11 所示。注意:采用大装订时登记的是页号,采用小装订时登记的是页数。

卷内目录

档号:FYWNGS-SB1-001

序号	文件编号	责任者	文件题名	日期	页号	备注
1		珠海格力电器股份有限公司	格力分体挂壁式房间空调器安装说明书	20101216	1	
2		珠海格力电器股份有限公司	珠海格力电器股份有限公司室内机装箱单	20101220	38	
3		珠海格力电器股份有限公司	分体挂壁式室内机合格证	20101216	39	
4		中国质量万里行杂志社	中国质量万里行杂志社格力产品专项质量投诉跟踪卡	20101230	40~42	

图 4-10　采用大装订卷内目录示例

卷内目录

档号:FYWNGS-SB1-001

序号	文件编号	责任者	文件题名	日期	页数	备注
1		珠海格力电器股份有限公司	格力分体挂壁式房间空调器安装说明书	20101216	37	
2		珠海格力电器股份有限公司	珠海格力电器股份有限公司室内机装箱单	20101220	1	
3		珠海格力电器股份有限公司	分体挂壁式室内机合格证	20101216	1	
4		中国质量万里行杂志社	中国质量万里行杂志社格力产品专项质量投诉跟踪卡	20101230	3	

图 4-11　采用小装订卷内目录示例

3. 备考表的填写

编制备考表是将归档过程中需要说明的内容写在表内，并由立卷人、检查人签字，以确认卷内文件内容的正确与齐全。如图 4－12 所示，各项标号说明如下。①说明：包括案卷内科技文件材料的件数、页数，以及组卷和案卷提供使用过程中需要说明的问题。②立卷人：应由责任立卷人签名，一般是档案整理者。③立卷日期：应填写完成立卷的日期。④检查人：应由案卷质量审核者签名，一般是科技项目的负责人或档案室主任、鉴定小组组长。⑤检查日期：应填写审核的日期。⑥互见号：应填写反映同一内容而形式不同且另行保管的档案保管单位的档号，档号后应注明档案载体形式，并用括号括起。

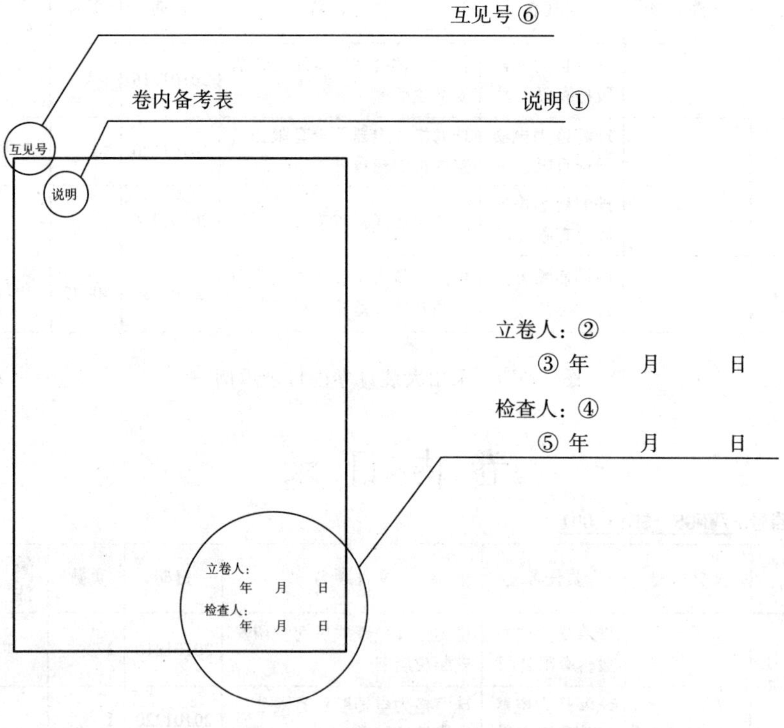

图 4－12 备考表示例

(十一)编制科技档案检索工具(案卷目录)

案卷目录是案卷的名册，是著录案卷内容成分并固定档案的分类体系和案卷排列顺序的一览表册，是档案检索和统计管理的必备工具。科技档案案卷目录要求按一级类目分别编制，即产品、设备、基建、科研分别编制案卷目录。二级目录为档号、按卷题名、总页数等。科技档案多的单位可在同一大类中适当分多册案卷目录。

科技档案案卷目录著录是以科技项目为单位,也是以档案分类中最低一级的类(一个小流水号)进行著录的,如基建档案是以一个单项工程为单位著录,换一项目就要另起一页开始著录。

案卷目录的内容与案卷封面上对应相一致,题名栏如果一格不够,可以一卷占两格。案卷目录填写完毕后,应按大类分别加上案卷目录封面、封底装订成册,并填写案卷目录封面的各个栏目。在相关的案卷目录页上用口取纸标出科技档案的类目。

(十二)入库排架

科技档案排架按最小类目排列。因为一个项目的科技档案不是一次完成的,而是个不断积累的过程,所以入库上架时换个小类别就要另起一格排列,或每个类别后面都要空出相应空间,以便存放新增加的档案。排列顺序从上到下,从左到右。

(十三)图纸的折叠基本要求和操作方法

《建设项目档案管理规范》(DA/T 28—2018)规定了建设项目档案工作的组织及职责任务,确立了建设项目文件的形成、归档要求与项目档案管理的原则与方法,适用于新建、改建、扩建和技术改造等建设项目。《建设项目档案管理规范》中,对竣工图的归档有明确的标准和要求。建设项目在设计、施工阶段,图纸称为设计图、施工图等,工程竣工后经加工整理后统称为竣工图。行业中把图纸又称为技术制图、复制图,竣工图指工程竣工后真实反映工程施工结果的图样。竣工图及竣工图编制说明属于永久档案保管。竣工图的编制要求中明确要求,图纸折叠方法参照《技术制图 复制图的折叠方法》(GB/T 10609.3—2009)执行。其要求如下:

折叠后的图纸幅面一般应有 A4(210 mm×297 mm)或 A3(297 mm×420 mm)的规格。对于需装订成册又无装订边的复制图,折叠后的尺寸可以是 190 mm×297 mm 或 297 mm×400 mm。当粘贴上装订胶带后,折叠后复制图上的标题栏均应露在外面。

采用何种折叠方法,折叠后复制图上的标题栏均应露在外面。

折叠图纸应选取一种规定的折叠方法,同一批次图纸应保持折叠方法一致。

1. 需要装订成册的复制图

(1)有装订边的复制图,其折叠方式见表 4-5、表 4-6 所列。

表 4－5　有装订边的复制图折叠成 A3 幅面　　（单位：mm）

<table>
<tr><th rowspan="2">图解</th><th colspan="2">标题栏方位</th></tr>
<tr><th>在复制图的长边上</th><th>在复制图的短边上</th></tr>
<tr><td>A0</td><td>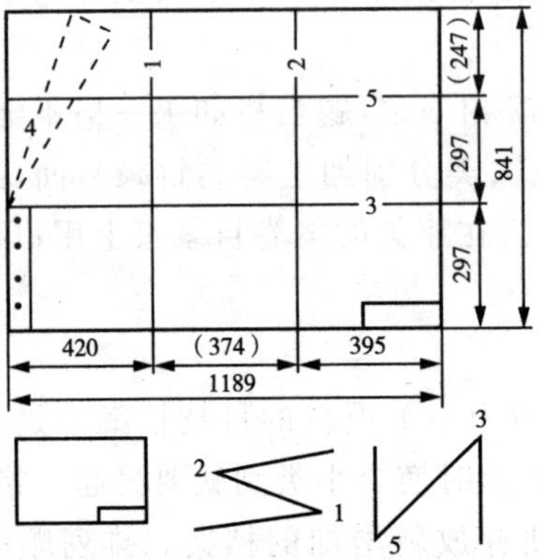
</td><td>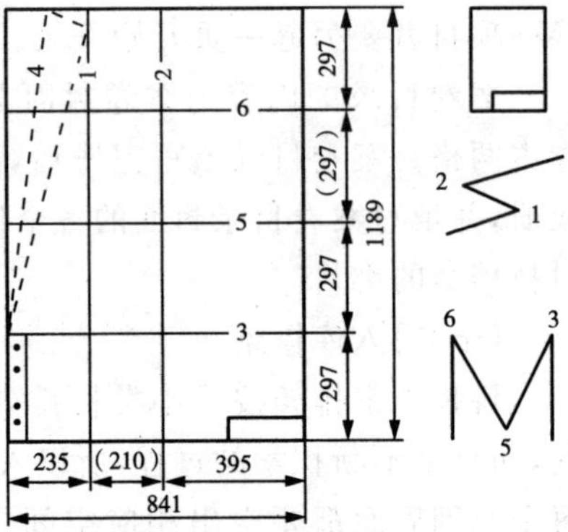
</td></tr>
<tr><td>A1</td><td>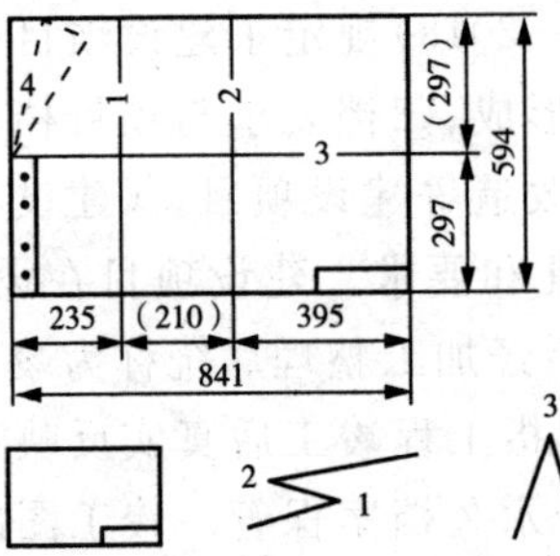
</td><td>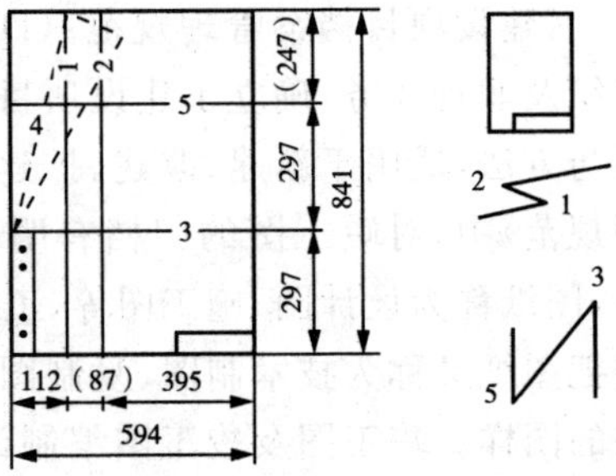
</td></tr>
<tr><td>A2</td><td>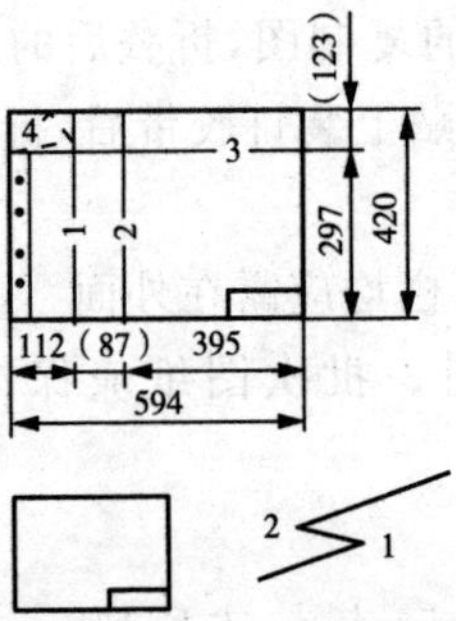
</td><td>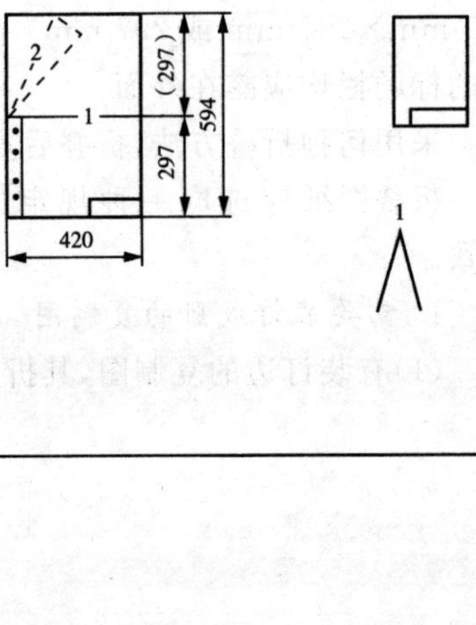
</td></tr>
</table>

表 4－6　有装订边的复制图折叠成 A4 幅面　　　（单位：mm）

图解	标题栏方位	
	在复制图的长边上	在复制图的短边上
A0	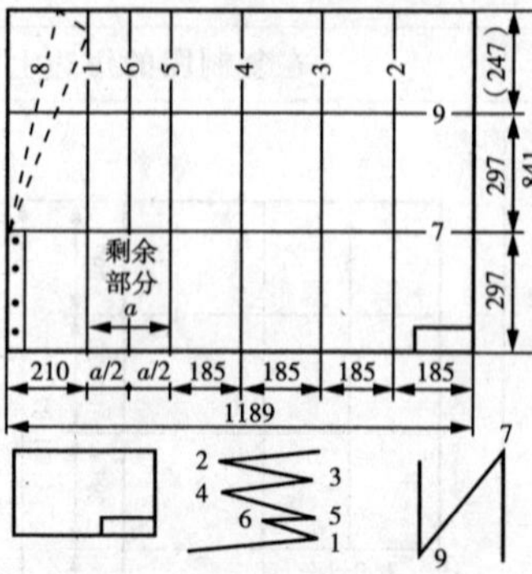	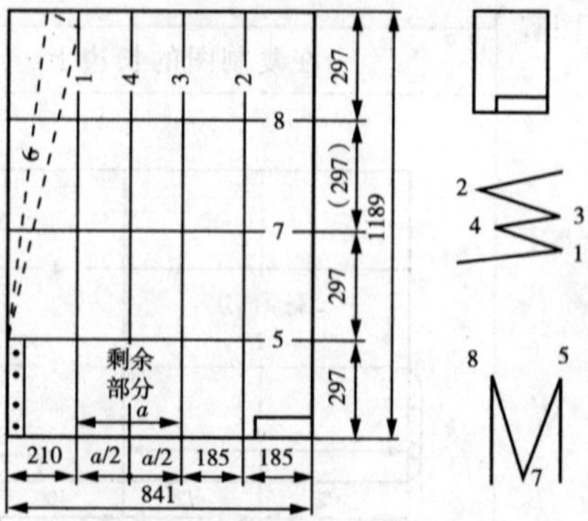
A1	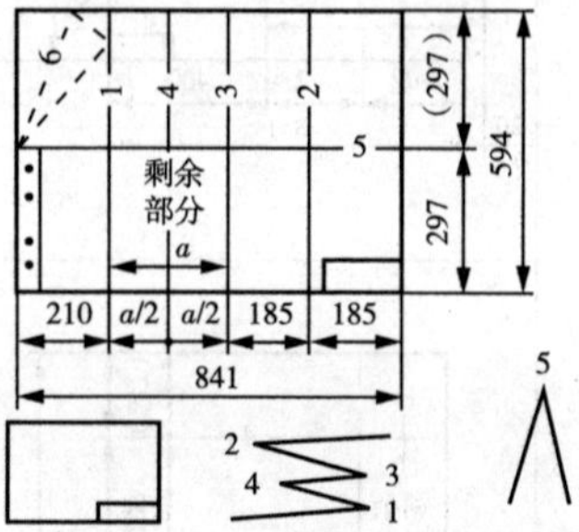	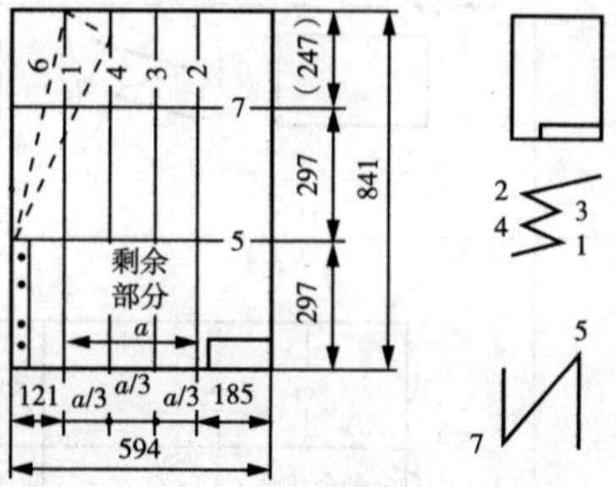
A2	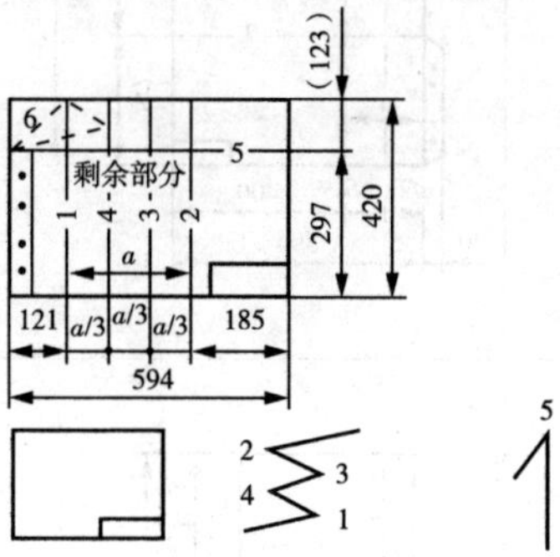	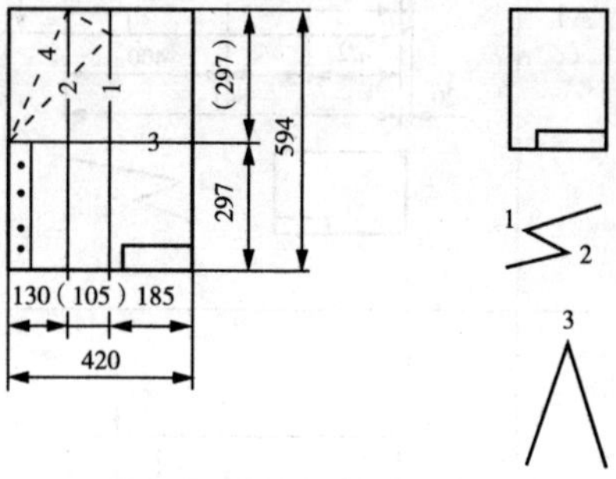
A3	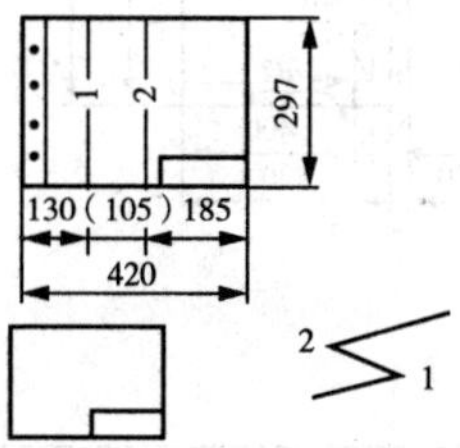	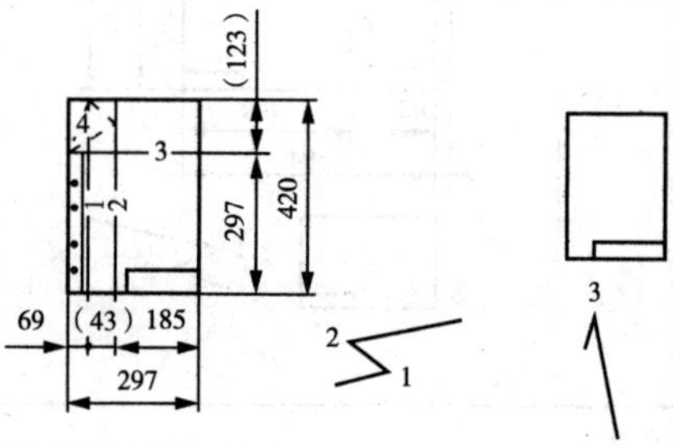

(2)无装订边的复制图,其折叠方式见表 4－7、表 4－8 所列。

表 4－7　无装订边的复制图折叠成 A3 幅面　(单位:mm)

图解	标题栏方位	
	在复制图的长边上	在复制图的短边上
A0	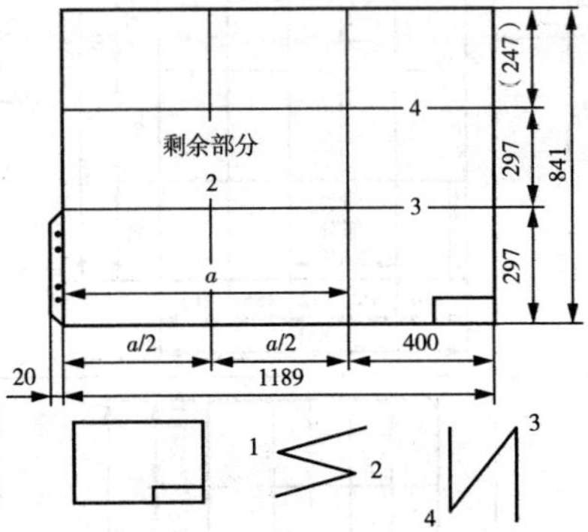	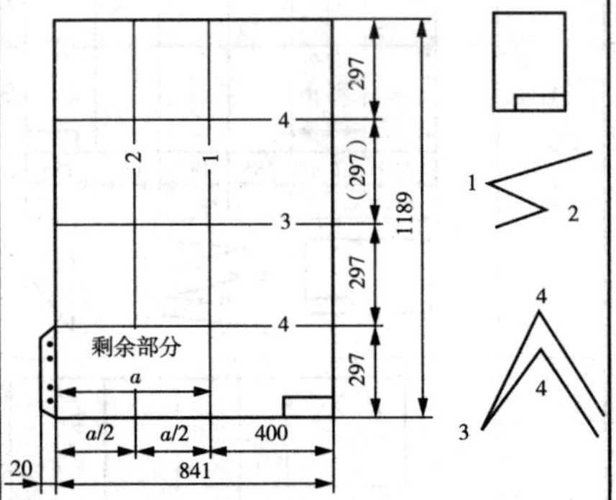
A1	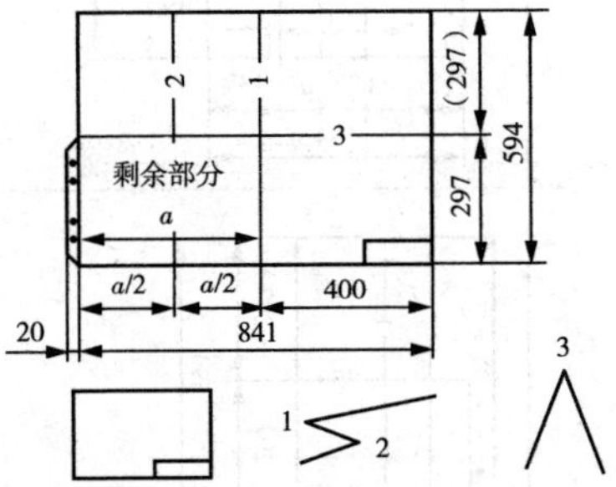	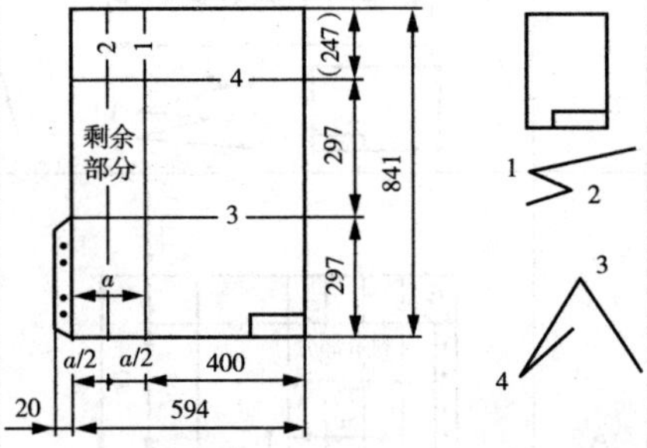
A2	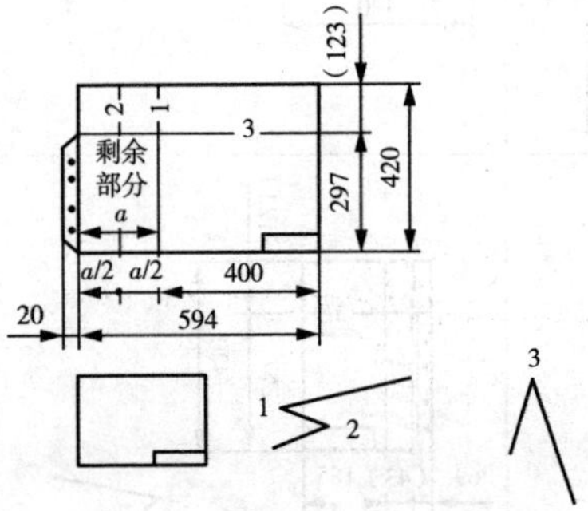	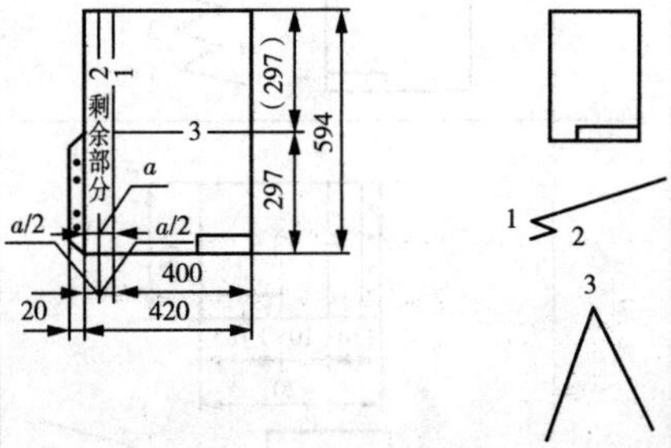

表 4－8　无装订边的复制图折叠成 A4 幅面　　　（单位：mm）

图解	标题栏方位：在复制图的长边上	标题栏方位：在复制图的短边上
A0	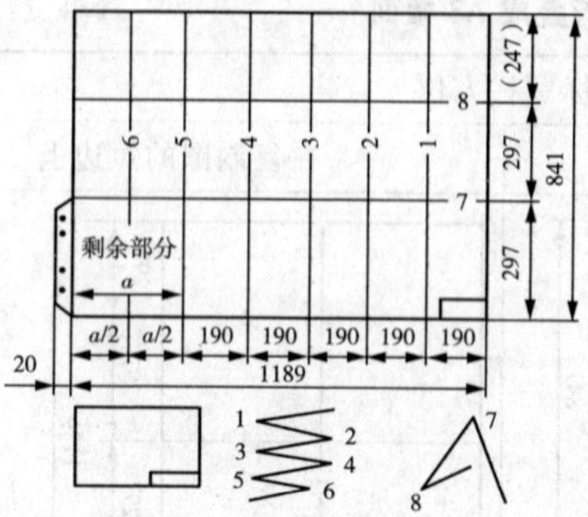	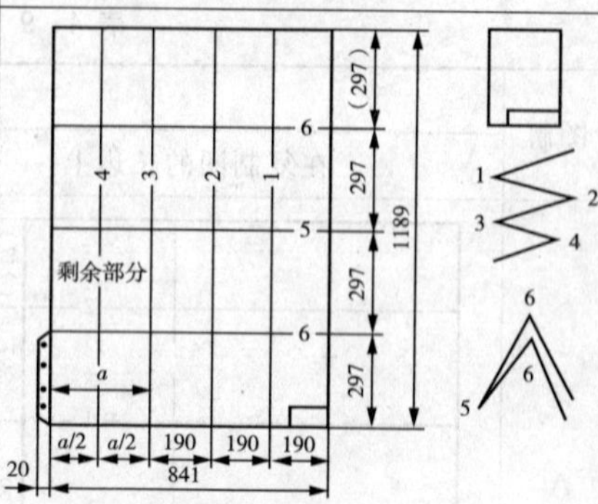
A1	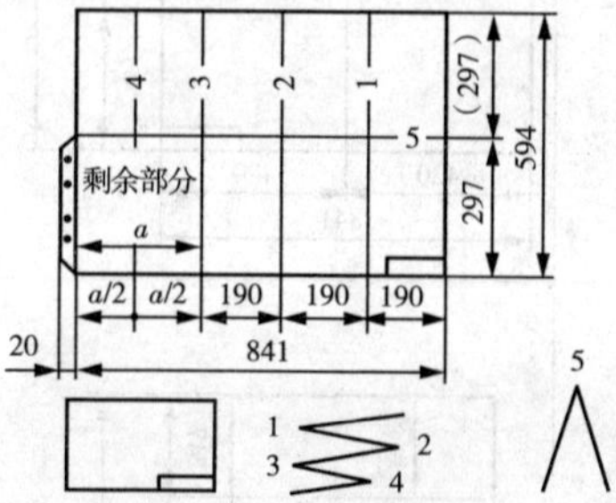	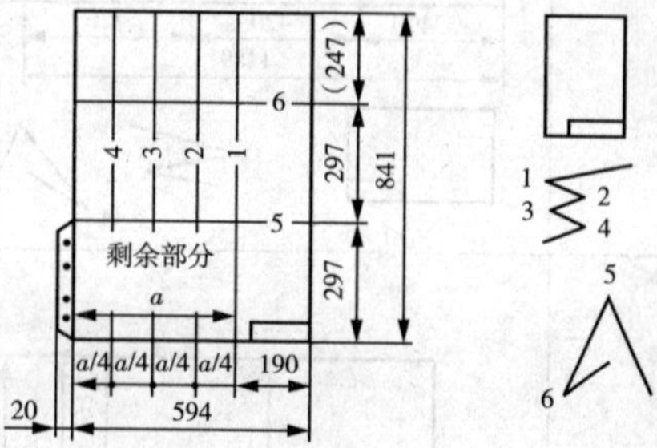
A2	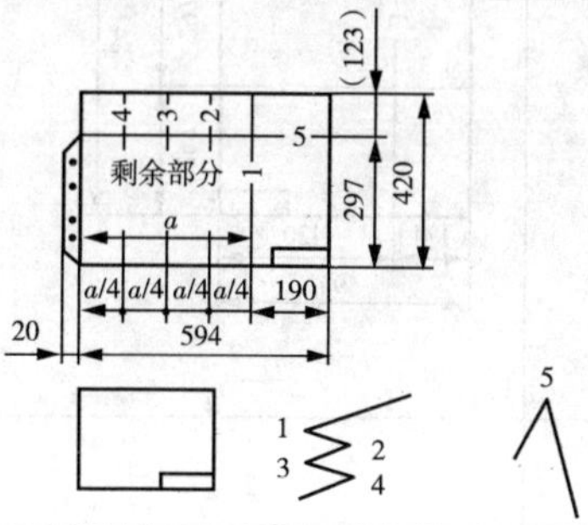	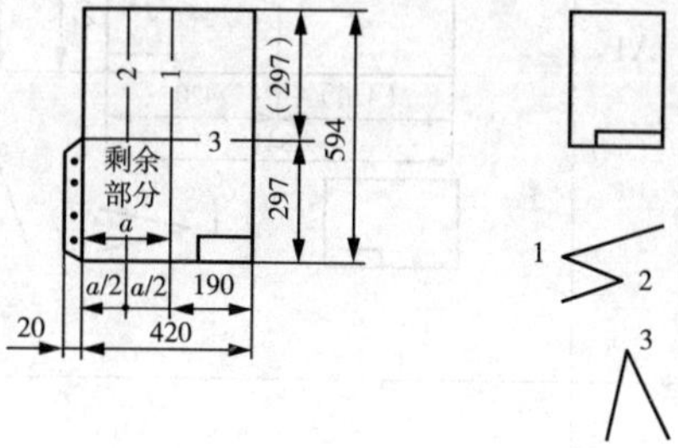
A3	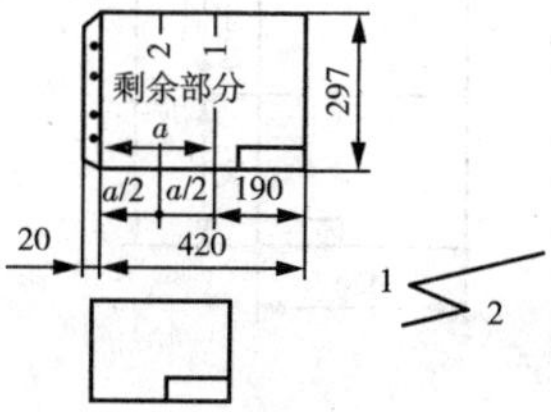	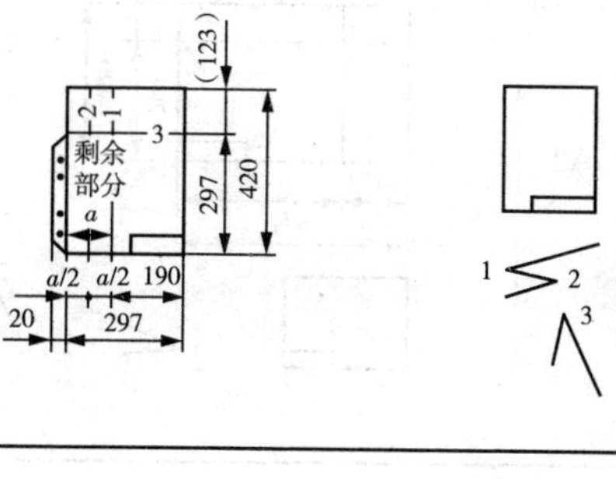

2. 不装订成册的复制图

(1)第一种折叠方式,见表 4－9、表 4－10 所列。

表 4－9　折叠成 A3 幅面　　（单位:mm）

图解	标题栏方位	
	在复制图的长边上	在复制图的短边上
A0	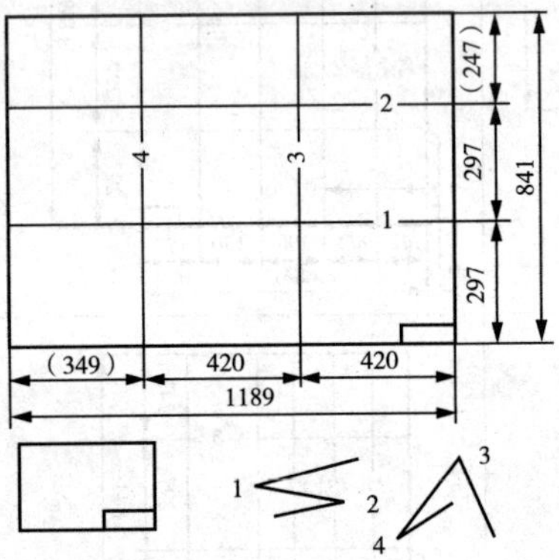	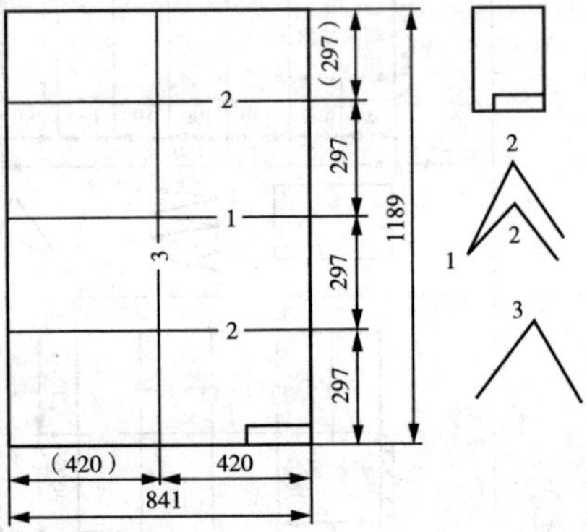
A1	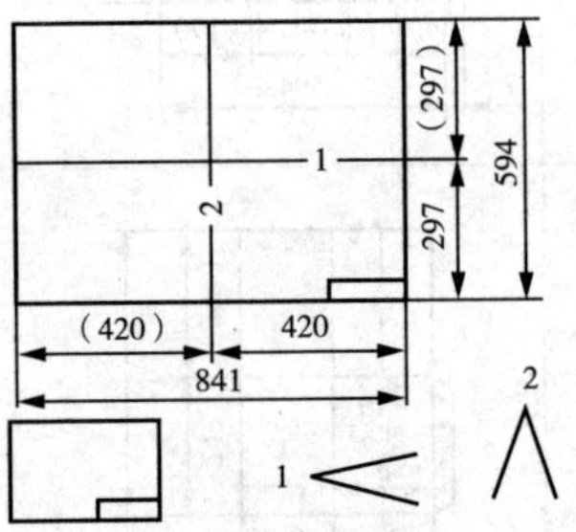	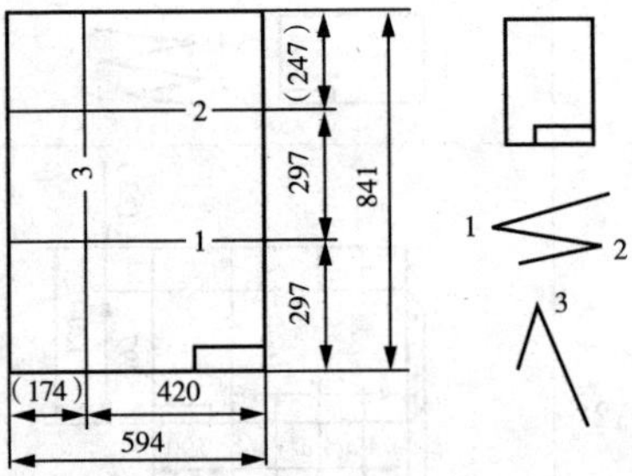
A2	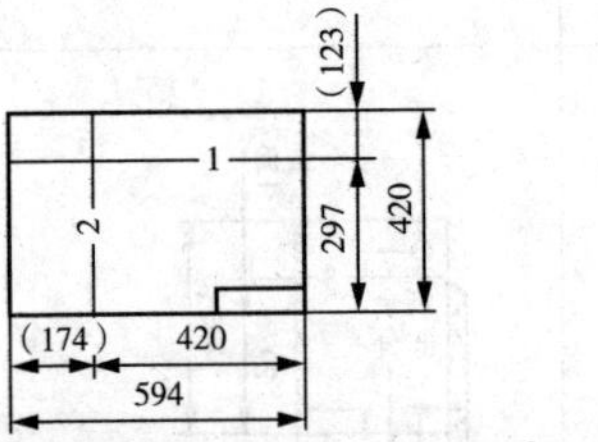	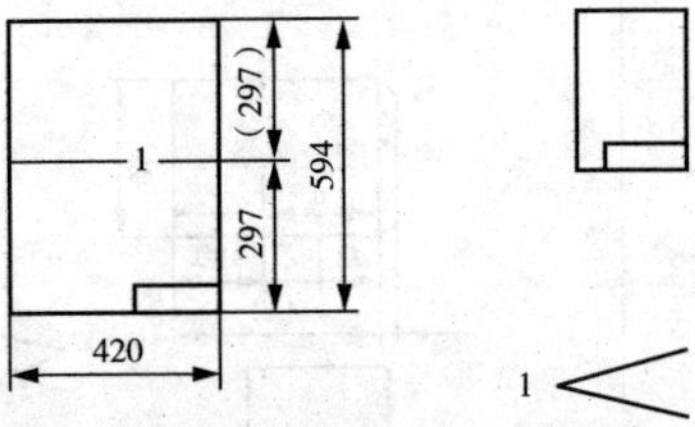

表 4 - 10　折叠成 A4 幅面　　　　（单位：mm）

<table>
<tr><th rowspan="2">图解</th><th colspan="2">标题栏方位</th></tr>
<tr><th>在复制图的长边上</th><th>在复制图的短边上</th></tr>
<tr><td>A0</td><td>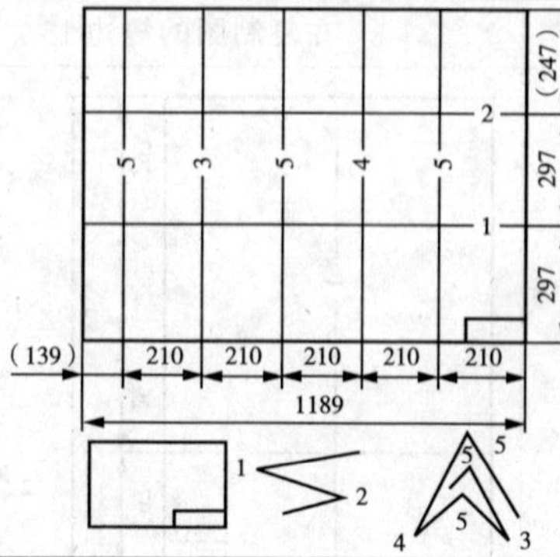</td><td>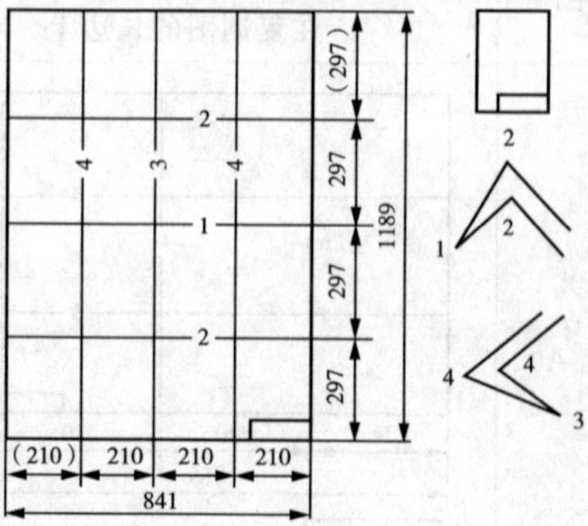</td></tr>
<tr><td>A1</td><td>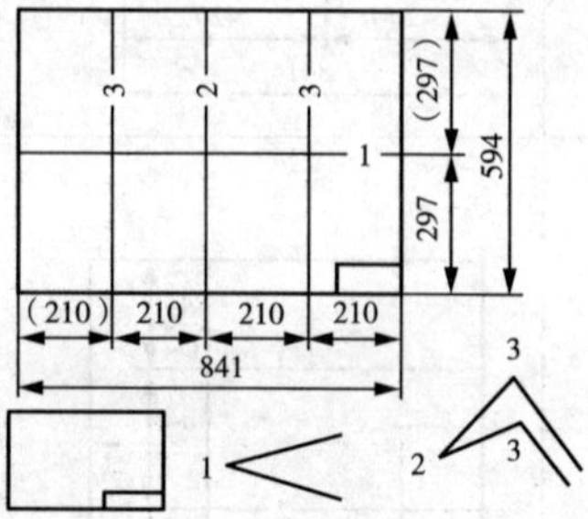</td><td>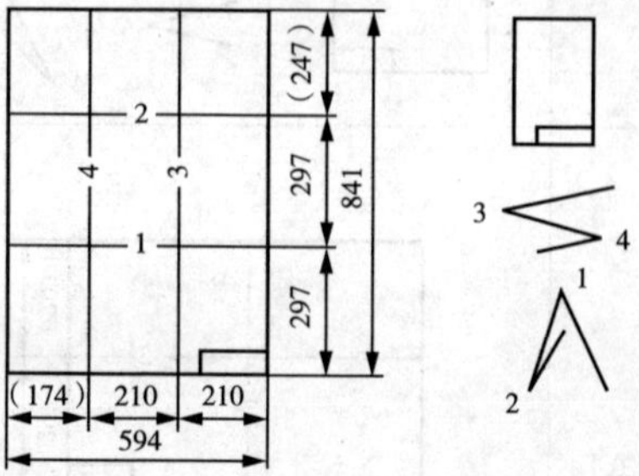</td></tr>
<tr><td>A2</td><td>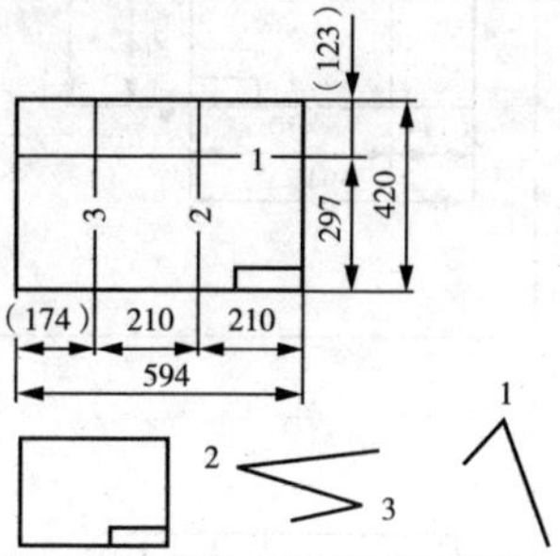</td><td>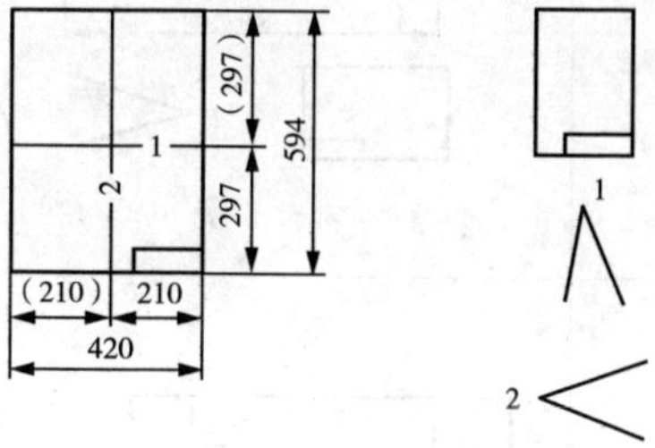</td></tr>
<tr><td>A3</td><td>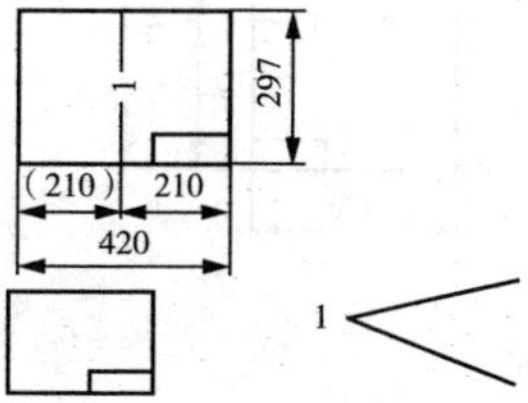</td><td>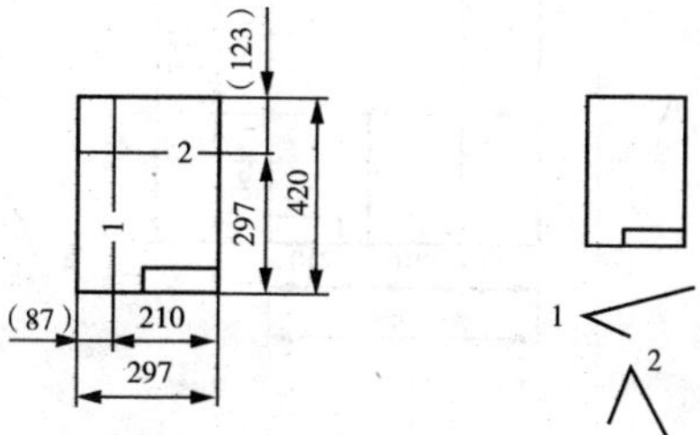</td></tr>
</table>

(2)第 2 种折叠方式,见表 4－11、表 4－12 所列。

表 4－11　折叠成 A3 幅面　　（单位:mm）

图解	标题栏方位	
	在复制图的长边上	在复制图的短边上
A0	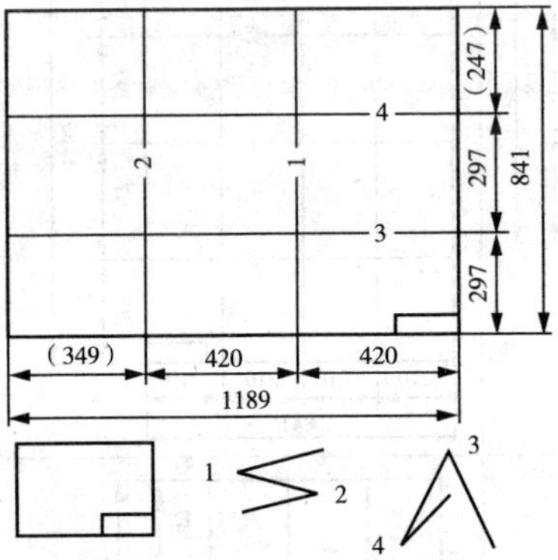	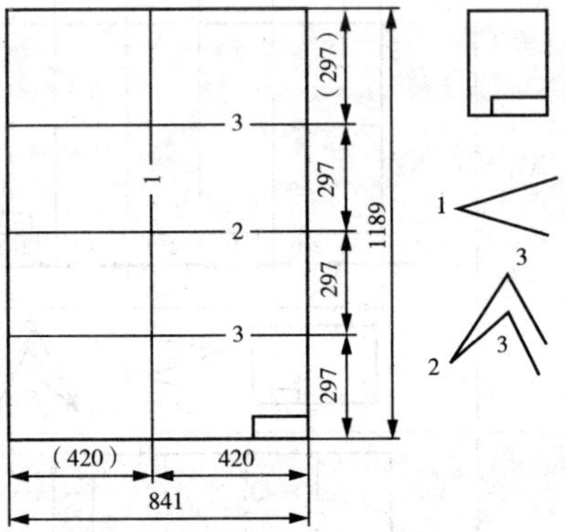
A1	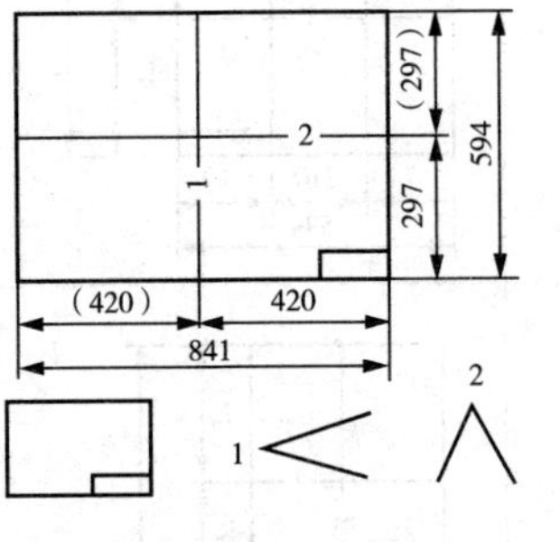	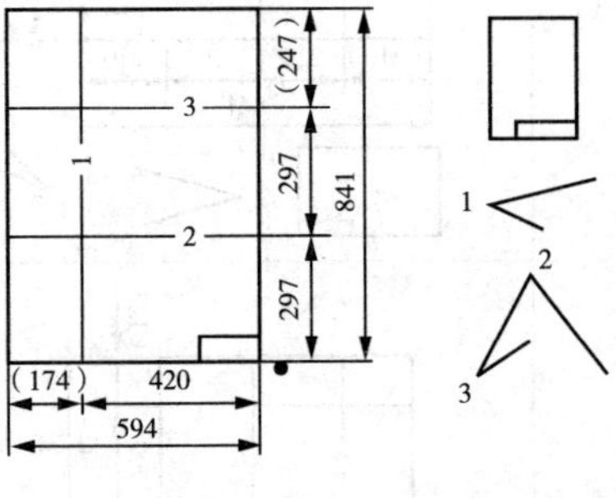
A2	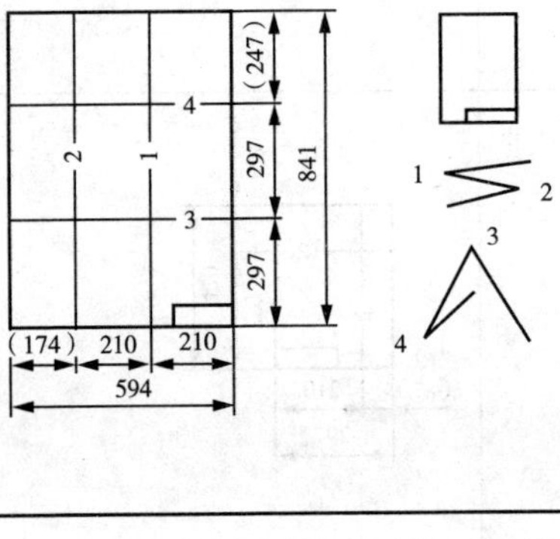	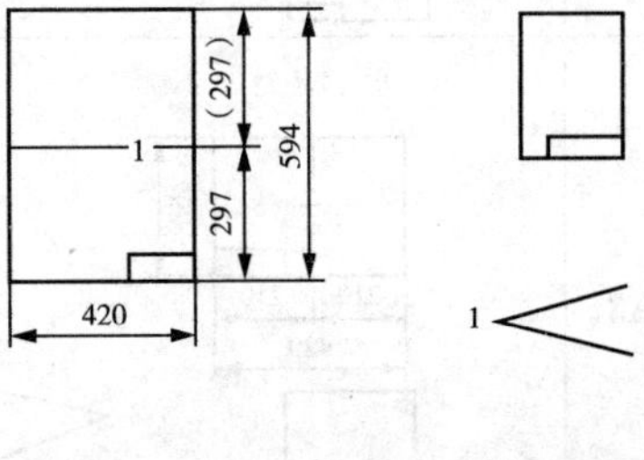

表 4－12　折叠成 A4 幅面　　　　(单位：mm)

图解	标题栏方位：在复制图的长边上	标题栏方位：在复制图的短边上
A0	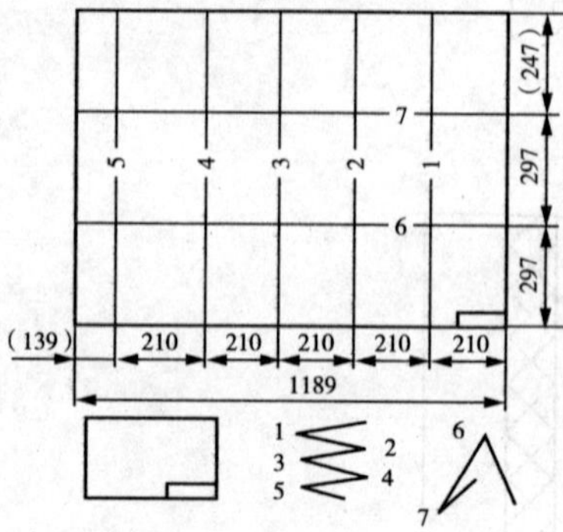	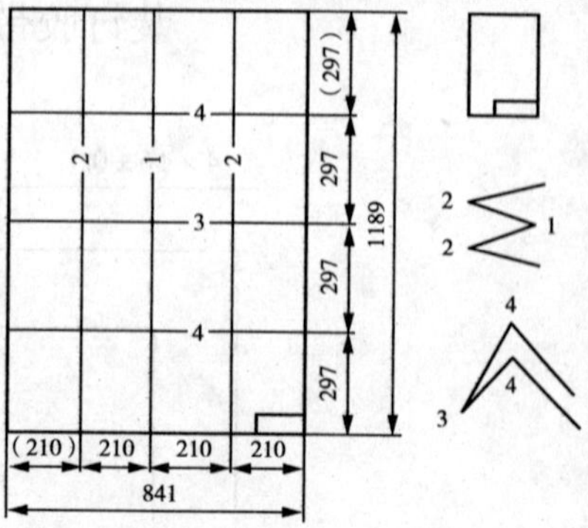
A1	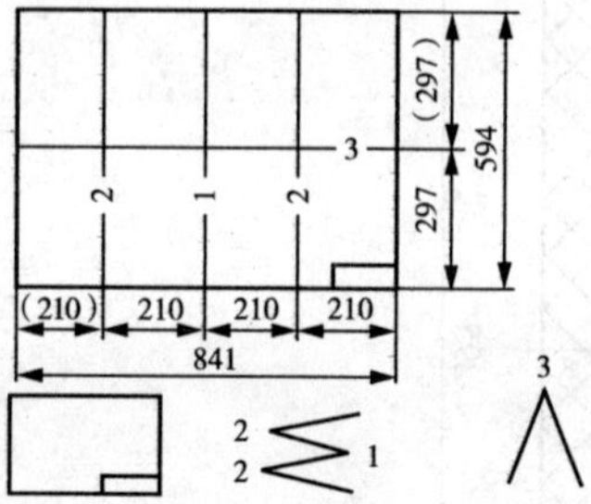	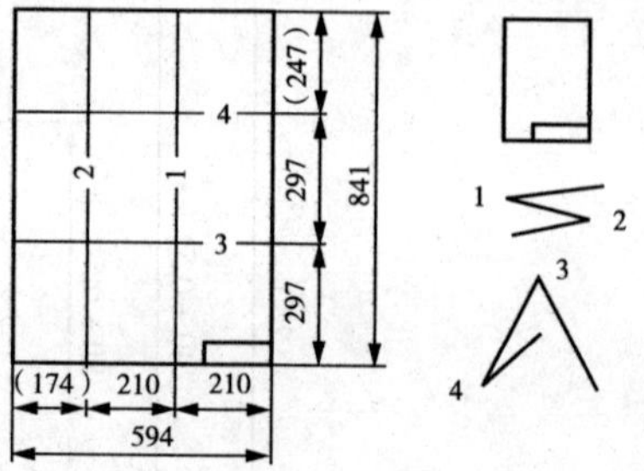
A2	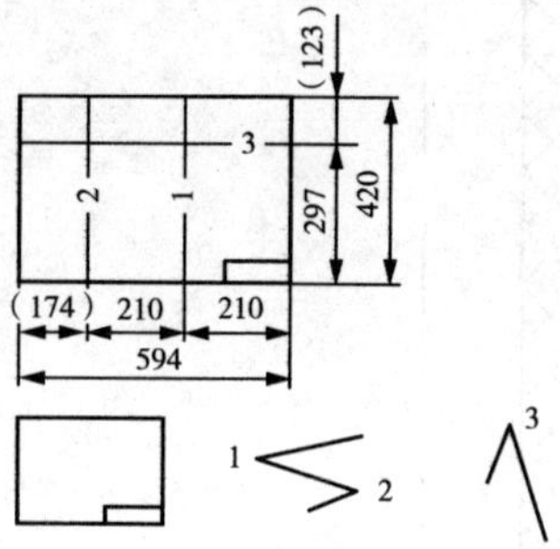	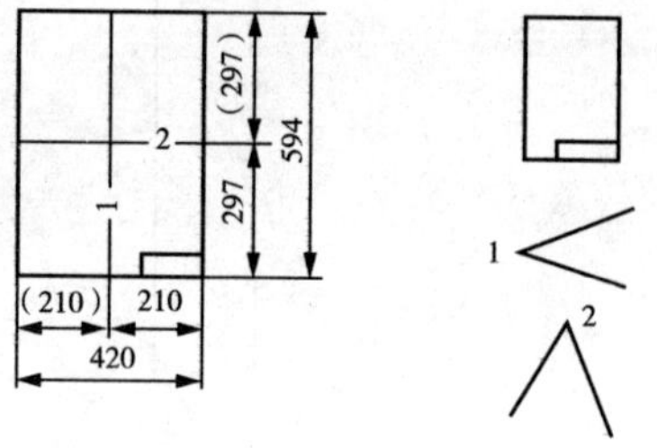
A3	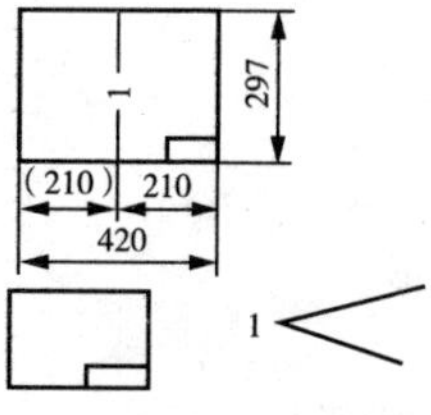	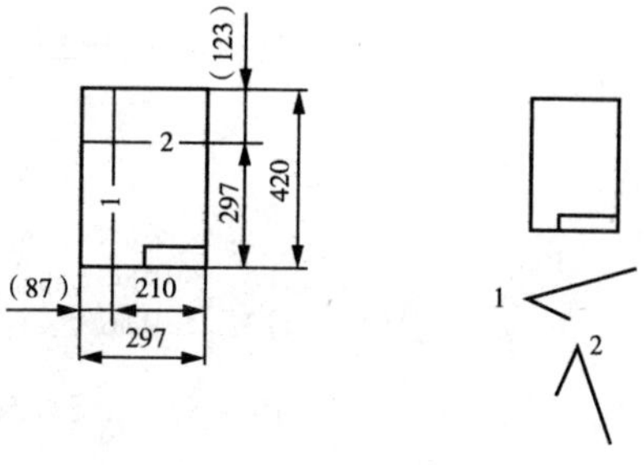

3. 装订胶带的尺寸

装订胶带的尺寸示例(单位:mm)如图 4－13 所示。

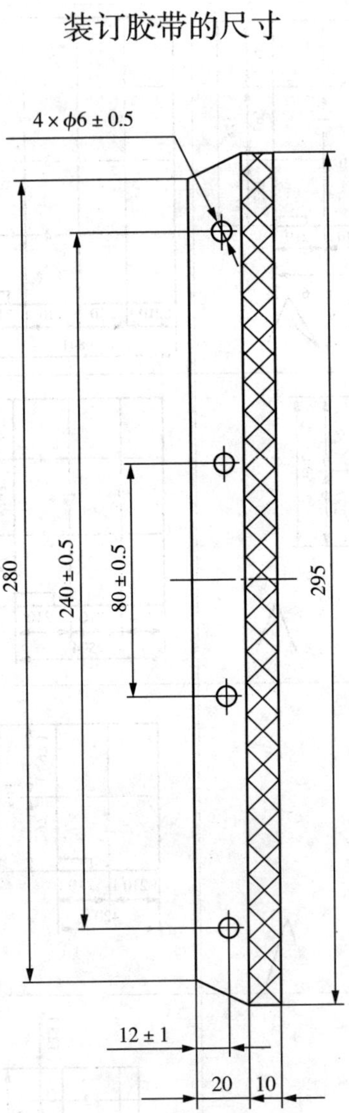

注1：胶带的厚度可在不易折损的原则下自行规定。
注2：图中网纹部分，为胶贴的范围。
注3：图中ϕ6为装订孔的尺寸。

图 4－13　装订胶带的尺寸示例(单位:mm)

第二节　财务档案整理

一、《会计档案管理办法》简介

(一)背景

1988年财政部、国家档案局联合印发了《会计档案管理办法》(财会字〔1998〕32号),该办法对规范和加强单位会计档案管理、促进会计工作更好地服务经济社会发展发挥了积极作用。1998年修订的《会计档案管理办法》简称原《管理办法》。随着我国经济社会的快速发展和信息技术的广泛应用,会计档案的内容范围、承载形式、管理手段、利用方式等均发生了较大变化,原《管理办法》已经无法较好地适应经济社会发展需要,具体表现在:(1)随着各单位信息化水平和精细化管理程度的日益提升,越来越多的会计凭证、账簿、报表等会计资料以电子形式产生、传输、保管,形成了大量电子会计档案,需要予以规范;(2)随着我国会计法律法规的不断完善,以及国家档案管理规范、标准的制定或修订,原《管理办法》的有关表述已不再适用,会计档案的范围、保管、利用、销毁等方面的规定需要相应予以调整或完善。

为做好原《管理办法》的修订工作,从2012年开始,财政部、国家档案局陆续组织部分信息化程度较高的企业和地区开展会计档案电子化管理试点工作;2013—2014年财政部、国家档案局、国家税务总局、国家发展和改革委员会专门针对电子发票的入账和保管问题多次开展研讨,并组织部分企业和地区开展电子发票及电子会计档案管理综合试点工作。随着试点工作的稳步推进,电子发票相关政策逐步完善,2014年财政部、国家档案局着手修订原《管理办法》,形成了《会计档案管理办法(征求意见稿)》,先后于2014年12月、2015年5月向社会两次公开征求意见后,形成了《会计档案管理办法(修订草案)》。2015年9月财政部、国家档案局组织有关专家集中研究讨论了《会计档案管理办法(修订草案)》。最终完善了会计档案的定义、范围和销毁程序,增加并明确了电子会计档案的管理要求,明确了会计档案出境的管理要求,调整了会计档案的定期保管期限,延长了会计档案向单位档案管理机构移交的期限,形成了新的《会计档案管理办法》(简称新《管理办法》),并于2016年1月1日起施行。

(二)意义

(1)有利于推动互联网创新经济的发展。近年来,党中央、国务院积极推动

“互联网＋”行动和“大众创业万众创新”，我国基于互联网的新业态、新模式蓬勃兴起。新《管理办法》肯定了电子会计档案的法律效力，电子会计凭证的获取、报销、入账、归档、保管等均可以实现电子化管理，大大推动了电子凭证的在线传递和线上应用，为互联网创新经济发展提供了有力的政策支持。

(2)有利于促进形成绿色、低碳的发展方式。新《管理办法》允许符合条件的会计凭证、账簿等会计资料不再打印纸质归档保存，同时要求建立会计档案鉴定销毁制度，完善销毁流程，推动会计档案销毁工作有序开展。这些新的规定节约了大量纸质会计资料的打印、传递、整理成本以及归档后的保管成本，减少了社会资源耗费，推动了节能减排，有利于形成绿色环保的生产方式。

(3)有利于推进国家治理能力现代化。国家治理体系和治理能力现代化需要大数据的支撑，需要通过广度信息聚合、深度数据挖掘、扁平网络传递，实现决策科学化、管理精细化。电子会计档案是电子会计资料的归属，新《管理办法》明确将电子会计档案纳入会计档案范围，大力推动了电子会计数据的深度开发和有效利用，为政府决策和管理提供更多维度、更具参考价值的会计信息。

(三)对电子会计档案的要求

(1)在会计档案的范围、保管、移交、销毁等方面的规定。

一是将电子会计档案纳入会计档案的范围，规定会计档案包括通过计算机等电子设备形成、传输和存储的电子会计档案。

二是规定满足一定条件时单位内部生成和外部接收的电子会计资料可仅以电子形式归档保存。

三是要求电子会计档案移交时将电子会计档案及其元数据一并移交，且文件格式应当符合国家档案管理的有关规定；特殊格式的电子会计档案应当与其读取平台一并移交。

四是要求电子会计档案的销毁由单位档案管理机构、会计管理机构和信息系统管理机构共同派员监销。

(2)“单套制”保存方式下的要求。

一是确保电子会计档案的真实：形成的电子会计资料来源真实有效，由计算机等电子设备形成和传输；电子会计资料附有符合《中华人民共和国电子签名法》规定的电子签名(单位外部接收的必须符合该签名)。

二是确保电子会计档案的准确、完整、可用：使用的会计核算系统能够准确、完整、有效接收和读取电子会计资料，能够输出符合国家标准归档格式的会计凭证、会计账簿、财务会计报表等会计资料，设定了经办、审核、审批等必要的审签程序；使用的电子档案管理系统能够有效接收、管理、利用电子会计档案，符合电子档案的长期保管要求，并建立了电子会计档案与相关联的其他纸质会计档案的检索关系；形成的电子会计资料不属于具有永久保存价值或者其他重要保存价值的会计档案。

三是确保电子会计档案的安全：采取有效措施，防止电子会计档案被篡改；建立电子会计档案备份制度，能够有效防范自然灾害、意外事故和人为破坏的影响。

(四)会计档案期限鉴定和销毁

1. 保管期限的更改

一是更改原因：《机关文件材料归档范围和文书档案保管期限规定》(国家档案局令第 8 号)、《企业文件材料归档范围和档案保管期限规定》(国家档案局令第 10 号)分别将企业管理类档案和机关文书档案的定期保管期限统一为 10 年、30 年；会计档案在很多民事案件中都作为重要证据，民事案件的诉讼时效最长为 20 年，但大部分会计档案的最低保管期限都低于 20 年。

二是更改方式：将会计档案的定期保管期限由原 3 年、5 年、10 年、15 年、25 年五类调整为 10 年、30 年两类，并将原附表 1、2 中保管期限为 3 年、5 年、10 年的会计档案统一规定保管期限为 10 年，将原保管期限为 15 年、25 年的会计档案统一规定保管期限为 30 年。其中，会计凭证、会计账簿等主要会计档案的最低保管期限延长至 30 年，其他辅助会计资料的最低保管期限延长至 10 年。

2. 鉴定销毁工作

会计档案的销毁是会计档案管理的重要环节，其中鉴定销毁工作是档案销毁的前提和基础。原《管理办法》规定了会计档案销毁的具体程序，要求“单位负责人在会计档案销毁清册上签署意见”，但未明确销毁前的鉴定工作和有关责任，这在一定程度上将销毁的最主要责任归于单位负责人。在实际工作中，为避免可能发生的风险，对于远远超过最低保管期限且符合销毁条件的会计档案，单位负责人一般也不愿销毁，大量已失去保存价值的会计档案占据了储存空间，造成了资源浪费。因此，新《管理办法》增加了鉴定销毁环节，要求“单位应当定期对已到保管期限的会计档案进行鉴定，并形成会计档案鉴定意见书。经鉴定，仍需继续保存的会计档案，应当重新划定保管期限；对保管期满，确无保存价值的会计档案，可以销毁”。

监销是保证销毁工作按照规定程序和要求进行的一项制度安排。原《管理办法》规定，会计档案销毁属于单位的内部管理事务，国家机关销毁会计档案再由财政部门、审计部门派员监销，既增加了行政管理成本，也难以真正发挥监督作用。为此，新《管理办法》删除了财政部门、审计部门派员监销的规定，同时进一步明确了单位内部组织监销的有关要求，即“单位档案管理机构负责组织会计档案销毁工作，并与会计管理机构共同派员监销。监销人在会计档案销毁前，应当按照会计档案销毁清册所列内容进行清点核对；在会计档案销毁后，应当在会计档案销毁清册上签名或盖章”。

(五)《关于新旧〈会计档案管理办法〉有关衔接规定的通知》(财会〔2016〕3号)

新《管理办法》自2016年1月1日起施行，原《管理办法》同时废止。为确保新《管理办法》的有效贯彻实施，实现新旧管理办法平稳过渡，现就有关衔接规定通知如下。

1. 关于保管期限的衔接规定

(1)新《管理办法》与原《管理办法》规定的最低保管期限不一致的，按照新《管理办法》的规定执行。

(2)已到原《管理办法》规定的最低保管期限，并已于2015年12月31日前鉴定可以销毁但尚未进行销毁的会计档案，应按照新《管理办法》的规定组织销毁；已到原《管理办法》规定的最低保管期限，并已于2015年12月31日前鉴定予以继续保管的会计档案，应按照新《管理办法》确定继续保管期限(最低继续保管期限等于新《管理办法》规定的最低保管期限减去已保管期限，下同)。

(3)已到原《管理办法》规定的最低保管期限，但2015年12月31日前尚未进行鉴定的会计档案，应按照新《管理办法》的规定进行鉴定，确定销毁或继续保管。确定销毁的，应按照新《管理办法》的规定组织销毁；确定继续保管的，应按照新《管理办法》确定继续保管期限。

(4)未到原《管理办法》规定的最低保管期限的会计档案，应按照新《管理办法》的规定重新划定保管期限。

2. 关于电子会计资料归档的衔接规定

(1)单位如在新《管理办法》施行前已利用现代信息技术手段开展会计核算和会计档案管理，其有关工作符合《企业会计信息化工作规范》(财会〔2013〕20号)的要求，所形成的、尚未移交本单位档案机构统一保管的会计资料符合新《管理办法》第八条、第九条规定的电子会计档案归档条件的，可仅以电子形式归档保管。2014年以前形成的会计资料一律按照原《管理办法》的规定归档保管。

(2)各单位根据新《管理办法》仅以电子形式保存会计档案的，原则上应从一个完整会计年度的年初开始执行，以保证其年度会计档案保管形式的一致性。

二、《安徽省会计档案整理要求及案卷格式》详解

(一)背景

为贯彻落实《会计档案管理办法》(财政部　国家档案局令第79号)，规范

安徽省会计档案整理，统一会计档案案卷格式，下发的《关于印发〈安徽省会计档案整理要求及案卷格式〉的通知》（财会〔2017〕309 号）结合《会计档案管理办法》一并贯彻执行。该“格式”是安徽省档案人员和会计人员管理会计档案的操作指南，原《安徽省会计档案管理办法实施细则》（安徽省财政厅、安徽省档案局财金字〔1999〕691 号）同时废止。

（二）基本概念

（1）会计档案。会计档案是指国家机关、社会团体、企业、事业单位和其他组织（以下统称单位）在进行会计核算等过程中接收或形成的，记录和反映单位经济业务事项的，具有保存价值的文字、图表等各种形式的会计资料，包括通过计算机等电子设备形成、传输和存储的电子会计档案。

（2）会计资料归档。会计资料归档是单位会计管理机构按照规定要求和标准规范，将有关会计资料通过整理立卷的工作过程。

（3）会计资料类别及范围。①会计凭证，包括原始凭证、记账凭证；②会计账簿，包括总账、明细账、日记账、固定资产卡片及其他辅助性账簿；③财务会计报告（财务报表和相关信息），包括月度、季度、半年度、年度财务会计报告，企业财务报表至少应当包括资产负债表、利润表、现金流量表、所有者权益（或股东权益）变动表以及附注，行政事业单位的财务会计报告至少应当包括资产负债表、收入费用表、现金流量表、附注以及决算报告；④其他会计资料，包括银行存款余额调节表、银行对账单、纳税申报表、会计档案移交清册（格式见附件 1）、会计档案保管清册（格式见附件 2）、会计档案销毁清册（格式见附件 3）、会计档案鉴定意见书及其他具有保存价值的会计资料（如现金盘点表、支票盘点表、固定资产盘点表、财务印章保管登记表等）。

（4）应纳入文书档案管理的财务工作文件材料。财务管理制度、规定、办法、总结；财务管理工作计划、报告、通知；固定资产新增、报废、调拨文件材料；生产财务和成本核算文件材料；资金管理、价格管理、会计管理文件材料；企业税务登记、交纳、减免、返还等工作文件材料；企业经营盈亏情况报告、报表（含重要的、一般的）；企业财务预、决算报告；审计工作制度、总结；审计意见、审计报告、专项审计通知、报告、批复、结论、调查与证明等文件材料；审计工作方案、计划、报告、纪要；机关财务预算、年度和年度以上财务计划。

（5）会计档案保管期限。会计档案的保管期限分为永久、定期两类。定期保管期限一般分为 10 年和 30 年。

（三）会计档案整理

（1）收集。单位会计管理机构应结合实际，制定完备的会计资料收集归档制度，每年定期将归档范围内的会计资料收集齐全完整。

(2)分类。单位会计管理机构对年度内收集齐全的会计资料依次进行以下三个层次分类:根据本单位具体财会业务设置情况,区分体系(如行政、工会、基建等是互不交叉、独立的会计核算单位);同一体系下,按类别分成4类,即会计凭证、会计账簿、财务会计报告和其他会计资料;同一类别下,按保管期限分类,同一保管期限下,依一定顺序(如时间)排列组卷(件),编流水号(以下简称"编号")。

(3)档号及归档章。档号是以数字、字符形式赋予档案实体用于体现档案特征、固定档案排列顺序的一组代码。编制档号是会计档案管理的核心内容,是会计资料转化为会计档案的重要标志。会计档案的档号结构如下:全宗号-档案门类代码·年度-体系代码·类别代码-保管期限-卷(件)号,如Z109-CK·2016-X·1-D30-001。具体解释如下。

"全宗号":档案馆给定的单位代码,由一位属类代码和三位顺序号(也可由4位顺序号)组成,如Z109。

"档案门类代码":本单位档案分类方案设定的一级类目,如文书、会计、科技、声像等,这里统一采用"财会"大写汉语拼音字母"CK"标识,不用"会计"是为避免与"科技"的大写汉语拼音字母重复。

"年度":文件材料形成年度,采用四位阿拉伯数字标识,如2016。

"体系代码":依据单位财务设置情况,采用大写汉语拼音字母标识,如行政、工会、基建分别用X、G、J标识。如果单位仅有一个体系,此项不标注。

"类别代码":采用阿拉伯数字标识,即会计凭证、会计账簿、财务会计报告、其他会计资料分别用1、2、3、4标识。

"保管期限":永久以代码Y标识,定期30年、定期10年,分别用D30、D10标识。

"卷(件)号":档案的顺序编号,采用三位阿拉伯数字,如001。

注:按《档号编制规则》DA/T 13—2022,对档号做了重新规定,应编著为Z109-KU·X·1·2016·D30-001,且对卷号位数不做要求。

归档章(格式见附件14)是档号在纸质文件材料上的具体体现,新设计的"会计凭证封面"(格式见附件5)、会计账簿封面(格式见附件6)都设置有档号的相应内容,直接填写即可。但在财务会计报告和其他会计资料整理立卷时,须自行制作归档章,在每卷(件)首页上端空白位置加盖。归档章及会计凭证封面、会计账簿封面、会计凭证盒脊(格式见附件8)、会计档案盒脊(格式见附件10)均设有分类代码栏目,该栏目专门用于标注体系代码和类别代码,两个代码之间用间隔点"·"隔开,如X·1。

(4)整理归档。运用计算机等电子设备生成的电子会计凭证、电子会计账簿、电子财务会计报告等会计资料，如果不符合《会计档案管理办法》第八条规定，必须遵循“双套制”原则，形成一套纸质资料。

① 会计凭证的整理归档。依据一定规则，按年分月将若干记账凭证（附有原始凭证）、记账凭证汇总表（格式见附件 4）连同会计凭证封面封底装订成一册（厚度一般不宜超过 20 mm），即为一卷，数量多时，每月可装订多卷。

会计凭证的组卷装订，应遵循有关规定和要求，如卷内凭证不得跨月、装订厚度要适当、去除金属物、折叠整齐（原始凭证过大，折叠时不能影响装订和展开；原始凭证过小，要采用加边、加衬方式保证其平整、匀称）、左上角装订（单孔直角线装，孔眼距左边不超过 20 mm、距上边不超过 25 mm）、三角封包装订线、加盖骑缝章等。

编号、规范填写会计凭证封面、会计档案凭证盒正面（格式见附件 7）和盒脊，装盒，上架（会计凭证档案通常应单独集中摆放至专用的会计凭证柜中）。

② 会计账簿的整理归档。会计账簿一本为一卷（活页式账簿应去除账夹和空白页、编写页码、装订成册），为每一卷加装会计账簿封面。

按年度统一编写档号、填写会计账簿封面、卷内备考表（格式见附件 13）、会计档案盒正面（格式见附件 9）和盒脊。

案卷排列顺序依次为总账、库存现金日记账、银行存款日记账、明细账等，最后装盒上架。

③ 财务会计报告的整理归档。参照《归档文件整理规则》（DA/T 22—2015），以件为单位，进行归档整理。每份财务会计报告均应装订成册（包括会计报告编制说明、各类报表及附注），一册即为一卷（件）。按照不同保管期限分别排列、编号、编写会计档案文件目录（简称“编目”）（格式见附件 12）、装盒。不同保管期限的文件材料应分别装入不同的档案盒内，严禁混装。如保管期限为“定期 10 年”的月报、季报、半年报等，分别每月、每季、每半年装订成一件（卷），并按月报、季报、半年报顺序排列，每卷（件）都要编写页码、编号、加盖归档章、编目、填写卷内备考表、档案盒正面和盒脊、装盒；保管期限为“永久”的年度会计报告、部门决算、决算审核意见书、审计报告等，须另行编号编目，单独装盒。

④ 其他会计资料的整理归档。和财务会计报告的整理方法相同，即区分保管期限，根据事由和时间顺序，将有关会计资料以件为单位进行分类、排列、装订、编页、编号、加盖档号章、编目、填写卷内备考表、档案盒正面和盒脊、装盒。例如，保管期限为“定期 10 年”的银行存款余额调节表、银行对账单、纳税申报表等单独编号、编目、装盒；保管期限为“定期 30 年”的会计档案移交清册单独编号、编目、装盒；保管期限为“永久”的会计档案保管清册、会计档案销毁清册、会计档案鉴定意见书等单独编号、编目、装盒。

(5)会计资料归档后,应及时按年度编制会计档案案卷目录(格式见附件11)和会计档案文件目录,或者编制会计档案保管清册,二者可选编一种。

(四)会计档案移交

单位会计档案应当由单位档案管理机构实行集中统一管理。会计档案移交是指单位会计管理机构将会计档案送交单位档案管理机构保管的过程。

(1)移交时间。当年形成的会计档案,在会计年度终了后,可由单位会计管理机构临时保管一年,再移交单位档案管理机构保管。因工作需要确需推迟移交的,应当经单位档案管理机构同意。单位会计管理机构临时保管会计档案最长不超过三年。临时保管期间,会计档案的保管应当符合国家档案管理的有关规定,且出纳人员不得兼管会计档案。

(2)移交程序。单位会计管理机构在办理会计档案移交前,应当编制会计档案移交清册;单位会计管理机构应当将会计档案移交清册随同待移交的会计档案一并向单位档案管理机构移交;单位档案管理机构接收时应认真核对,按照会计档案移交清册所列内容逐项交接,并检查档案质量,经双方确认无误后,在会计档案移交清册上签字、盖章;会计档案移交清册由会计管理机构和档案管理机构各保留一份。

(五)会计档案鉴定

单位应当定期对保管期满的会计档案进行鉴定,并根据鉴定结果作出继续保存或者销毁的处置决定。

(1)鉴定周期。单位应当根据实际情况确定本单位会计档案鉴定的周期、频率。如果每年到期会计档案数量不大,且库房空间充足,可多年鉴定一次;如果每年到期会计档案数量较大,且库房空间有限,可隔年或者每年鉴定一次。

(2)鉴定组织。单位须成立由单位主管领导主任(组长)、档案管理机构、会计管理机构、审计机构、纪检监察机构等部门负责人和有关专家、技术人员为成员的档案鉴定委员会(小组),组织并实施会计档案鉴定工作。

(3)鉴定程序。

① 由档案管理机构牵头,会同会计管理机构共同派员对到期会计档案进行逐卷、逐份阅读,根据每份文件的价值、作用,提出销毁或继续保存期限的初步鉴定结论(未结清的债权债务会计凭证和涉及其他未了事项的会计凭证不得销毁,纸质会计档案应当单独抽出立卷,电子会计档案单独转存,保管到未了事项完结时为止),报送单位档案鉴定委员会(小组)。

② 单位档案鉴定委员会(小组)对初步鉴定结论进行讨论审定。对仍需继续保存的会计档案,应当审定新的保管期限;对确无保存价值的会计档案,审定销毁。

③ 形成正式鉴定意见书。鉴定意见书无固定格式，但至少应包括以下内容：被鉴定会计档案所属年度及保管期限、列入销毁档案的数量和主要内容、鉴定情况概括；销毁或延长保管期限档案的主要理由；编制或审定会计档案销毁清册；列明单独抽出立卷或转存的会计档案。

（六）会计档案销毁

经鉴定可以销毁的会计档案，应当按照以下程序销毁。

（1）单位编制的会计档案销毁清册应列明拟销毁会计档案的名称、起止年度、档号、卷内文件数、页数、应保管期限、已保管期限和销毁时间等内容。

（2）单位负责人、档案管理机构负责人、会计管理机构负责人、档案管理机构经办人、会计档案机构经办人在会计档案销毁清册上签署单位。

（3）单位档案管理机构负责组织会计档案销毁工作，并与会计管理机构共同派员监销。监销人在会计档案销毁前，应当按照会计档案销毁清册所列内容进行清点核对；在会计档案销毁后，应当在会计档案销毁清册上签名或盖章。

电子会计档案的销毁还应当符合国家有关电子档案的规定，并由单位档案管理机构、会计管理机构和信息系统管理机构共同派员监销。

（4）会计档案销毁时，应采取安全的运输方式，途中应有单位保卫部门人员押运，如有未解密的会计档案，应按照密级文件的运输办法办理。会计档案销毁应在国家指定的销毁地点或安全的场所采用国家认定的销毁设备销毁。监销人员应始终在现场监督销毁过程，直至被销毁的会计档案无法恢复时，方可离开。

（七）电子会计资料的整理依据

电子会计资料的整理应符合纸质会计资料整理的基本要求，具体的整理方法请按照《会计档案管理办法》《电子文件归档与电子档案管理规范》《数字档案室建设指南》等有关规定执行。

附件1　会计档案移交清册示样

会计档案移交清册

年度	会计凭证（卷）	会计账簿（卷）	财务报告（卷、件）	其他（卷、件）	光盘（盘）	备注

移交部门：　　接收部门：　　监交人：

移交人：　　接收人：　　移交时间：

单位：mm

附件2　会计档案保管清册示样

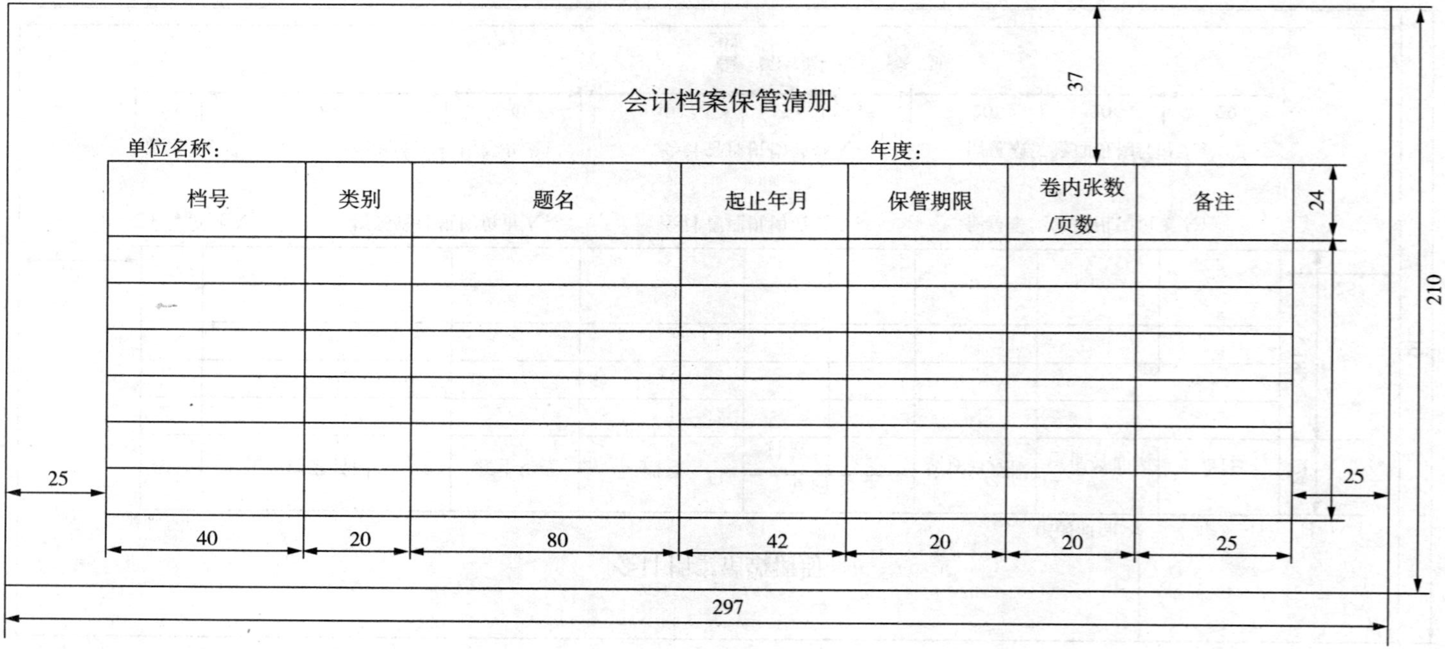

单位：mm

注：电子会计档案须在“备注”栏中标示。

附件3 会计档案销毁清册示样

会计档案销毁清册

编制部门：　　　　　　　　　　　　　　　　　　销毁时间：　年　月　日

序号	档案名称	起止年度	档号	卷内文件		应保管期限	已保管期限	备注
				件数	页数			

单位负责人：　　档案管理机构负责人：　　会计管理机构负责人：　　信息系统管理机构负责人：

监销人：　　档案管理机构经办人：　　会计管理机构经办人：　　信息系统管理机构经办人：

10　68　30　40　15　15　20　20　29

37　24　5×18　25　25

297　210

单位：mm

附件 4　记账凭证汇总表示样

记账凭证汇总表

年　　月

序号	凭证编号	摘要（科目）	日期	借方金额										贷方金额									
				千	百	十	万	千	百	十	元	角	分	千	百	十	万	千	百	十	元	角	分

会计主管：　　　　　　　　　　制表：

附件5　会计凭证封面示样

会计凭证封面

全宗号	分类代码	卷号案

单位名称：　　　　　　　　　　凭证名称：

时　间	年　月	保管期限	
册　数	本月共　　册	册次	本册是第　　册
记账凭证	本册自第　　号至第	号　共	张
附　件	共　　张	本册凭证合计	张
备　注			

会计主管：　　　　装订人：　　　　年　月　日

245　150　40　85　26　37

单位：mm

注：1.封面尺寸也可采用245×130（长×宽）。

2.分类代码填写“体系代码·类别代码”，如工会凭证填写G·1。

附件6　会计账簿封面示样

全 宗 号	
分类代码	
案 卷 号	
保管期限	

会 计 账 簿 封 面

单位名称 ______________________

账簿名称 ______________________

年　　度 ______________________

全年共　　　　本　本册是第　　　　号

本账簿共　　张自第　　　页起至第　　　页止

财务负责人：　　　　　立卷人：　　　　年　　月　　日

注：1. 封面尺寸与账簿实物同。

2.分类代码填写“体系代码·类另代码”，如工会账簿填写G·2。

附件7　会计档案凭证盒正面示样

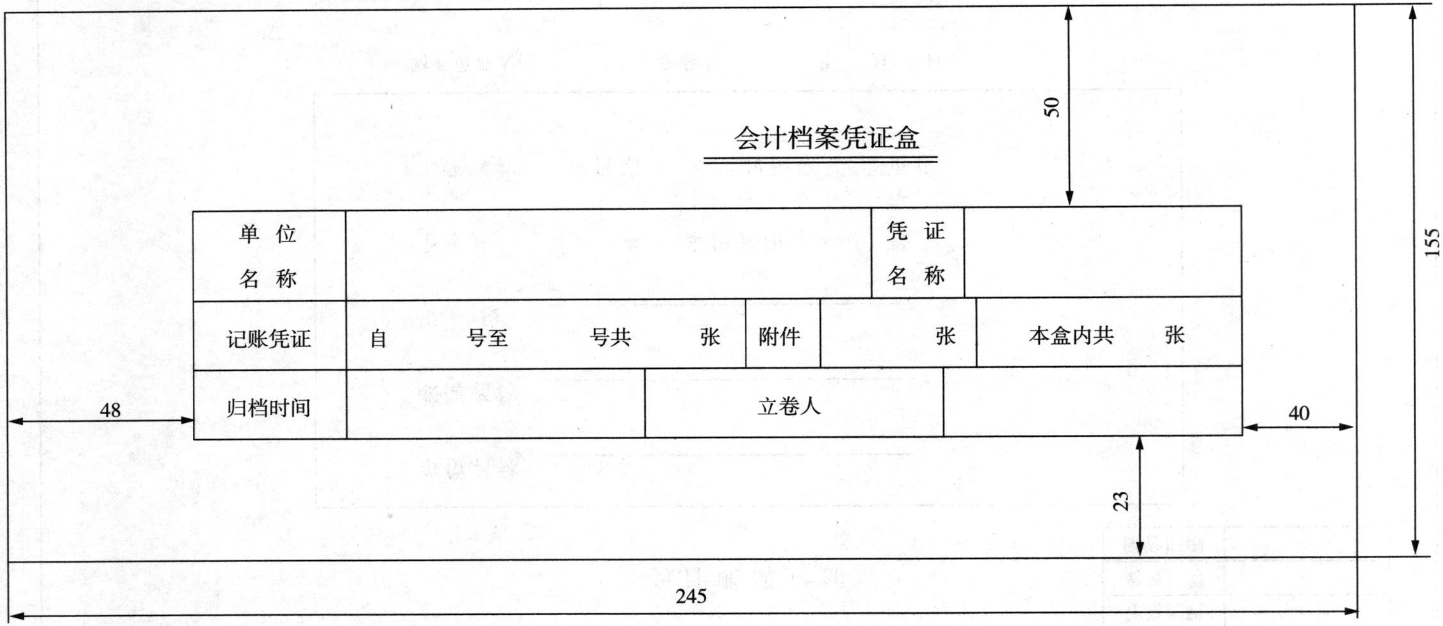

单位：mm

附件8　会计凭证盒脊格式示样

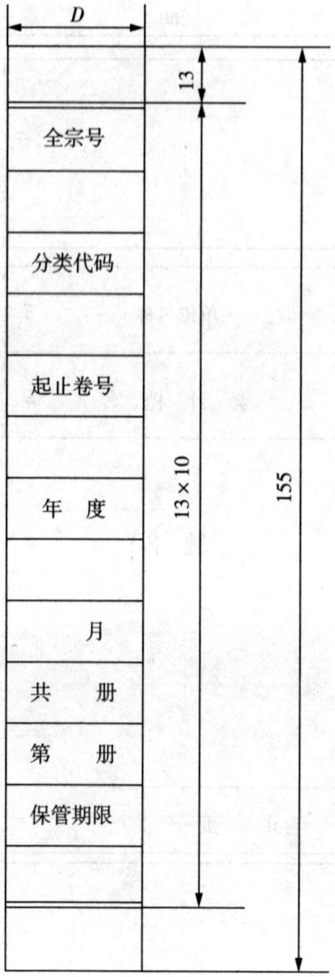

单位：mm

D=30、40、60

注：分类代码填写“体系代码·类别代码”，如工会凭证填写G·1。

附件 9　会计档案盒正面示样

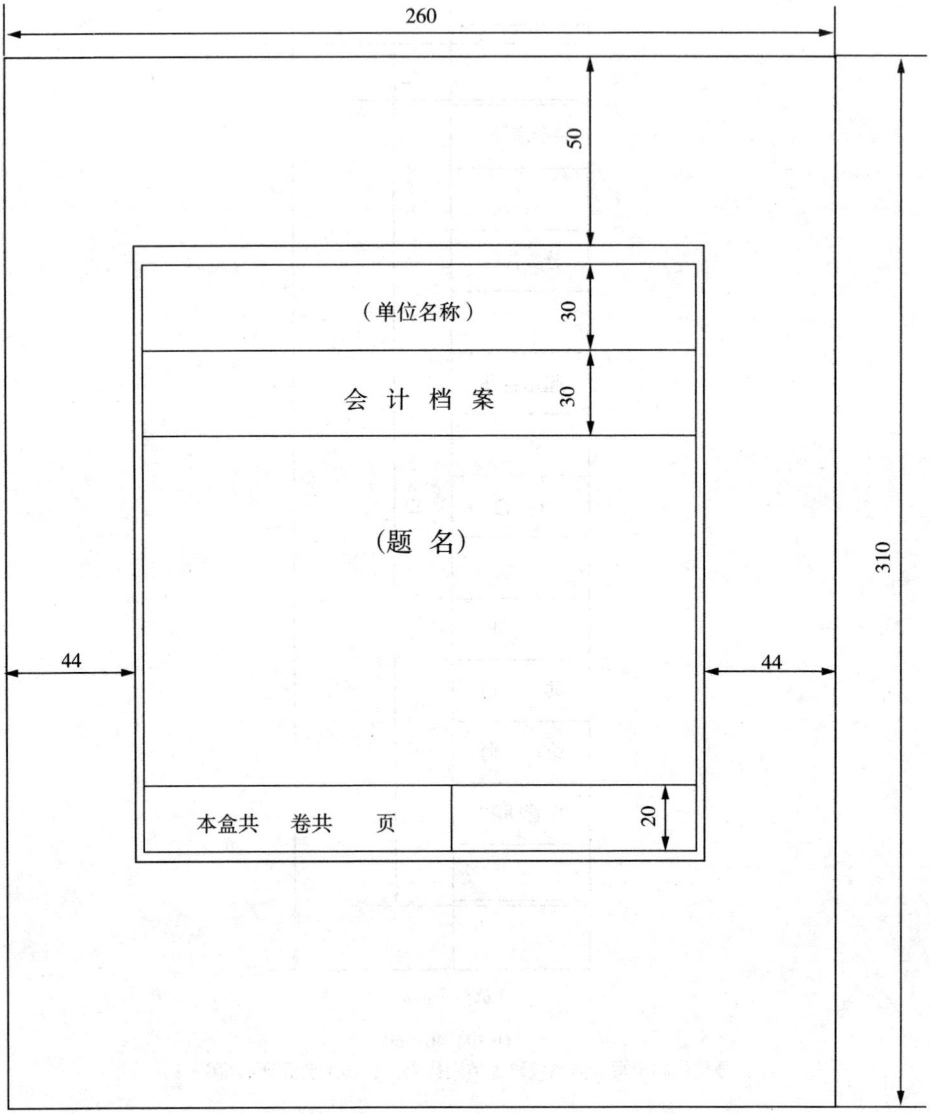

单位:mm

附件 10 会计档案盒脊格式示样

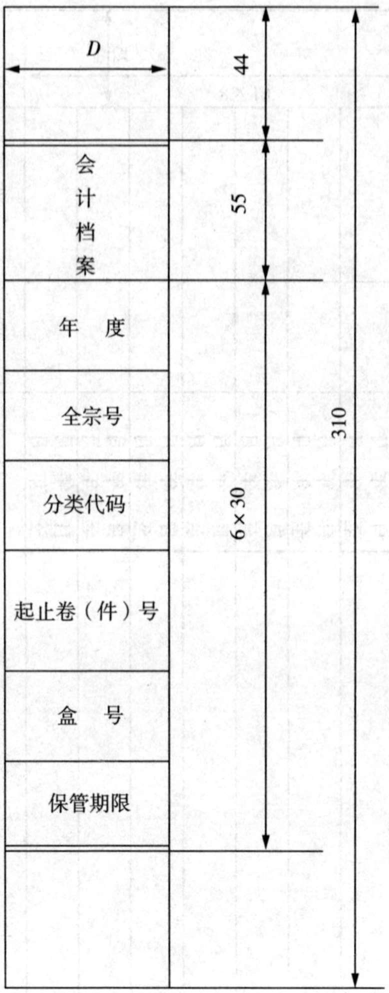

单位:mm

D=20、30、40

注：分类代码填写“体系代码·类别代码”，如工会账簿填写G·2。

附件11　会计档案案卷目录示样

会计档案案卷目录

序号	档号	题名	起止时间	卷内张（页）数	备注
			自　年　月 至　年　月		
			自　年　月 至　年　月		
			自　年　月 至　年　月		
			自　年　月 至　年　月		
			自　年　月 至　年　月		
			自　年　月 至　年　月		
			自　年　月 至　年　月		
10	60	84	44	20	29

37

8×19

25

25

297

210

单位：mm

注：适用于会计凭证和会计账簿整理。

附件 12　会计档案文件目录示样

会计档案文件目录

序号	档号	文号	责任者	题名	日期	页数	备注

注：适用于财务会计报告类和其他会计资料类文件材料整理。

附件 13　卷内备考表格式示样

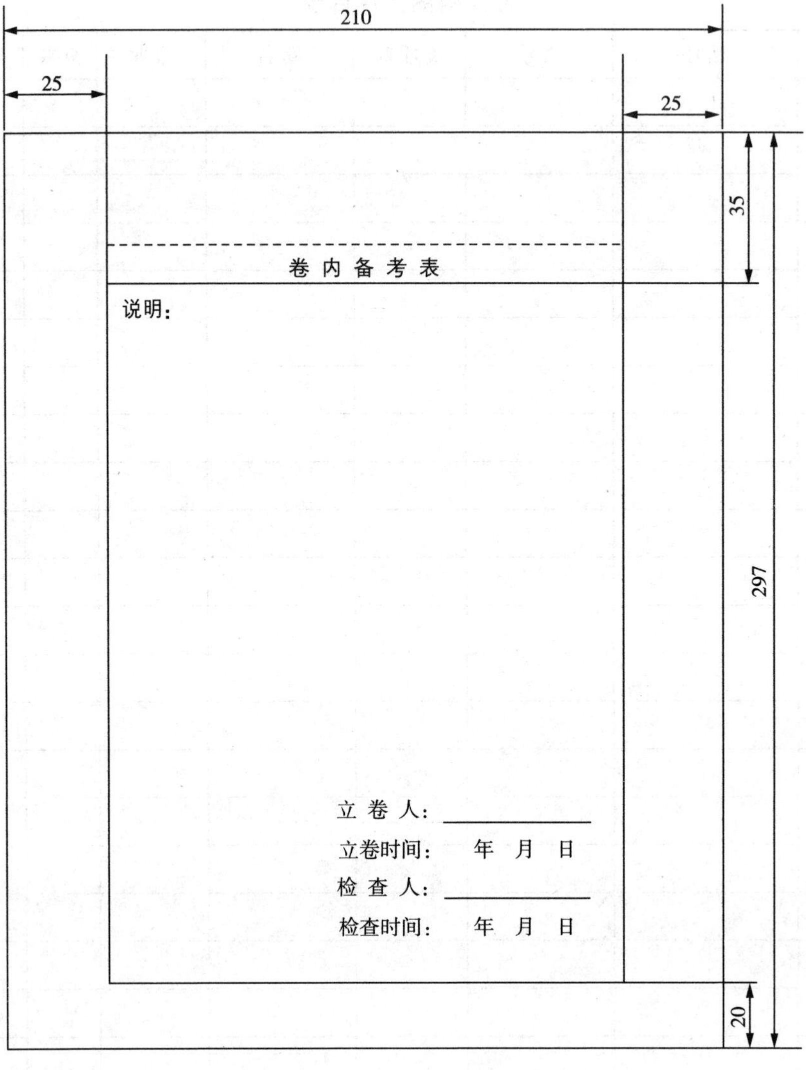

单位：mm

注：说明填写卷内文件缺损、修改、补充、移出和销毁情况。

附件 14　归档章式样

全宗号	年度	卷（件）号
分类代码	保管期限	页数

2×8

3×15

单位：mm

注：分类代码填写“体系代码·类别代码”，如工会会计报告填写G·3。

第三章　建立档案目录数据库

第一节　认识目录数据库

档案信息化的基础是建立目录级数据库，有条件的档案馆（室）可以逐步推进全文数字化，条件不足的一定要想方设法将馆藏资源建立目录级数据库。现代社会高度依赖计算机和网络，档案工作也不例外，人们在追求美好生活的过程中，难免会遇到各种各样的问题，解决问题的过程中可能就需要用到档案，如何才能便捷、快速、准确地找到需要的档案，就需要信息化手段来帮忙了。

建立档案目录数据库可以快速检索档案资源，提高查询调阅效率，方便群众调阅档案资源。建立档案目录数据库的时候需要按照《纸质档案数字化规范》《档案著录规则》等标准规范进行，做到科学、合理、规范、准确。

一、建设档案目录数据库的缘由

计算机未普及时，档案检索主要依赖于手工目录、档案卡片之类的检索工具，对档案调阅利用工作人员的要求比较高，要能够熟识馆藏资源，知道从哪里找，到哪里拿。这一阶段档案的利用效率低下，且经常发生找不到档案的情况。

数据库技术是依托于计算机技术和网络技术产生的，应用档案管理软件、数据库软件，可以很方便地管理馆藏档案资源。建设档案目录数据库就是按照《档案著录规则》的要求，将档案的内容信息录入到数据库软件中，利用计算机的最强大脑，快速的查询检索，及时将结果反馈给调阅者。

二、数据库软件的选择

建设档案目录数据库需要选择合适的数据库软件，市面上有 SQL Server、Oracle、MySQL、Access、DB2、Sybase、Foxpro 等专业的数据库软件，电子表格也能算得上是一种微型的数据库软件。不同的数据库软件，适用的数据场景不同，运行的效率有差异，价格差异也大。需要根据自身的实际情况，结合业务系统设计的需求，选择一款适合自己的数据库软件。

数字时代的到来，档案管理模式从手工管理向计算机管理转变，从单纯的数据管理向复杂的数据应用转变，传统的档案管理软件也早已不再适应新形势下的档案管理的需求。一套好的档案管理系统是新时期档案管理工作的需求，也是档案工作发展的需要。数字档案馆的概念已经提出来很多年了，它就是解决上述问题的一个途径，而档案管理系统就是数字档案馆的核心。

档案管理系统包括两部分：一部分是档案的管理系统，另一部分是数据的管理系统。档案的管理系统可以是 JAVA、C＋＋等各种程序语言编写设计的 B/S、C/S 的系统平台，它的衡量标准是功能是否全面、管理是否方便。数据的管理系统，也就是数据库系统，目前主要应用的还是关系型数据库，如 SQL Server、Oracle、My SQL、Access 等。下面主要分析不同数据库系统的区别、优劣。

(1)SQL Server。SQL Server 是微软开发的数据库管理系统，广泛用于 WEB 网站、OA 办公、电子商务、银行等与数据库有关的行业。目前最新版本是 SQL Server 2019，新版本的 SQL Server 也支持在 Linux 和 Docker 上运行，但是绝大多数的数据库应用还是在 Windows 服务器上。SQL Server 采用图形化界面，功能强大，操作简单，易于管理和维护，编程接口较为方便，价格上也占有优势。

在档案信息化过程中，如果数据量在百万级别，推荐使用 SQL server，无论是服务器硬件配置、软件系统开发还是人员管理维护都是最佳的性价比选择。

(2)Oracle。老牌的 Oracle(甲骨文)公司，是数据库行业的佼佼者，也是数据库行业的领军公司。成立于 1977 年的甲骨文公司，是一家专业的数据库公司，在数据库领域一直处于领先地位。目前，Oracle 产品覆盖了大、中、小型机等几十种机型，Oracle 数据库是世界上使用较广泛的关系数据系统之一。

Oracle 数据库能适应各种主流操作系统平台，属于大型数据库，具有良好的兼容性、可移植性、可联结性、开放性、安全性等。它的缺点是对硬件配置的要求很高，价格比较昂贵，管理维护比较麻烦，操作比较复杂，要求管理人员技术含量较高。

当前对档案管理系统的需求已经不仅仅满足于手工著录数据、局域网查询调阅目录和原文信息，无论是纸质档案数字化扫描的加速，还是电子档案的日益增多，元数据采集、大数据检索与统计、OCR 识别、语音识别等都对档案管理系统的核心提出了高要求。

(3)MySQL。MySQL 是开源的 SQL 数据库管理系统，它由 MySQL AB

开发、发布和支持。市场上 MySQL 搭配 PHP 和 Apache 有很多成熟的应用系统，一直到现在还是很流行。MySQL 的优势在于它的性能卓越、服务稳定、软件体积小、运行速度快、支持多种操作系统、开源。在软硬件预算条件不充足的情况下，选择 MySQL 是最好的选择，一方面可以缓解硬件设备的投资，另一方面可以得到很好的用户体验，毕竟档案应用不像 WEB 应用的并发数那么大，大网站都能运行流畅又何至于档案管理系统呢。

（4）Access。Access 是由微软发布的小型关系数据库管理系统，是 Microsoft Office 的套件程序之一，它结合了 Microsoft Jet Database Engine 和图形用户界面两项特点，将 Excel 转换成 Access 后更有利于挂接。Access 的最大优点就是简单、易学、易维护。使用 ASP 搭配 Access 能轻松开发出功能全面的小型 WEB 应用，市场上也有很多成熟产品，Access 存储十万级别数据还是很流畅的。

Access 在档案管理系统上应用还是有需求的，如在某些特殊情况下，数据存储量不是太大，需要用到单机版本，Access 就能发挥很大作用。单机环境、数据交换、临时备份都是不错的选择。

数据库是档案管理系统的核心和基础，数据库的选择基本上也就决定了档案管理系统的优劣，它的选择是“从一而终”，基本上选择了某种数据库就无法再行更改。建设数字档案馆，从初期就应该选择好一款符合自己需求、符合时代发展需要的数据库产品。

三、档案管理系统的选择

档案管理系统通俗来说就是档案软件，用来管理档案资源，有单机版，也有网络版；有 B/S 架构，也有 C/S 架构；有搭载 Oracle 数据库的，也有搭载 SQL Server 数据库的；有普通的档案管理软件，也有专业的数字档案馆系统。市场上各种各样的档案软件层出不穷，据编者多年来的从业经验，“世纪科怡”软件是最方便、易学和稳定的。根据业务需求、实际情况选择一款合适的档案管理系统，是开展档案信息化的基础，也是档案信息化工作持续开展的前提。

四、文件材料整理规范

建设目录级数据库的前提是需要有整理规范的档案，很多人误认为档案的规范化工作就是将档案著录项所需要的项目通过文字录入工作写入档案管理系统，对纸质档案进行数字化扫描。档案数字化包括档案整理、著录目录级数据、数字化扫描。著录、扫描的前提是有整理规范的档案。整理档案需要按照相应的整理规则进行，剔除不需归档的文件材料、区分年度、鉴定保管期限、有机排序、加盖归档章、填写档号项、装订、装盒等。

五、著录不仅仅是录入文字

“深化检索、简化整理”的内涵就是要做好档案的著录工作，要深刻理解档案整理的内涵，掌握档案的整理规范，熟识档案著录规则，必填的著录项不能漏、少，录入要准确，题名不足部分要自拟题名进行补充。

目前很多单位的档案数字化工作是采取外包服务的形式。外包企业为了节约项目投资成本，参与数字化工作的大多是临时外包人员。外包企业的数字化工作人员，大多文化素养不高、业务知识储备不足、档案加工经验缺乏，不能够很好地做好数字化流程的衔接。特别是档案著录这个环节，一般档案整理和档案著录不是同一名工作人员，整理的不规范影响著录环节的有效录入，录入的不准确会影响档案的利用。下面列举文书档案和财务档案需著录的信息。

(一)文书档案著录的信息

全宗号、年度、保管期限、件号、机构、机构代码、序号、档号、文号、责任者、题名、日期、开放审核意见(开放、延期开放)、延期开放原因(涉及国家和社会重大利益，涉及知识产权、个人信息，涉及国家秘密，其他)、页数、备注、档案门类、立档单位、公开属性、附件、人名、密级、保密期限、解密审核、附注、是否有原文数据、实体保管单位、原文格式等。

(二)财务档案著录的信息

(1)会计凭证：全宗号、年度、分类代码、档号、案卷号、题名、起始时间、终止时间、月份、总册数、第几册、凭证起号、凭证止号、凭证张数、附件张数、总张数、备注、档案门类代码、保管期限、密级、目录号、归档日期等。

(2)会计账簿：卷外包含全宗号、档案门类代码、分类名称、分类代码、年度、保管期限、案卷级档号、案卷号、题名、本年册数、第几册、起始日期、终止日期、页数、件数、备注、密级；卷内包含案卷级档号、文件级档号、件号、责任者、题名、日期、页号、页数、备注、全宗号、分类代码、案卷号、保管期限、归档日期等。

(3)会计报告和其他：件号、档号、文号、责任者、题名、日期、密级、页数、备注、档案门类、立档单位、全宗号、年度、保管期限、分类代码等。

六、相应规范

(一)《纸质档案数字化规范》(DA/T 31—2017)中的“8　目录数据库建立”

(1)应制定目录数据库数据规则，包括数据字段长度、字段类型、字段内容要求等。目录数据库数据规则的制定应符合 DA/T 18 对档案著录的要求。在纸质档案目录准备与目录数据库建立工作中均应严格遵守。

(2)数据库选择应可转换为通用数据格式,以便于数据交换。

(3)数据库结构的设计应特别注意保持档案的内在联系,有利于纸质档案数字化成果的管理和利用。

(4)将纸质档案数字化前处理工作中对纸质档案目录进行修改、补充的结果录入数据库,形成准确、完整的目录数据。

(5)可采用计算机自动校对与人工校对相结合的方式,对目录数据的质量进行检查,包括著录项目的完整性、著录内容的规范性和准确性等。发现不合格的数据应及时进行修改。

(二)《档案著录规则》(DA/T 18—2022)

2022 年 4 月 7 日,国家档案局发布了《档案著录规则》(DA/T 18—2022,以下简称"2022 版"),并已于 2022 年 7 月 1 日实施,起草单位为国家档案局档案科学技术研究所。此标准替代《档案著录规则》(DA/T 18—1999,以下简称"1999 版"),确立了档案多级著录模型和原则,明确了档案著录项目及其约束性、著录层级及著录主体,规定了各著录项目的著录要求,适用于档案馆(室)对各类档案的著录。下面将针对 2022 版与 1999 版的差异,阐明 2022 版修订的背景、原则、依据、前后内容的变化和主要技术指标调整,从而为使用者提供相关参考。

1. 修订背景

《档案著录规则》是档案工作的基础性标准,既涉及推动档案理论研究问题,又触及许多具体的档案工作方法和实际成果,最初以国家标准(GB/T 3792.5—1985)的形式发布,是我国第一个档案标准,标志着我国档案工作标准化走出了第一步。1999 年,对其进行了第一次修订(补充),发布为行业标准 DA/T 18—1999。1999 版自实施以来,在建立统一档案检索体系、开展档案报道与交流、深入开发档案信息资源等方面发挥了重要的作用。该标准的发布和实施,为实现中国档案工作的标准化、规范化和现代化打下了良好的基础。但是,随着计算机技术和网络技术的发展,传统档案著录实践已不能很好地适应档案著录现代化和标准化的要求,难以满足利用者对档案信息资源在深度与广度上开发利用的需要,也不利于机构间和国际间档案著录信息的交换。2015 年 5 月,国家档案局对 1999 版进行了复审。复审专家一致认为档案管理形势已经发生了重要的改变,有必要对该标准进行修订,以此为信息化环境下档案数字资源科学、规范、有序管理,推进馆际和国际间的档案数字资源共享利用,以及档案事业高质量发展奠定基础、提供保障。基于此,国家档案局档案科学技术研究所提出了对 1999 版进行修订的计划,2019 年获国家档案局批准。

2. 修订原则

此次修订以档案学理论为先导，以档案著录实践经验为基础，吸纳了国际档案著录规则的多级著录思想，遵循技术先进，接轨国际的原则，以"科学性、适用性、统一性、可操作性"为目标，保持与先前版本的连续性，注重与现有行业标准和国家标准的协调性，使2022版适应信息时代著录工作环境变化的需求，更好地规范和指导档案著录工作。凡涉及对标准文本结构和编辑性的改动，均依据《标准化工作导则 第1部分：标准化文件的结构和起草规则》(GB/T 1.1—2020)的规定进行。

3. 修订依据

此次修订深入开展了标准文本分析、文献研究、问卷调查和专家咨询。修订工作组研究了相关的国际标准、国家标准和行业标准，特别是重点研读了《国际档案著录规则(总则)》[ISAD(G)，第二版]、《文书类电子文件元数据方案》(DA/T 46—2009)、《照片类电子档案元数据方案》(DA/T 54—2014)和《录音录像类电子档案元数据方案》(DA/T 63—2017)；分析公开发表的有关档案著录规则的文献；调研档案著录工作实践，征求了57家各级各类档案馆(室)对1999版的意见建议；充分吸纳了专家学者的修改完善意见。

4. 修订内容

2022版从1999版的9部分和1个资料性附录增加到14部分和5个资料性附录。增设"总体原则和要求""多级著录模型""著录示例"3部分和"文件级著录项目""案卷级著录项目""类别级著录项目""全宗级著录项目"4个资料性附录；删除"著录用标识符""著录条目格式""著录用文字""著录信息源"4部分；原"著录项目"改为"著录项目清单"，并扩充了内容；原"著录项目细则"部分为7小部分，即"标识项著录细则""背景项著录细则""内容与结构项著录细则""利用控制项著录细则""相关档案材料项著录细则""附注项著录细则""著录控制项著录细则"；附录"著录条目实例"改为"著录条目示例"，更改了著录条目的展现形式，增加了多级著录的著录条目示例。

与1999版相比，2022版主要进行了三方面的重大调整：一是实现了多级著录，二是调整了著录项目，三是适应了电子环境的著录。此外，对部分术语和定义、著录细则进行了优化。

(1)实现多级著录。档案多级著录一般模型如图4-14所示。

多级著录是指档案著录从全宗著录起，逐级向下著录到类别、案卷、文件。档案著录规则应反映档案的来源原则、尊重全宗原则以及档案实体分级别(层次)管理原则，而多级著录规则就是这些原则在档案著录中的实际运用与体现。1999版仅适用于文件级和案卷级的著录，缺乏类别级和全宗级的著录，无法反映档案管理级次和档案的整理结果，难以满足多元化的检索利用需求，不利于实现对档案信息资源的控制和深度加工。因此，修订工作组以全宗理论为基础，借鉴国际档案著录规则的多级著录方法，进行了如下修订。

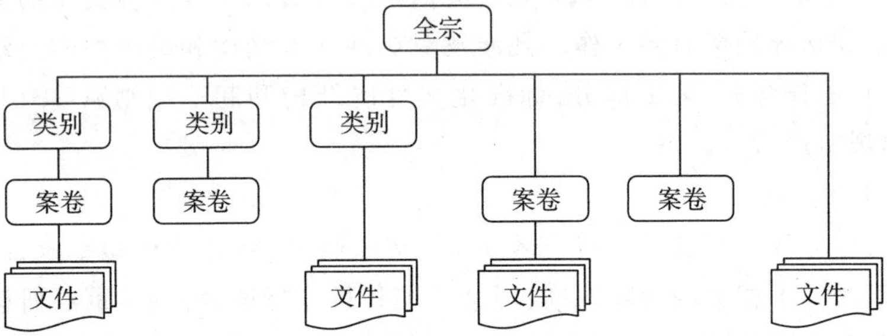

图4-14 档案多级著录一般模型

从著录层次上，补充了类别级和全宗级的著录，并为每个著录项目规定了其所适用的著录层级，体现档案间的层级结构和有机联系。图4-14给出了档案多级著录一般模型，但未详尽所有可能的著录层级。类别级一般著录一级类别（档案类）。

在著录原则上，提出层级性、关联性、相称性原则，体现多级著录思想。同时，基于我国档案著录工作的实际情况进行了本土化改造，将档案馆多级著录原则与基于文件生命周期的全过程著录结合起来——“从全宗著录起，逐级向下著录到类别、案卷和件”（国外著录工作大多由档案馆完成）改为“从文件著录起，逐级向上著录到案卷、类别和全宗”，从而更好地适应我国的档案著录实践。

在术语和定义中，增加了对多级著录相关概念的界定，包括“多级著录”“著录层级”“著录单元”“著录主体”。

从著录内容上，增加了体现多级著录的著录项目，如“著录层级”“组织机构沿革/人物生平”等，体现档案来源，揭示背景信息。

增设“文件级著录项目”“案卷级著录项目”“类别级著录项目”“全宗级著录项目”四个资料性附录，方便使用者直观了解各层级的著录项目。

（2）调整著录项目。参考国际档案著录规则和我国相关元数据标准，对1999版的著录项目进行了总体调整。2022版在“著录项目清单”部分规定了著录项目及其约束属性，指出了其适用的著录层级和著录主体。著录项目清单（节选）见表4-13所列。

表 4－13　著录项目清单(节选)

著录项目		约束性	著录层级	著录主体
标识	档案馆代码	必著	全宗级	档案馆
		选著	文件级、案卷级、类别级	档案馆
	著录层级	必著	所有	档案室、档案馆
	档号	必著	所有	档案室、档案馆
	题名	必著	所有	档案室、档案馆
	文件编号	有则必著	文件级	档案室
	日期	必著	所有	档案室、档案馆

一是调整了著录项目大类的名称和构成。由 1999 版的“题名与责任说明项、稿本与文种项、密级与保管期限项、时间项、载体形态项、附注与提要项、排检与编号项”7 大项、22 个小项，改为 2022 版的“标识、背景、内容与结构、查阅与利用控制、相关档案材料、附注和著录控制”7 大项、35 个小项，与国际接轨，方便国际间档案著录信息的交换。

二是优化了著录项目的设置。增加了体现多级著录的项目“著录层级”“组织机构沿革/人物生平”“档案保管沿革”“整理情况”，体现电子环境著录的项目“计算机文件大小”“计算机文件格式”“生成方式”，促进开放利用的项目“销毁情况”“公开属性”“开放标识”“语言或文字”“存储位置”“原件存放位置”“复制件存放位置”“相关著录单元”，体现著录管理的项目“著录者”“著录时间”；更改了著录项目的名称，将“提要”改为“范围和提要”；删除了著录项目“电子文档号”。以上变化不仅充分体现档案的内容和特征信息，反映其真实性、可靠性和可用性，更强化利用导向，为用户提供多渠道、多维度的检索途径，方便用户对检索对象进行深度分析和充分利用。

三是调整了著录项目所适用的约束性。1999 版将著录项目的约束性分为“必著”和“选著”，2022 版在此基础上增加了“有则必著”，其是指存在这种情况时必须著录的项目。例如，著录项“文件编号”，1999 版为选著，研究认为该约束性不够，但如果改为必著又存在不是所有档案都有文件编号的情况，因此 2022 版将其约束性改为有则必著，表示被著录的档案若有文件编号，则必须著录此项，没有则不必著录此项，在加强其约束性的同时也考虑了馆(室)藏档案的不同情况，使约束性的设置更为科学。

四是规定了各著录项目的著录主体。为强化著录控制，明确著录分工，2022 版增加了术语“著录主体”并进行了界定，标示了各著录项目的著录主体——档案室和档案馆，体现著录工作从室藏阶段到馆藏阶段的阶段性过程。

(3)适应电子环境的著录。1999 版主要面向传统载体档案的著录,2022 版在此基础上同时面向对信息系统环境中电子档案的著录,顺应了档案工作环境的变化。主要改动如下。

更改了"著录""著录项目"的定义。强调了著录工作除了用于检索利用之外,还有对档案的管理控制功能。强调对档案内容、结构、背景或管理活动进行分析、选择、组织和记录,符合电子档案的特点。

删除了手工著录的符号、格式等要求。不同于手工著录环境,计算机环境下著录条目的形式为一条数据记录,不再需要各种标识符和固定的格式来区分和展现不同的著录项目,故 2022 版更改了"条目"的定义,删除了"著录格式""著录目录"两个术语,不再规定著录条目的展现形式,删除了"著录用标识符""著录条目格式""著录用文字"和"著录信息源"4 部分以及各著录项目细则中关于著录位置的规定。

增加了体现电子环境著录的项目"计算机文件大小""计算机文件格式""生成方式",有助于对电子档案的管理控制。

(三)《文书档案文件级目录数据库结构与著录细则》(DB 34/T 450—2004)

《文书档案文件级目录数据库结构与著录细则》(DB 34/T 450—2004)如下。

《文书档案文件级目录数据库结构与著录细则》(DB 34/T 450—2004)

1　范围

本标准规定了文书档案文件级目录数据库结构与著录细则的术语和定义、数据库结构和著录细则。

本标准适用于档案馆、档案室建立中华人民共和国成立以来的文书档案文件级目录数据库,亦可作为编制相关档案管理软件、档案全文数据库和多媒体数据库的目录管理系统以及建立其他专门档案目录数据库的参考。

2　规范性引用文件

下列文件中的条款通过本标准引用而成为本标准的条款。凡是注日期的引用文件,其随后所有的修改单(不包括勘误的内容)或修订版均不适用于本标准,然而,鼓励根据本标准达成协议的各方研究是否可使用这些文件的最新版本。凡是不注日期的应用文件,其最新版本适用于本标准。

GB/T 1988—1989 信息处理信息交换用七位编码字符集

GB 2312—1980 信息交换用汉字编码字符集基本集

GB 11714—1997 全国组织机构代码编制规则

GB/T 15418—1994 档案分类标引规则

GB 18030—2000 信息技术信息交换用汉字编码字符集基本集的扩充

DA/T 1—2000 档案工作基本术语

DA/T 13—1994 档号编制规则

DA/T 18—1999 档案著录规则

DA/T 19—1999 档案主题标引规则

DA/T 22—2000 归档文件整理规则

档案出版社中国档案分类法(1997 年)

档案出版社中国档案主题词表(1995 年)

国家档案局编制全国档案馆名称代码实施细则(国档发〔1987〕4 号)

3　术语和定义

DA/T 1—2000 确立的以及下列术语和定义适用于本标准。

3.1　著录项目 items of description

揭示档案内容和形式特征的记录事项。包括题名、文件编号、责任者、密级与保管期限、控制标识、时间、分类号、档案馆代码、档号、缩微号、组织机构代码、电子文档号、脱机载体编号、稿本、载体形态、主题词和关键词、人名、附件、提要与附注等。

3.2　著录格式 format of description

著录项目(3.1)在条目中的排列顺序及其表达方式。

3.3　数据库 data base

按照概念结构组成的存储档案内容和形式特征的数据的集合。

3.4　数据字段 data field

数据库(3.3)中与著录项目相对应的描述档案某一特定内容或形式特征的数据集合。

3.5　字段名 field name

标识数据字段(3.4)名称的一组符号。

3.6　字段类型 field type

各字段对应内容的数据类型。本标准涉及 4 种数据类型：定长字符型、数值型(整型)、文本型、可变长字符型。

3.7　字段长度 field width

数据字段(3.4)中可存放数据的最大字节数。

3.8　数据记录 data record

数据库(3.3)中由若干数据字段(3.4)组成，描述著录条目的数据集合。

3.9　电子文档号 code of electronic records

档案馆(室)管理电子文件的一组代码。

3.10　脱机载体编号 code of off-line medium

反映归档电子文件的脱机存储载体排列顺序的一组代码。

3.11 题名 title

又称标题、题目，是表达档案中心内容、形式特征的名称。

3.12 责任者 name of author

也称作者，是指对档案内容进行创造、负有责任的团体或个人。

3.13 文件编号 record number

文件制发过程中由制发机关、团体或个人赋予文件的顺序号。

3.14 控制标识 control identifier

档案馆对已开放或应控制使用的档案所赋予的标记。

3.15 分类号 classified code

依据《中国档案分类法》和DA/T18的有关规定标识的类目代码。

3.16 缩微号 code of archival microform

档案馆（室）赋予档案缩微制品的编号。

3.17 载体类型 type of medium

档案信息载体物质形态的种类。

3.18 载体数量 quantity of medium

档案信息载体物质形态的统计数字。

3.19 载体单位 unit of medium

档案信息载体物质形态的统计单位。

3.20 载体规格 specification of medium

档案信息载体物质形态的尺寸及型号。

4 数据库结构

文件级目录数据库中的数据记录，由36个数据字段组成（见表4-14）。

表4-14 文件级目录数据库数据字段一览表

字段（著录项目）	字段名	字段类型	字段长度	档案馆		档案室	
				必著	可否空	必著	可否空
题名	TM	C	254	R	△	R	△
文件编号	WJBH	C	50	R		R	
责任者	ZRZ	C	100	R	△	R	△
密 级	MJ	C	4	R		R	
保密期限	BMQX	C	8	R		R	
保管期限	BGQX	C	4	R	△	R	△
控制标识	KZBS	C	4	R			

（续表）

字段（著录项目）	字段名	字段类型	字段长度	档案馆		档案室	
				必著	可否空	必著	可否空
时 间	SJ	C	8	R	△	R	△
分类号	FLH	C	30				
档案馆代码	DAGDM	C	6	R	△		
全宗号	QZH	C	4	R	△	R	
目录号	MLH	C	8	R			
室编卷号	SBAJH	N	6			R	△△
馆编卷号	GBAJH	N	6	R	△		
室编件号	SBJH	N	4			R	△
馆编件号	GBJH	N	6	R	△		
页号	RH	C	10	R	△△	R	△△
年度	ND	N	4	R	△△△	R	△
机构(问题)	JG	C	20			R	
盒号	HH	N	5				
档号	DH	C	50	R	△	R	△
缩微号	SWH	C	21	R		R	
组织机构代码	ZZJGDM	C	9	R		R	
电子文档号	DZWDH	C	180	R		R	
脱机载体编号	TJZTBH	C	18	R		R	
稿本	GB	C	6				
载体类型	ZTLR	C	4	R		R	
载体数量	ZTSL	N	4	R	△	R	△
载体单位	ZTDW	C	4				
载体规格	ZTGG	C	10				
主题词	ZTC	C	50				
关键词	GJC	C	50				
人名	RM	TRT					

（续表）

字段（著录项目）	字段名	字段类型	字段长度	档案馆		档案室	
				必著	可否空	必著	可否空
附件	FJ	VC	254				
提要	TR	VC	254				
附注	FZ	VC	254				

注：(1)文件级目录数据库结构，按以上所给出的字段名称及其他属性进行定义。

(2)字段类型中的“C”表示定长字符型，“N”表示数值型(整型)，“TRT”表示文本型，“VC”表示可变长字符型，如果使用的数据库管理系统不支持可变长字符型，可以用相应长度的定长字符型代替。

(3)本表中 R 表示为必著项目；“△”表示该项不能为空值；“△△”表示者录按立卷方式整理的档案文件级目录时，该项不能为空值；“△△△”表示著录按《归档文件整理规则》整理的档案文件目录时，该项不能为空值。

5　著录细则

5.1　题名

5.1.1　正题名

5.1.1.1　正题名是档案的主要题名，一般只单份文件文首的题目。照原文著录。

5.1.1.2　单份文件没有题名，应依据其内容拟写题名，并加“[]”。

5.1.1.3　单份文件题名不能揭示或不能全面揭示其内容时，原题名照录，并根据其内容另拟题名附后，加“[]”。

5.1.1.4　单份文件题名过于冗长时，在不丢失重要信息和损伤原意的情况下，可删去冗余部分，节略内容用“…”表示。

5.1.1.5　正文与附件一般为一件，用正文题名作为本件题名。附件题名必要时在附件项中著录。

5.1.1.6　转发文与被转发文一般为一件，用转发文题名作为本件题名。转发文题名不能揭示被转发文主要内容时，原题名照录，同时著录被转发文题名或另拟能揭示被转发文主题的题名附后，并加“[]”。

5.1.1.7　来文与复文为一件时，用复文题名作为本件题名。

5.1.2　副题名及说明题名文字

5.1.2.1　副题名是解释或从属于正题名的另一题名。正题名能够揭示档案内容时，副题名不必著录。必要时副题名照原文著录在正题名之后。

5.1.2.2　说明题名文字是指在题名前后对档案内容、范围、用途等的说明文字。一般不需著录，必要时照原文著录在正题名之后。

5.1.2.3　副题名及说明题名文字前加“:”。

示例:强化目标管理推动机关档案工作发展:章明同志在市直机关档案工作会议上的讲话

5.1.3　并列题名

并列题名是以第二种语言文字书写的与正题名对照并列的题名,与正题名一并著录在题名项中,并列题名前加“=”。

5.2　文件编号

5.2.1　文件发文字号一般由机关代字、年度和顺序号三部分组成。年度用4位阿拉伯数字表示,著录于“[]”内。顺序号用阿拉伯数字表示。其余照原文字著录。

5.2.2　科研实验报告流水号、标准规范类文件的统编号、图号等,医院文件编号据实著录。

5.2.3　文件上有多个文件编号时,一般只著录主办单位的文件编号,若立档单位是联合发文机关之一的,也必须著录立档单位的文件编号。文件编号之间以“;”分隔。

5.3　责任者

5.3.1　责任者为团体责任者和个人责任者两种。

5.3.2　责任者只有一个时,照原文著录。

5.3.3　责任者有多个时,著录列居首位的责任者。主办单位是责任者的必须著录,立档单位是责任者的必须著录,上级主管部门是责任者的必须著录,其余视需要著录。被省略的责任者用“[等]”表示。责任者之间以“;”分隔。多个责任者具有同一职责或身份又必须著录时,可将职责或身份置于最末一个责任者后的“()”中,责任者之间以“,”分隔。同一责任者有多个职责或身份又必须著录时,可将多个职责或身份置于责任者后的“()”中,职责或身份之间以“,”分隔。

5.3.4　机关团体责任者必须著录全称或规范的简称,并保持前后一致。

5.3.5　个人责任者一般只著录姓名,必要时在姓名后著录职务、职称,并加“()”,个人责任者有多种职务时,只著录与形成文件相关的职务;外国责任者姓名前应著录易于识别的国名简称,其后著录统一的中文译名,必要时著录姓氏原文和名的缩写、国别、姓氏原文和名的缩写均加“()”;少数民族个人责任者在著录时应按民族的署名习惯著录。

5.3.6　文件所署责任者为别名、笔名时,均照原文著录,将其真实名称附后,并加“()”。

5.3.7　未署责任者的文件,应著录根据其内容、形式特征考证出的责任者，并加“[]”。

5.3.8　文件责任者不完整时，应照原文著录，将考证出的完整责任者附后，并加“[]”。

5.3.9　文件责任者有误，应照原文著录，将考证出的真实责任者附后，并加“[]”。

5.3.10　考证出的责任者根据不足时，在其后加“?”，一并著录于“[]”内。

5.4　密级与保管期限

5.4.1　密级

5.4.1.1　密级分为公开级、限制级、秘密级、机密级、绝密级。

5.4.1.2　密级的标志采用汉字代码，即“公开”“限制”“秘密”“机密”和“绝密”。

5.4.1.3　一般按文件形成时所定密级著录。对已升、降密级的文件，应著录新的密级；对已解密的文件，应著录“解密”；公开级可不著录。

5.4.2　保密期限据实著录

5.4.3　保管期限

5.4.3.1　保管期限是指根据档案价值确定的档案应该保存的时间，一般分为永久、长期、短期三种。据实著录。

5.4.3.2　保管期限更改的，应著录新的保管期限。

5.5　控制标识

控制标识分为开放、控制两种。确定为开放的档案，著录为“开放”；确定为控制利用的档案，著录为“控制”。

5.6　时间

5.6.1　成文时间是指文件形成时间。一般公私文书、信札为发文时间，决议、决定、命令、法令、规程、规范、标准、条例为通过或发布时间，条约、合同、协议为签署时间，技术评审证书、技术鉴定证书为通过时间，获奖证书、发明证书、专利证书为颁发时间，学术论文为发表时间等。

5.6.2　考证时间指时间是考证得出的，应在附注中加以说明。

5.6.3　时间表示方法基本格式为 CCRRMMDB8 位阿拉伯数字表示，其中[CCRR]俵示一个日历年，[MM]表示日历年内日历月的顺序数，[DD]表示日历月中日历日的顺序数。时间不详时用数字“0”表示，同时在附注中加以说明。

示例：00000728，即表示年度不详，月、日为 7 月 28 日。

5.7　编号

5.7.1　分类号

依据《中国档案分类法》和 GB/T 15418 等有关规定进行著录，多个分类号之间以“＋”号分隔。

5.7.2　档案馆代码依据《编制全国档案馆代码实施细则》所赋予的代码，据实著录。

5.7.3　档号按立卷方式整理的档案，依据 DA/T 13 的规定进行著录。按《归档文件整理规则》整理的档案，依据 DA/T22 等有关规定著录归档文件编号。

5.7.3.1　馆编卷号档案馆编制的案卷顺序号。据实著录。

5.7.3.2　室编件号按立卷方式整理的档案，依据卷内文件的顺序号著录；按 DA/T 22 整理的档案，依据分类方案的最低一级类目内的文件排列顺序号著录。

5.7.3.3　馆编件号

按进馆要求标注。

5.7.3.4　页号

一般著录案卷内每一件文件的首页号，最后一件文件著录起讫页号。

5.7.3.5　年度依据文书立卷和按 DA/T 22 整理档案时年度分类结果著录。以 4 位阿拉伯数字标注公元纪年。

5.7.3.6　机构(问题)依据文书立卷和按 DA/T 22 整理档案时机构(问题)分类结果著录。

5.7.3.7　盒号档案盒的排列顺序号。据实著录。

5.7.4　缩微号著录文件首页所在画幅的缩微号。

5.7.4.1　缩微卷片号由组织机构代码、盘号和画幅号组成。据实著录。

5.7.4.2　缩微平片号由组织机构代码、平片号和画幅号组成。据实著录。

5.7.5　组织机构代码

依据 GB14 所赋予的代码著录。单位档案机构著录本单位的组织机构代码，档案移交进馆后重新著录档案馆的组织机构代码。

5.7.6　电子文档号

由档号、电子文件数位号、文件扩展名三部分组成，其格式为“档号(电子文件数位号). 扩展名”。

示例 1：档号为 RRRR－RRRR－RRRR－RRRR 纸质文件，所对应的电子文件仅 1 份，为 TRT 格式，则该电子文件的电子文档号表示为“RRRR－RRRR－RRRR－RRRR(1). TRT”。

示例 2：档号为 RRRR－RRRR－RRRR－RRRR 纸质文件，所对应的电子文件有 2 份，第一份文件为 TRT 格式，则该电子文件的电子文档案表示为“RRRR－RRRR－RRRR－RRRR(1). TRT”；第二份文件为 RFT 格式，则该

电子文件的电子文档号表示为“RRRR－RRRR－RRRR－RRRR(2).RTF”。电子文档号依次著录，用“||”分隔。

5.7.7 脱机载体编号

由组织机构代码、存储载体代码、排列顺序号三部分组成。其格式为“组织机构代码一存储载体代码一排列顺序号”，组织机构代码按5.7.5规定标识；存储载体代码用字母表示，“CD”表示光盘，“MT”表示磁带，“MD”表示磁盘；顺序号用阿拉伯数字表示。

示例：485001801－CD－1，表示安徽省档案局(安徽省档案馆)-光盘-第1盘。

5.8 稿本是指档案文件的文稿、文本。稿本项依实际情况著录为草稿、定稿、草图、原图、蓝图、正本、副本、试行本、修订本、影印本、各种文字本等。

5.9 载体形态

5.9.1 载体类型一般可区分为纸张、胶片、磁带、磁盘、光盘等。以纸张为载体的档案一般不予著录，其他载体类型据实著录。用汉字表示。

5.9.2 载体数量用阿拉伯数字表示。

5.9.3 载体单位一般用“页”“卷”“盒”“盘”“米”“片”等来标识。

5.9.4 载体规格据实著录。

5.10 主题词和关键词

5.10.1 主题词依据《中国档案主题词表》和DA/T 19基本专业、本单位的规范化词表进行著录，各词之间用1个空格分隔。

5.10.2 关键词著录取自文件题名或正文用以表达档案主题并具有检索意义的词或词组，各词之间用1个空格分隔。

5.11 人名著录档案内容中所涉及的具有检索意义的人名，方法参照5.3.5，多个人名之间以“，”分隔。

5.12 附件正文题名不能揭示附件主题，或附件具有独立检索意义时，著录附件题名，方法参照5.1。附件之间以“＋”分隔。

5.13 提要与附注

5.13.1 提要是对文件内容的简介，应反映其主要内容、重要数据。提要内容依汉语的语法和标点符号使用法著录。

5.13.2 附注著录档案中需要解释和补充的事项。附注项的内容依各项目的顺序著录，项目以外需要解释和补充的列在其后。附注之间以一个空格分隔。

5.13.2.1 各著录项目中需要注明的事项。

a)题名附注：注明同一文件的不同题名或其他称谓。

示例：题名又称“工业三十条”。

b)时间附注：时间系考证得出的，著录“时间系考证”；时间项著录的是非文件形成时间，应在附注中说明系何种时间。

5.13.2.2 著录项目以外需要注明的事项

a)被著录文件有不同稿本者应予注明。

b)被著录文件另有其他载体形式者应予注明。

c)被著录文件的来源为捐赠、购买、交换、复制、寄存、征购、代为保管等情况时应予注明。

d)被著录文件经考证为赝品者应予注明。

e)被著录文件关系密切的相关文件应予注明。

f)除上述附注内容外，需要注明的其他事项。

第二节 著录细节分析

根据《档案著录规则》(DA/T 18—2022)和安徽省地方标准《文书档案文件级目录数据库结构与著录细则》(DB 34/T 450—2004)的规定，结合单位工作实际，确定档案文件级目录数字化著录项目及要求如下。下面将《太和县档案馆档案文件级目录数字化著录项目及要求》(参考案例)罗列供大家学习。

一、档案文件级目录著录项目

档案馆名称、档案馆代码、全宗名称、立档单位名称、电子文件号、档号、全宗号、目录号、归档年度、保管期限、机构或问题、实体分类号、室编卷号、室编件号、馆编卷号、馆编件号、页号、题名、副题名、说明题名文字、主题词、关键词、人名、摘要、类别号、文件编号、责任者、归档日期、文种、紧急程度、主送、抄送、密级、保密期限、文件形成时间、文件开始时间、文件结束时间、文件组合类型、件数、页数、语种、稿本、盒号、参见号、存放位置、脱机载体编号、脱机载体存址、缩微号、格式信息、计算机文件名、计算机文件大小、文档创建程序、信息系统描述、数字化对象形态、扫描分辨率、扫描色彩模式、图像压缩方案、加工单位、著录人员、扫描人员、数字化时间、档案条形码、档案盒条形码、备注。

其中，档案馆名称、档案馆代码、全宗名称、立档单位名称、档号、全宗号、归档年度、保管期限、实体分类号、室编卷号、室编件号、馆编卷号、馆编件号、页号、题名、人名、文件编号、责任者、归档日期、文件形成时间、文件开始时间、文件结束时间、件数、页数、备注等著录时为首选填写项。

二、著录要求

(一)题名

题名为必著录项目,不可以为空值。

题名一般由文件责任者(发文机关或单位)、事由(问题)、名称(文种)三个部分组成,用于揭示文件的内容和成分,为查找提供线索。题名包括正题名、副题名及说明题名文字、并列题名。

1. 正题名

(1)正题名是档案的主要题名,一般指单份文件文首的题目,照原文全部著录。

在通常情况下,档案只有一个题名时,应视为正题名。题名中的化学符号、类型标记、阿拉伯数字、外文字母、汉语拼音等均原文照录,不能省略。例如,关于举办"勤廉颂"文艺巡演的通知,不能省略为关于举办勤廉颂文艺巡演的通知;再如,关于召开县委中心组理论学习(扩大)会议的通知,不能省略为关于召开县委中心组理论学习会议的通知。

机关有固定文头的文件,标题直接由事由(问题)和名称(文种)构成的,著录时按原文著录,题名中不需要增加责任者。例如,冠有"××县档案局"固定文头的文件,题名是"关于加强档案安全工作的通知",直接按照原文著录,不需要写为"××县档案局关于加强档案安全工作的通知"。

(2)单份文件没有题名,应根据其内容拟写题名,并加"[]"。

新中国成立初期形成的文件、公私函件、电报、通知、会议记录等没有题名,需要根据文件内容,拟写简明、确切的题名,著录在"[]"内。例如,[安徽省人民委员会关于半耕半读农业专科学校学生学历问题的批复];再如,[××关于生活补助费的函]。

自拟题名中一般不用标点符号,题名中如有不同事项可以用顿号隔开,包括法规、规章名称时应加书名号。例如,[××关于印发《××奖惩办法》的通知]。

会议记录没有题名时,应根据内容拟写题名,题名中应包括召开会议的组织名称、会议的主要内容,并标明"会议记录"。例如,会议记录[××局关于研究党风廉政建设、干部任免等事项的局办公会议记录]。

(3)单份文件题名不能揭示或不能全面揭示其内容时,原题名照录,并根据其内容另拟题名附后,加"[]"。主要有以下三种情况。

① 文件题名只有责任者和名称,没有事由。例如,国家档案局令[国家档案

局关于颁布《中华人民共和国档案法实施办法》令]。

② 文件题名中，省略责任者和事由，只标文件名称。例如，通知[××县档案局关于开展档案行政执法的通知]。

③ 题名含义不清，不能全面揭示其内容，又没有副题名可以补充。例如，××县委关于执行安徽省委〔1998〕25 号文件精神的通知[中共安徽省委关于进一步加强农业生产的通知]。

(4)正文与附件一般为一件，用正文题名作为本件题名，附件题名必要时在备注项中著录。

(5)转发文与被转发文一般为一件，用转发文题名作为本件题名。转发文题名中不能揭示被转发文主要内容时，原题名照录，同时著录被转发文题名或另拟能揭示转发文主题的题名附后，并加“[]”。例如，转发《市关工委关于 2012 年工作情况和 2013 年工作计划的报告》的通知；再如，安徽省档案局转发[安徽省档案局关于转发国家档案局科技项目立项选题指南的通知](档办〔2004〕17 号)。

(6)来文与复文为一件时，用复文题名作为本件题名。主要指请示与批复，报告与批示，来函与复函等。

来文与复文应为一卷，复文在前，来文在后，著录时作为一件，用复文题名作为本件题名。

2. 副题名及说明题名文字

(1)副题名是解释或从属于正题名的另一题名。一份文件有两个题名时，通常破折号或冒号前面的题名视为正题名，后面的视为副题名。副题名著录在正题名之后，并在副题名之前加“:”。例如，农民致富之路——安徽省农业‘大包干’四年实践的回顾，著录为“农民致富之路:安徽省农业“大包干”四年实践的回顾”。

(2)说明题名文字是指在题名前后对档案内容、范围、用途等的说明文字。一般不需要著录，必要时照原文著录在正题名之后，在说明题名文字前加“:”。例如，××同志在全省工业工作会议上的讲话:根据录音整理未经本人审阅。

3. 并列题名

并列题名是以第二种语言文字书写的与正题名对照并列的题名，与正题名并著录在题名项中，并在题名前加“＝”。例如，文书档案文件级目录数据库结构与著录细则＝Database structure and descriptive rules for documentary archival catalogue。

4. 传统方法整理档案案卷题名拟写规则

案卷题名就是一个案卷的名称、题目，它是以简练准确的语言概括揭示卷内文件的内容与成分。

1)案卷题名拟写具体要求

(1)文字简练、内容概括,概念要清楚、具体、准确、文字要简练。

(2)根据具体情况,采用合理结构。案卷题名一般由年度、责任者、问题、名称这几部分构成。

(3)在揭示文件内容(问题)的同时,要用直书其事的方法,要防止文件标题中词组的堆砌和罗列,尤其不要在标题中用形容词或附加词,如伟大的、成功的、英明的等。其字数一般应控制在50字以内,以便于计算机存储和检索。

(4)标题中的一些专门术语,特别是带有时间性名词的使用,在标题中不要改变,不要用其他名词代替,如“文化大革命”用“文革”“文化”来代替。

2)案卷题名的构成形式

(1)责任者+问题+名称(责任者+关于+问题+的+名称)。这是目前文书档案案卷题名中采用最普遍的一种结构形式。例如,“××县档案局关于人员职务任免的通知、报告”;再如,“中共××县委组织部、太和县委党校关于干部培训、考核、调配工作的通知、报告、总结”。

(2)责任者+时间+问题+名称。主要适用于由全面性、综合性的计划、总结或统计表报表等组成的案卷。例如,“××县档案局1990年工作计划、总结”;“××县档案局1990年档案统计年报”;“××县档案局1990年行政会议记录、纪要”。

(3)时间+出版物名称。这种形式适合于单位编印的各种简报、信息、动态及公开出版的刊物等。例如,“2001年1~8期《××县人大常委会会报》”。

3)案卷题名各组成部分的标法

(1) 责任者部分的标法如下。

① 责任者一般应写全称或规范化简称,不能滥用缩略语。例如,“省纪检委”错写成“省纪委”;对本机关写成的文件,不能简称为“本局”“本单位”等。

② 多责任者标法。责任者过多,可标出两个主要的,后面加上“等”字。

③ 责任者是个人的标法。若卷内文件责任者是机关的领导人,则标题上应标明其所属机关的名称及其职务。例如,“中共××县委书记××”等。

(2) 问题部分的标法如下。

① 单一问题的标法。若卷内文件反映的问题单一,则直接标出问题即可。例如,“××县档案局关于干部任免问题的决定、通知”。

② 多问题的标法。若卷内文件反映了几个问题,则应尽可能都标出来。例如,“中共××县委办公室关于文书、档案、保密工作的通知、通报”。

③ 同类性和非同类性问题的标法。若卷内文件是同类性的问题,则可以概

括标明。例如，“干部培训”“干部学习”“干部轮训”可以用“干部培训”来概括；若卷内是非同类性问题，且不便一一标出时，则可标明主要问题，其余以“等”字来代替，但省略的内容最好尽可能用适当的词加以限制。例如，“1990 年××县政府关于财政、金融、商业等财贸工作的通知”。

④ 会议文件的标法。一般专题的会议，会议名称能反映会议内容的，标明会议名称就等于标明了内容。例如，“××省档案局关于召开档案工作会议的有关文件”。有些会议名称不反映会议具体内容，若会议讨论的问题是单一的，应加副标题等形式把问题标出。例如，“××省建设厅厅长会议文件——讨论加强城市绿化工作的问题”。如果是综合性会议，讨论的内容很多、应对事件逐项著录，综合性工作计划、总结、报告组成的案卷具体内容可以不用标明。例如，“××省建设厅 1990 年度工作计划、总结”。

(3) 名称部分的标法如下。

① 卷内文件名称类别少于 3 个，可按其重要程度顺序在标题中全部标出；卷内文件名称类别多于 3 个的，在后面添加“等”字。例如，“××局关于劳动工资、福利工作的决定、规定”“××局关于职务任免、宣传教育等的通知、报告、决定等”。

② 卷内文件名称虽多，但性质基本相近，可标出具有代表性、概括性的。例如，“报告”“汇报”“简报”等可标为“报告”；“计划”“规划”“要点”“打算”等可标为“计划”。

(4) 时间部分的标法如下。案卷标题上不需要标明卷内文件的时间，只有时间针对性强的文件如计划、总结、预算、决算、统计报表、会议纪要、会议记录等组成的案卷才标明时间。

① 标明时间必须具体确切，不要笼统、含糊。例如，“××局 2000 年上半年工作计划、总结”不能写成“××局 2000 年工作计划、总结”。

② 年度要标完整，表示时间不用含糊词语。例如，“2002 年”不能写成“02 年”，更不能用“去年”“今年”“明年”等模糊词语。

4)拟写案卷题名的语法要求

(1) 正确使用介词“关于”。凡属责任者＋关于＋问题＋名称机构形式的标题，即将“关于”置于责任者后、问题前的标题，一般都较得当，若将“关于”置于责任者前则不符合语法要求。

(2) 标点符号附注。案卷题名中使用的标点一般有“、”“，”“——”“()”4 种。

“、”一般用于责任者与责任者、问题与问题、名称与名称之间。

“，”只有在标题较长的情况下使用，标题力求简明，逗号尽可能少用。

“——”主要用于副标题前面。

“()”主要用于附注项目。卷内文件有特殊情况，且无法说明的，均应附注标明。例如，“《××局××年工作简报》(1～6 期)”。

(二)文件编号

(1)文件发文字号一般由机关代字、年度和顺序号三部分组成。年度用 4 位阿拉伯数字表示，著录于“〔〕”内，顺序号用阿拉伯数字表示，其余照原文著录。

一般情况下，发文字号要著录完整，机关代字、年度、顺序号要原文照录，不能省略。例如，皖政办秘〔2004〕13 号，不能写成“皖政办秘〔2004〕13”；再如，计〔1951〕字第 42 号，不能写成“计〔1951〕第 42 号”。

有些文件，没有年度，著录时，仍按原文著录，将汉字改为阿拉伯数字，年度不增加。例如，民秘字第五十二号，应著录为“民秘字第 52 号”。

有的文件，有年度，但不是全称，著录时需要补充完整。例如，计〔51〕字第 42 号，应著录为“计〔1951〕字第 42 号”。

有的文号中年度用“[ ]”“( )”“【】”“＜ ＞”等符号，著录时统一为“〔〕”。例如，人＜51＞字第 4211 号，应著录为“人〔51〕字第 4211 号”。

(2)科研试验报告流水号、标准规范类文件的统编号、图标号等，依原文编号著录。

(3)文件上有多个文件编号时，一般只著录主办单位文件编号，若立档单位是联合发文机关之一，也必须著录立档单位的文件编号。文件编号之间以“；”隔开。

(三)责任者

(1)责任者只有一个时，照原文著录。

(2)责任者有多个时，著录列居首位的责任者。主办单位、立档单位、上级主管部门是责任者的必须著录，其余视需要著录。责任者之间用“；”分隔，被省略的责任者用“[等]”表示。例如，太和县档案局；太和县财政局[等]。

(3)机关团体责任者必须著录全称或规范的简称，并前后保持一致。规范化的简称应该由该机关的上级机关规定。例如，中共太和县纪律检查委员会，不能著录为“太和纪委”“县纪委”。

(4)个人责任者一般只著录姓名，必要时在姓名后著录职务、职称，并加“()”。个人责任者有多种职务时，只著录与形成文件相关的职务。例如，李强(总理)。

(四)人名

档案内容所涉及的具有检索意义的人名均需要著录进入档案管理软件的

人名项中，多个人名之间以“，”分隔。

(五)时间

(1)成文时间是指文件形成时间，据实际著录，8位阿拉伯数字，不足部分用零补齐。一般公私文书、信札为发文时间，决议、决定、命令、法令、规程、规范、标准、条例为通过或发布时间，条约、合同、协议为签署时间，技术评审证书、技术鉴定证书为通过时间，获奖证书、发明证书、专利证书为颁布时间等。

(2)时间表示方法。基本格式为CCYYMMDD，用8位阿拉伯数字表示，其中[CCYY]表示一个日历年，[MM]表示日历年内日历月的顺序数，[DD]表示日历月中日历日的顺序数。时间不详时用数字“0”表示，同时在附注中加以说明。例如，00000728，即表示年度不详，月、日为7月28日；再如，20000101，即表示2000年1月1日。

(六)档案条形码、档案盒条形码编码

1. 编制方法

(1)以件为单位的档案，在档案页最后一页下顶边中间贴条形码，距离顶边约1 cm，不得超过档案页，粘贴要牢固。

(2)以卷为单位的档案，在封面的下顶边中间贴条形码，距离顶边约1 cm。

(3)以盒为单位的，在档案盒背脊底部贴条形码，距离下顶边0.5～1 cm处。

2. 实体档案条码命名规则

档案条码格式：年月日＋序号(其中“年月日”为8位阿拉伯数字，为当前条码生成日期，仅作为条码生成批次含义；“序号”为5位阿拉伯数字依次有序生成)。例如，2019122800001。

档案盒条码格式：H＋年月日＋序号(其中“H”为档案盒；“年月日”为8位阿拉伯数字，为当前条码生成日期，仅作为条码生成批次含义；“序号”为5位阿拉伯数字依次有序生成)。例如，H2020042012345。

3. 档案盒盒名命名规则

格式：全宗名称＋归档年度＋保管期限＋卷/件号＋门类名称。例如，阜阳市农委1996年永久1～20卷土地确权农户类档案。

(七)开放审核

在著录信息移交进馆过程中，需要写好说明和报告。

1. 档案开放审核说明格式

××单位对××—××年文书档案共计××件进行开放审核工作，经开放审核，开放文件××件，延期开放文件××件。开放与延期开放标识已在机读电子目录予以注明。

2. 移交进馆档案开放审核报告格式

根据《中华人民共和国档案法》《机关档案管理规定》《国家秘密解密暂行办法》《国家档案馆档案开放办法》等法律法规的相关规定，结合本单位实际，于××年×月至×月期间，对拟移交进馆的文书档案进行了开放审核，现将进馆档案开放审核工作情况报告如下。

一、基本情况

××单位全宗号为××。本次移交进馆文书档案共有××卷(件)。文书档案××件，永久××件，30 年××件。起止年度为××年—××年。该全宗是按年度-保管期限(或年度-机构问题-保管期限)分类法进行分类。

二、开放审核结果

档案门类	年度	保管期限	开放档案数量	延期开放档案数量	备注
文书档案					

三、××单位移交进馆档案开放审核审批表

单位名称		全宗号	
审批内容			
移交单位开放审核意见	分管负责人签字： (单位公章) 年　月　日		

第五篇 档案数字化

第一章　存储和命名

纸质档案数字化是指采用扫描仪等设备对纸质档案进行数字化加工，使其转化为存储在磁带、磁盘、光盘等载体上的数字图像，并按照纸质档案的内在联系，建立起目录数据与数字图像关联关系的处理过程。

开展纸质档案数字化是规范档案管理、保护纸质档案的有效途径，更是现代社会对档案信息化发展的要求。大数据时代档案信息化的基础工作就是纸质档案数字化。将散存各部门、各单位的档案收集、归档、数字化。如何更好地为人民服务，为社会服务，是每个档案工作者的时代要求。

《纸质档案数字化规范》是一个宏观的数字化规范，而具体的数字化过程中，如何贯彻、实施是每个档案工作人员和档案外包服务公司所要思考的问题。档案数字化主要管理的对象是电子化的目录数据、图像的原文、电子的文件。我们需要按照国标的标准规范整个数字的过程，更需要自身内部的标准去规范数字化的具体内容。

第一节　数字化成果存储格式

选择合适的图像存储格式，有利于档案数字化成果的管理，有利于档案信息化工作长远规划的实施。纸质档案数字化的开展、电子档案的接收都离不开具体的文件格式。统一规范的文件格式是开展信息化工作的基础。本节主要谈谈纸质档案数字化过程中如何选择相应的图像存储格式。

一、《纸质档案数字化规范》(DA/T 31—2017)的“9.5　存储格式”

(1)纸质档案数字图像长期保存格式为 TIFF、JPEG 或 JPEG2000 等通用格式，图像压缩率的选择可根据实际应用的需求而定。

(2)纸质档案数字图像利用时，也可从网络浏览速度、易操作性、存储空间占用等方面进行综合考虑，将图像转换为 OFD、PDF 等其他格式。

(3)同一批档案应采用相同的存储格式。

二、图像文件格式

文件格式是指计算机为了存储信息而使用的对信息的特殊编码方式，用于识别储存的资料。图像文件格式是记录和存储影像信息的一种文件格式。对数字图像进行存储、处理和传播，必须采用相应的图像格式，也就是把图像的像素按照一定的方式进行组织和存储，把图像数据存储成文件就得到图像文件。图像文件常用的格式如下。

(1)TIF 或 TIFF 格式，即标签图像文件格式，用于在应用程序之间和计算机平台之间交换文件，是印刷行业标准的图像格式。其可以加入作者、版权、备注及自定义信息，存放多幅图像。TIF 或 TIFF 格式的特点：可以描述多种类型的图像，拥有一系列的压缩方案可供选择，不依赖于具体的硬件，是一种可移植的文件格式，通用性很强，所有图像处理软件和排版软件都对其提供了很好的支持。

(2)JPG 或 JPEG，由国际标准化组织(ISO)制订，是面向连续色调静止图像的一种压缩标准。JPEG 后缀名为".jpg"或".jpeg"。JPEG 是所有图像格式中压缩率最高，应用最普遍的图像格式。

JPEG 支持 CMYK、RGB 和灰度颜色模式，可以提供不同比例的压缩方式。其使用有损压缩来减少图片容量的大小。随着图像文件容量的减小，图像的质量也有所降低。当对图像的精度要求不高而存储空间有限时，JPEG 是一种理想的压缩方式。

JPEG 格式的应用非常广泛，各类图像软件、浏览器均支持 JPEG 这种图像格式。因为 JPEG 格式的文件容量较小，下载速度快，特别是在网站网页上应用特别广泛。

优点：支持极高的压缩率，能很好地再现全彩色的图像，该格式的文件容量相对较小，下载速度快，有利于在带宽并不"富裕"的情况下传输；缺点：是有损压缩、不适宜显示高清晰度的图像，不支持动画，不支持背景透明，不支持多页。

(3)JPEG2000，是 JPEG 的升级版，压缩率比 JPEG 高约 30%，同时支持有损和无损压缩。JPEG2000 格式能实现渐进传输，即先传输图像的轮廓，然后逐步传输数据，不断提高图像质量，让图像由模糊到清晰显示。

(4)PDF，用于 Adobe Acrobat，是 Adobe 公司用于 Windows、UNIX 和 DOS 系统的一种电子出版软件。PDF 文件支持多页图像，可以包含矢量和位图图形，还可以包含电子文档查找和导航功能。这种文件格式与操作系统平台无关，是在 Internet 上进行电子文档发行和数字化信息传播的理想文档格式。

(5)OFD(Open Fixed - layout Document)，由工业和信息化部软件服务业司牵头中国电子技术标准化研究院成立的版式编写组制定的版式文档国家标准，属于中国的一种自主格式，旨在打破政府部门和党委机关电子公文格式不统一的问题，以便进行电子文档的存储、读取及编辑。

OFD 格式的特点：①开放性，OFD 采用开放式的 XML 格式，可以跨平台和跨系统地交换和共享数据；②规范性，OFD 采用统一的数据结构和标准格式，可以确保数据的准确性和一致性；③可扩展性，OFD 支持扩展和定制，可以根据不同的业务需求定制数据格式和内容；④安全性：OFD 采用数字签名和加密技术，可以确保数据的机密性和完整性。

三、档案数字化图像格式的选择

(1)为便于管理同一批次档案数字化项目，需要选择一种图像存储格式，不能几种文件格式互用。

(2)针对纸质档案的实际情况，选择合适的图像压缩比例，既不能无原则的不压缩，也不能无尺度的随意压缩，在保持图像清晰、完整、不失真的前提下适当压缩，特殊情况特殊对待。

(3)单页纸张扫描、数字化图像备份，使用 TIFF 或者 JPEG 格式存储；档案调阅利用使用 PDF 或 OFD 格式。

第二节　数字化成果存储和命名

纸质档案数字化的开展就是纸质档案的数字化扫描，扫描的结果就是数字图像，核心就是图像文件的存储和管理。规范有序的图像文件，是做好纸质档案数字化的前提。下面简单介绍一下如何规范数字化图像的命名。

一、《纸质档案数字化规范》(DA/T 31—2017)的“9.6　图像命名”

(1)应以档号为基础对数字图像命名。图像命名方式的选择应确保图像命名的唯一性。

(2)建议将数字图像存储为单页文件，并按档号与图像流水号的组合对图像命名。

(3)数字图像确需存储为多页文件时,可采用该档案的档号对图像命名。

(4)应科学建立纸质档案数字图像的存储路径,确保数据挂接的准确性。

二、文件和文件夹命名规则

(1)文件或文件夹可以使用长文件名,名称不得超过256个字符。

(2)Windows中文件或文件夹可以使用大写或者小写字母,但不能用大小写区分文件名。例如,“ABC. doc”和“abc. doc”被认为是同一个文件。

(3)文件或文件夹名开头不可以使用空格。

(4)文件扩展名可以使用多个字符,也可以使用多个分隔符,但只有最后一个分隔符后的部分能作为文件的扩展名。

(5)文件中不能使用的字符有“\”“/”“*”“:”“'”“?”“<”“>”“|”。

(6)不允许同介质的同一个路径有两个相同文件名。

(7)查找文件和排列文件时使用通配符。通配符有两种:“*”和“?”。“*”通配符可以代表所在位置上任意长字符。“?”通配符代表所在位置上的一个任意字符。

三、档案数字化扫描件的存储路径和命名

以目录数据库内该文件档号对扫描图像进行分文件夹命名,如图5-1所示。数字化加工期间定期对扫描件进行实时备份,防止丢失,加工项目结束后,需提交档案数字化原始扫描件(TIFF格式)、图像修图扫描件(TIFF格式)、多页合并扫描件(PDF格式)。

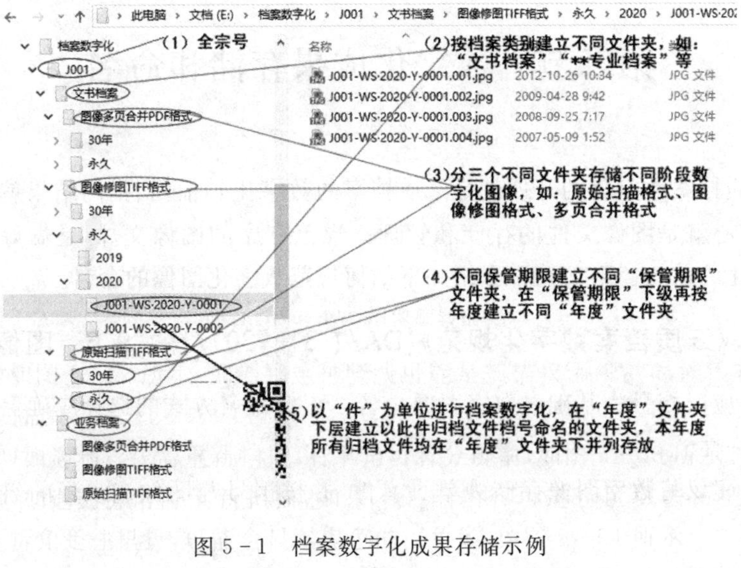

图5-1 档案数字化成果存储示例

原始扫描件即通过扫描仪扫描后得到的图像,不得经过图像处理软件二次编辑、压缩等操作,原始扫描件、修图扫描件容量大小均需要符合相关标准。正常情况下,原始扫描件的图像数量需要等于修图扫描件的数量,如图 5 - 2 所示。

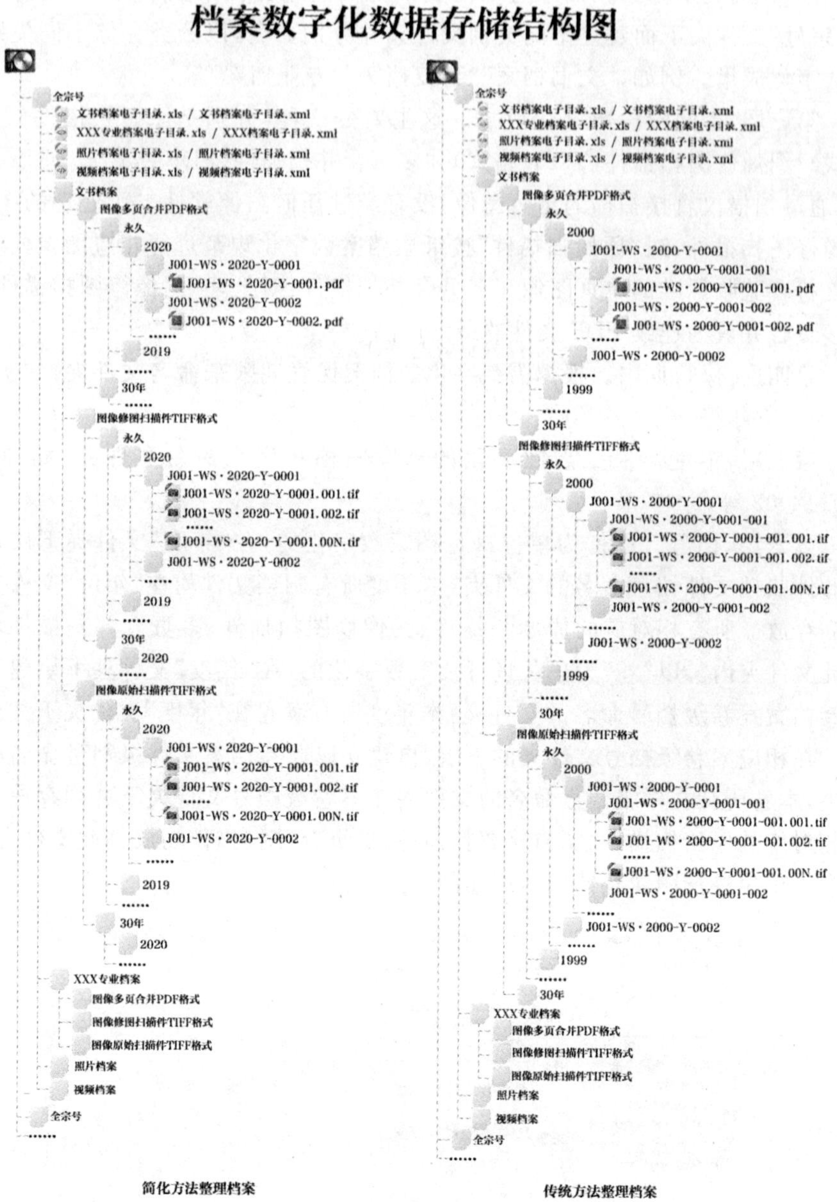

图 5 - 2 档案数字化数据存储结构图

(一)图像存储文件夹建立规范

第一层,全宗号。如果有多全宗档案进行数字化,那么需要分全宗进行存储。一般一个立档单位只有一个全宗号,多全宗一般适用于档案馆或单位机构改革前后有合并的情形。

第二层,类别名称。如果有不同类别的档案进行档案数字化,那么需要在“全宗号”文件夹下面建立不同类别文件夹并分别命名,以分类存储不同类别档案数字化成果。例如,“文书档案”“科技档案”“专业档案”等。

第三层,不同阶段数字化成果。这主要分三种,分别是原始扫描件(TIFF格式)、图像修图扫描件(TIFF 格式)和多页合并扫描件(PDF 格式)。原始扫描件:通过扫描仪直接扫描的单页图像,没有经过任何图像软件二次处理的图像。图像修图扫描件:对“原始扫描件”按纸质档案数字化规范进行相应图像处理的最终符合验收标准的单页图像。多页合并扫描件:对上述“图像修图扫描件”进行多页合并成为连续 PDF 文件的最终产品。

第四层,保管期限。根据需数字化的档案保管期限来命名文件夹,如永久、100 年、30 年等。

第五层,年度。根据需数字化的档案归档年度来命名文件夹,如 2000、2001、2002 等。

第六层,档号。以件为单位进行档案数字化的,在“年度”文件夹下层建立以此件归档文件档号命名的文件夹,本年度所有归档文件均在“年度”文件夹下并列存放。所有相对应的原始扫描件、图像修图扫描件、多页合并扫描件均放到此文件夹内。以“卷”为单位进行档案数字化的,在“年度”文件夹下层建立以此卷档案案卷级档号命名的文件夹,本年度所有案卷在“年度”文件夹下并列存放。在相应案卷级档号文件夹的下层,再建立以此卷档案文件级档号命名的文件夹,本卷所有文件级档号命名的文件夹在案卷级档号文件夹下并列存放。所有相对应的原始扫描件、图像修图扫描件、多页合并扫描件均放到此文件夹内。以卷为单位进行图像存储的示例如图 5－3 所示。

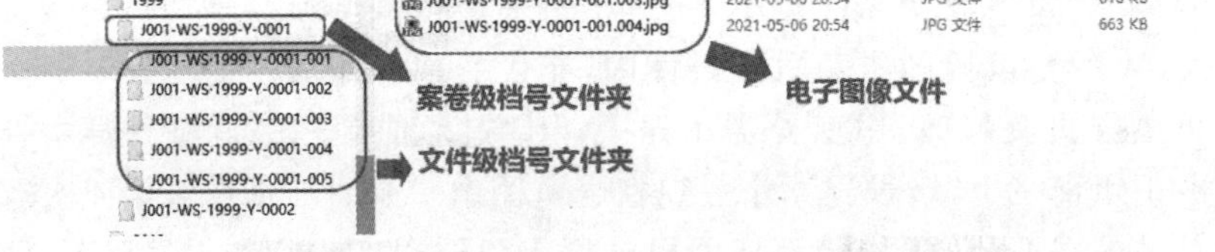

图 5－3　以卷为单位进行图像存储的示例

(二)图像存储文件命名规范

1.《纸质档案数字化规范》(DA/T 31—2017)要求

在实际的纸质档案数字化过程中，如何对扫描的原文进行命名，每个地方有一个规范、标准，而这个规范、标准都应该遵循《纸质档案数字化规范》中“9.6 图像命名”的规定。(1)应以档号为基础对数字图像命名。图像命名方式的选择应确保图像命名的唯一性。(2)建议将数字图像存储为单页文件，并按档号与图像流水号的组合对图像命名。(3)数字图像确需存储为多页文件时，可采用该档案的档号对图像命名。(4)应科学建立纸质档案数字图像的存储路径，确保数据挂接的准确性。

2. 规范命名探讨

《纸质档案数字化规范》是个宏观的概念和要求，具体操作过程中还需要进一步规范。例如，规范中的“应以档号为基础对数字图像命名。图像命名方式的选择应确保图像命名的唯一性。”我们就可以内部再进一步规定，如以“档号＋序号”方式对数字图像命名，“序号”可以是扫描的先后序号，也可以是扫描的页号。一般是数字化扫描的先后序号，其中序号还需要规定是几位数字组成，三位、四位或者其他。

如果规定某一项目的档案扫描序号采取 3 位数命名，某个文件属于档号 J001 - WS • 2020 • Y - 0001 的第 2 页，那么这一页的数字图像命名即为 J001 - WS • 2020 • Y - 0001 - 002. tif、J001 - WS • 2020 - Y - 0001. 002. tif 或 J001 - WS • 2020 - Y - 0001 § 002. tif。

3. 示例剖析

因为数字化有一个延续性，当我们定义好一种模式的命名规范之后，就需要一直沿用这个规范。如果前后标准不一样，那么数字化的结果将无法统一管理，导入系统、调阅利用会产生很多意想不到的问题。一般情况下，常用“. 序号”来对数字化成果进行命名；以卷为单位的档案，将封面、目录、备考表单独存放在案卷级档号中。具体案例如下。

一、按立卷方式整理

(一) 档案扫描件

原始、修图图像：以“档号＋. ＋扫描页顺序号＋图像后缀名”的形式命名，扫描页顺序号一般采用 3 位阿拉伯数字。例如，J001 - WS • 1999 - Y - 0001 - 001. 001. tif。

合并 PDF 文件：以“档号”来命名，并放置文件级档号文件夹内。例如，J001 - WS • 1999 -Y -0001 - 001. pdf。

（二）封面、目录、备考表等扫描件

原始、修图图像：以“案卷级档号＋.＋扫描页顺序号＋图像后缀名”的形式命名，扫描页顺序号一般采用3位阿拉伯数字。例如，J001－WS·1999－Y－0001.001.tif。

合并PDF文件：以“案卷级档号”来命名，并放置案卷级档号文件夹内。例如，J001－WS·1999－Y－0001.pdf。

二、按归档文件整理规则整理

原始、修图图像：以“档号＋.＋扫描页顺序号＋图像后缀名”的形式命名，扫描页顺序号一般采用3位阿拉伯数字。例如，J001－WS·2012－Y－0001.001.tif。

合并PDF文件：以“档号”来命名，并放置档号文件夹内。例如，J001－WS·1999－Y－0001－001.pdf。

按归档文件整理规则整理示例如图5－4所示。

图5－4　按归档文件整理规则整理示例

第二章　扫描图像处理

第一节　含义和工具

纸质档案数字化一般是用扫描仪得到数字图像，由于扫描仪硬件损耗、扫描软件设置、操作人员专业技能参差不齐得到的数字化成果会有很大差异。为了提高整体档案数字化项目质量，推进项目的良性开展，需要对扫描后的图像进行相关处理。

档案扫描图像色彩模式采用24位真彩式，TIFF或JPG格式存储，按照统一标准对图像文件命名，以目录数据库内该文件档号对扫描图像进行分文件夹命名。A4纸张大小档案扫描的原始图像文件和修图后的图像文件，必须是TIFF格式，采取适当比例压缩，图像文件容量大小控制在500 kB至1.5 MB，A3纸张大小的图像文件控制在500 kB至2 MB。遇到大图纸类型的特殊情况最大不超过5 MB。压缩后的图像文件应清晰、完整，颜色无异常，放大100%比例时图像不失真、无锯齿点。

一、《纸质档案数字化规范》(DA/T 31—2017)的“10　图像处理”

图像处理(image processing)又称为影像处理，是指用计算机对图像进行分析、处理，以达到所需结果的技术。图像处理技术一般包括图像压缩、增强、复原、匹配、描述和识别6个部分。

(1)图像拼接。对分幅扫描形成的多幅数字图像，扫描时要留有重合部分，并进行拼接处理，合并为一个完整的图像，以保证纸质档案数字图像的整体性。拼接时应确保拼接处平滑地融合，拼接后整幅图像无明显拼接痕迹。

(2)旋转及纠偏。对不符合阅读方向的数字图像应进行旋转还原。对出现偏斜的图像应进行纠偏处理，以达到视觉上基本不感觉偏斜为准。

(3)裁边。如需对数字图像进行裁边处理，应在距页边最外延至少2～

3 mm处裁剪图像，同一批次的图像裁剪大小应基本相同，否则合成后的文件会出现忽大忽小的现象，影响视觉效果。

(4)去污。对于扫描仪硬件、扫描软件、人为原因等原因在图像页面中四边、四点出现的影响图像质量的杂质(如黑点、黑线、黑框、黑边等)应进行去污处理。处理过程中应遵循在不影响可读性和可理解性的前提下展现档案原貌的原则。因档案本身陈旧、破损或不洁等造成页面上有污点的，如果在页面视图下无法看清，或该污点嵌在文本行中无法清除，可不予清除。

二、图像处理工具

档案数字化的图像处理一般指对用扫描仪、相机等设备经过扫描、拍摄得到的数字图像进行处理而得到满足相关标准要求的图像的过程。

常用的图像处理工具有 Photoshop、Fireworks、ACDSee、锐尔文档扫描影像处理系统、司捷扫描影像处理系统等。

(1)Photoshop。简称"PS"，是由 Adobe Systems 开发和发行的图像处理软件。Photoshop 主要处理以像素所构成的数字图像。使用其众多的编修与绘图工具，可以有效地进行图片编辑工作。Photoshop 有很多功能，在图像、图形、文字、视频、出版等各方面都有涉及。Photoshop 的专长在于图像处理，是对已有的位图图像进行编辑加工处理及运用一些特殊效果，其重点在于对图像的处理加工。

从功能上看，该软件可分为图像编辑、图像合成、校色调色及功能色效制作等部分。图像编辑是图像处理的基础，可以对图像做各种变换，如放大、缩小、旋转、倾斜、镜像、透视等；也可进行复制、去除斑点、修补、修饰图像的残损等。

使用 Photoshop 基本上可以完成所有档案数字化图像处理需求，但是其对操作者的软件使用熟练程度有很高要求。图像处理过程中，常用的剪切、色泽调整、旋转、压缩等操作如果配合使用动作命令，可以高效地完成处理任务。

(2)Fireworks。由 Macromedia(在 2005 年被 Adobe 收购)推出的一款网页作图软件，软件可以加速 Web 设计与开发，是一款创建与优化 Web 图像和快速构建网站与 Web 界面原型的理想工具。Fireworks 不仅具备编辑矢量图形与位图图像的灵活性，还提供了一个预先构建资源的公用库，并可与 Photoshop、Illustrator、Dreamweaver 和 Animate 软件同时集成。Fireworks 具有和 Photoshop 类似的操作功能。

(3)ACDSee。由 ACD Systems 开发的一款数字资产管理、图片管理编辑工具软件，能提供良好的操作界面、简单人性化的操作方式、优质的快速图形解码方式、丰富的 RAW 格式、强大的图形文件管理功能等。

ACDSee 可快速地开启、浏览大多数的影像格式，可以将图片放大、缩小，调整视窗大小与图片大小配合，全荧幕的影像浏览，并且支援 GIF 动态影像。ACDSee 提供了方便的电子相本，有 10 多种排序方式，树状显示资料夹，快速地缩图检视，拖曳功能，播放 WAV 音效档案，档案总管可以整批的变更档案名称，编辑程式的附带描述说明。

ACDSee 也提供了许多影像编辑的功能，包括数种影像格式的转换，可以由档案描述来搜寻图档，简单的影像编辑，复制至剪贴簿，旋转或修剪影像。

ACDSee 是使用最为广泛的看图工具软件，大多数电脑爱好者都使用它来浏览图片。它的特点是支持性强，能打开包括 ICO、PNG、XBM 在内的 20 多种图像格式，并且能够高品质地快速显示它们，甚至近年在互联网上十分流行的动画图像档案都可以利用 ACDSee 来欣赏。

(4)锐尔文档扫描影像处理系统。锐尔文档扫描影像处理系统是一款全中文操作界面的文件、档案扫描及影像优化处理软件，是目前国内档案数字化行业里专业且优秀的影像优化处理软件，在档案数字化业内有广泛的影响且广受好评。

无论是从纸质文件制作高质量的影像文件，还是检查已经制作好的影像文件，锐尔文档扫描影像处理系统都可以使工作更加简单，从而提高生产力，产生高质且有效的影像文件，为使用者在业务流程中大大提高效率和性能。

锐尔文档扫描影像处理系统有着简单的快速批量扫描能力与强大的影像优化功能，适合在各级档案馆、机关单位、企事业档案部门使用，也适合在各类档案数字化加工服务公司使用。

(5)司捷扫描影像处理系统。司捷扫描影像处理系统具备全面、灵活的图像加工流程管理能力，具备 24 h 无人值守、全自动化批量修图能力，具备超强、智能的图像处理和优化能力。该系统，不仅能输出高质量的图像，而且能让图像加工变得简单高效。

该系统的功能特点：自动批量修图、批量纠偏、批量裁剪、批量去装订孔、批量高清化、20 多种修图功能。

第二节　处理原则

一、数字化扫描件的凭证作用

档案是历史记录的真实凭证，它记录了当时的原始情况。作为凭证的档案分为信息内容和载体形式两部分。纸质档案数字化就是将纸质档案通过扫描设备转化为图像的过程，纸质档案的信息内容需要保持原样转化为数字图像信息内容，但是载体形式已经从纸质转化为数字图像了，因此只能做到大致上保持视觉上的"原样"。这种视觉上的原样标准，就是遵循《纸质档案数字化规范》。作为档案保管部门，在出具档案证明时通过加盖馆藏章或者室藏章，为档案证明件提供合法性，提高它的凭证作用性。

二、图像处理中做到有可为有可不为

档案原件上的污渍、折痕、附着物、破损、装订孔等，不能使用图像处理功能予以清除。

数字化扫描前需要做好前处理工作，如灰尘清除、折页抚平、附着物清理等操作。工作中不少同仁容易犯"一味拿到档案纸张就开始扫描，扫描完再靠图像处理来修复"的错误。

数字图像需要调整符合视觉阅读习惯，如一些横排表格类材料扫描时是竖着的，图像处理时需要旋转成横排的。

有些纸张因年代久远或者形成时文字内容就不清晰，在保持样貌的前提下，调整数字图像亮度、对比度、文字加深、色相、饱和度等参数，最大限度地发挥档案的凭证价值。

三、慎用裁切、颜色填充、橡皮擦等图像工具

数字化图像处理过程中，部分管理人员、操作人员为追求图像速度，滥用裁切、颜色填充、橡皮擦等图像工具，造成数字图像与纸质原件存在严重差异。

裁切工具，一般使用时都是将档案纸张的边缘予以裁切，但是规范里规定"如需对数字图像进行裁边处理，应在距页边最外延至少 2～3 mm 处裁剪图像"。实际操作中具体的裁切操作每个人差异都很大，即使同一个人，每张数字图像都有很大差异，标准并不好把握。更有甚者，裁切的时候连同档案的文字内容一同被切除。

颜色填充，一般都是修改图像的颜色，如果是纸张本身的颜色，完全不需要进行调整。有些扫描仪因为曝光、走光、感光元件上有杂质而造成的图像部分区域颜色异常，可以通过图像处理予以修复，但是修复不仅仅是填充单一纯色或者套索选取删除颜色呈白色。此类情况可以通过图像软件处理，但是处理的代价非常大，耗时非常长，专业性也非常高，普通的工作人员一般做不好。

橡皮擦，一般是擦图像的某块区域，擦除后的图像和原件一般差异较大。

四、重前期，轻后期

数字化工作的前处理工作很重要，档案整理的过程中，页码的编制、金属物的去处、纸张的规整等操作直接影响数字化扫描的进度和质量的好坏。

图像处理只能作为辅助工作，而不能作为主要工作，重点应放在扫描阶段，规范好扫描阶段的工作，可以起到事半功倍的效果。例扫描仪的设置、设备的维护、纸张的摆放、扫描的先后顺序等因素直接影响扫描的质量，如果扫描质量好的化，修图阶段只需要有选择的进行处理即可。

档案数字化工作需要遵循《纸质档案数字化规范》，档案发包方需要掌握熟识管理规范，承包方、施工人员更需要掌握规则，互相配合，总结经验，提高数字化质量，既要保管好档案，又要利用好档案，让档案发挥价值。

第三节　处理方式和操作流程

一、安装扫描仪

扫描仪安装的步骤基本一致，一般是从随机光碟或官网上下载相应驱动，根据安装操作指引一步步运行即可。下面以富士通 7160 为例，给大家讲解展示。

(1)找到并打开驱动程序，选择需要安装的型号，如图 5－5 所示。

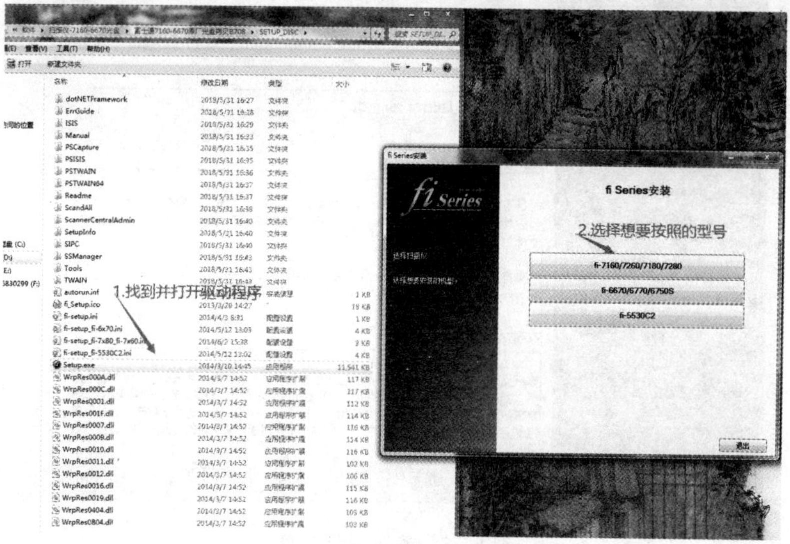

图 5－5　确定安装型号

(2)根据自身需求将软件安装到相应盘中,如图 5-6 所示。

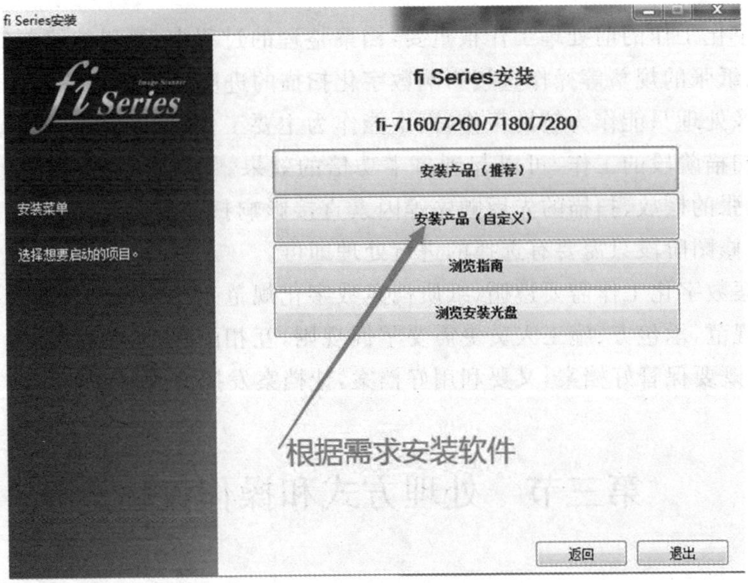

图 5-6　确定安装盘

(3)点击“下一步”,如图 5-7 所示。

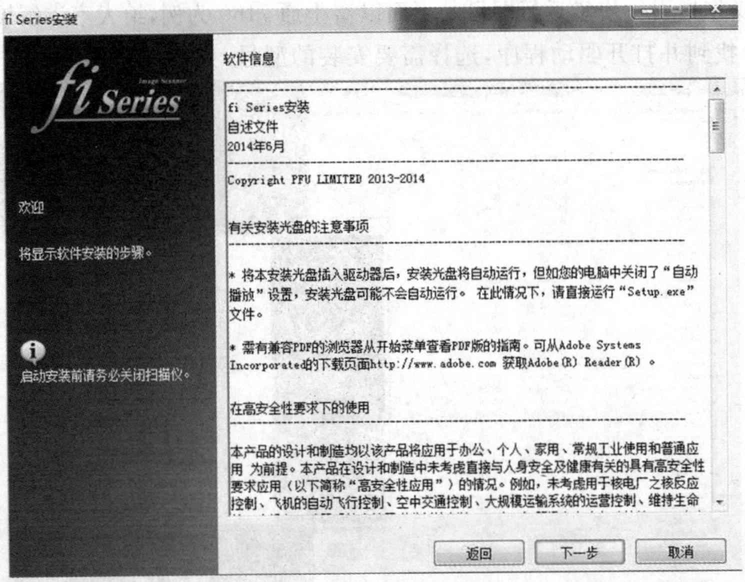

图 5-7　确定安装信息

(4)选择安装位置和型号,点击“下一步”,如图 5-8 所示。

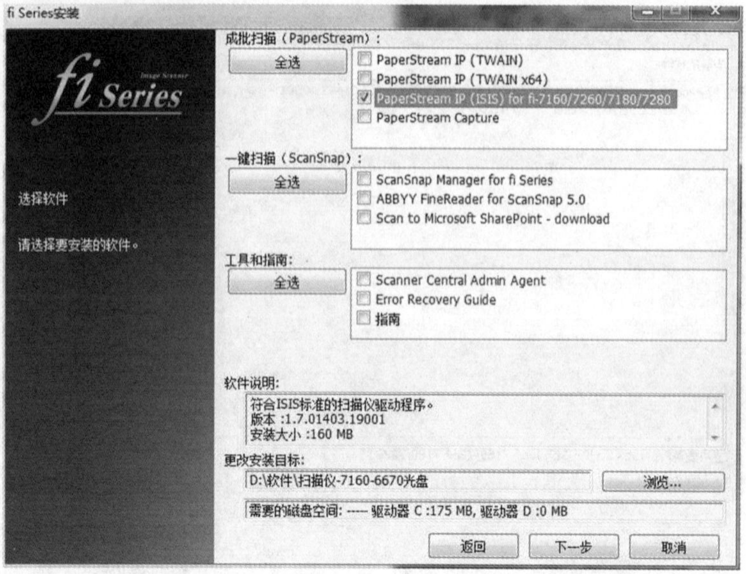

图 5-8　选择安装位置和型号

(5)勾选“我接受每个安装软件的许可协议中的条款”,再点击“安装”,如图 5-9 所示。

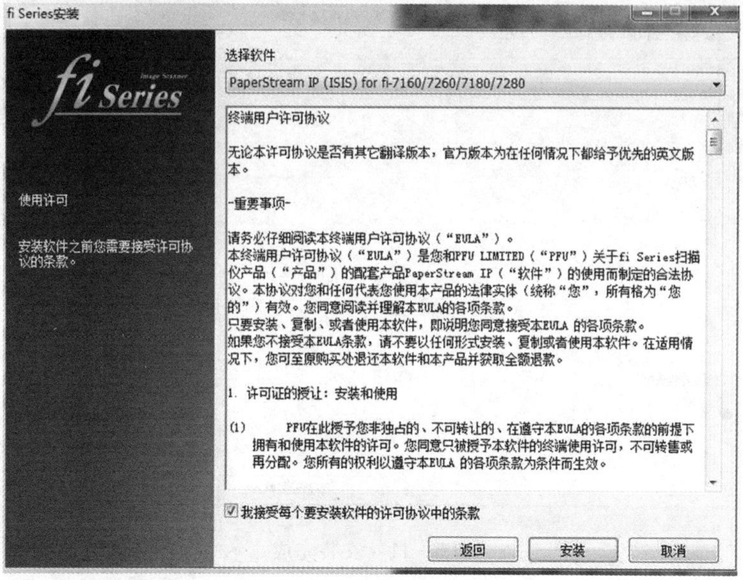

图 5-9　接受许可协议的条款

(6)软件安装成功,如图 5-10、图 5-11 所示。

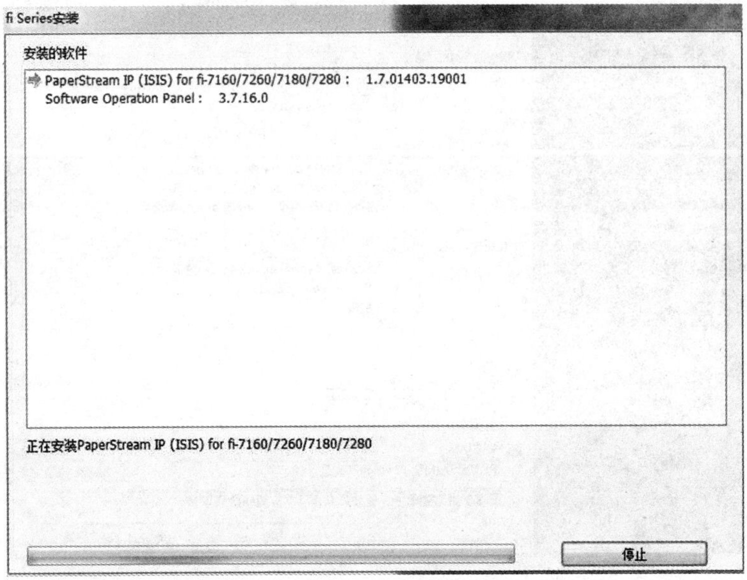

图 5-10 等待安装效果

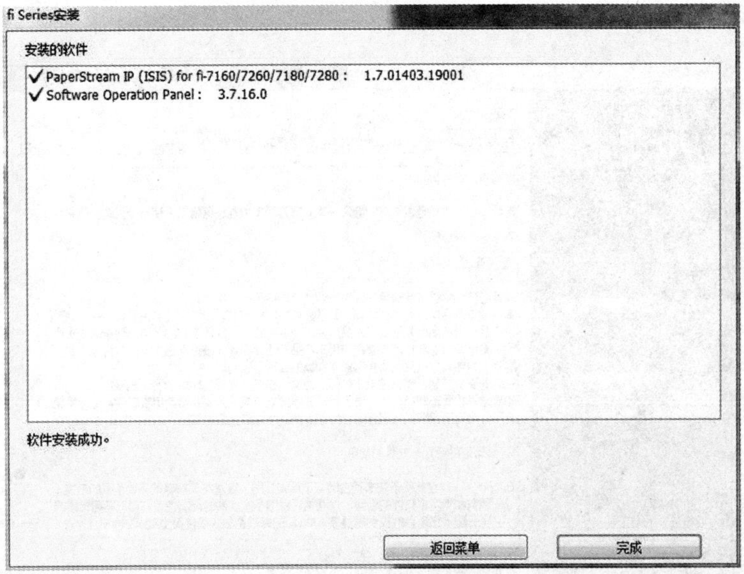

图 5-11 安装完成

二、安装图像处理工具

不同个人和公司使用的图像处理工具不同，编者个人倾向于使用 ACDSee 和锐尔文档扫描影像处理系统。

(一)ACDSee 的安装

ACDSee 在具体文件夹、图像命名具有一定的优势，扫描的图片后期处理过程中需要借助“按键精灵”和“Irfan - View”，将自己熟悉的按键设置成图像处理过程中常用的功能，能高效完成各种处理工作。由于“按键精灵”的设置对于许多人来说相对较难，导致“ACDSee”在具体操作过程中逐渐被淘汰。

(1)找到 ACDSee 应用程序并运行，如图 5 - 12 所示。

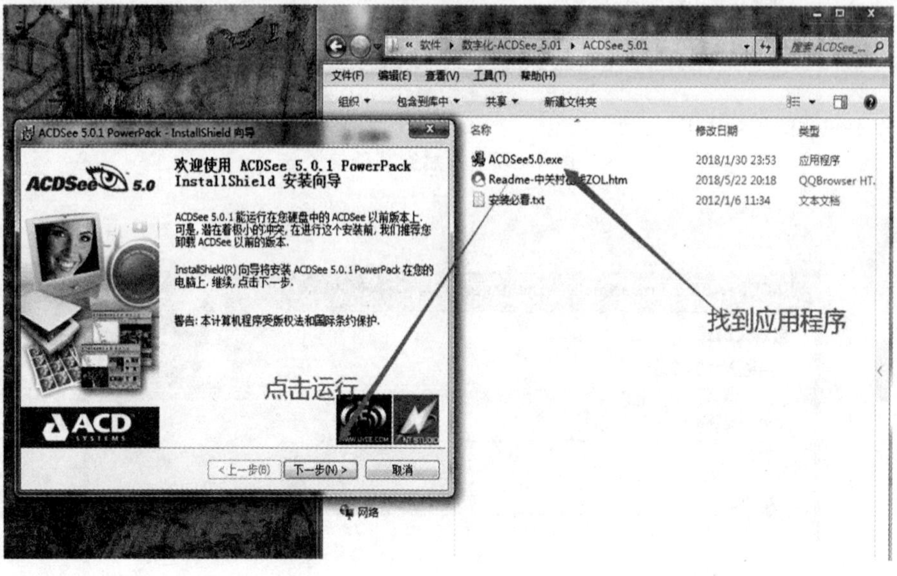

图 5 - 12　打开 ACDSee 应用程序

(2)勾选“我同意上述许可协议条款”，填写“许可证号”，如图 5 - 13、图 5 - 14 所示。

(3)勾选“自定义”确定安装位置，选择程序功能，如图 5 - 15、图 5 - 16 所示。

(4)文件关联设置选择“全部”，并安装，即可完成安置操作，如图 5 - 17、图 5 - 18所示。

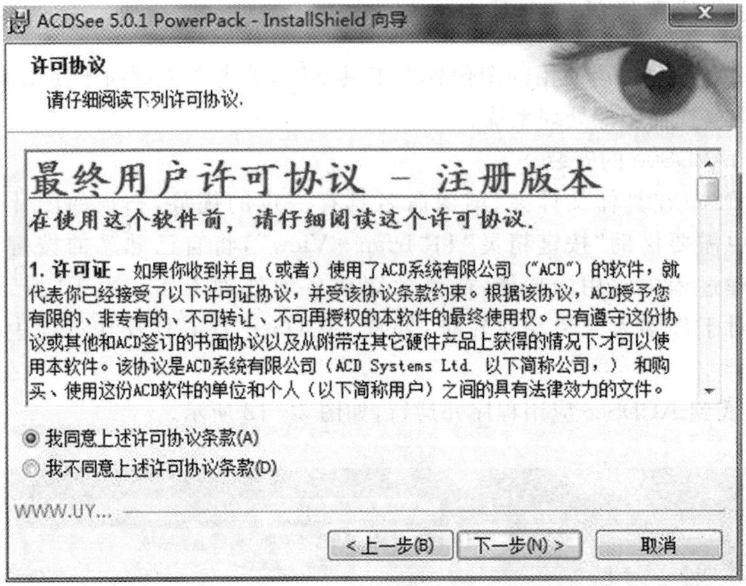

图 5 - 13　同意安装条款

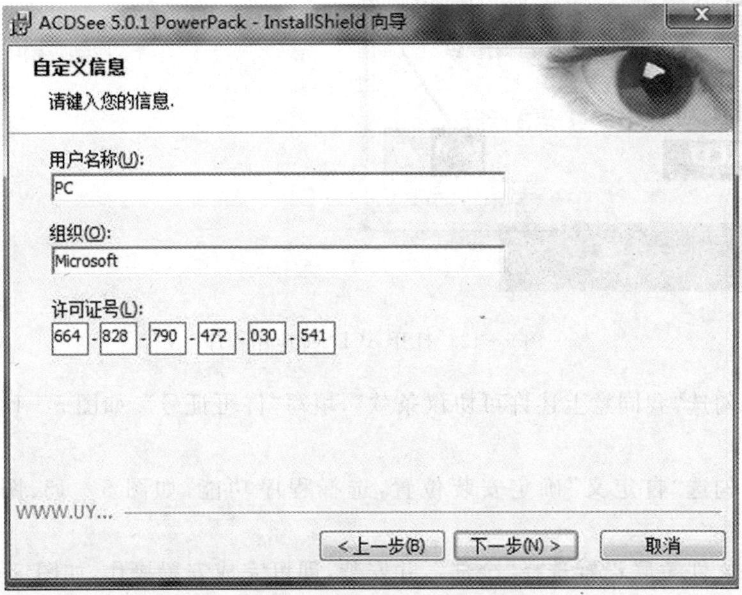

图 5 - 14　填写"许可证号"

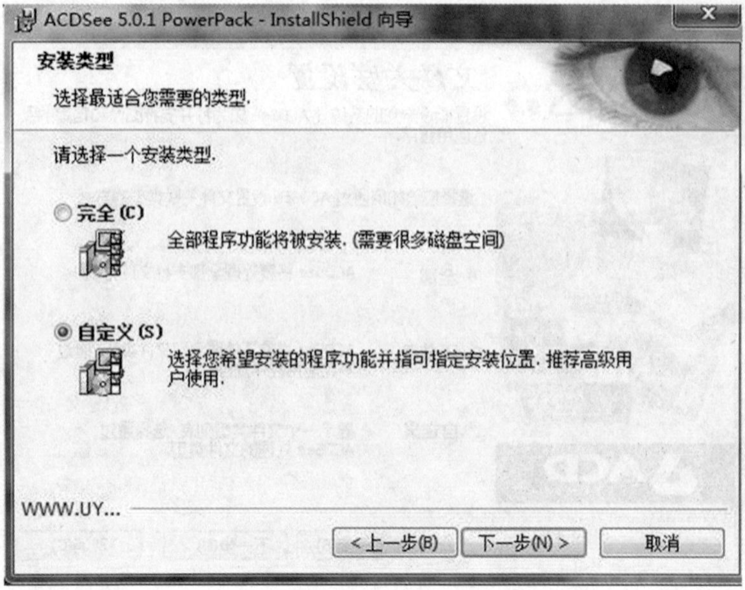

图 5－15　选择安装类型

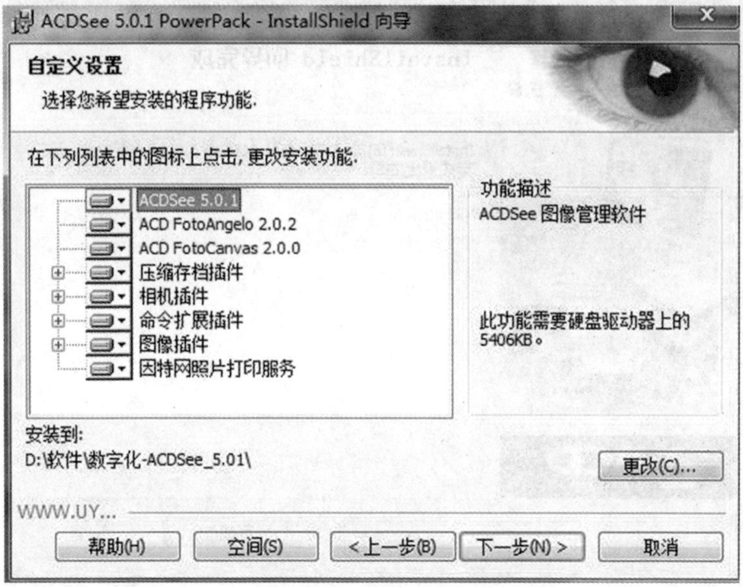

图 5－16　选择程序功能

图 5－17　文件管理设置

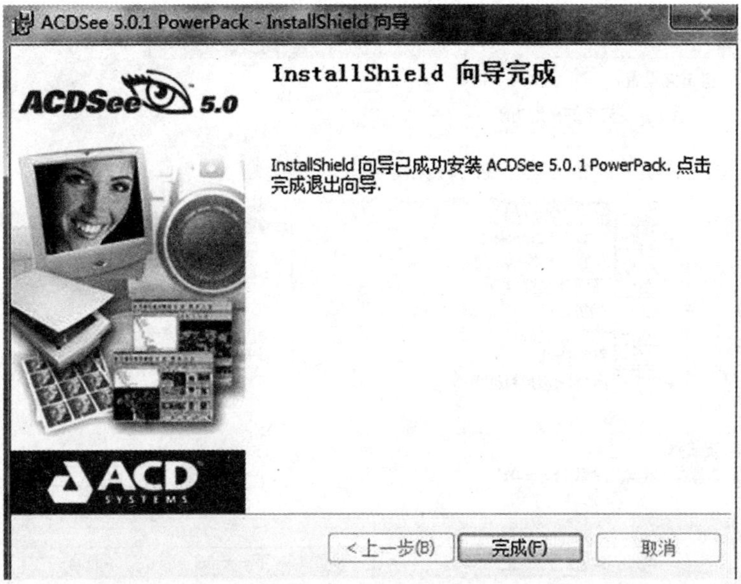

图 5－18　安装完成

(二)锐尔文档扫描影像处理系统的安装

(1)打开锐尔文档扫描影像处理系统应用程序，按指引选择“下一步”，如图5－19所示。

(2)选择软件安装位置，如图5－20所示。

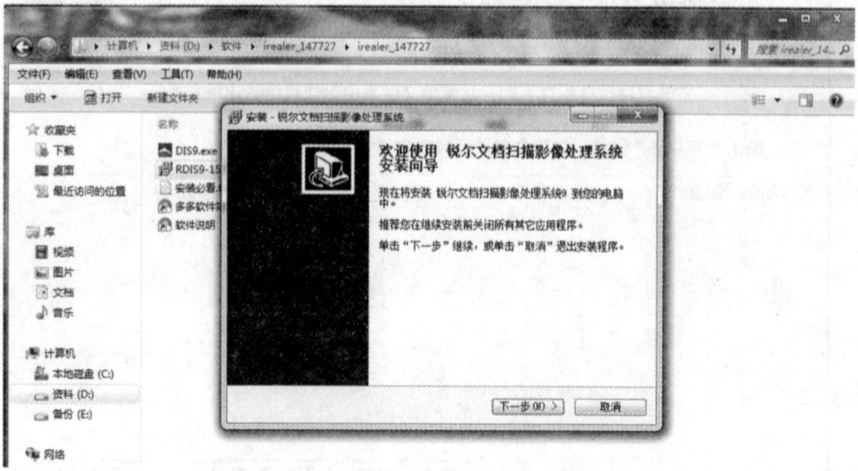

图5－19　打开文档扫描影像处理系统应用程序

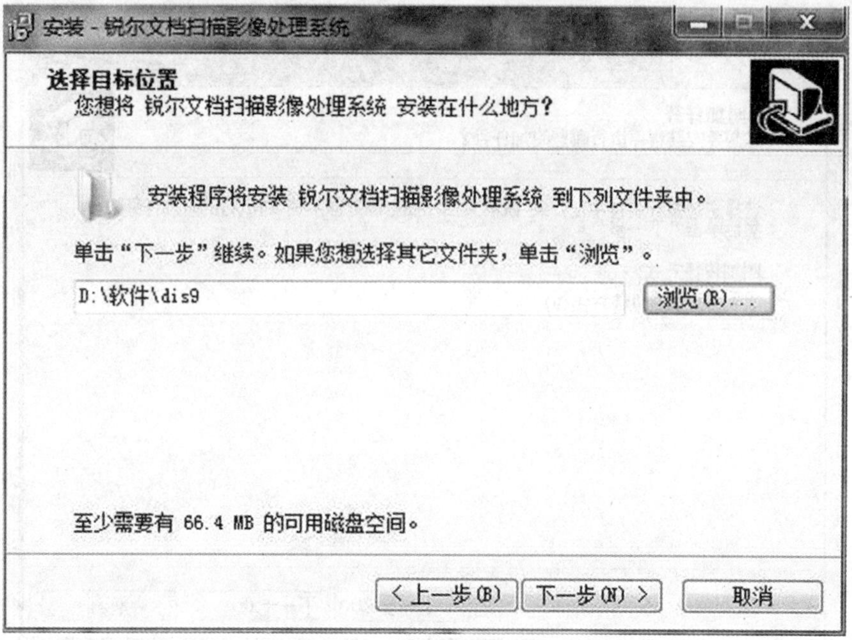

图5－20　选择软件安装位置

(3)按指引操作，并点击“下一步”，如图 5－21、图 5－22 所示。

(4)点击“安装”即可，如图 5－23 所示。

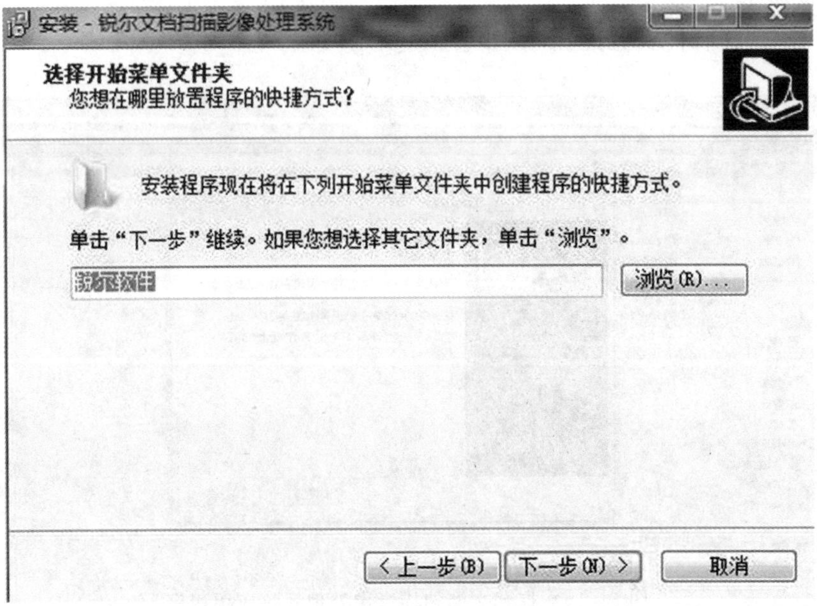

图 5－21　选择快捷方式位置

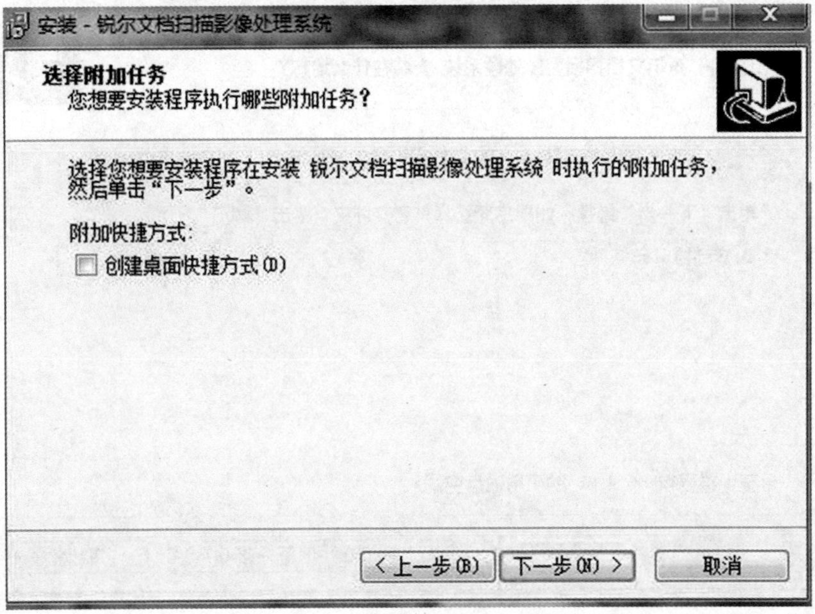

图 5－22　选择创建桌面快捷方式

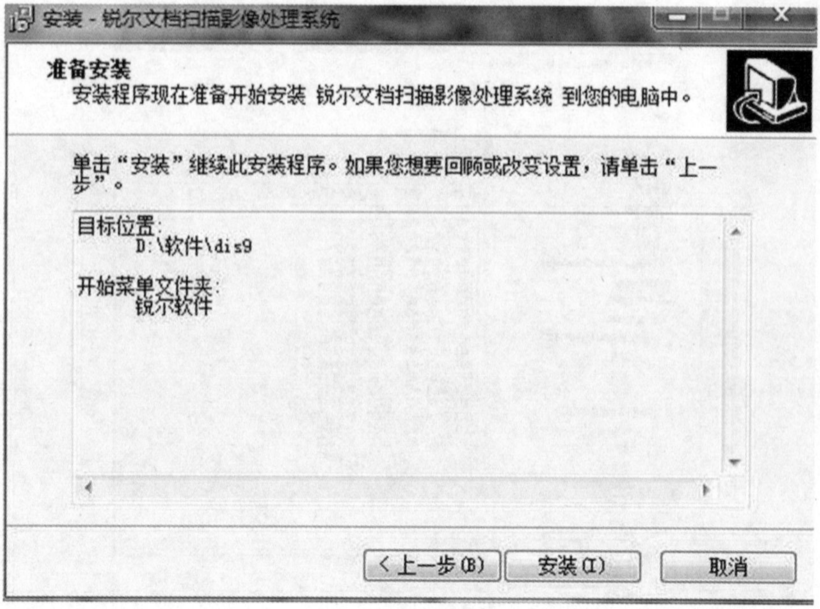

图 5-23　完成安装

三、建立文件夹

建立文件夹有许多方法。例如，在 ACDSee 软件上点击即可不停地新增文件夹，然后通过软件的批量修改文件夹，即可完成。这里给大家分享一个通过 Excel 批量命名文件夹的方法。

(1)在 Excel 中输入“MD”+“空格”+“档号”，如图 5-24 所示。

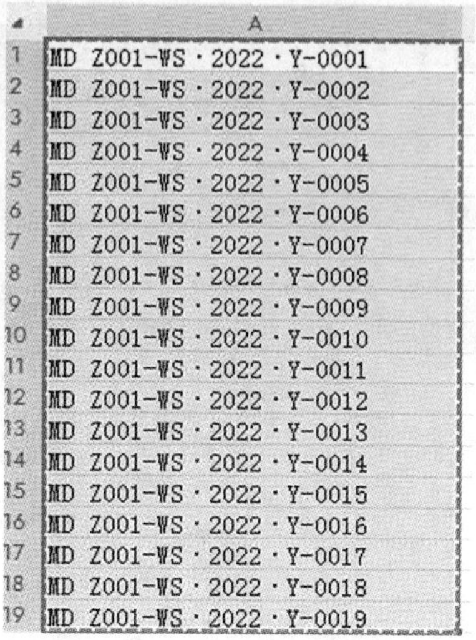

图 5-24　输入档号信息

(2)在存储文件夹的相应位置新建文本文件，并将表格输入信息复制进去，如图 5-25 所示。

(3)将文本文件后缀更改为“.bat”批量处理文件，并双击运行，如图 5-26 所示。

(4)运行后，即将全部文件夹新建完成，删除批量处理文件(新建文本文档.bat)即可，如图 5-27 所示。

图 5 - 25 档号信息存入文档

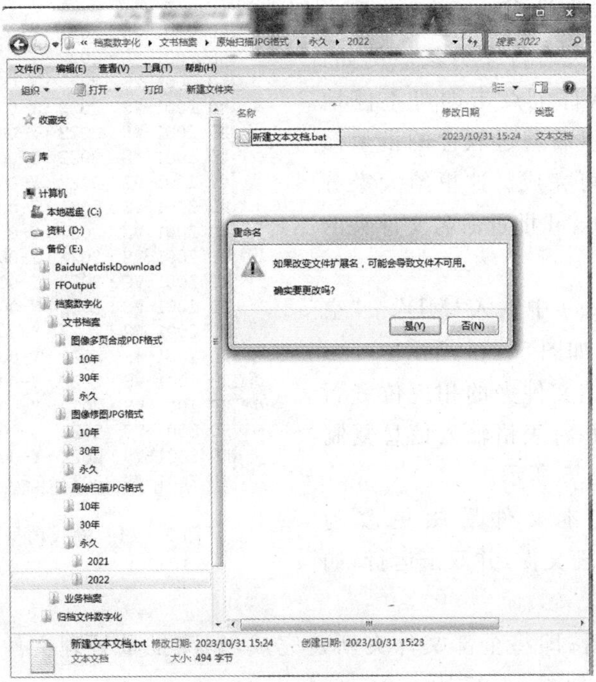

图 5 - 26 设置可执行文件

图 5-27　档号设置完成

四、扫描

图像扫描的具体操作步骤取决于不同操作软件，下面分别用 ACDSee 和锐尔文档扫描影像处理系统对具体操作进行简析。

(一)ACDSee 扫描操作流程

(1)打开软件，选择需要扫描档案对应的文件夹，点击扫描仪下来菜单的获取按钮，选择需要使用的扫描仪，将文件名格式模板更改为“＃＃＃”、格式设置成“JPG”或“TIFF”、图像品质设置为“100％”，如图 5-28 所示。

(2)设置扫描类型为“平板”或“高速”、扫描模式为“彩色模式”、分辨率为“300 DPI”，其他选项根据纸张具体情况设置，点击“扫描(S)”即可，如图 5-29 所示。

(二)锐尔文档扫描影像处理系统扫描操作流程

(1)打开软件，右上角可选择扫描仪设备，如未显示说明驱动安装失败，可重新安装或者看扫描仪数据线是否松动，如图 5－30 所示。

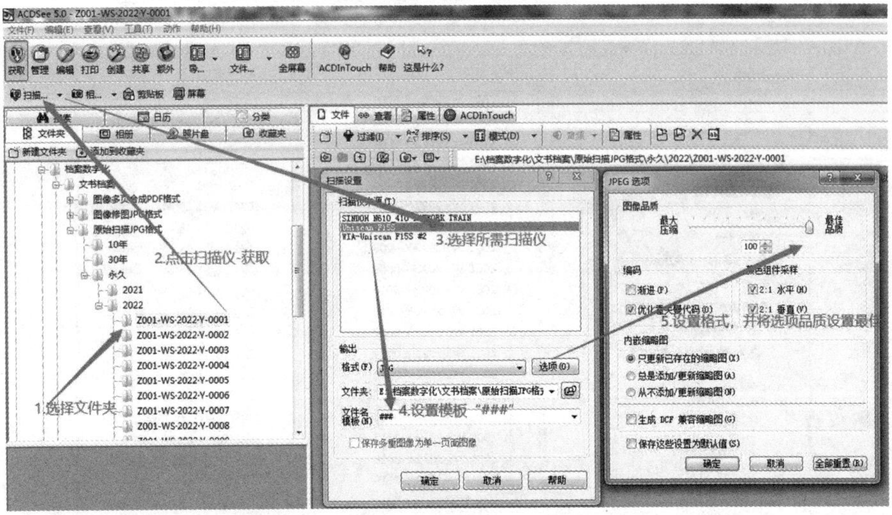

图 5－28　选择扫描仪

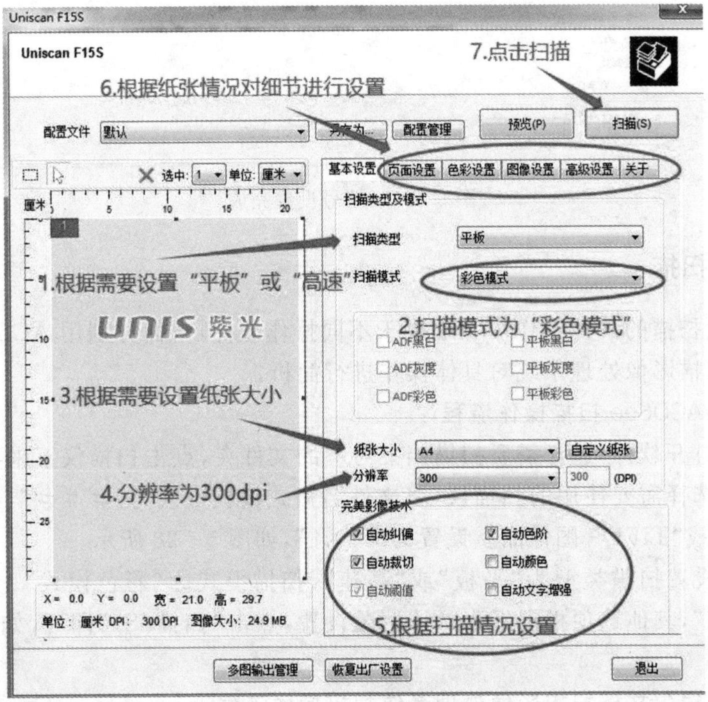

图 5－29　扫描参数设置

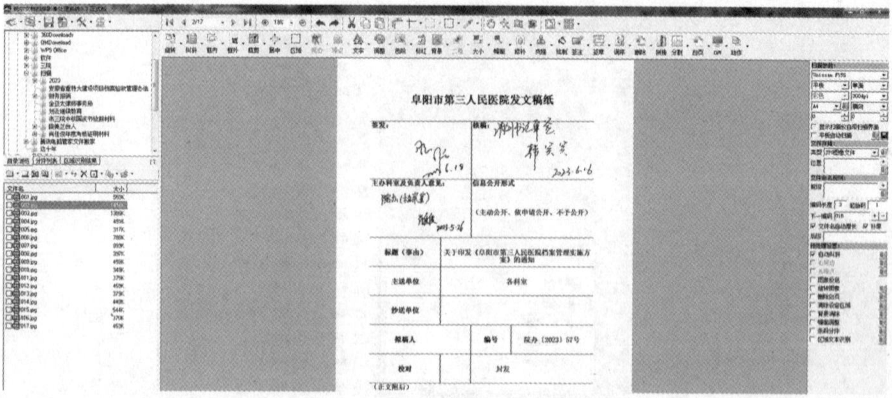

图 5－30　选择扫描仪

（2）界面左边选择好创建的文件夹点击“扫描”即可进行扫描，扫描前需进行一些参数的设置，不勾选“使用扫描仪自带扫描界面”，尽量使用锐尔文档扫描影像处理系统界面。

通过界面右边选择扫描仪并进行参数的设置，选择纸张单双面、大小和横竖向，色彩默认为“彩色”，分辨率选择“300 dpi”，不对文件添加任何前后缀，编码长度设置为“3”、起始码设置为“1”，勾选“文件名自动增长”和“补零”勾选“自动纠斜”“背景清除”和“删除白页”，其他选项不用勾选，如图5－31所示。

一般情况下图片过大或过小都是有问题的，通过设置 100 kB（可根据空白页大小自行调整）以下自动删除（见图 5－32～图 5－34）。所有设置都在点进去默认数值上更改，若默认数值是 0，则不需要改动，设置勾选以图片为准，其他不需要勾选。

（3）左上角点击标注位置，选择图像质量设置，点击 JPEG 或 TIFF 选项，勾选“最好的图像质量”，如图 5－35 所示。

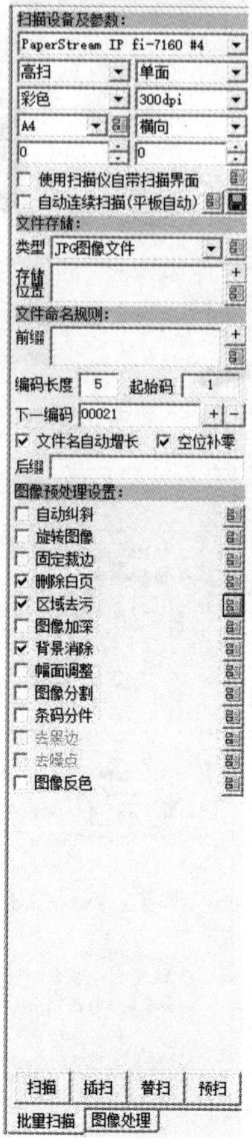

图 5－31　设置扫描参数

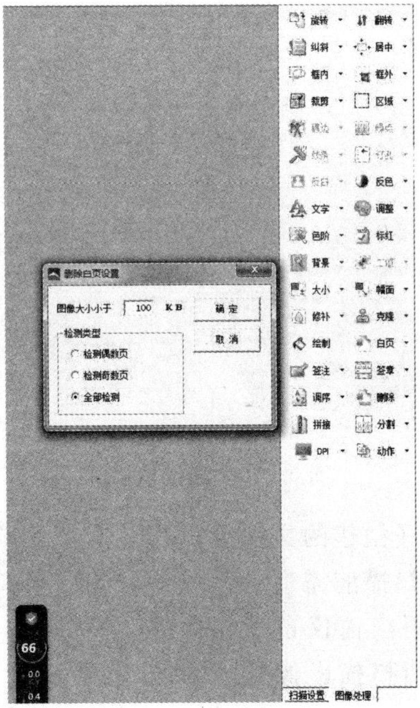

图 5 - 32　检测图片大小

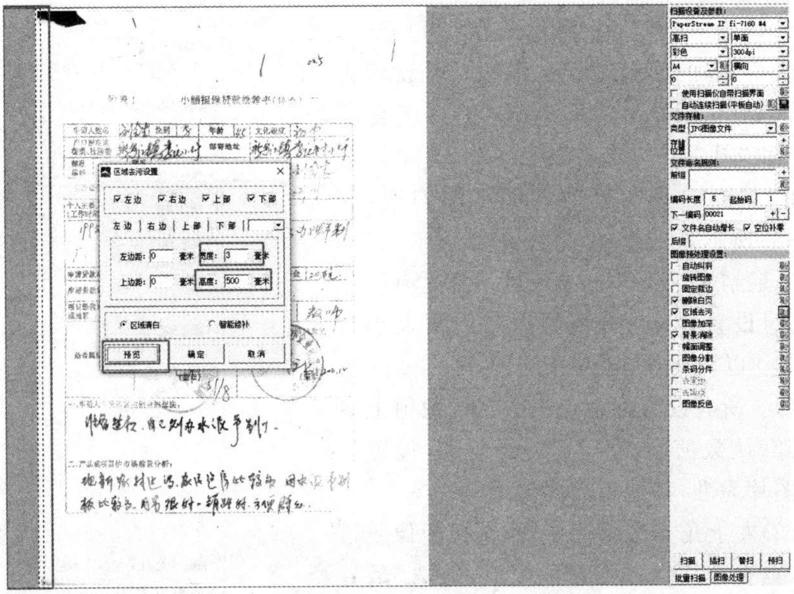

图 5 - 33　设置页边距

图 5－34　设置背景消除

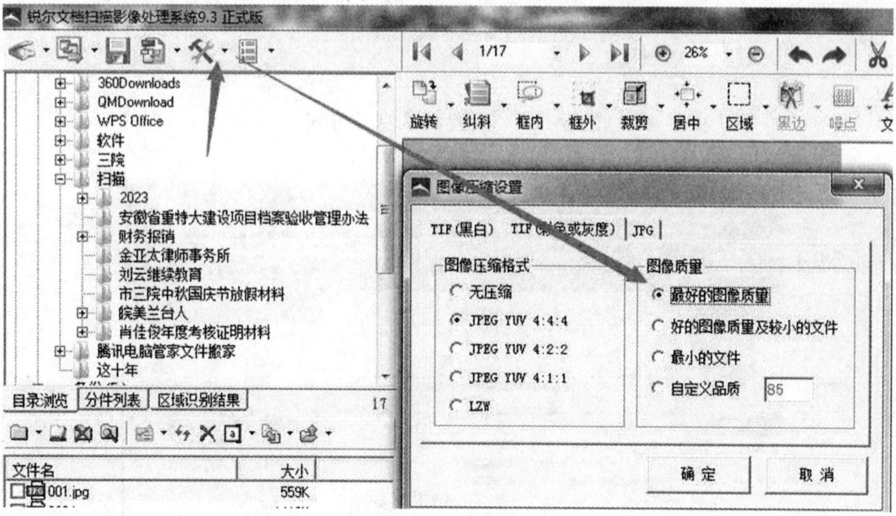

图 5－35　设置图像质量

五、图像处理

图像处理在不同软件上也有所不同，下面分别用 ACDSee 和锐尔文档扫描影像处理系统对具体操作进行简析。

（一）ACDSee 图像处理操作流程

(1)将图片默认打开方式设置为 Irfan－View，如图 5－36 所示。

(2)打开“按键精灵”，如图 5－37 所示。

(3)根据需求设置热键，如图 5－38、图 5－39 所示。

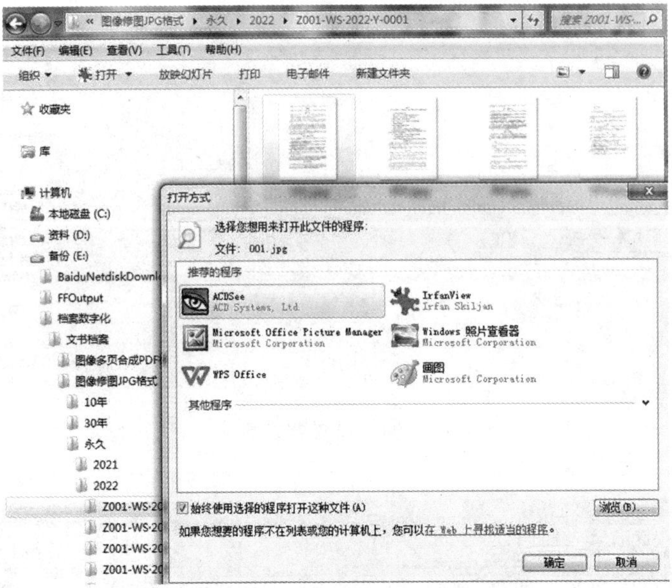

图 5-36　设置默认打开方式

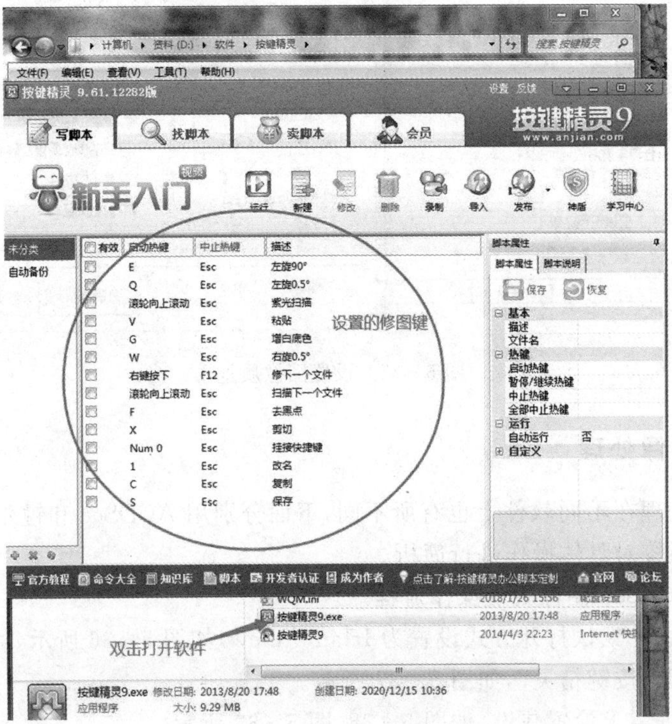

图 5-37　打开“按键精灵”

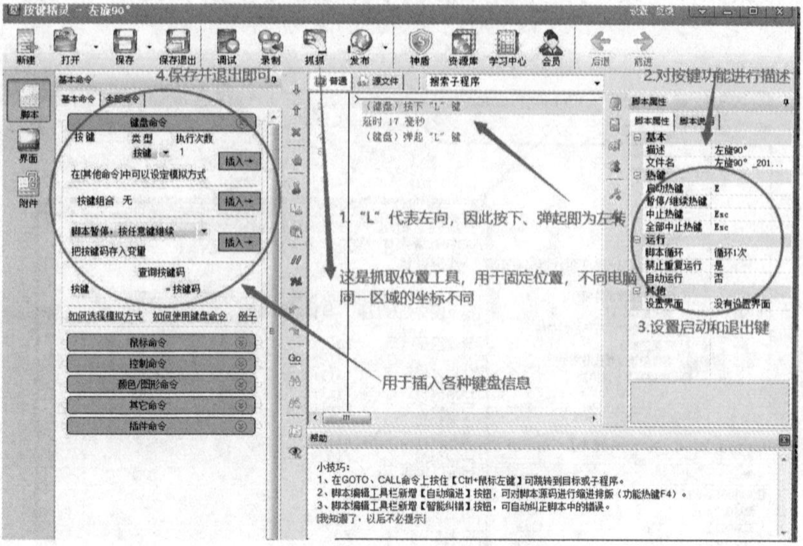

图 5－38　设置热键

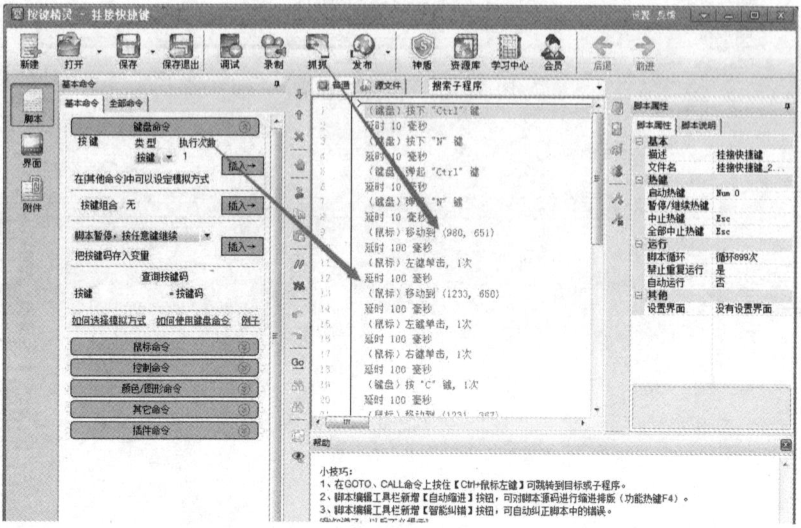

图 5－39　键盘和时间命令设置

(二)锐尔文档扫描影像处理系统图像处理操作流程

(1)点击“帮助”→“快捷键说明”，记住所有快捷键，方便后期修图，如图5－40所示。

(2)找到需要扫描的文件夹，然后点击“扫描”，扫描完成后，需要保证扫描图片数量跟原件一致，每一个图片数字与页码能对应上，如图 5－41、图 5－42 所示。

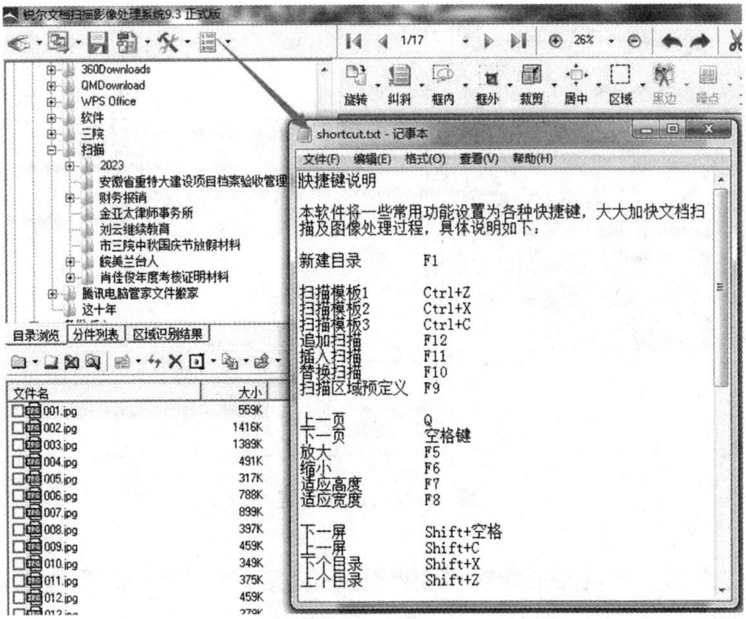

图 5－40　快捷键位置

图 5－41　选择扫描位置

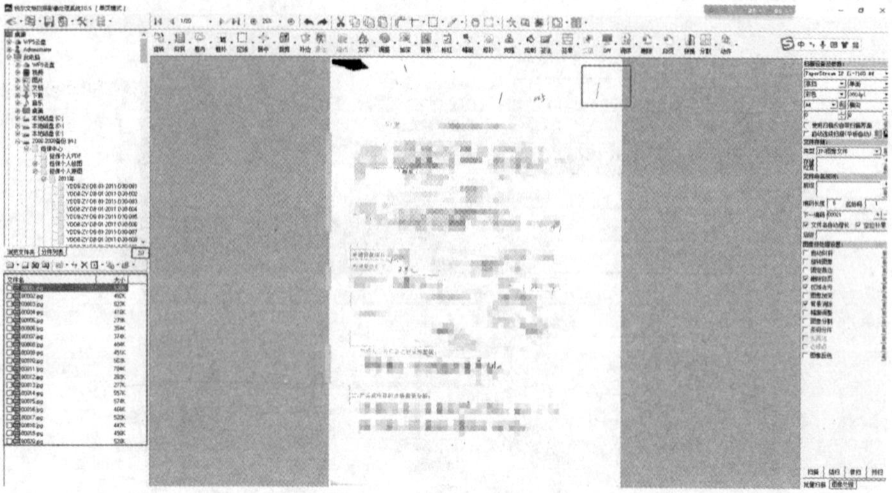

图 5－42　核对扫描数量

(3)如果用 7160 扫描，可勾选右侧的“使用扫描仪自带扫描界面”，点击扫描进行设置，打开白平衡、检测空白页等，设置完后把勾选“使用扫描仪自带扫描界面”取消，再使用锐尔文档扫描影像处理系统扫描，如图 5－43～图 5－45 所示。

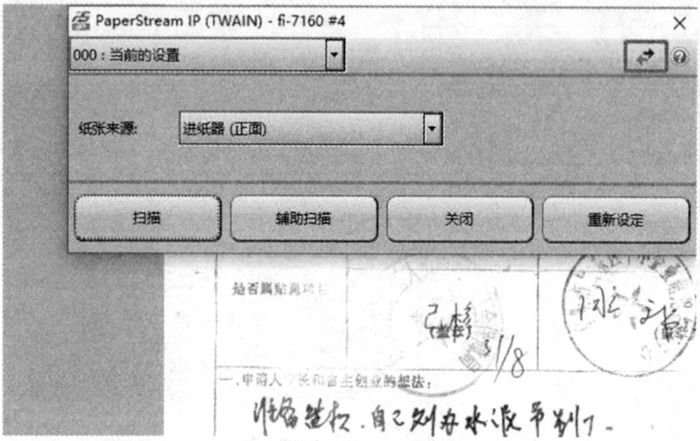

图 5－43　打开扫描仪

(4)如图 5－46 所示，点击界面上方快捷图标可进行手动操作。

(5)勾选图片可进行删除，删除图片后右上角图片命名需要更改，下个需要扫描的页码是多少就改为多少，点击“插扫”可在上下插入图片，点击“替扫”可在原图片上替扫掉某一个图片，如图 5－47 所示。扫描设置只是进行辅助作用，如果扫描出来跟原件相差明显需要进行数据调整，必要时取消设置。

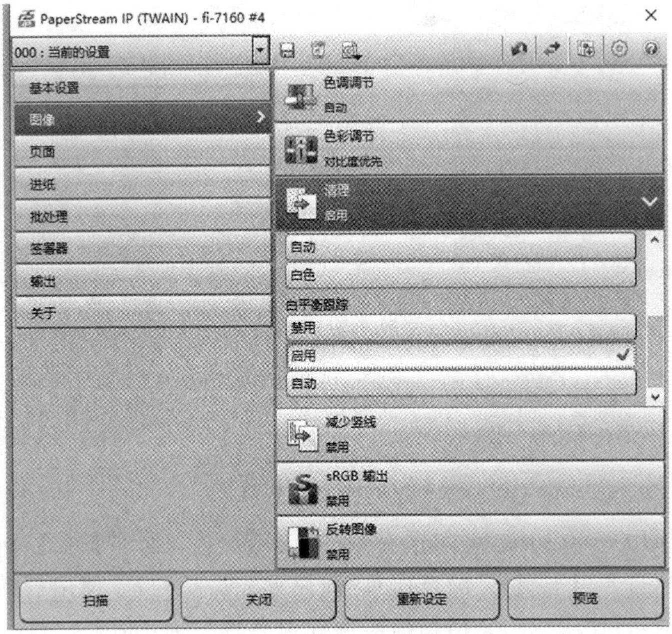

图 5－44　启用图像清理

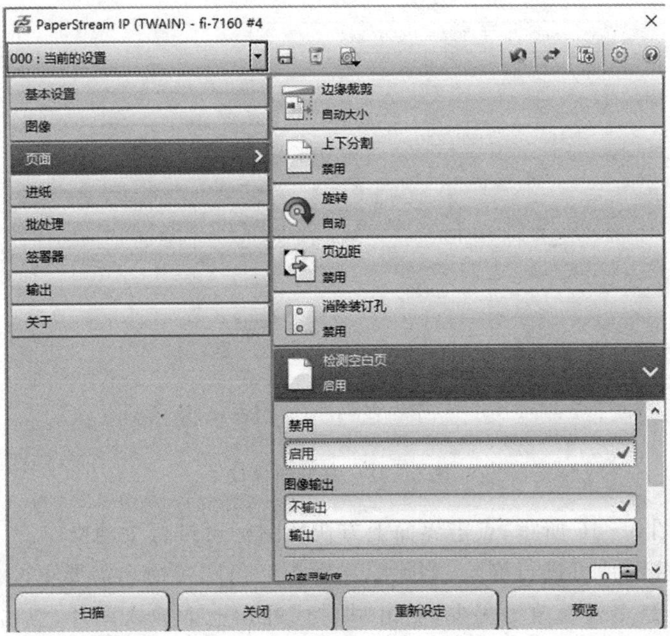

图 5－45　启用空白页检测

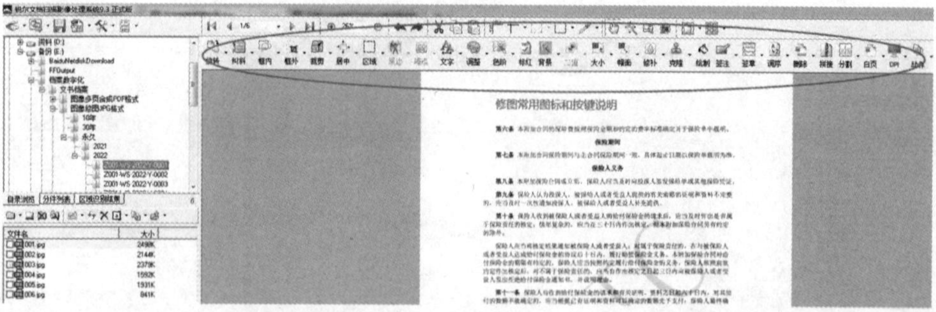

图 5－46 软件快捷图标展示

图 5－47 替扫

(6)修图时需判断原件自带的有哪些,扫描时产生的与原件不一致的因素有哪些。大的黑边是有破损或下纸倾斜导致扫描仪自动补边,所以是黑色。扫描因开有白平衡,如果原件不是纯白的,可能会导致一部分白一部分是原件颜色,或者扫描透光可能会产生阴影,修图需修掉,如图 5－48 所示。按“F”进行区域去污,勾选黑边,阴影部分清除,按“C”背景消除把背景颜色增白。注意:不要增白太多次,否则字迹会掉,影响图片质量。

(7)如出现图片颠倒,以视觉效果为准按“R”“T”进行图片旋转,把图片调正,如图 5－49、图 5－50 所示。

(8)如遇到装订孔可不修,因为原件本身就有;如遇到回形针固定文件时间久以后生锈,去掉回形针纸张上也会出现痕迹,可不修,如图 5－51 所示。

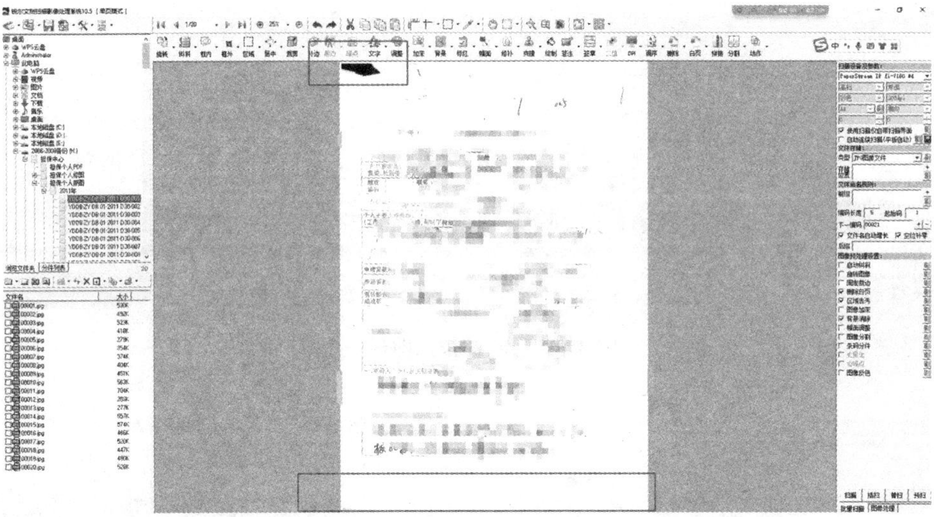

图 5-48　背景消除

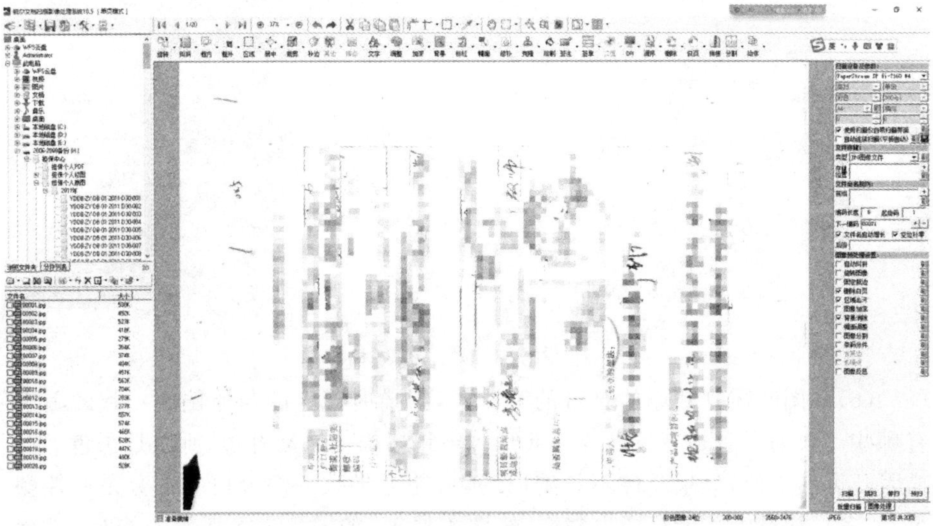

图 5-49　图像旋转前

(9)如图 5-52 所示,如遇到这种竖线可能是扫描仪下纸的时候滚轮拉线,需重新扫描。

(10)如遇到彩线需重新扫描,右下角可看分辨率,如图 5-53 所示。

(11)如遇到折角需重新扫描,如果不影响内容可进行区域去污把折角修掉,有的折角是往里折,可能会显示黑色的三角形,如图 5-54 所示。

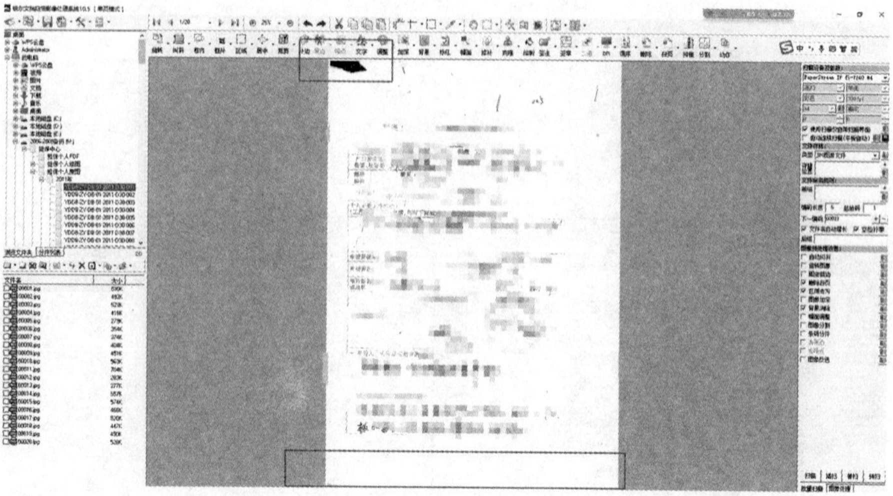

图 5-50 图像旋转后

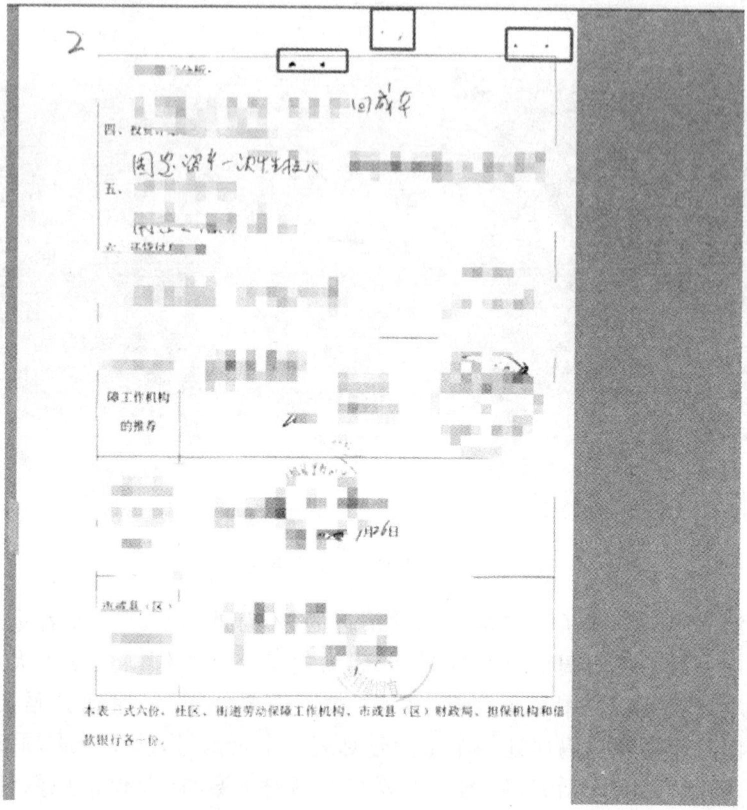

图 5-51 装订孔扫描效果展示

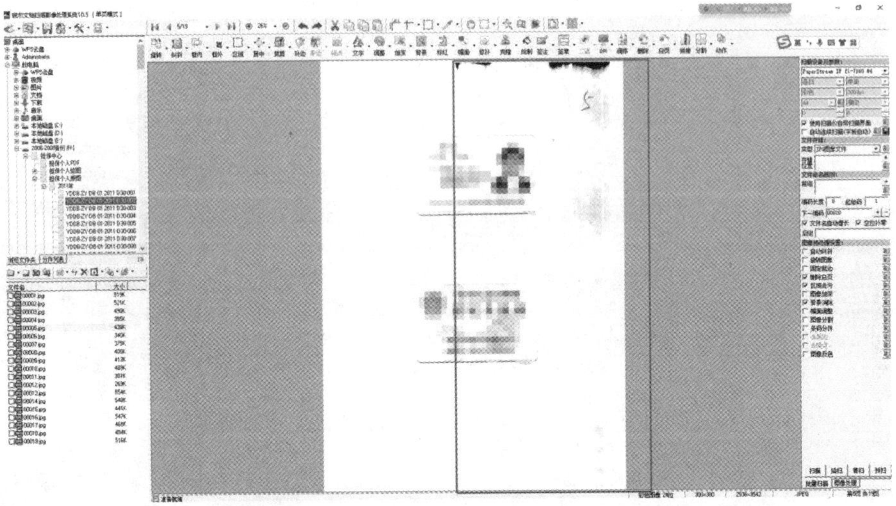

图 5 - 52　滚轮拉线扫描效果展示

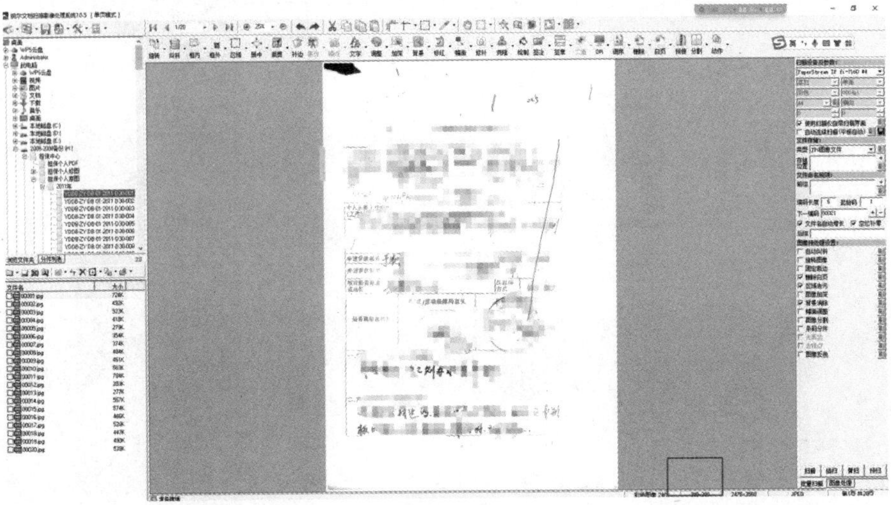

图 5 - 53　彩线扫描效果展示

(12)修图时需判断哪些是与原件不符的,不符的需要修掉或者重新扫描。倾斜角度一般不需要调整以原件为准,因为扫描仪基本倾斜角度不大,大部分是原件本身就倾斜。图像加深按“B”,一般不需要使用,如遇到页码淡可以加深。修图时需要看页码保证一个图片号对应一个页码号,从 1 一直顺下去中间不漏号、不跳号,有无漏编,修图后需要与原图对下数量,要保证原图与修图数量一致。

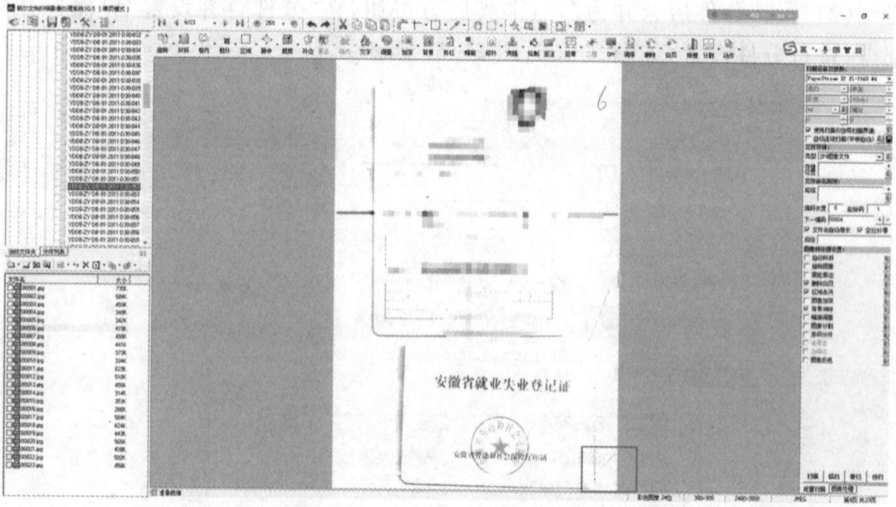

图 5－54　材料折角扫描效果展示

六、分件

以卷为单位整理的档案，扫描后需要根据件内情况进行分件，这里用锐尔文档扫描影像处理系统进行演示，具体操作如下。

(1)点击“文档分件”→“根据 Excel 分件”，如图 5－55 所示。

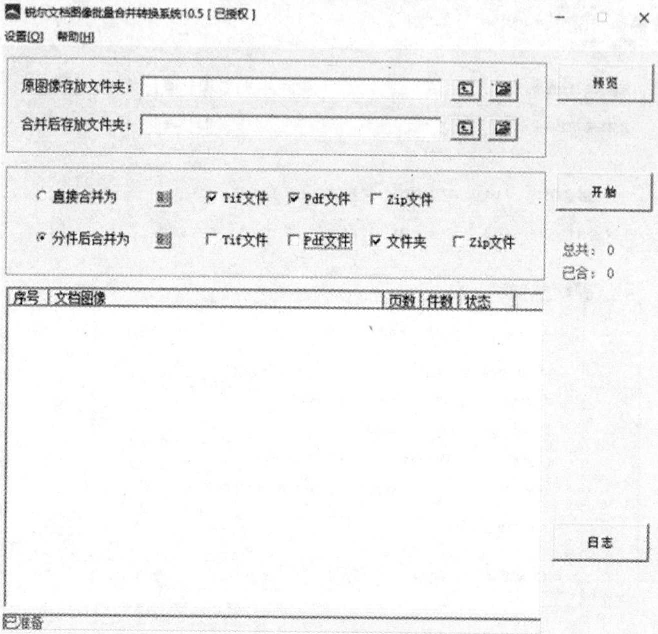

图 5－55　打开文档分件

(2)勾选“分件后合并为”,点击其后方按钮,在“分件合并设置”界面打开标记点,进行分件设置,如图 5-56、图 5-57 所示。

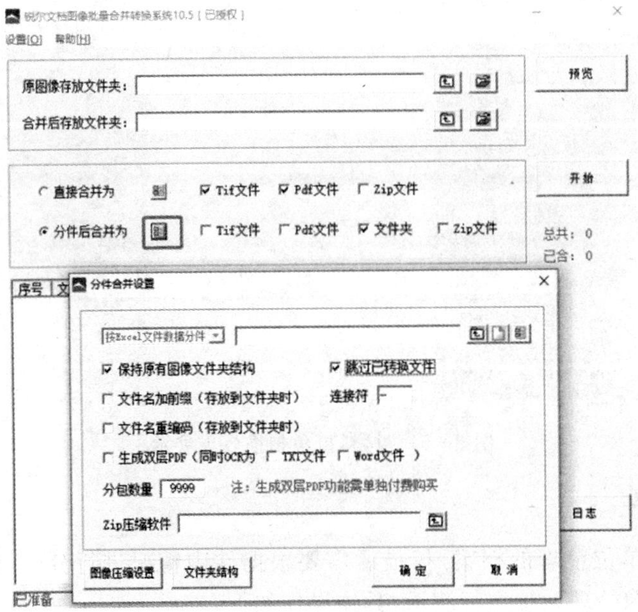

图 5-56 打开标记点

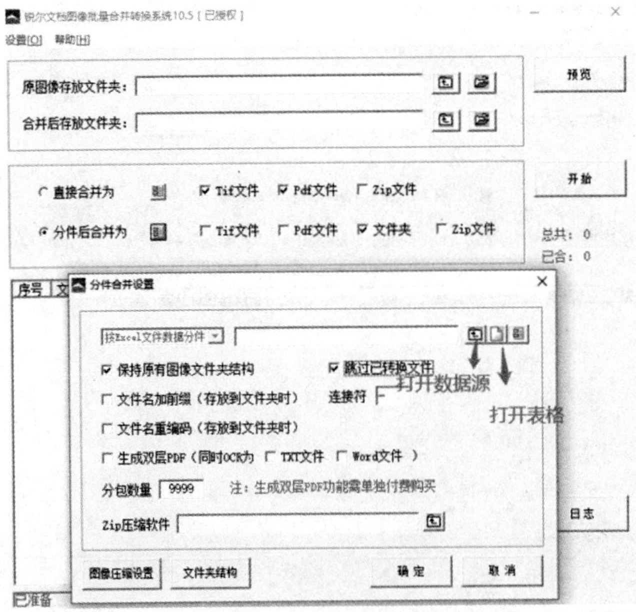

图 5-57 设置标记点

(3)点击打开表格图标把对应数据拷到表格内(见图 5 - 58),并另存到桌面,然后点击打开数据源图标,选择表格,点击“确定”,回到分件界面点击“开始”即可分件,如图 5 - 58 所示。

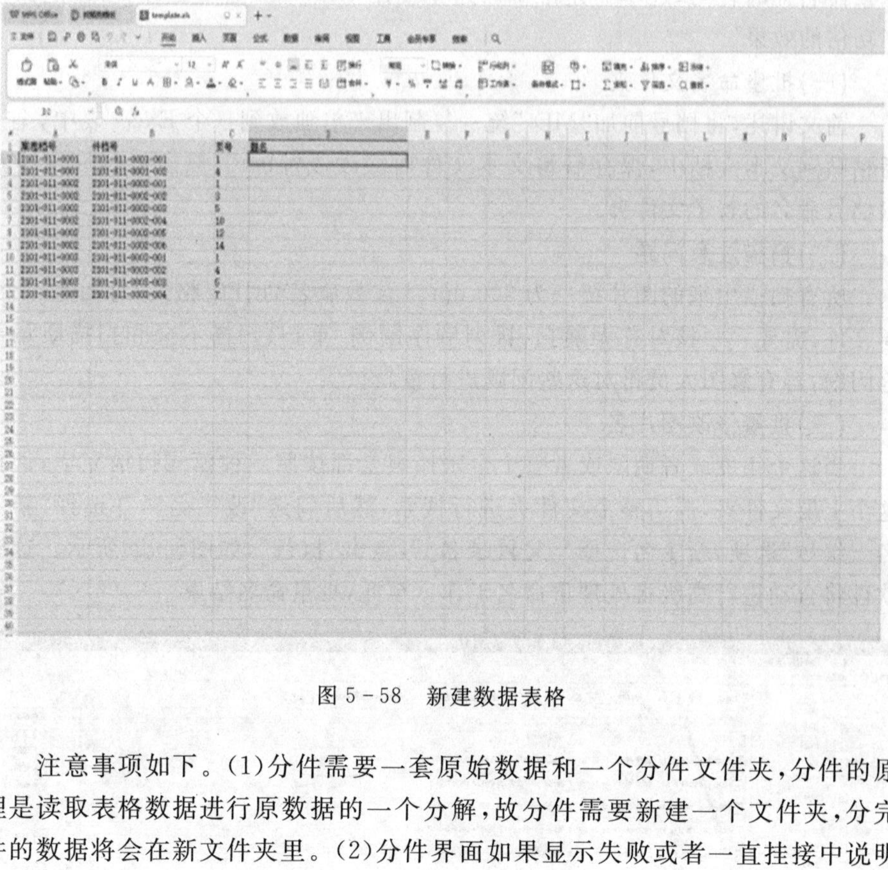

图 5 - 58　新建数据表格

注意事项如下。(1)分件需要一套原始数据和一个分件文件夹,分件的原理是读取表格数据进行原数据的一个分解,故分件需要新建一个文件夹,分完件的数据将会在新文件夹里。(2)分件界面如果显示失败或者一直挂接中说明那一卷有问题,可检查原数据是否有页码录入错误或是否单元格有问题。(3)挂接表格不能有空白项,表格需要保证每一行都有数据。(4)锐尔文档扫描影像处理系统的分件如果出错,弹窗都是英文加代码,看不出来什么问题。如果出现弹窗,需要把注意问题过一遍,如果没问题那说明系统与软件不兼容。(5)分件后需要跟原数据对一下数量。(6)分件只要卷内数据,其他不需要。

七、图像命名与合成

按照前文所述,原始和修图图像以“档号＋.＋扫描页顺序号＋图像后缀名”的形式命名,合并 PDF 文件以“档号”来命名,并放置文件级档号文件夹内。

批量命名是档案数字化过程中一个重要的环节,也是保证图像文件唯一性的重要措施。

一般数字化扫描的时候，都是以一个流水号对数字图像进行命名，如0001. tif，0002. tif……而如何将数字图像的名称修改为我们需要的名称呢？单个重命名耗时耗力，还不一定准确。这里使用 GFileBat 进行操作，可以起到事半功倍的效果。

（一）批量命名文件夹

前文讲述，将档号前加“MD ”统一复制出来单独放到一个 Excel 表中，全选后粘贴到文本文档中，保存后将文本文件后缀改成“. bat”，双击运行即可生成以档号命名的若干文件夹。

（二）扫描注意问题

所有扫描出来的图片统一为 300 dpi、3 位数命名的 JPG 格式，每扫完一个/卷文件，需要一一核对有无漏扫、排列顺序颠倒、重扫、扫描不全和扫描质量差等问题，若有修图人员再对这些问题进行重新核实。

（三）批量修改图片名

当这个年度或者期限或者整个全宗档案全部按照一种模式扫描完毕，选择这个上层文件夹，遍历整个文件夹进行搜索，然后勾选“改主名”，并选择“新主名＋编号”选项，新主名选择“[父目录名]”，点击“执行”，如图5－59所示。这时软件将自动进行高级批处理重命名工作。至此，批量命名结束。

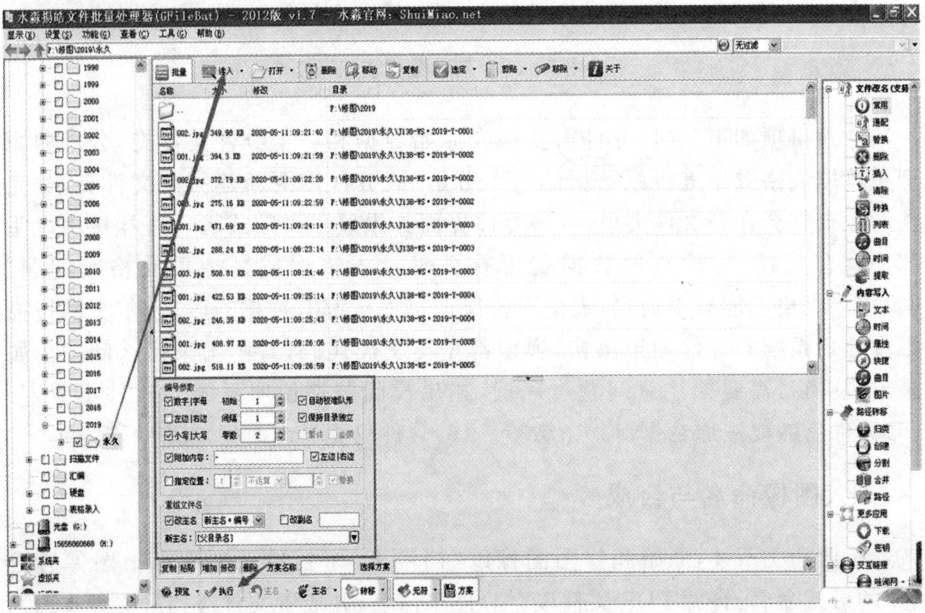

图 5－59　批量图片命名

八、图像合并

锐尔文档扫描影像处理系统等均含有多页合并 PDF 或双层 PDF 功能，下面介绍最易上手的 FreePic2Pdf 软件的操作步骤。

打开软件，点击“转换选定文件夹”后的文件夹图标，选择需要转换的文件夹后，勾选“包含子文件夹”，点击“4、开始转换”即可，如图 5－60 所示。生成的 PDF 就在档号文件夹的最下面，名称是各个文件夹名称（档号）。注意：可以根据自身需要考虑是否进行参数设置。

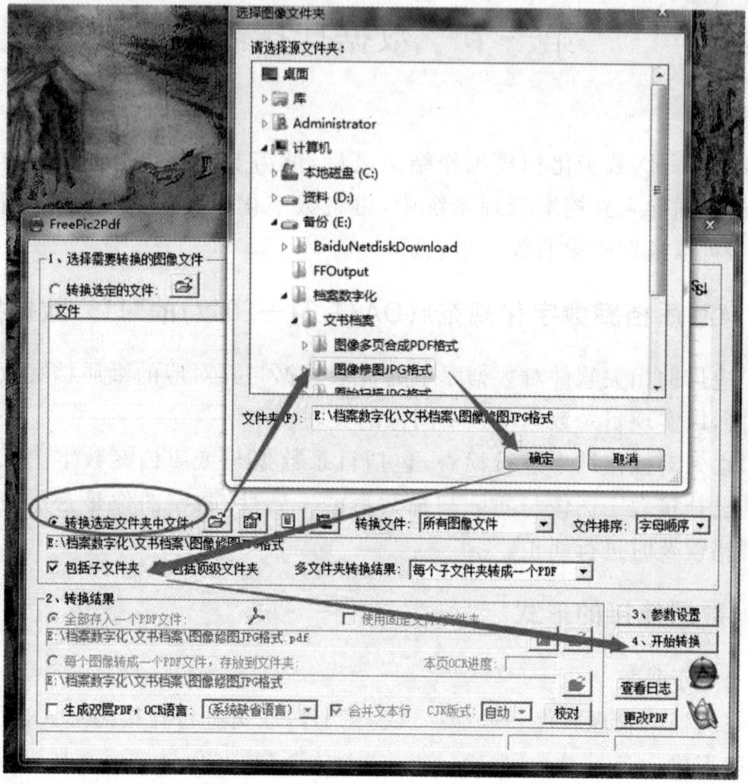

图 5－60　多页合成展示

第三章　数据挂接和备份

第一节　数据挂接简介

元数据著录、数字化扫描工作结束之后，就需要进行数据挂接。数据挂接即将目录数据导入到档案管理系统中，再将数字化原文与目录数据进行关联，使之成为可以查询检索的数字化成果。

一、《纸质档案数字化规范》(DA/T 31—2017)的“11　数据挂接”

(1)应借助相关软件对数据库中的目录数据与其对应的纸质档案数字图像进行挂接，以实现目录数据与数字图像的关联。

(2)逐条对挂接结果进行检查，包括目录数据与纸质档案数字图像对应的准确性、已挂接数字图像与实际扫描数量的一致性、数字图像是否能正常打开等，发现错误及时进行纠正。

二、数据挂接的形式

(一)手工挂接

现在的档案管理软件一般都提供手工上传原文进行挂接的形式，元数据著录完毕即形成一条目录数据，通过点击“上传”将数字化扫描原文与目录数据进行关联对应，即为挂接。此种方式，数据关联的准确性高，对数字化扫描件的要求不高，数据存储管理即使不是很科学，也可以实现数据关联。手工挂接的缺点也很明显，就是手工操作效率较为低下，一般很少工作量或者需要修改更正的情况下才使用手工挂接。

(二)批量原文挂接

档案管理软件一般都有批量原文挂接的功能，批量挂接的前提是严格按照《纸质档案数字化规范》进行原文存储管理、图像命名。既要符合国标标准，又需要档案管理部门自身制定详细的管理方案、具体的存储路径，如磁盘怎么区分，门类、全宗、年度、期限怎么在磁盘路径中体现，具体的图像怎么命名，单页扫描件怎么命名，多页扫描件怎么命名，是都保存，还是只保存一部分等。

档案管理软件的批量原文挂接功能，一般是以档号为基准来实现目录数据和原文数据的关联。这就要求，首先要有准确的档号目录数据，按照档案整理方案、档案著录规则，录入元数据后，生成档号；其次数字化扫描过程中，文件夹以档号命名，数字图像以档号为基础命名，只有这样才能有实现批量原文挂接的可能。

批量原文挂接的实现途径主要是原文文件名或者原文文件夹名和目录数据库中的关键字段（一般为档号）进行匹配，匹配成功即传输原文到相应磁盘位置，同时将磁盘路径位置写入对应目录数据库中，完成原文挂接操作。批量挂接可以自动化实现成千上万条数据的关联工作，工作效率高，出错概率低。目前，基本上采用这种形式进行数据挂接。

三、数据挂接的要求

（一）元数据著录的规范性

需要按照《档案著录规则》（DA/T 18—2022）、《文书档案文件级目录数据库结构与著录细则》（DB 34/T 450—2004）等标准规范，确定档案数据库的结构标准、元数据字段、著录的规则等。项目开展前进行技能培训，合格才能上岗，著录过程中严格按照标准规范进行，遇到特殊情况及时反馈，确保著录的准确性、规范性。

（1）档号组成项需要著录规范，如全宗号、归档年度、保管期限、档案门类代码、实体分类号、项目号、卷/件号等。一般在档案管理软件中全宗号、归档年度、保管期限、档案门类代码、实体分类号、项目号可以设置为自动继承，卷/件号要能够自动加一。在具体的著录过程中，保管期限、归档年度的更迭要注意卷/件号是否对应调整。

（2）页数、页码需要填写准确。优秀的档案管理软件不仅仅要有批量挂接原文的能力，同时需要具有检测原文的能力。现在的档案整理规范，无论是以件为单位的档案，还是以卷为单位的档案，都要求编写页码。这样一方面便于查找利用，另一方面是对档案规范管理的要求。元数据著录的过程，需要将页数、页码手工著录进系统中。由于手工著录，此两码常常会有错误，而且不容易发现，如何解决此问题就是个难题。原文挂接的过程中，增加统计、匹配能将原文的数量与著录的数量进行对比，很容易发现问题，进而解决问题。

有的数字化加工企业，还使用了先扫描，后统计页数，再将页数反向导入目录元数据的页数中。

(二)数字化扫描的规范性

按照《纸质档案数字化规范》(DA/T 31—2017)选择合适的存储格式,以档号为基础对数字图像命名,科学建立纸质档案数字图像的存储路径。

至于选择什么样的存储格式,如何命名,路径如何建立,档案管理部门需要有一个明确的标准,而不能任由数字化加工企业来定,否则参与项目的若干家企业都有一套自身的标准,就会造成档案信息化长远发展的被动。

(三)批量挂接不会错

经常听到很多同仁反映,原文和目录不对应,所见非所得,都在抱怨是挂接的错误。手工挂接或许会有错误,自动化的批量挂接是不会有错误的。如果有错误要么是著录元数据时出错了,要么是数字化扫描的过程出错了。需要规范著录、扫描的全过程,做到有人做、有人查、有人管。

无论是软件的开发方还是数字化的参与方,都应该想方设法提高数据的准确性。档案数字化是个技术含量较低的行业,但是处理的数据量较为庞大,而且大多是手工操作,错误率一直居高不下。解决这个问题,需要将管理与技术相结合,一方面严格按照操作流程实施,另一方面将现代化的技术手段融入其中,用软件来检测成果,提高准确性。

第二节　电子表格结合原文使用

无论是微软的 Office 还是金山的 WPS,都是日常办公必不可少的工具软件,其中文字、表格软件应用最为广泛。电子表格的出现改变了传统的数据表现形式,提高了工作效率,也能算得上是一个小型的数据库。档案管理软件作为数据的管理工具,著录、管理和检索是它的基本功能,有的时候使用电子表格工具更加便捷、方便。下面就介绍部分使用电子表格的优势,仅供读者参考。

一、快速填充数据

使用电子表格的快速填充数据功能可以快速地产生有规律的数据,这一点特别适合应用在档案数据的条目著录上。档案条目数据的著录,很多都是有规律的,如文书档案的档号是由全宗号、实体分类号、归档年度、保管期限、件号所组成的,同一个全宗、年度、期限的全宗号、实体分类号、归档年度、保管期限是一样的,件号递增1位。文书档案的排列讲究内在联系,通常字号相同排在一起,文件编号也是有相应规律的,责任者也是同样道理。

二、特殊著录项数据的生成

在使用电子表格时，生成档号有两种方式：一种是快速填充的形式，另一种是使用多个单元格组合的办法。

下面介绍如何使用多个单元格组合的办法，如文书档案的档号由全宗号、实体分类号、归档年度、保管期限、件号组成。归档文件整理规则中规定简化方法整理的文书档案档号规则为“全宗号-实体分类号·归档年度-保管期限-件号”，如“J001－WS·2020－D30－0001”。多个单元格数据组合在一起可以使用“&”符号，如“档号”格中输入公式“＝B3&"-"&C3&"-"&D3&"-"&E3&"-"&TEXT(F3,REPT("0",4))”即可。其中，“TEXT(F3,REPT("0",4))”是将件号扩充为4位数，不足4位的在前面用0补全。

专业档案在著录的时候往往有自己的特殊规律。例如，说题名的组成规则一样，但除了常规的著录项外还会有一些专有的著录项，如婚姻登记档案需要有男方姓名、女方姓名、男方身份证号码、女方身份证号码、男方地址、女方地址等信息，而婚姻登记档案的“题名”其实也就是这些专有著录项的组成，如“关于××和××的结婚/离婚婚姻登记档案”。

三、著录数据的检测

档案的著录数据是有规律的，使用电子表格的筛选功能，可以快速对著录数据进行检查，很容易发现是否有问题。

四、目录数据与数字化原文进行关联

电子表格的目录数据也可以与数字化原文进行关联，按照《纸质档案数字化规范》要求对扫描件进行科学存储和规范化命名后，通过电子表格的Hyperlink公式，可以很方便地进行原文挂接。当目录、原文数据量较小时，利用Hyperlink公式很方便管理利用。

第一步，对规范化整理的档案进行数据目录的录入，并按照年度、期限进行排序。

第二步，规范化存储数字化原文，科学命名，单页图像建议采用“档号＋序号”的形式，多页合并的采用“档号”命名。

第三步，获取数字化原文的路径地址，如果第二步做得不好，那么第三步很难得到准确地址，可以采用批处理工具进行，代码如下：

```
@echo off
for /f "delims=" %%a in ('dir /S/B /A:A *.*') do echo %%a >>文件名.txt
```

由代码可以获取当前目录及子目录下的所有文件名。

第四步，将第三步获取的地址和第一步著录完毕的数据目录合二为一，并用公式"Hyperlink"做好数据链接即可。

电子表格的功能强大，操作容易，便于数据管理，对于数量不多的档案内容容易操作上手。但是电子表格的缺点也很明显，不便于数据的规范性管理，数据在增加、修改过程中容易出错等。在档案管理的过程中，适当的应用电子表格工具，能起到事半功倍的效果。

五、通过电子表格软件公式判断重复数据

使用电子表格进行档案目录数据管理或者检查目录数据质量等情况。例如，有两个电子表格文件，目录 A 里面有一万条记录，目录 B 里面有几百条记录，目录 A 的记录包含了目录 B 里面所有的记录，现在需要把目录 A 里面没有包含目录 B 的几百条记录筛选出来，如图 5-61 所示。

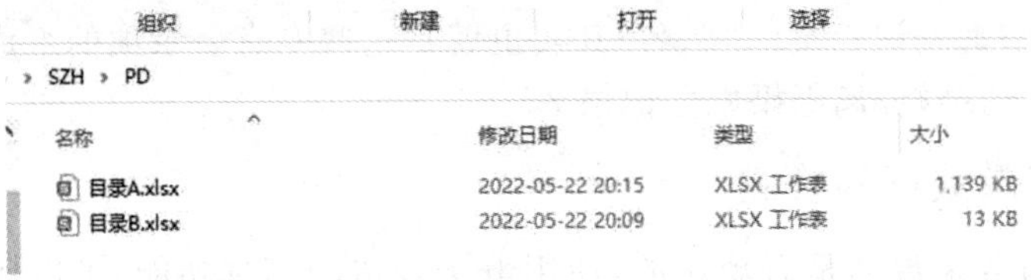

图 5-61　把两个表格放在一个文件夹钟

目录 A、目录 B 工作簿的第一行是标题行，如档号、全宗、体分、归档年、件号、题名等，如图 5-62 所示。

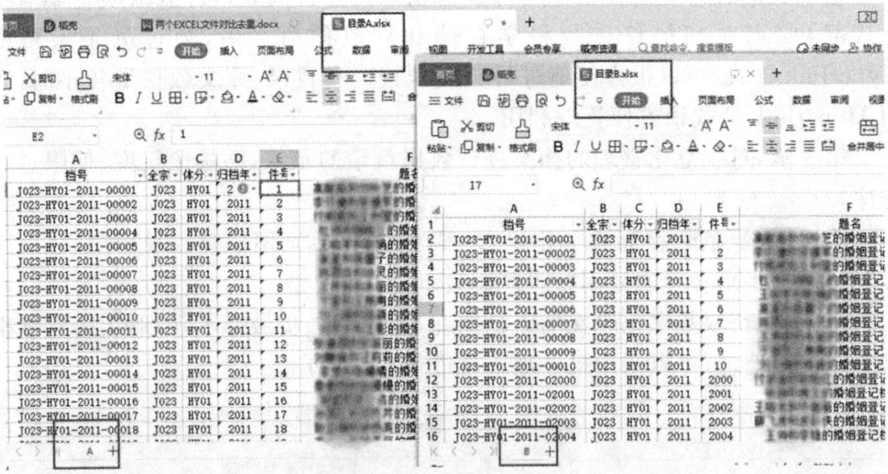

图 5-62　同时打开两个表格

自第二行开始就是具体的档案数据，A2 是数据的第一个，现在需要判断目录 B 的 A 列是否在目录 A 中有重复，在目录 A 中新建“是否重复”列（如 H 列），在 H2 单元格处输入公式“=IF(COUNTIF([目录 B. xlsx]B! $A: $A, A2)>0,"重复","不重复"”，如图 5-63 所示。利用筛选功能可以对是否重复进行筛选，如图 5-64 所示。

图 5-63　插入函数

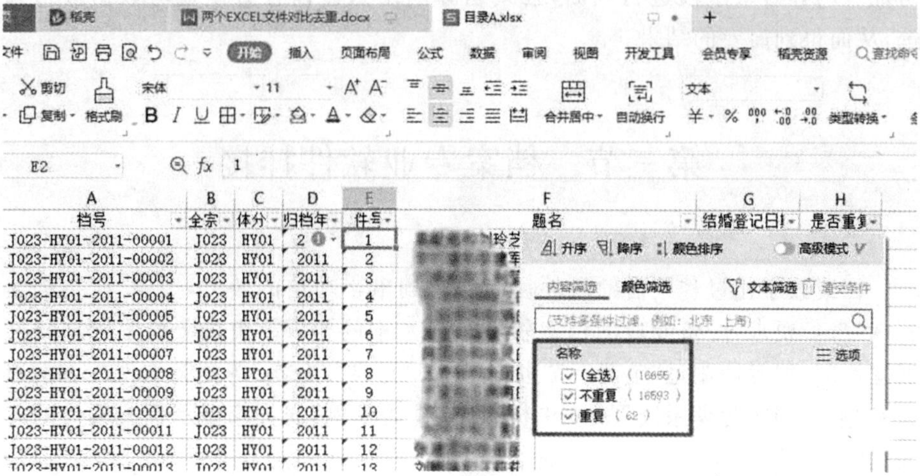

图 5-64　筛选比对结果

那么有“重复”字样的就是它们共有的，有“不重复”字样的就是不同的。

在同一个电子表格文件里，也可以对比两个不同的工作簿，如图 5-65 所示的工作簿 A、工作簿 B。

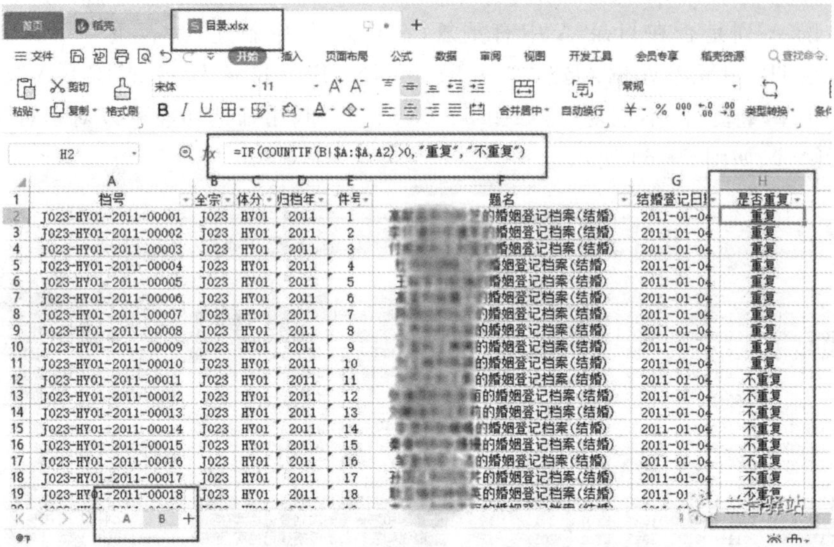

图 5－65　比对两个工作簿信息

在实际应用中，不一定是对档号的判断，也可以是对题名、责任者、姓名、身份证号码等著录字段进行判断，公式运算的结果可以很方便地对数据进行筛选，从而得到需要的结果。

第三节　档案专业软件挂接

档案数字化过程中借助软件往往能起到事半功倍的效果，按照《机关档案管理规定》要求，配备专业的档案软件是最基本的要求。市场上档案管理软件五花八门，编者使用过“宝葫芦”“世纪科怡”“光典”“金泰”等档案软件。下面以金泰“数字档案管理系统 V6.0 单机版”软件为示例，向大家展示档案软件的安装、挂接和使用。

一、安装说明

数字档案管理系统 V6.0 单机版（下列简称档案软件）包括 SQL Express 单机版，每个单机版档案软件包括数据库安装包和客户端程序安装。单机版档案软件对机器的硬件环境、软件环境和单机环境都有相应需求。

下面列出单机版档案软件对机器的硬件环境、软件环境和单机环境的基本要求。只有满足了这些基本要求，才能保证档案软件正常运行。

(一)系统要求

(1)硬件环境：800 MB 以上磁盘剩余空间，2 GB 内存，1 GB 以上 CPU。

(2)软件环境：Windows 7/Windows 8/Windows 10。

(二)数据库要求

单机数据库需要开放相应端口，并使其畅通。

SQL Express 数据库：1433 端口
加密狗服务：3152 端口

(三)操作系统要求

(1)本机操作员拥有读写系统文件夹、系统临时文件夹及档案系统所在的安装文件夹的全部权限。

(2)本机操作员能够进行本机注册表的读写操作。

(四)安装步骤

档案管理系统单机版安装时，先安装数据库 SQL Express，再安装客户端程序。下面以在 Windows 10 环境下安装 SQL Express 单机版为例进行讲解安装步骤。

(1)SQL Express 数据库安装。

① 点击“数据库安装”开始安装档案系统 SQL Express 数据库，如图 5－66 所示。

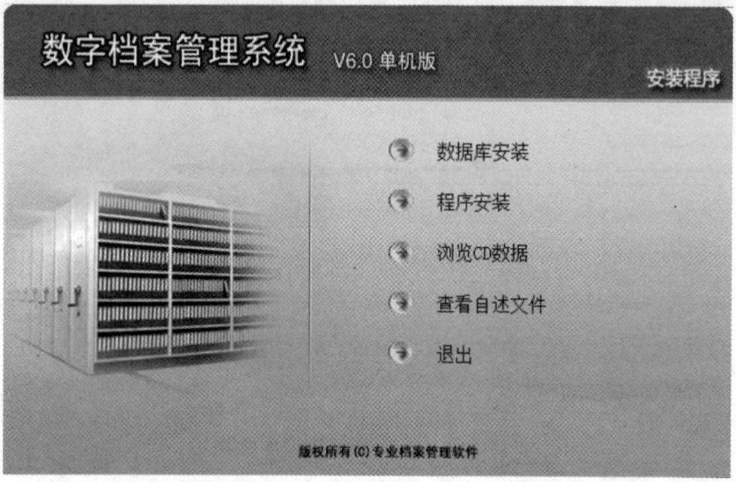

图 5－66　数字档案管理系统 V6.0 单机版安装程序界面

正在准备安装 SQL Express 数据库，如图 5-67 所示。

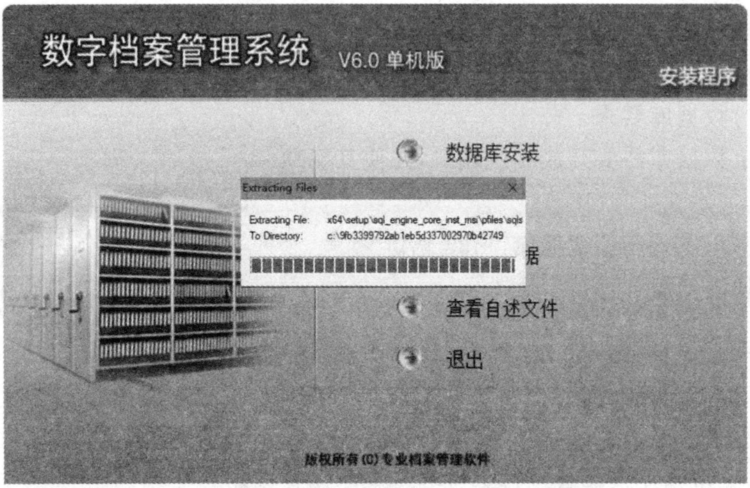

图 5-67 正在准备安装 SQL Express 数据库

② 点击"安装"菜单，然后选择"全新 SQL Server 独立安装或向现有安装添加功能"进行数据库安装，如图 5-68 所示。

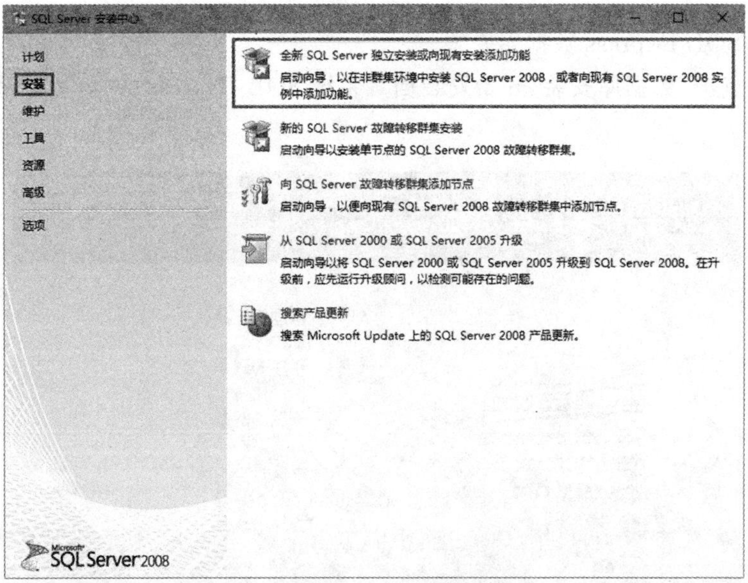

图 5-68 选择安装数据库类型

③ 安装程序支持规则检测，如果出现重新启动计算机失败(见图 5-69)，需要按照图 5-70～图 5-72 继续安装。

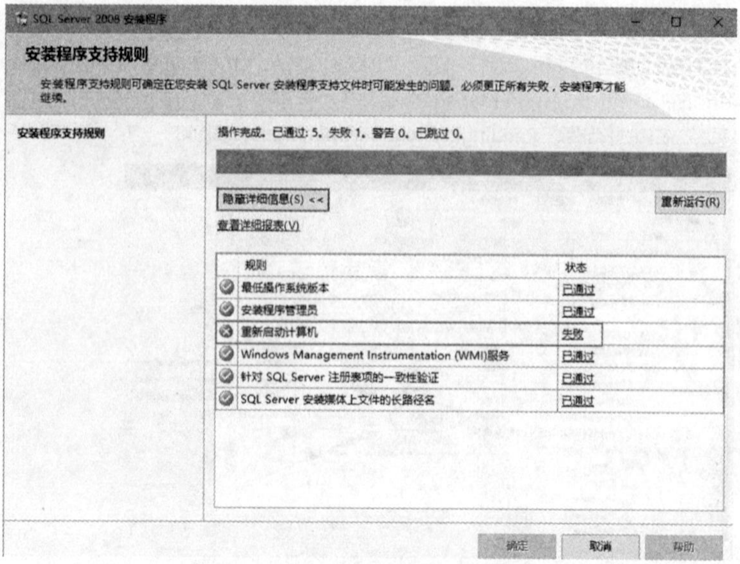

图 5－69　出现重新启动计算机失败

1　在键盘上按下组合键【Win】+【R】，调出运行窗口。

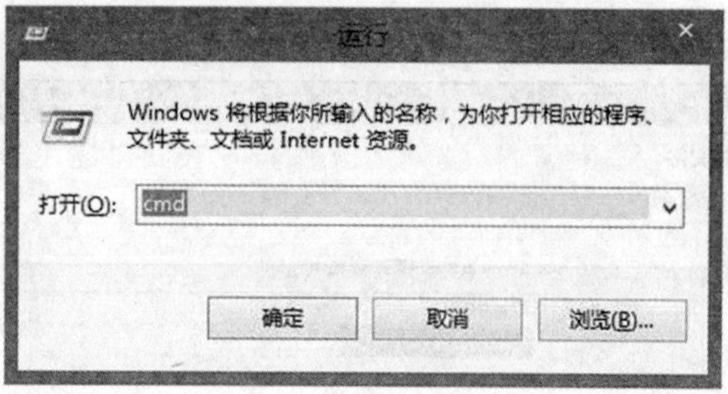

图 5－70　调出运行窗口

2　在窗口中输入"regedit"，点击确定，打开注册表管理界面。

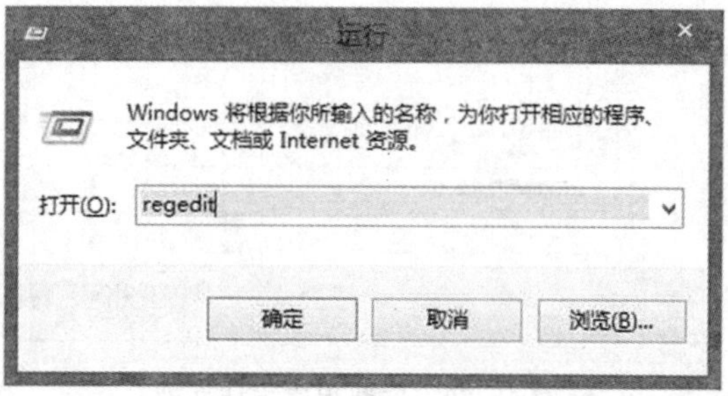

图 5－71　打开注册表管理界面

③ 在注册表左侧目录栏中找到如下位置："HKEY_LOCAL_MACHINE\SYSTEM\CurrentControlSet\Control\Session Manager"
然后在右侧选择删除"PendingFileRenameOperations"项即可。

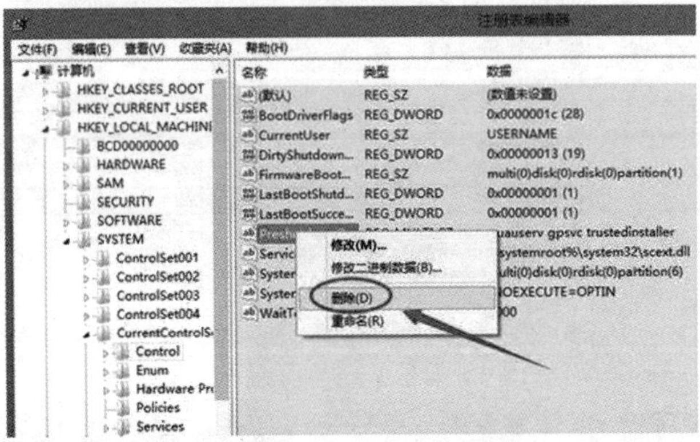

图 5-72　删除"PendingFileRenameOperations"项

④ 完成以上操作后点击"重新运行"规则，可以继续向下安装，如图 5-73 所示。

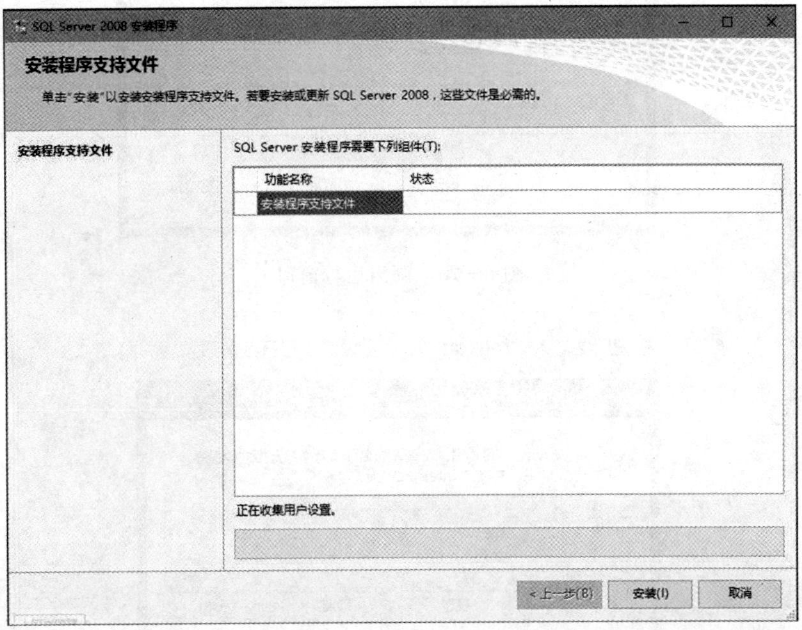

图 5-73　安装程序支持文件

⑤ 点击右侧“安装程序支持规则”菜单，点击“下一步”，如图 5－74 所示。

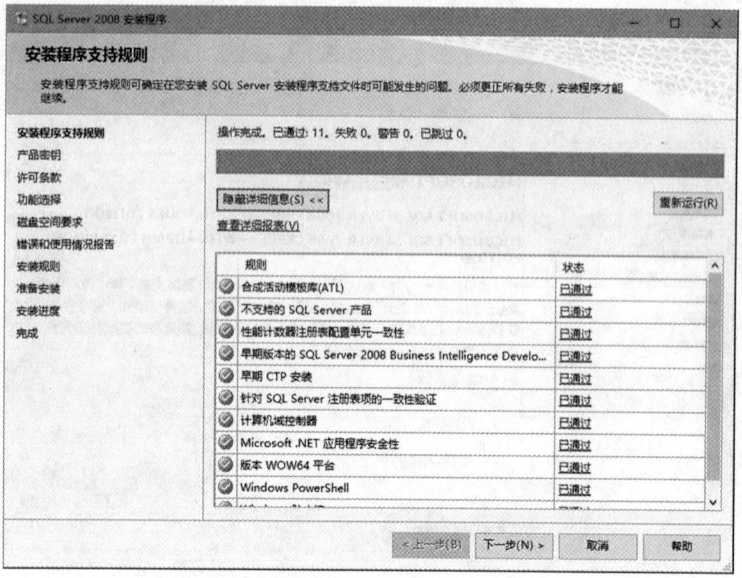

图 5－74　安装程序支持规则

⑥ 点击右侧“产品密钥”菜单，点击“下一步”，如图 5－75 所示。

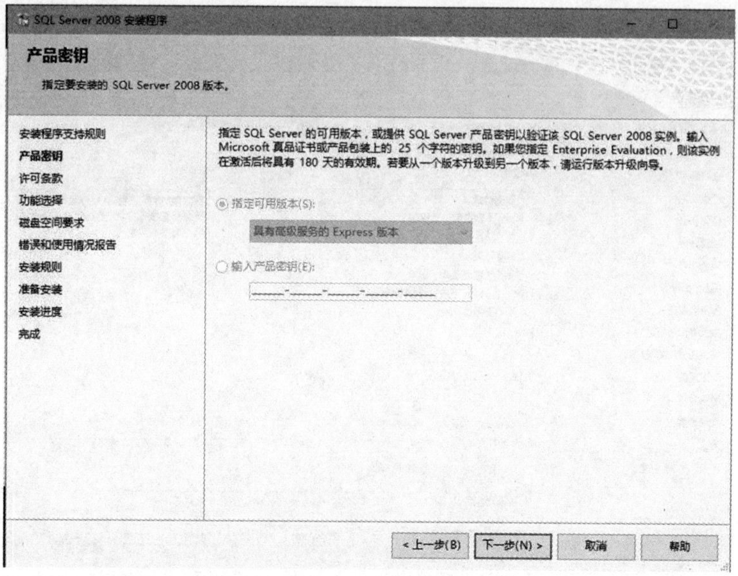

图 5－75　确定数据库版本

⑦ 点击右侧“许可条款”菜单，勾选“我接受许可条款。”，点击“下一步”，如图 5-76 所示。

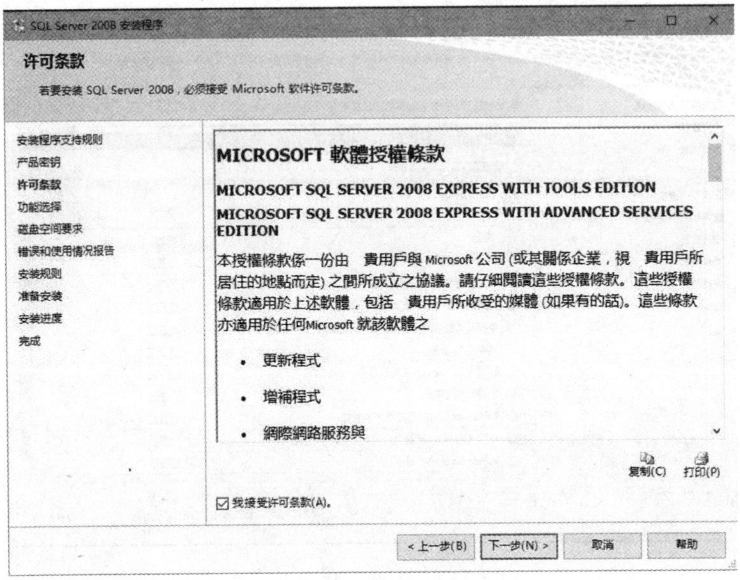

图 5-76　接收许可条款

⑧ 点击右侧“功能选择”菜单，勾选需要的功能，点击“下一步”，如图 5-77 所示。

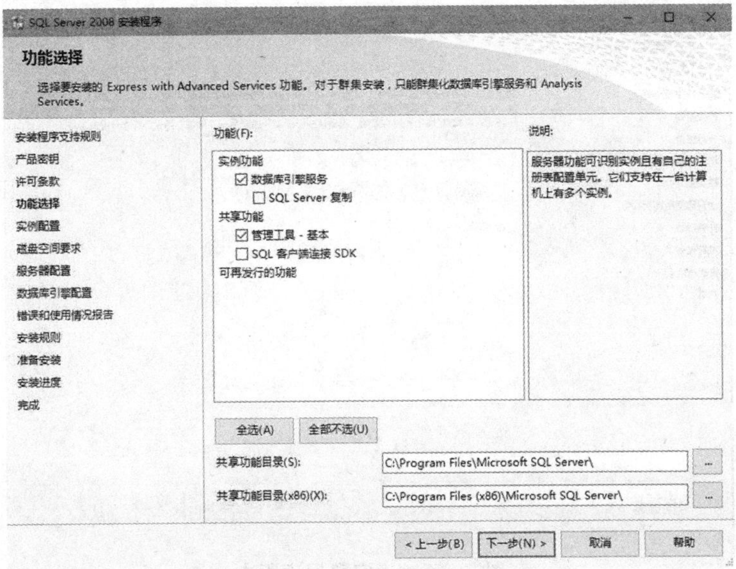

图 5-77　功能选择

⑨ 点击右侧“实例配置”菜单，填写“命名实例”和“实例 ID”，点击“下一步”，如图 5－78 所示。

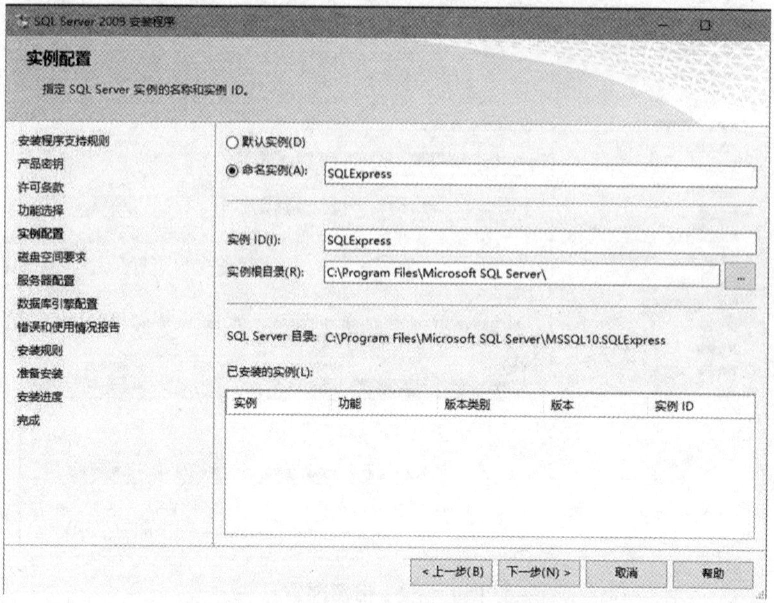

图 5－78　指定数据库实例名称和 ID

⑩ 点击右侧“磁盘空间要求”菜单，点击“下一步”，如图 5－79 所示。

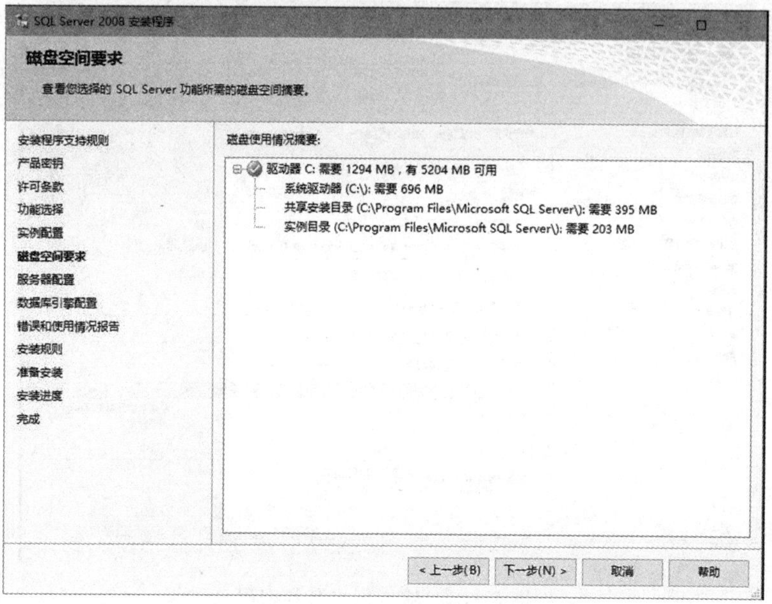

图 5－79　磁盘空间需求

⑪ 点击右侧“服务器配置”菜单，指定配置，点击“下一步”，如图 5－80 所示。

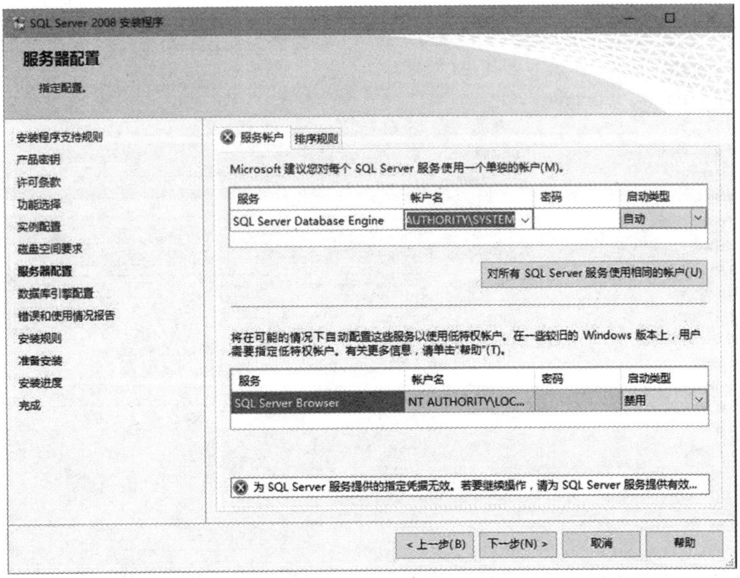

图 5－80　指定配置

⑫ 点击右侧“数据库引擎配置”菜单，输入和确认密码，点击“下一步”，如图 5－81 所示。

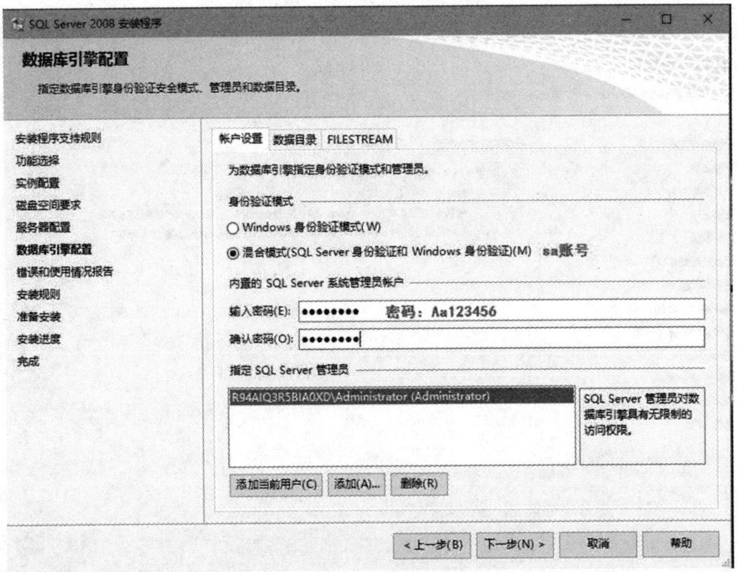

图 5－81　输入用户名和密码

（注：sa 账号的默认密码一定要设置为 Aa123456）

⑬ 点击右侧“错误和使用情况报告”菜单，点击“下一步”，如图 5－82 所示。

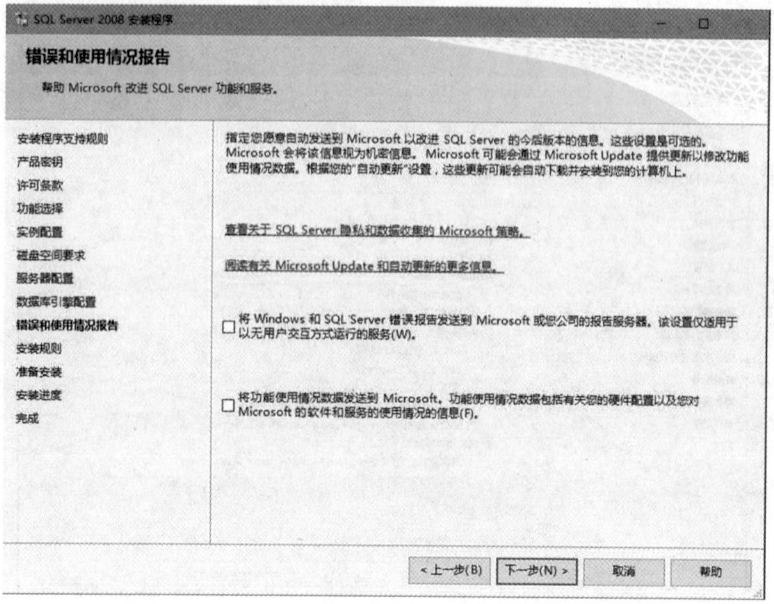

图 5－82　错误和使用情况报告

⑭ 点击右侧“安装规则”菜单，运行完成后，点击“下一步”，如图 5－83 所示。

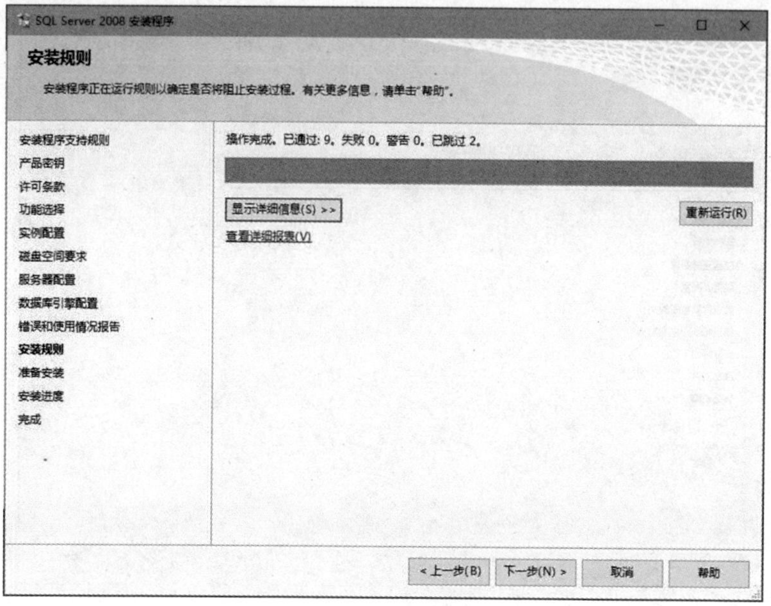

图 5－83　安装规则

⑮ 点击右侧“准备安装”菜单，检测数据库功能，点击“安装”，如图 5－84 所示。

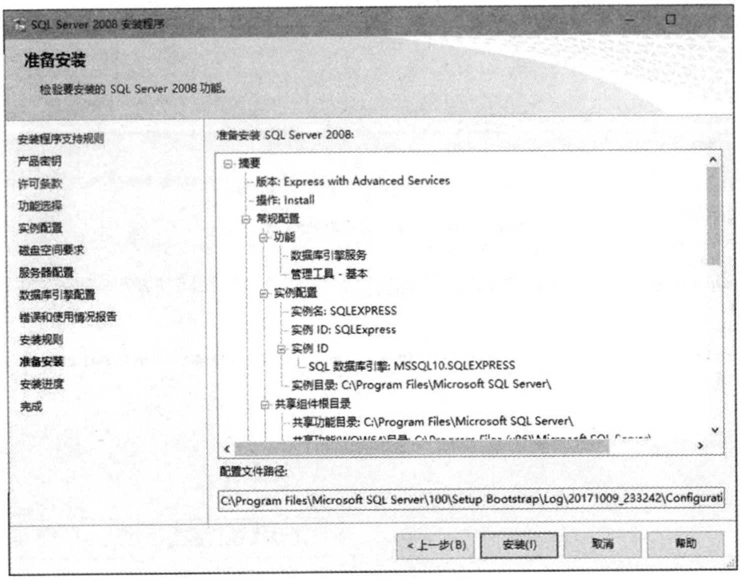

图 5－84　检测数据库功能

⑯ 点击右侧“安装进度”菜单，查看安装进度，待安装完成后，点击“下一步”，如图 5－85、图 5－86 所示。

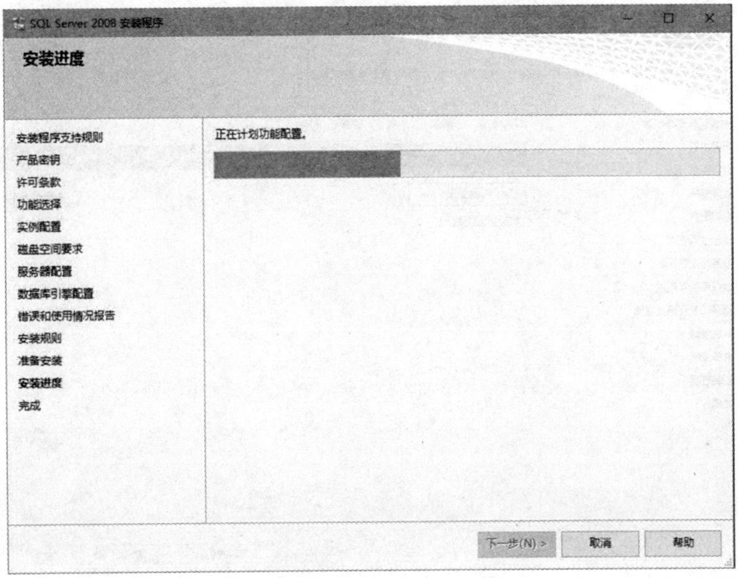

图 5－85　计算功能配置

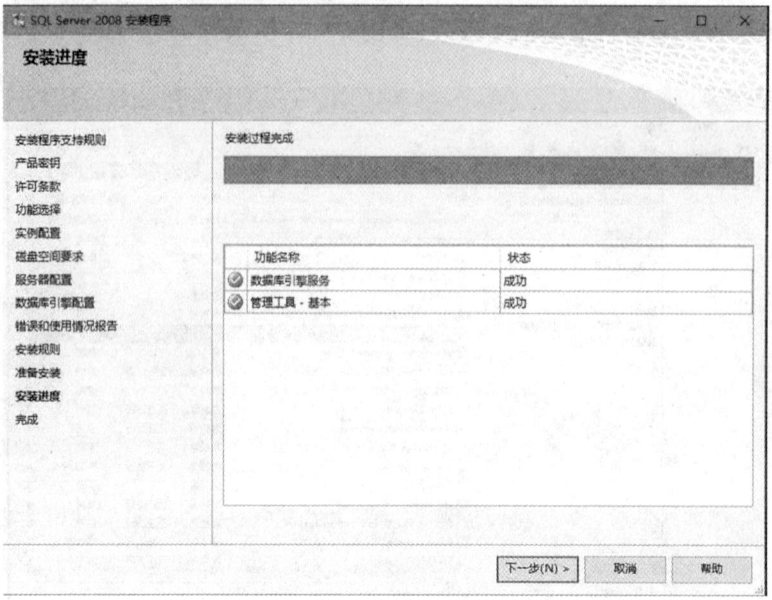

图 5－86　安装过程完成

⑰ 点击右侧“完成”菜单，显示数据库安装已成功完成，点击“关闭”，即完成安装，如图 5－87 所示。

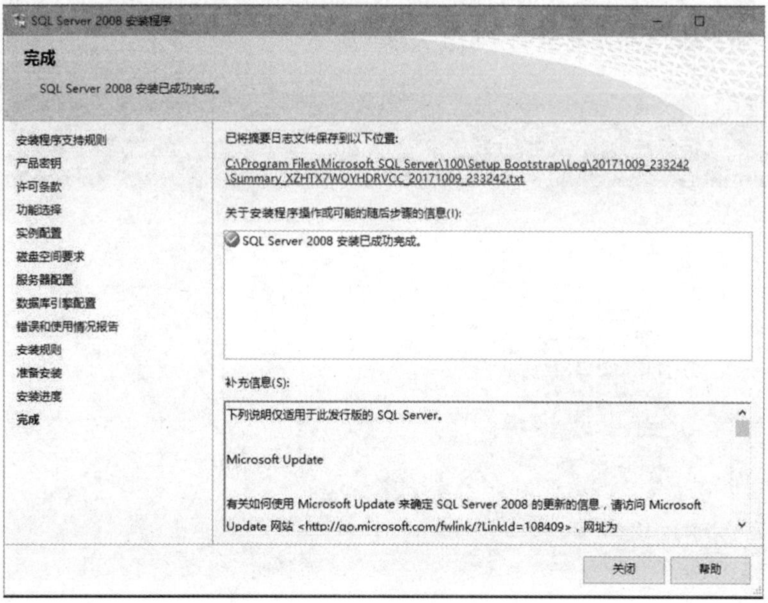

图 5－87　安装完成

⑱ 检查 Windows 服务中 SQL Express 服务是否启动，若未启动，则点击启动，服务正常启动后再继续向下安装，如图 5 - 88 所示。

图 5 - 88　启动服务

(2)程序安装。

① 确定第一步中安装的数据库的 Windows 服务已经启动，然后点击“程序安装”开始安装档案管理系统，如图 5 - 89 所示。

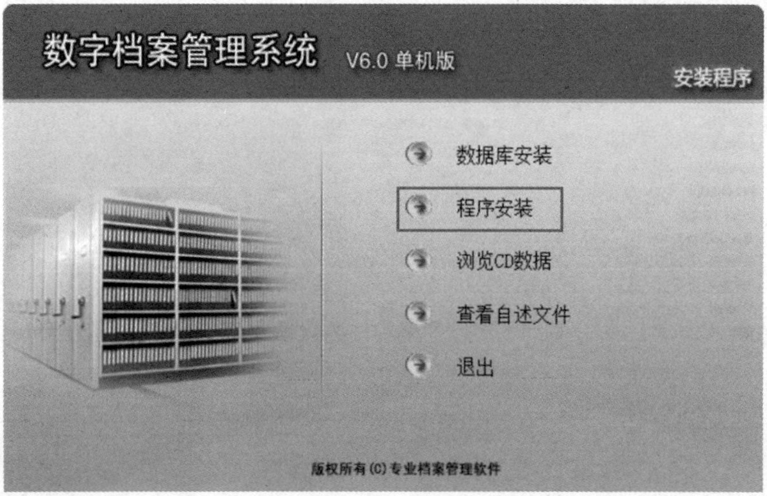

图 5 - 89　点击“程序安装”

② 根据客户端安装向导进行安装。点击“下一步”进行安装，如图 5－90 所示。

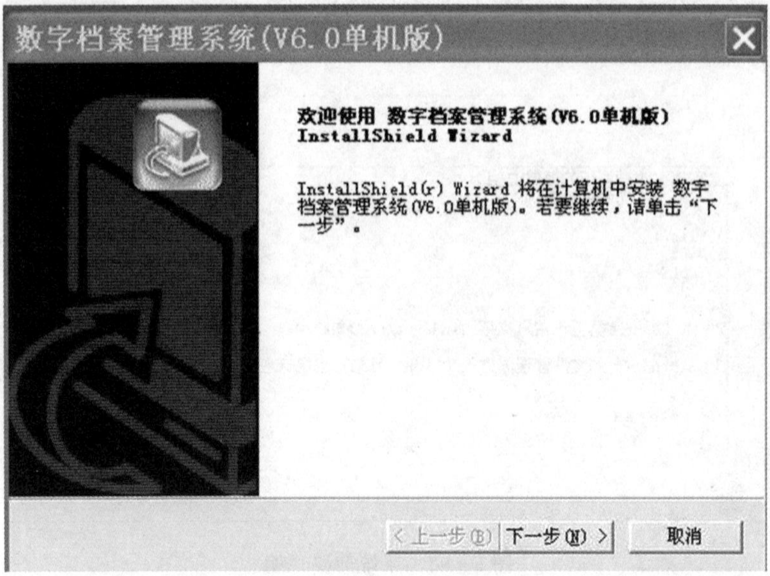

图 5－90　确定安装版本

授受许可证协议，点击“是”，如图 5－91 所示。

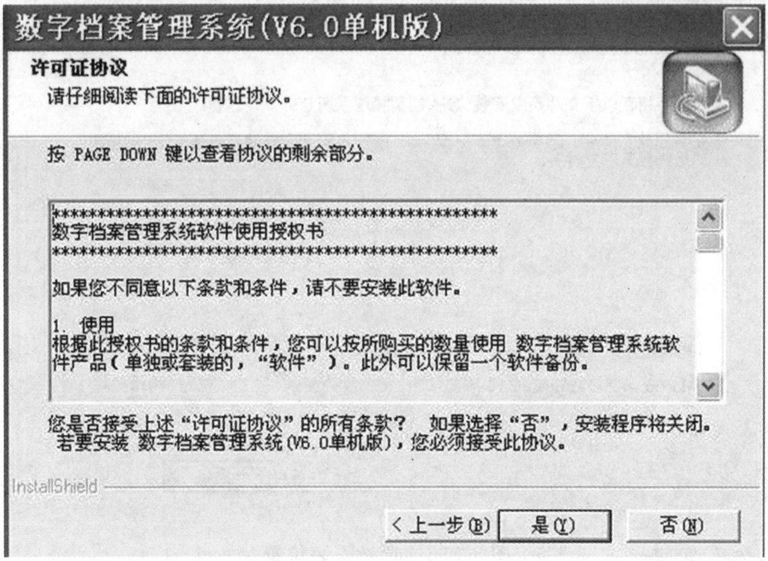

图 5－91　安装许可

阅读数字档案管理系统的简要说明，点击“下一步”，如图 5－92 所示。

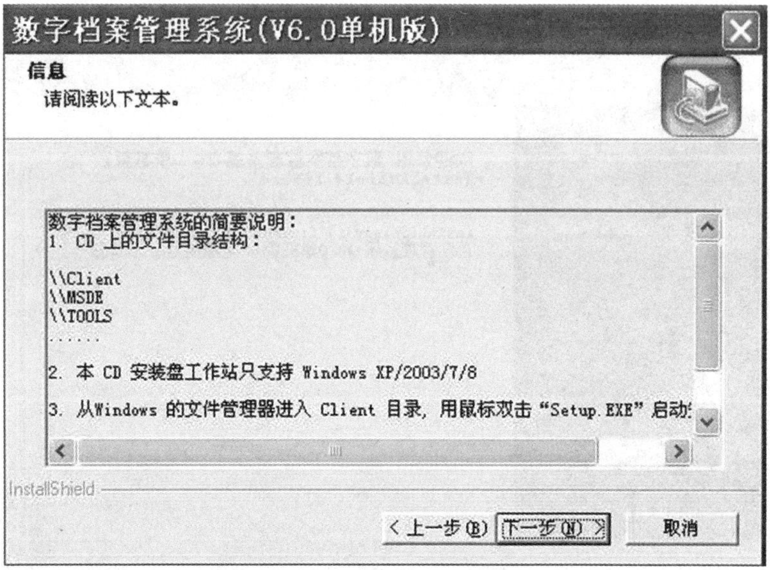

图 5－92　系统简要说明

选择安装位置，点击“下一步”，如图 5－93 所示。

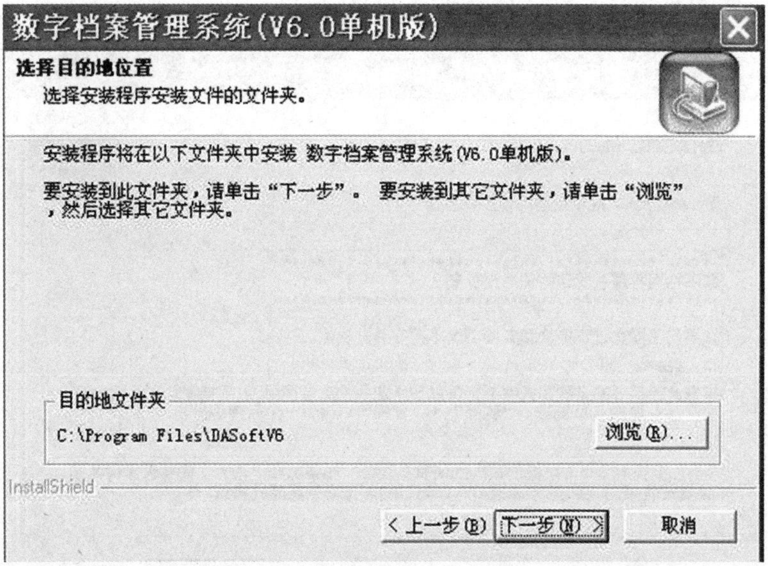

图 5－93　选择安装位置

选择安装类型，默认“典型”安装，点击“下一步”，如图 5－94 所示。

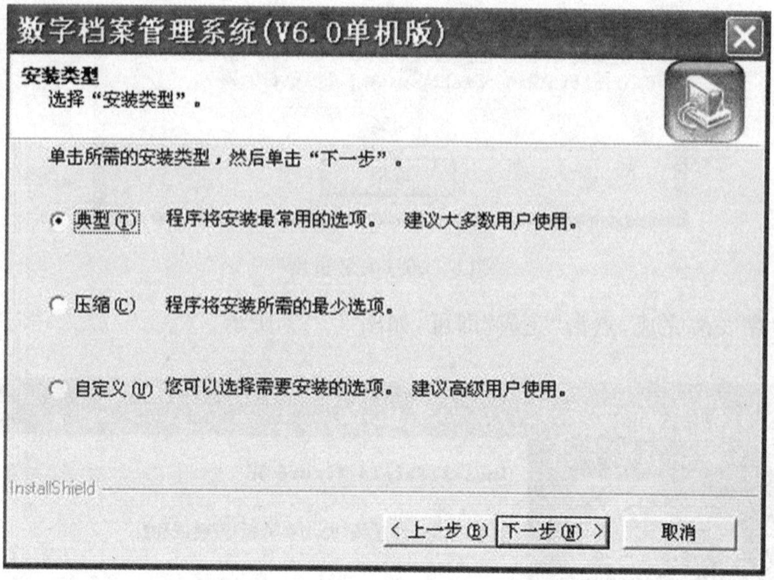

图 5－94　确定安装类型

选择程序文件夹，点击“下一步”，如图 5－95 所示。

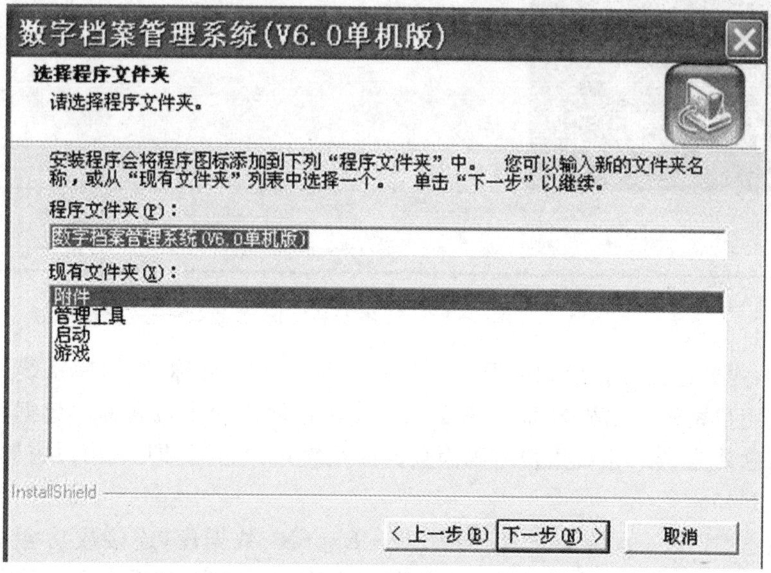

图 5－95　选择程序文件夹

进行安装，如图 5 - 96 所示。

图 5 - 96　安装进度

程序安装完成，点击“完成”即可，如图 5 - 97 所示。

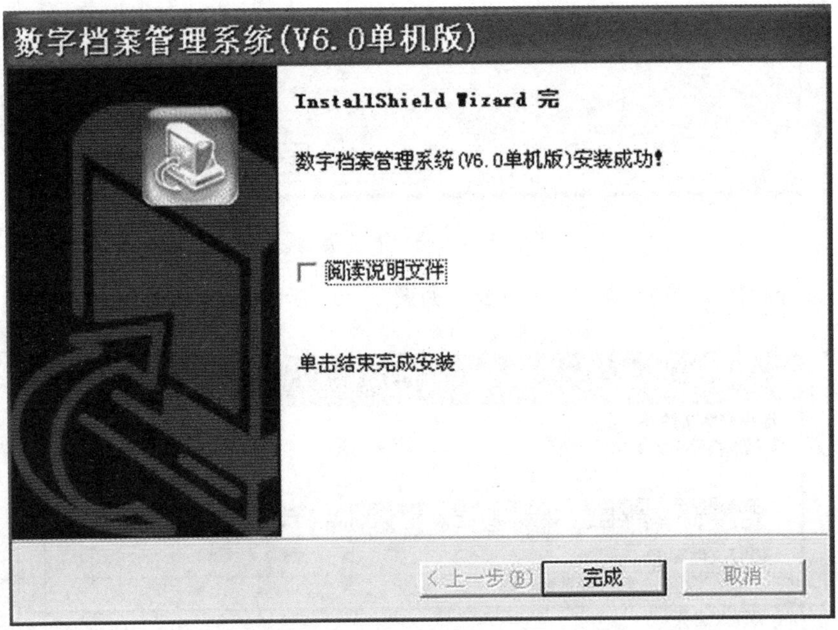

图 5 - 97　程序安装完成

(3)测试连接数据库，如图5 - 98所示。填写主机名称、数据库系统用户名和系统用户密码。主机名称为 SQL Express 数据库的主机名称。数据库系统用户名默认为 sa。系统用户密码为数据库系统用户密码，即 sa 用户密码，默认为 Aa123456。

点击“连接”，系统会自动连接 SQL Express 数据库，连接成功会出现图 5 - 99，点击“浏览”可设置数据库文件夹的路径，点击“确定”系统会自动在 SQL Express 数据库上创建数据库，如图 5 - 100 所示。

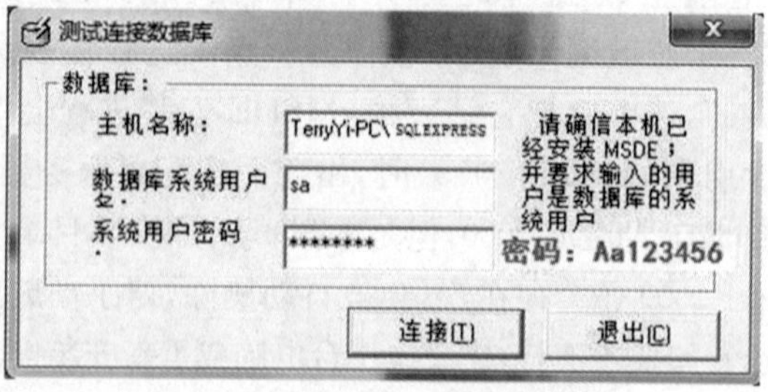

图 5－98　输入主机名称、数据库系统用户名和系统用户密码

图 5－99　确定登录信息

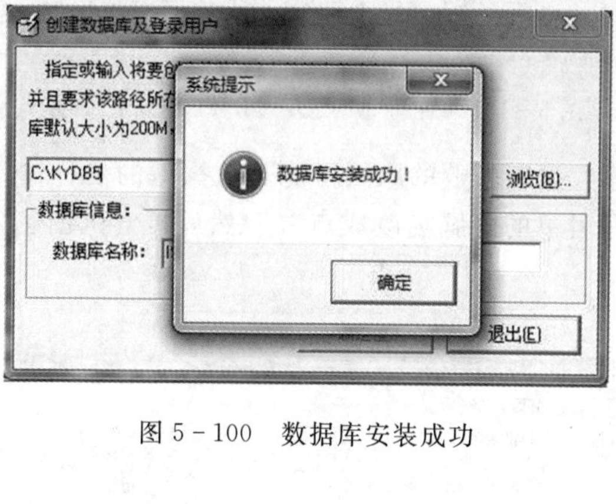

图 5－100　数据库安装成功

二、常见问题

➢ 安装 MSDE 数据库引擎时，进度条走到一定程度后长时间停止不动，怎么处理？

答：排除计算机运行慢的因素后，不要关闭 MSDE 安装窗口，此时可以在桌面下方工具栏上点击鼠标右键选择打开“任务管理器”，或者同时按住“Ctrl＋Alt＋Del”三个按键调出“任务管理器”，点击进程标签页，在显示的进程中找到“setupre. exe”，选中后把它结束掉，MSDE 安装进程会继续进行下去。

➤ 安装数据库引擎（MSDE 2000）时，出现无法配置服务器错误怎么办？

答：这是因为卸载了 MSDE 2000，但是 MSDE 的原安装目录 C:\program files\microsoft SQL Server 2000 还会存在，不会被自动删除，请手动删除，然后再重新安装，即可解决此问题。如果还不行，建议换一台电脑或重新安装操作系统。

➤ Vista 或 Windows 7 操作系统，在安装（MSDE 2000）时，提示“安装失败”，怎么解决？

答：在安装界面上，点击“浏览光盘”，打开光盘后，进入 MSDE 文件夹，在“setup. exe”上点击鼠标右键，选择“管理员身份运行”。然后点击“开始”→“程序”→“启动”，在“Service manager”上点击鼠标右键，选择“管理员身份运行”来启动服务。进行数据库安装时亦是如此操作。

➤ 创建数据库时提示创建失败如何解决？

答：首先，需要确认 MSDE 2000 数据库的服务是否已经启动，如果没有启动，需要到 Windows 的控制面板，点击“管理工具”→“服务”，找到“MSSQL $ INFOSOFT”，然后手动启动服务；服务启动正常后，再尝试创建数据库，如图 5－101所示。

图 5－101　启动“MSSQL $ INFOSOFT”服务

另外一种创建数据库失败的原因可能是数据库的名称输入不正确，这种情况只需要把数据库名单的电脑名改成点“．”，然后再尝试创建数据库即可，如图 5－102 所示。

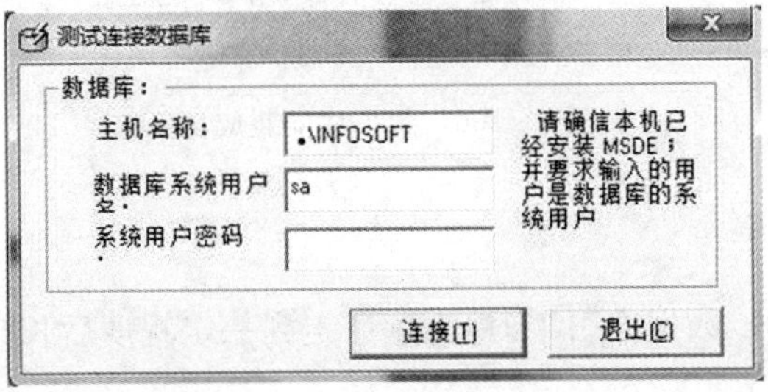

图 5－102　修改主机名称

➢ Windows 10 操作系统上安装档案软件时，提示“解压缩支持文件时出错：灾难性故障”如何解决？

答：可以用以下方法进行排除：检查系统 C 盘硬盘空间是否足够；重新下载安装 WinRAR 解压缩软件；退出操作系统中安装的杀毒软件和防火墙程序。此外，也有可能是档案系统安装包文件丢失，可以从光盘中拷贝全量的安装包再进行安装。如果还是无法解决，建议更换一台电脑或重新安装操作系统。

三、数据导入方法

(一)Excel 导入方法

(1)首先把 Excel 表头字段全部改成英文名称，字段中文名称对应的英文名称可以在系统管理里进行如下操作：点击“门类定制”，在左边选择对应的档案门类点击“修改”→“结构”，左边就出现了这个门类里所有的字段。用鼠标选择一个字段，右边就可以看到字段中文名称对应的英文名称，如图 5-103 所示。

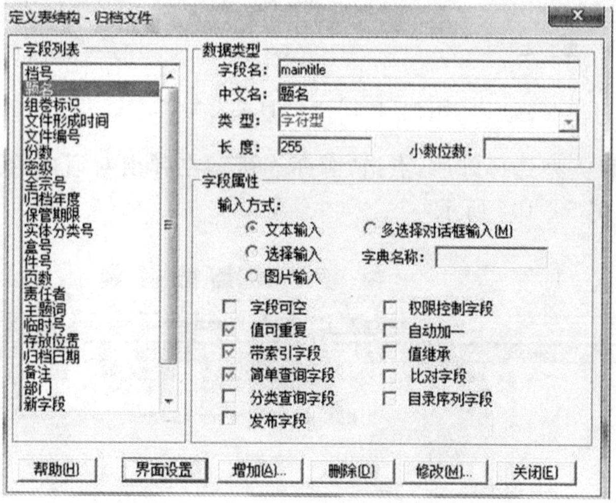

图 5-103　修改数据类型和长度

(2)下面以文书档案简化方法为例，表头中文名称和英文名称按照表 5-1 进行对应，或从软件中修改底层门类查看字段名称，把 Excel 表头中文名称全部改成对应的英文名称即可。

表 5-1　将 Excel 中的表头修改成软件对应字段名

全宗号	归档年度	保管期限	实体分类号	件号	档号
fonds_no	filing_year	retention	archive_ctg_no	piece_no	archive_no
文件编号	责任者	题名	页数	文件形成时间	备注
doc_no	responsibleby	maintitle	quantity	created_date	note

(3)数据导入:点击“数据管理”→“数据导入”,在右边下拉框选择目录表类型,如图5-104所示。

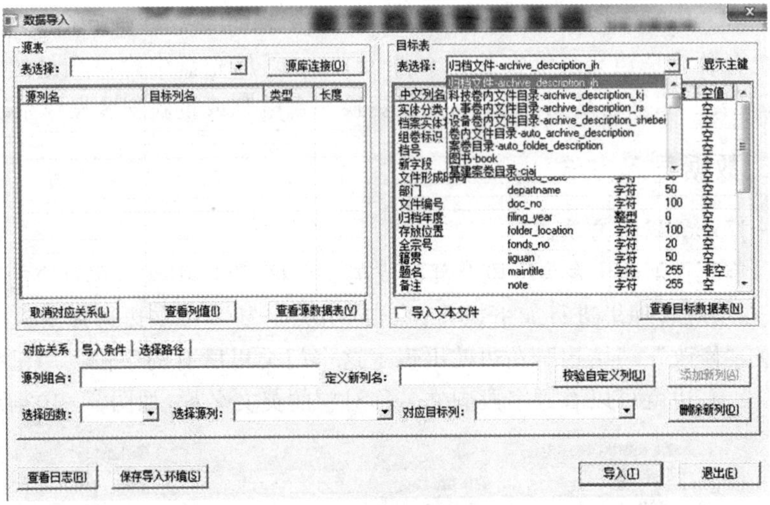

图 5-104　选择目录表类型

(4)目标表类型选择好后,点击“源库连接”,在弹出对话框的下拉框中选择“EXCEL”,如图 5-105 所示。

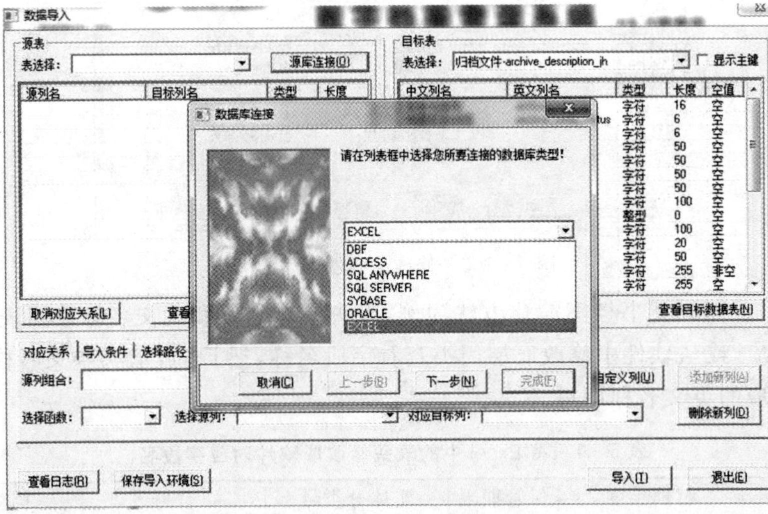

图 5-105　选择“EXCEL”

(5)点击“下一步”→“数据库路径”,选择做好的 Excel 数据,然后点击“完成”，即出现图 5－106，直接点“导入”即可。

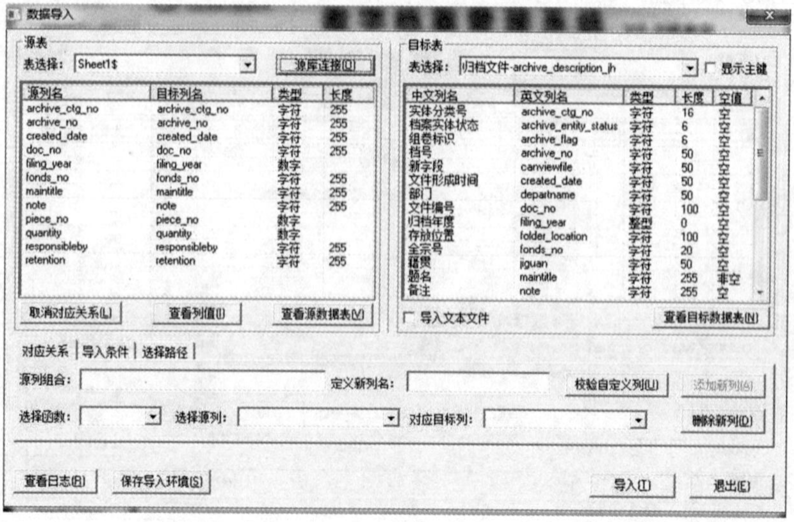

图 5－106 数据对接和导入

注：以上是文书档案简化方法数据导入的例子，其他门类导入方法类似。

(二)Access 导入方法

(1)数据导入：点击“数据管理”→“数据导入”在右边下拉框选择目录表类型，如图5－107所示。

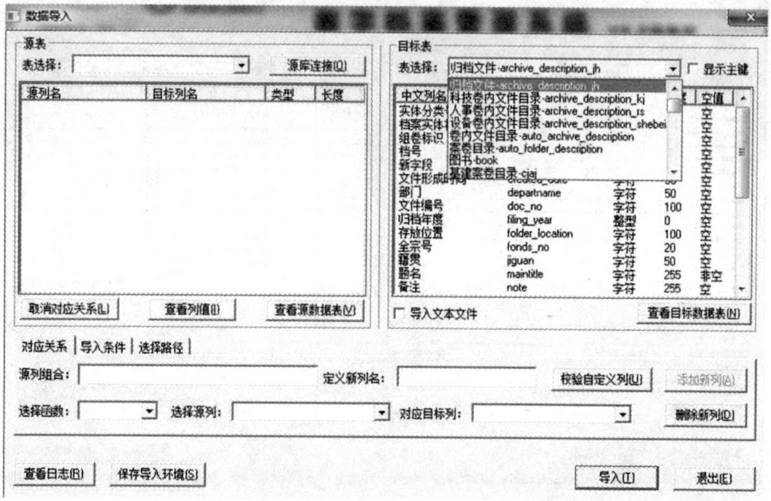

图 5－107 选择目录表类型

(2)目标表类型选择好后,点击"源库连接"在弹出对话框的下拉框中选择"ACCESS",如图5－108所示。

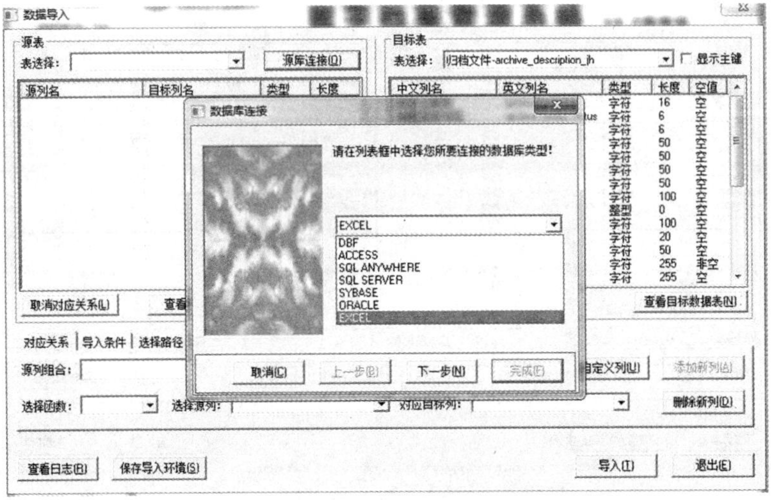

图 5－108　选择数据类型

(3)点击"下一步"→"数据库路径",选择做好的 mdb 数据,然后点击"完成",即出现图 5－109,将右边的内容与左面的源列名拖拽对应后点击"导入"即可。

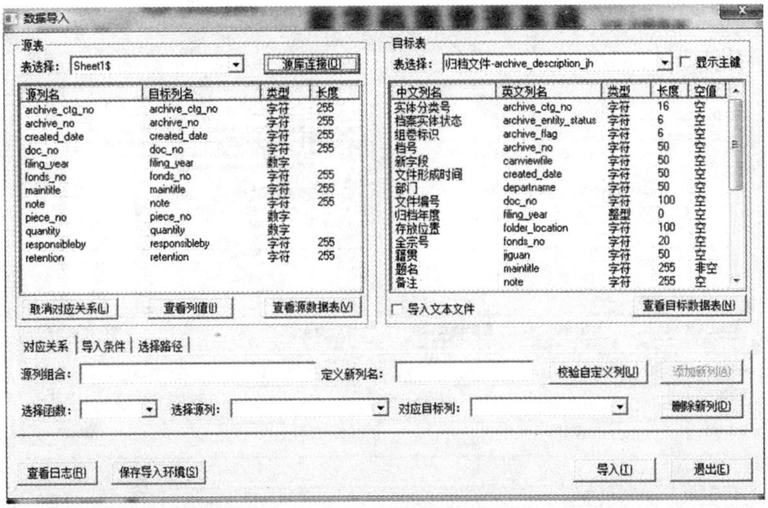

图 5－109　数据对接和导入

注:以上是文书档案简化方法数据导入的例子,其他门类导入方法类似。

四、批量挂接原文步骤

（1）登录软件，点击“扫描加工”→“原文挂接”，弹出如图5－110所示界面。

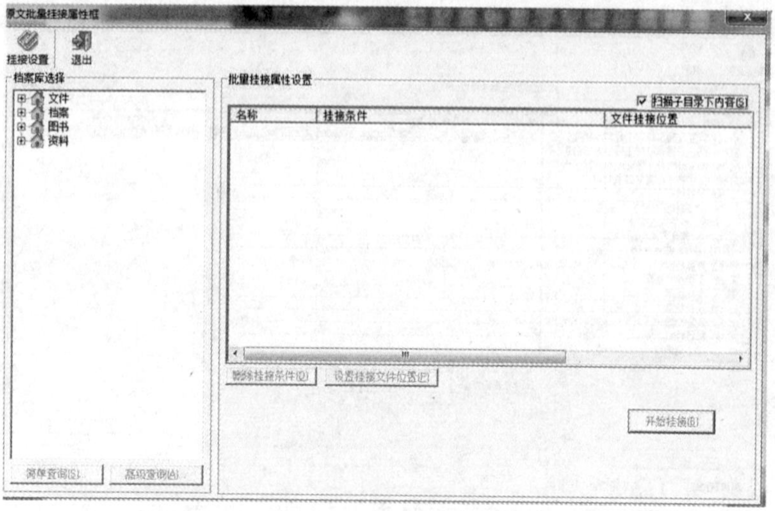

图5－110　软件原文挂接界面

（2）点击“挂接设置”，以文书档案简化方法整理为例，左边依次打开“档案”→“文书档案”→“简化方法整理”，选中“归档文件”，在右边设置“档号”，然后点击“保存”→“退出”，如图5－111所示。

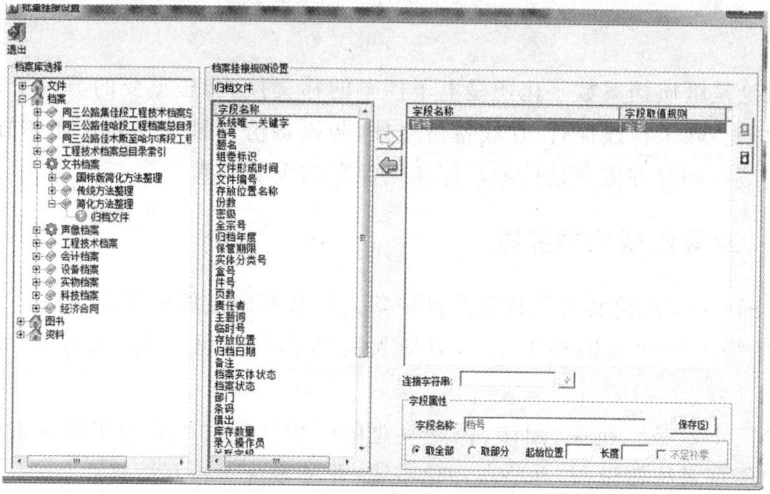

图5－111　设置对应条件

(3)点击界面左下方的“简单查询”,加入一个查询条件,在右边选中查询挂接条件行,选择“设置挂接文件位置”,选择好扫描待挂接原文位置后,点击“开始挂接”即可,如图 5-112 所示。

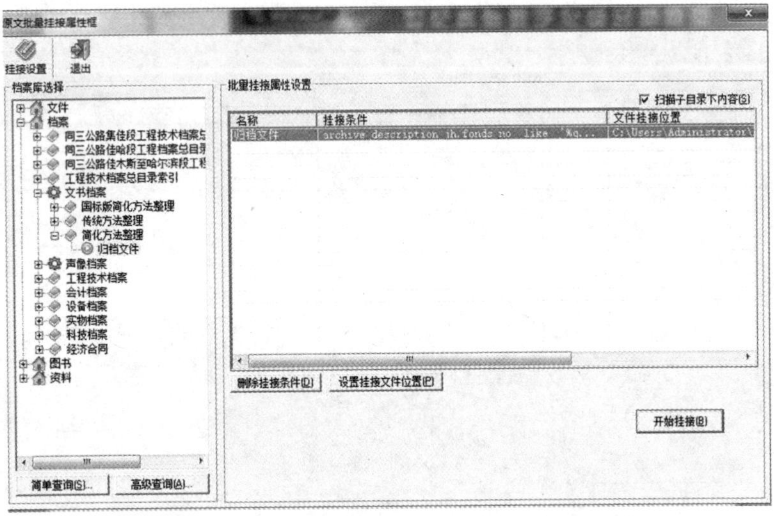

图 5-112　选择待挂接原文位置并开始挂接

第四节　硬盘选择和修复

无论是纸质档案数字化还是电子档案的移交接收,最重要的莫过于存储的档案数据。除了在线保管、在线备份之外,脱机备份也是重要的管理环节,合适的存储载体和管理方案是档案数据长期保存的重要因素。

一、政策法规依据保障

(一)《中华人民共和国档案法》(中华人民共和国主席令第 47 号)

《中华人民共和国档案法》(中华人民共和国主席令第 47 号)部分内容如下。

第三十六条　机关、团体、企业事业单位和其他组织应当积极推进电子档案管理信息系统建设,与办公自动化系统、业务系统等相互衔接。

第三十七条　电子档案应当来源可靠、程序规范、要素合规。

电子档案与传统载体档案具有同等效力,可以以电子形式作为凭证使用。

第三十八条　国家鼓励和支持档案馆和机关、团体、企业事业单位以及其他组织推进传统载体档案数字化。已经实现数字化的，应当对档案原件妥善保管。

第三十九条　电子档案应当通过符合安全管理要求的网络或者存储介质向档案馆移交。

档案馆可以对重要电子档案进行异地备份保管。

(二)《机关档案管理规定》(国家档案局令第13号)

《机关档案管理规定》(国家档案局令第13号)部分内容如下。

第五十六条　机关应当开展数字档案室建设，统筹传统载体档案数字化、电子文件归档与电子档案管理工作。

第五十七条　机关应当建立档案数字化常态机制，有序开展档案数字化工作。

第六十一条　机关配备的网络基础设施、系统硬件、基础软件、安全保障系统、终端及辅助设备应当满足档案信息化的管理需要并适当冗余、方便扩展。

机关档案部门应当配置独立的专业服务器和专用存储设备。服务器和存储设备应当满足高效、可用、可扩展等要求。

第六十三条　电子档案的文件格式和质量应当符合标准要求，元数据应当齐全完整，满足长期保存和同级国家综合档案馆进馆要求。

第六十四条　机关应当为电子档案安全存储配置在线存储系统。在线存储系统应当实施容错技术方案，定期扫描、诊断存储设备。

第六十五条　机关应当制定电子档案备份方案和策略，采用磁带、一次性刻录光盘、硬磁盘等离线存储介质对电子档案实行离线备份。具备条件的，应当对电子档案进行近线备份和容灾备份。

二、常用的磁盘存储形式

(一)磁带存储

数据存储磁带(简称数字磁带)像普通音乐磁带一样，只是存储数字信息的格式不同，并且有更加严格的数据校验功能。只有专用的磁带机才能读出磁带里的数据，普通计算机上不能直接看到磁带机的盘符，是因为需要安装驱动程序。各地的数据中心、互联网服务提供商、政府机关备份数据时，经常能发现数字磁带的身影，它不仅很常见，而且必不可少。

数字磁带的访问速度虽然比硬盘驱动器和固态存储器等其他存储设备的访问速度慢，但数字磁带具有很高的存储密度。相对于其他设备，数字磁带可以保存更多的信息。因此，对于数据备份方面的数据密集型应用程序以及广义的大数据所涵盖的任何内容，数字磁带都非常重要。随着对这些应用程序需求的增加，人们对大容量数字磁带的需求也在增加。

磁带机（Tape Drive）一般指单驱动器产品，通常由磁带驱动器和磁带构成，是一种经济、可靠、容量大、速度快的备份设备。其采用高纠错能力编码技术和写后即读通道技术提高数据备份的可靠性。根据装带方式的不同，磁带机一般分为手动装带磁带机和自动装带磁带机。

磁带存储主要有如下几种技术类型。

（1）数码音频磁带（Digital Audio Tape，DAT）技术又叫作 4 mm 磁带机技术，最初是由 HP 公司与索尼公司共同开发出来。这种技术以螺旋扫描记录（Helical Scan Recording）为基础，将数据转化为数字后再存储下来。早期的 DAT 技术主要应用于声音的记录，后来随着这种技术的不断完善，又被应用在数据存储领域里。

（2）8 mm 技术由 Exabyte（安百特）在 1987 年开发，采用螺旋扫描技术，其特点是磁带容量大、传输速率高，它在较高的价位上提供了相对较高容量的存储解决方案。

（3）数字线性磁带（Digital Linear Tape，DLT）技术源于 1/2 英寸磁带机。1/2 英寸磁带机技术出现很早，主要用于数据的实时采集，如程控交换机上话务信息的记录、地震设备的震动信号记录等。DLT 由 DEC 公司和 Quantum 公司联合开发。DLT 因磁带体积庞大，全部是 5.25 英寸全高格式。DLT 产品因高容量，主要定位于中、高级的服务器市场与磁带库系统。

（4）线性磁带开放协议（Linear Tape Open，LTO）技术，由 HP、IBM、Seagate 三家厂商在 1997 年 11 月联合制定，其结合了线性多通道、双向磁带格式的优点，基于服务系统、硬件数据压缩、优化的磁道面和高效率纠错技术，来提高磁带的能力和性能。LTO 技术有两种存储格式，即高速开放磁带格式（Ultrium）和快速访问开放磁带格式（Accelis），它们可分别满足不同用户对 LTO 存储系统的要求。

（5）先进智能磁带（Advanced Intelligent Tape，AIT）具有螺旋扫描、金属蒸发带等先进技术。AIT 的数据保护性能比较突出，AIT 已经发展到目前的 AIT－3。目前开发 AIT 技术的索尼公司和专注在 AIT 技术上开发产品的 Spectra Logic 公司都在大力推广采用 AIT 的产品。AIT 采用螺旋扫描方式进行记录，而 LTO、DLT、超级数字线性磁带（Super Digital linear Tape，SDLT）都是线性记录，像录音机一样，磁头是固定不动的，磁带直线运动通过磁头。

（6）VXA 技术由 Exabyte（安百特）公司开发的磁带备份技术。VXA 技术不依赖于精确的磁头和磁道位置来保证读写的可靠性，它不像流式磁带设备为定位磁道而需要昂贵的高精度的部件和精确的机械零件。VXA 以包的格式读写数据，对磁带上的数据记录区进行无空隙扫描，目前已经从 VXA－1 发展到 VXA－2。

（二）光盘存储

光盘是以光信息为存储载体并用来存储数据的一种物品，是利用激光原理进行读、写的设备，是迅速发展的一种辅助存储器，可以存放各种文字、声音、图形、图像和动画等多媒体数字信息。2009 年 7 月，由国家档案局档案科学技术研究所与清华大学光盘国家工程研究中心共同发起成立的"光盘保护技术联合实验室"，主要是配合当时的档案行业标准《电子文件归档光盘技术要求和应用规范》(DA/T 38—2008)的实施而成立的，致力于光盘耐久性、光盘数据丢失机理及防治技术、光盘的分析检测技术方向进行研究，并制定相关标准。

(1)CD 光盘：①CD－R 刻录光盘，最早的一种刻录光盘，它可多次在空余部分写入数据，适合小规模单一发行的 CD 制品或者数据备份、资料存档等。②CD－RW刻录光盘，相对于 CD－R 刻录光盘一次性刻录性能，CD－RW 刻录光盘能够重复擦写，即刻录数据后，还可将其擦除并重新刻录。

(2)DVD 光盘：①DVD－R 刻录光盘，与 DVD 兼容性较好，比较常见。它也是目前兼容性最好的刻录光盘之一。其刻录模式与 CD－R 相同，只适合沟槽轨道进行刻录，其碟片的反射率和普通 DVD 光盘相似。②DVD－RW 刻录光盘，刻录原理和普通 CD－RW 类似，也可以重复擦写，其优点是兼容性好，而且能够以 DVD 视频格式来保存数据，因此它能够在 DVD 播放机上播放。但是它的缺点是格式化需要花费 1.5 h。③DVD＋R 刻录光盘，碟片按照先锋公司的 DVD＋R 规格 1.0 版本设计，设计存储能力为 3.95 GB。1999 年底先锋发布 DVD＋R 规格 2.0 版本，存储能力达到 4.7 GB。④DVD＋RW 刻录光盘，与现有的 DVD 播放机和 DVD 驱动器全部兼容，其在电脑和娱乐应用领域的实时视频刻录和随即数据存储方面完全兼容可重写格式刻录光盘，其单面容量为 4.7 GB，双面容量高达 9.4 GB，是目前试用最多的 DVD 刻录光盘。

(3)蓝光光盘：①BD－R 刻录光盘，也就是所说的蓝光光盘，是 DVD 光盘的下一代标准之一。BD－R 是蓝光的单层刻录光盘，与 CD－R、DVD－R、DVD＋R 相似，都是一次性刻录光盘，一张光盘可存储 25 GB 的文档，是现有 DVD 光盘的 5 倍。②BD－RE 刻录光盘，也叫蓝光可擦写刻录光盘，是蓝光最新的可擦写刻录光盘，采用 SERL 记录薄膜，该薄膜由 12 倍速 CD－RW 采用的相变材料演变而来，并改善了高速性和耐久性，为 BD－RE 提供了长久可靠的反复擦写与稳定的数据保护能力。

(4)档案级光盘：档案级光盘是耐久性到达特定要求的可记录光盘，其各项技术优于工业标准。外箱包装写有档案级光盘产品名称及 DA/T 38—2021、DA/T 74—2019、ISO/IEC 16963 规范等。DA/T 38—2021、DA/T 74—2019 对盘 CD－R、DVD－R、DVD＋R、可录类蓝光光盘的要求：档案级 CD、DVD 光盘的保存寿命大于 20 年，档案级蓝光光盘的保存寿命大于 30 年。

(三)硬盘存储

硬盘有固态硬盘(SSD，新式硬盘)、机械硬盘(HDD，传统硬盘)、混合硬盘(HHD，基于传统机械硬盘诞生出来的新硬盘)。固态硬盘采用闪存颗粒来储存，读写速度快，防震抗摔性好；机械硬盘采用磁性碟片来储存，是最基本的电脑存储器；混合硬盘是把磁性硬盘和闪存集成到一起的一种硬盘，应用中的数据存储与恢复更快。绝大多数硬盘都是被永久性地密封固定在硬盘驱动器中的。

(1)固态硬盘：用固态电子存储芯片阵列制成的硬盘，由控制单元和存储单元(FLASH 芯片、DRAM 芯片)组成。固态硬盘在接口的规范和定义、功能及使用方法上与普通硬盘的完全相同，在产品外形和尺寸上也完全与普通硬盘一致。固态硬盘被广泛应用于军事、车载、工控、视频监控、网络监控、网络终端、电力、医疗、航空、导航设备等领域。固态硬盘的优点是读写速度快、防震抗摔性好、低功耗、无噪声、工作温度范围大、轻便。固态硬盘的缺点是容量小、寿命有限、售价高。

(2)混合硬盘：既包含传统硬盘又有闪存模块的大容量存储设备，闪存处理存储中写入或恢复最频繁的数据。

相比传统硬盘，混合硬盘有很多优点，包括应用中的数据存储与恢复快、系统启动时间少、功耗低、生成热量少、硬盘寿命长、笔记本和 PAD 的电池寿命长、工作噪声级别低。

(3)机械硬盘：传统普通硬盘，主要由盘片、磁头、盘片转轴及控制电机、磁头控制器、数据转换器、接口、缓存等几个部分组成。

磁头可沿盘片的半径方向运动，加上盘片每分钟几千转的高速旋转，磁头就可以定位在盘片的指定位置上进行数据的读写操作。信息通过离磁性表面很近的磁头，由电磁流来改变极性方式被电磁流写到磁盘上，信息可以通过相反的方式读取。

三、档案数据存储的注意事项

磁盘是数据的载体，数据是磁盘的价值，磁盘有价，数据无价！珍爱磁盘即是珍爱数据！具体可以考虑如下几个要求：

(1)根据实际工作需要，尽量不要使用移动硬盘，选择合适的存储磁盘类型，长期保存选取磁带形式，便携利用选取硬盘形式，数据量不大时可以使用光盘存储；

(2)购置磁盘时，选择大品牌、市场占有率高的品牌产品；

(3)同一数据备份两套以上存储磁盘，尽可能选择两种不同载体进行数据备份；

(4)备份好的数据，及时进行异地备份，防止发生意外情况；

(5)妥善保管备份磁盘，防止泄密；

(6)硬盘拷贝数据时一定不要乱插拔，需要退出时一定要等到硬盘灯熄灭；

(7)使用硬盘盒时，尽量不要在一个硬盘盒使用两块以上硬盘；

(8)备份的数据磁盘，定期进行检查，防止磁盘损毁。

四、硬盘简介

硬盘全名温彻斯特式硬盘，由一个或者多个铝制或者玻璃制的碟片组成，这些碟片外覆盖有铁磁性材料。

(一)硬盘的容量

作为计算机系统的数据储存器，容量是硬盘最主要的参数。硬盘的容量以兆字节(MB/MiB)、千兆字节(GB/GiB)或百万兆字节(TB/TiB)为单位，常见的换算式为 1 TB=1024 GB，1 GB=1024 MB，1 MB=1024 kB。

(二)硬盘的转速

转速(Rotational Speed 或 Spindle speed)，是硬盘内电机主轴的旋转速度，也就是硬盘盘片在一分钟内所能完成的最大转数。转速的快慢是表示硬盘档次的重要参数之一，它是决定硬盘内部传输率的关键原因之一，在很大程度上直接影响硬盘的速度。硬盘的转速越快，硬盘寻找文件的速度也就越快，相对的硬盘的传输速度也就越快。硬盘转速以每分钟多少转来表示，单位表示为 r/min或 rpm，rpm 是 Revolutions Per minute 的缩写。rpm 值越大，内部传输率就越快，访问时间就越短，硬盘的整体性能也就越好。

硬盘的主轴马达带动盘片高速旋转，产生浮力使磁头漂浮在盘片上方。要将所要存取资料的扇区带到磁头下方，则转速越快，等待时间就越短。因此转速在很大程度上决定了硬盘的速度。普通硬盘的转速一般有 5400 r/min、7200 r/min几种高转速硬盘，这也是台式电脑用户的首选；对于笔记本用户转速则是以 4200 r/min、5400 r/min 为主，虽然已经有公司发布了 10000 r/min 的笔记本硬盘，但在市场中还较为少见；服务器用户对硬盘性能要求最高，服务器中运用的 SCSI 硬盘转速基本采用 10000 r/min，甚至还有 15000 r/min 的，性能要超出家用产品很多。较高的转速可缩短硬盘的平均寻道时间和实际读写时间,但随着硬盘转速的不断提升也带来了温度升高、电机主轴磨损加大、工作噪声增大等负面影响。

(三)制造厂商简介

(1)希捷(Seagate),公司成立于1980年,现为全球第一大的硬盘、磁盘和读写磁头制造商,希捷在规划、制造和销售硬盘领域居全球领先地位,提供用于企业、台式电脑、移动设备和消费电子的产品。2005年并购迈拓(Maxtor),2011年4月—2011年12月收购三星(Samsung)旗下的硬盘业务后成为最大的硬盘厂商。

(2)西部数据(Western Digital),全球知名的硬盘厂商,现为全球第二大硬盘制造商,成立于1979年,总部位于美国加州,在世界各地设有分公司或办事处,为全球五大洲用户提供储存器产品,2011年3月收购日立。

(3)日立(HITACHI),全球最大的综合跨国集团之一,台式电脑硬盘、笔记本硬盘都有生产。于2002年并购IBM硬盘生产事业部门。于2011年3月被西部数据收购。

(4)Toshiba(TOSHIBA),日本最大的半导体制造商,第二大综合电机制造商,隶属于三井集团旗下,主要生产移动储存产品。

(5)三星(Samsung)。韩国最大的企业集团三星集团的简称。生产的硬盘用于台式电脑、移动设备和消费电子的产品。2011年4月19日,希捷正式宣告以13.75亿美元(现金加股票的方式)收购三星硬盘业务。2011年12月20日,希捷宣告已完成对三星旗下硬盘业务的收购交易。

(四)硬盘的接口种类

(1)ATA。全称 Advanced Technology Attachment,是用传统的40 - pin并口数据线连接主板与硬盘的,外部接口速度最大为133 MB/s,因为并口线的抗干扰性太差,且排线占空间,不利于计算机散热,所以慢慢被SATA所取代。

(2)IDE。全称 Integrated Drive Electronics,即电子集成驱动器,俗称PATA并口。

(3)SATA。2001年,由Intel、APT、Dell、IBM、希捷、迈拓这几大厂商组成的Serial ATA委员会正式确立了Serial ATA 1.0规范。2002年,虽然串行ATA的相关设备还未正式上市,但Serial ATA委员会已抢先确立了Serial ATA 2.0规范。Serial ATA采用串行连接方式,串行ATA总线运用嵌入式时钟信号,具备了更强的纠错能力,与以往相比其最大的区别在于能对传输指令(不仅仅是数据)进行检查如果发现错误会自动矫正。

(4)SATA 2.0。芯片巨头英特尔与硬盘巨头希捷在SATA的基础上发展起来的,其主要特征是外部传输率从SATA的150 MB/s进一步提升到了

300 MB/s，此外还包括原生命令队列（Native Command Queuing，NCQ）、端口多路器（Port Multiplier）、交错启动（Staggered Spin - up）等一系列的技术特征。但是并非所有的SATA硬盘都可以运用NCQ技术，其要求除了硬盘本身要支持NCQ之外，主板芯片组的SATA控制器也要支持NCQ。

（5）SATA 3.0。正式名称为SATA Revision3.0，是串行ATA国际组织（SATA - IO）在2009年5月发布的新版规范，主要是传输速度翻番达到6 GB/s，同时向下兼容旧版规范"SATA Revision2.6"（也就是现在俗称的SATA 3 GB/s），接口、数据线都没有变动。SATA 3.0接口技术标准是2007上半年英特尔公司提出的，由英特尔公司的储存产品架构规划部技术总监Knut Grimsrud负责。Knut Grimsrud表示，SATA 3.0的传输速率将达到6 GB/s，这将在SATA 2.0的基础上增加1倍。

（6）SCSI。全称为Small Computer System Interface（小型计算机系统接口），是同IDE（ATA）完全不一样的接口。IDE接口是普通PC的标准接口，而SCSI并不是专门为硬盘规划的接口，是一种广泛使用于小型机上的高速数据传输技术。SCSI接口具有使用范围广、任务多、带宽大、处理器占用率低，以及热插拔等优点，但较高的价格使得它很难如IDE硬盘般普及，因此SCSI硬盘主要用于中、高端服务器和高档工作站中。

（7）光纤通道（Fibre Channel）。与SCSI接口一样，光纤通道最初也不是为硬盘规划开发的接口技术，而是专门为网络系统规划的。光纤通道硬盘是为提升多硬盘储存系统的速度和灵活性才开发的，它的出现大大提升了多硬盘系统的通信速度。光纤通道有热插拔性、高速带宽、远程连接、连接设备数量大等特点。光纤通道能满足高端工作站、服务器、海量储存子网络等系统对高数据传输率的要求。

（8）SAS（Serial Attached SCSI），是一个串行连接SCSI接口，是新一代的SCSI技术。其与现在流行的Serial ATA（SATA）硬盘相同，都是采用串行技术以获得更高的传输速度。SAS是并行SCSI接口之后开发出的全新接口。此接口的规划是为了改善储存系统的效能、可用性和扩充性，并且提供与SATA硬盘的兼容性。

（9）磁盘阵列（Redundant Arrays of Independent Disks，RAID）。RAID的优点：①传输速率高。在部分RAID模式中，可以让很多磁盘驱动器同时传输数据，而这些磁盘驱动器在逻辑上又是一个磁盘驱动器，所以运用RAID可以达到单个磁盘驱动器几倍的速率。因为处理器的速度增长很快，而磁盘驱动器的数据传输速率无法大幅度提升，所以需要有一种方案解决二者之间的矛盾。②更高的安全性。相较于普通磁盘驱动器很多RAID模式都提供了多种数据修复功能，当 RAID 中的某一磁盘驱动器出现严重问题无法运用时，可以通过 RAID 中的其他磁盘驱动器来恢复此驱动器中的数据，而普通磁盘驱动器无法实现。

(五)硬盘的维护和保养

1. 保持计算机的工作环境清洁

硬盘带有超精过滤纸的呼吸孔与外界相通，它可以在普通无净化装置的室内环境中运用。在灰尘严重的环境下，灰尘会被吸附到印刷电路板组装(Printed Circuit Board Assembly，PCBA)的表面、主轴电机的内部，还可能堵塞呼吸过滤器，因此硬盘必须防尘。此外，环境潮湿、电压不稳定都可能导致硬盘损坏。

2. 养成正确关机的习惯

硬盘在工作时忽然关闭电源，可能会导致磁头与盘片猛烈摩擦而破坏硬盘，还会使磁头不能正确复位而造成硬盘的划伤。关机时一定要注意面板上的硬盘指示灯是否还在闪烁，只有当硬盘指示灯停止闪烁、硬盘结束读写后方可关机。

3. 正确移动硬盘，注意防震

移动硬盘时最好等待关机十几秒硬盘完全停转后再进行。在开机时硬盘高速转动，轻轻的震动都可能导致碟片与读写头相互摩擦而产生磁片坏轨或读写头毁损。所以在开机的状态下，千万不要移动硬盘或机箱，最好等待关机十几秒硬盘完全停转后再移动主机或重新启动电源。在硬盘的安装、拆卸过程中应多加小心，硬盘移动、运输时严禁磕碰，最好用泡沫或海绵包装保护一下，尽量减少震动。

五、修复磁盘

纸质档案数字化的特点是电子图像文件数量多、容量大，一个数字化项目的成果通常都是几十万页，甚至几百万页，数据容量几百千兆字节，甚至几太字节。档案部门对外衡量信息化成果好坏的指标通常就是数字化扫描了多少页，数据容量多少太字节。如此庞大数量的电子图像文件如何进行规范化管理，是每位档案信息化工作者需要认真思考的问题。《纸质档案数字化规范》(DA/T 31—2017)规定，应以档号为基础对数字图像命名，应科学建立纸质档案数字图像的存储路径。科学规范的存储管理，对于档案信息化的工作尤其重要，有利于档案数据的分类管理，有利于利用数据和存储数据的妥善保管。

当前，电子文件存储的载体一般是硬磁盘，虽然硬磁盘的制作工艺越来越高超，质量越来越好，但是硬磁盘在使用的过程中也会不可避免地出现一些意外。无论是内置硬盘还是外接硬盘，一旦出了意外事故，如突然断电、病毒攻击、连接线路突然被拔等，硬盘都有可能出现故障。档案数据备份磁盘一定要选择大品牌、质量有保障的厂商，在做数据脱机备份的时候，一定要注意避免意外的发生。如果发生意外事故，也一定不要急于选择数据恢复软件，因为数据恢复软件一般是对整个磁盘进行扫描，得到的结果是整个磁盘所有的数据信息，无论是有用的还是无用的都显示出来，即使恢复出来也是杂乱的，还需要花费很大精力去整理。

以下以外接磁盘突然无法正常使用为例讲解如何进行修复。在做数据备份的时候通过硬盘盒外接硬磁盘，有可能在磁盘未正常退出情况下碰触了磁盘，导致再次连接计算机时，打开"计算机"只有盘符，而不显示磁盘容量。双击磁盘，磁盘读取灯一直闪烁，计算机运行缓慢，等待许久提示"磁盘结构损坏且无法读取"。上述故障是在 Windows 10 操作系统中发现的，换一台 Windows 7 操作系统的计算机，则提示需要对磁盘重新格式化。如果磁盘没有重要数据那么格式化也就格式化了，但数据怎么办？在百度上检索解决办法，有推荐使用数据恢复软件的，有推荐使用命令行的，还有推荐找数据恢复公司的……编者认为，可以使用 chkdsk 命令进行尝试。

打开命令处理器，输入"chkdsk e：/r"，按回车键就开始进行自检修复了。

等待过程中，磁盘灯一直在红绿闪烁着，漫长的等待结束，磁盘灯显示为绿色。关闭命令提示窗口，重启电脑，再外接硬盘，发现硬盘又能用了。

ckdsk 命令使用

chkdsk [volume：][[Path] FileName] [/f] [/v] [/r] [/x] [/c] [/l[：size]]

volume：

指定驱动器号（冒号分隔）、装入点或卷名。

[{Path} FileName]

指定需要 chkdsk 检查碎片整理的文件或文件集的位置和名称。使用通配符（* 和 ?）可以指定多个文件。

/f

修复磁盘上的错误。必须锁定磁盘。如果 chkdsk 无法锁定驱动器，则会显示一条消息，询问您是否希望在下次重新启动计算机时检查该驱动器。

/v

当检查磁盘时，显示所有目录中每个文件的名称。

/r

找到坏扇区并恢复可读取的信息。必须锁定磁盘。

/x

仅在 NTFS 上使用。如果必要，首先强制卸载卷。该驱动器的所有打开句柄都无效。/x 还包含了/f 的功能。

/i

仅随 NTFS 使用。对索引项进行强度较小的检查，降低运行 chkdsk 的所用时间量。

/c

仅随 NTFS 使用。跳过文件夹结构中的周期检查，减少运行 chkdsk 所需的时间量。

/l[:size]

仅随 NTFS 使用。将日志文件的大小更改为由用户输入的大小。如果省略该参数，则 /l 会显示当前日志文件的大小。

/?

在命令提示符显示帮助。

此外，也可以使用手动检测，打开“运行”→“CMD”→“确定”，输入“chkdsk g:/f”，其中“g”代表问题硬盘所在电脑中的位置，如图 5-113 所示。

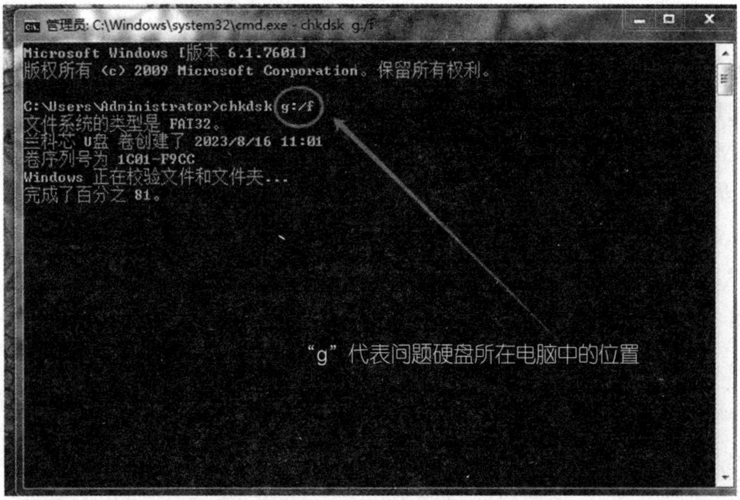

图 5-113　手动检测

第五节　备份和移交

纸质档案数字化成果备份在前面章节已经详细叙述了，移交内容包括数字图像、档案目录数据、元数据、数字化工作中产生的工作文件、存储载体等。

一、档案数字化成果验收

(一)验收方式

(1)一般情况下，由档案部门成立或临时组建专门的验收组对纸质档案数字化成果进行验收。

(2)采用计算机自动检验与人工检验相结合的方式对纸质档案数字化成果进行验收检验。

(二)验收内容

纸质档案数字化成果验收的项目主要包括数字图像、档案目录数据、元数据、数字化工作中产生的工作文件、存储载体、数据连接等。

(1)对数字图像进行验收的内容包括数字化参数、存储路径、命名的准确性、图像的完整性、排列顺序的准确性、图像质量等。

(2)对档案目录数据进行验收的内容包括数据库中各条目的内容、格式等的准确程度、必填项是否填写等。

(3)对元数据进行验收的内容包括元数据元素的完整性和赋值规范性等。

(4)对数字化工作中产生的工作文件进行验收的内容包括工作文件的完整性、规范性等。

(5)对存储载体进行验收的内容包括载体的可用性、有无病毒等。

(6)对数据挂接进行验收的内容包括档案目录数据与其对应的数字图像挂接的准确性等。

(三)验收指标

能够采用计算机自动检验的项目应采用计算机自动检验的方式进行100%检验,检验合格率应为100%。对于无法用计算机自动检验的项目,可根据情况以件或卷为单位采用抽检的方式进行人工检验,抽检比率不得低于5%。对于数据库条目与数字图像内容对应的准确性,抽检合格率应为100%,其他内容的抽检合格率应不低于95%。根据验收结果填写“纸质档案数字化验收登记表”(见图5-114)。

批次：　　　　　　　　　　　　验收人：　　验收时间：　　年　　月　　日

全宗号	总卷/件数	图像数据						目录数据						元数据					数据挂接					工作文件				特殊载体				验收意见
		图像总数	计算机全检项	全检结果	抽检数	抽检项	抽检结果	条目总数	计算机全检项	全检结果	抽检数	抽检项	抽检结果	计算机全检项	全检结果	抽检数	抽检项	抽检结果	计算机全检项	全检结果	抽检数	抽检项	抽检结果	总册数	抽检册数	抽检项	抽检结果	载体类型	载体数量	抽检项	检验结果	

图5-114　纸质档案数字化验收登记表示例

(四)验收结论

(1)每批纸质档案数字化成果质量检验达到验收标准要求,予以验收“通过”。验收未通过应视情况进行返工或修改后,重新进行验收。

(2)验收完成后须经验收组成员签字。验收“通过”的结论,必须经相关领导审核、签字后方有效。

二、档案数字化成果移交

验收合格的数据应按照纸质档案数字化工作方案及时移交,并履行交接手续。

(一)档案数字化成果的数据

(1)档案目录数据:XML/Excel 格式的案卷级、文件级目录数据等。

(2)档案原文数据:未经图像处理的单页 JPEG/TIFF 格式的图像数据(原图),经图像处理的单页 JPEG/TIFF 格式的图像数据(修图),JPEG/TIFF 格式转化的以件为单位多页 PDF 格式图像数据(利用图)。

(3)存储磁盘:移交数据包括多页 PDF 格式、修图图像 JPEG/TIFF 格式、原图图像 JPEG/TIFF 格式各两套存储磁盘。推荐使用硬磁盘存储,所移交的硬盘应规格统一,并选用主流品牌,如西部数据、希捷等。

(二)数字化过程中的文件

数字化过程中的文件包括档案数字化加工合同、管理人员任命书、工作人员保密协议和证件复印件、档案数字化工作方案、档案数字化审批单、档案出入库交接单、档案数字化工作流程单、档案数字化工作质量检查表、档案数字化工作验收表、档案数字化成果移交清单、数字化成果验收会议材料及其他有价值的工作文件。

有监理单位的还应包括档案数字化监理合同、档案数字化服务监理通知单、档案数字化服务监理通知回复单、监理结果抽样检查情况函。所有文件均需按照要求进行规范整理,规范填写“纸质档案数字化成果移交清单”(见图 5-115),而后移交进馆。

批次					
全宗号					
内容描述					
移交数字图像数量/页		移交条目数/条		数字化工作文档/件、册	
载体起止顺序号		载体类型与规格			

检验内容	单位名称	
	移交单位：	接收单位：
准确性检验		
完整性检验		
可用性检验		
安全性检验		
载体外观检验		
填表人(签字)	年　月　日	年　月　日
审核人(签字)	年　月　日	年　月　日
单位(盖章)	年　月　日	年　月　日

图 5－115　纸质档案数字化成果移交清单示例

第四章 装订和上柜

第一节 装订

文件材料整理、著录和数字化处理完成后，需要对其进行装订。这里以归档文件为例，给大家介绍下档案装订的相关要求。装订这步程序在平时整理这一“件”归档文件时或数字化扫描完这一“件”时进行，也可全部整理完毕或数字化完毕集中装订。归档文件应按“件”为单位进行装订，根据前述界定好的“件”，以及编制的件号进行“一件号”一装订。

一、装订的原则

归档文件一般以件为单位装订。归档文件装订应牢固、安全、简便，做到文件不损页、不倒页、不压字，装订后文件平整，有利于归档文件的保护和管理。装订应尽量减少对归档文件本身影响，原装订方式符合要求的，应维持不变。

应根据归档文件保管期限确定装订方式，装订材料与保管期限要求相匹配。为便于管理，相同期限的归档文件装订方式应尽量保持一致，不同期限的装订方式应相对统一。

二、装订材料的选择

用于装订的材料，不能包含或产生可能损害归档文件的物质。不使用回形针、大头针、燕尾夹、热熔胶、浆糊、办公胶水、装订夹条、塑料封等装订材料进行装订。

这里统一建议大家采取线装法装订，其中页数较少的使用直角装订，文件较厚的使用三孔一线装订。最后采用棉纱线穿线、打结。棉纱线规格、质量、检测应按 GB/T 398—2018 的规定进行。

三、装订的部位与对齐方式及注意事项

归档文件的装订要力求整齐、结实、美观。一般来说采用左侧装订的，装订时应以左、下边对齐；采用左上角装订的，应以左、上边对齐。装订时去掉金属物，多使用缝纫机、线绳、固体胶等方式扎边、粘贴或三孔一线法进行装订。

四、装订的一般要求

(1)归档文件装订前，应对不符合要求的文件材料进行修整。归档文件已破损的，应按照 DA/T 25—2022 予以修复；字迹模糊或易退变的，应予以复制。归档文件应按照保管期限要求去除易锈蚀、易氧化的金属或塑料装订用品。

(2)装订要求牢固，做到文件不损页、不倒页、不压字，装订后文件应平整。

(3)用于装订的材料，无论是其自身还是通过与其他材料及环境之间的接触反应，均不能包含或产生任何可能损害归档文件的物质。

五、三孔一线装订标准

(1)三孔一线装订是用锥子或三孔一线打孔机在文件左侧打孔后再穿线、打结的装订方式。

(2)三孔一线装订采取挤压式打孔，以免对文件造成过多损害。打孔前先用夹子固定文件右侧，确定孔距后用锥子或三孔一线打孔机打孔。三孔之间的距离，竖版文件以 8～10cm 为宜，横版文件以 6～8 cm 为宜。三孔与左侧距离不低于 1.5 cm。

(3)穿线时，先将装订绳对折，将两个绳头并齐后从文件背面穿入中间孔，再将绳头分别向下穿入两边的孔中，并从由装订绳形成的圈中交叉穿过。用力拉紧两个绳头，使装订绳紧缚文件，再将两个绳头在中间孔处打结。

(4)三孔一线装订在打结后应保留 1.5 cm 左右的绳头，并在打结处用力压实。

三孔一线装订式样如图 5 - 116 所示。

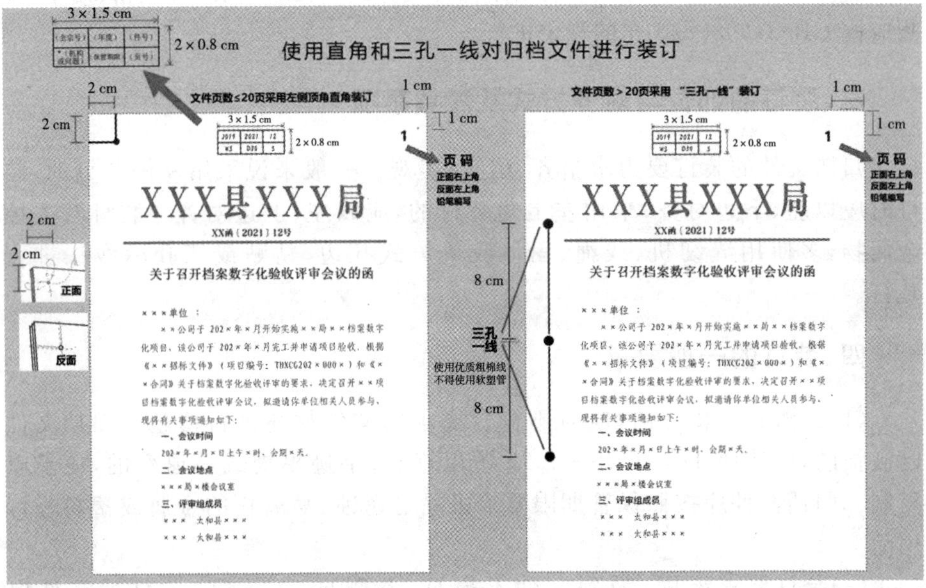

图 5－116 三孔一线装订式样

第二节 放置备考表

备考表，顾名思义，是以备查证、考据的表格，是各类档案中不可缺少的重要组成部分，它担负着记载档案从立卷时文件材料的形成情况到立卷后各个时期卷内文件所发生变化的重要使命，可称为“档中之档”。编制备考表是将归档过程中需要说明的内容写在表内，并由立卷人、检查人签字，以确认卷内文件内容的正确与齐全。

各种类型档案的备考表的项目设置基本相同，即需要说明的问题、整理人、检查人、立卷时间四个项目。就具体内容填写而言，不同门类的档案有不同的要求。

一、文书档案

文书档案备考表需要说明纸张破损、复制、无底稿、缺附件、字迹模糊、完整程度及后来整理情况等内容。

(1)以卷为单位的文书档案，按照《文书档案案卷格式》(GB/T 9705—

2008)进行整理。

① 本卷情况说明:填写卷内文件缺损、修改、补充、移出、销毁等情况。案卷立好以后发生或发现的问题由有关的档案管理人员填写并签名、标注时间。例如,阜阳市公安局在整理废旧文件时发现了一份黎光(时任陇东公安分处处长)同志 1949 年 6 月在陇东保卫工作会议上的总结后,及时将这一珍贵文件归入 1949 年的案卷中,并在备考表内注明“此总结是在整理废旧文件时发现”。

② 立卷人:由责任立卷者签名。

③ 检查人:由案卷质量审核者签名。

④ 立卷时间:立卷完成的日期。

以卷为单位的文书档案的卷内备考表式样如图 5-117 所示。

(2)以件为单位的文书档案,按照《归档文件整理规则》(DA/T 22—2015)进行整理,这里的备考表指的是盒内备考表,一般放置于本档案盒的最后或直接印制在卷盒内底面。

① 盒内文件情况说明:填写盒内文件缺损、修改、补充、移出、销毁等情况。

② 整理人:负责整理归档文件的人员签名或签章。

③ 整理日期:归档文件整理完成日期。

④ 检查人:负责检查归档文件整理质量的人员签名或签章。

⑤ 检查日期:归档文件检查完毕的日期。

以件为单位的文书档案的备考表式样如图 5-118 所示。

卷内备考表

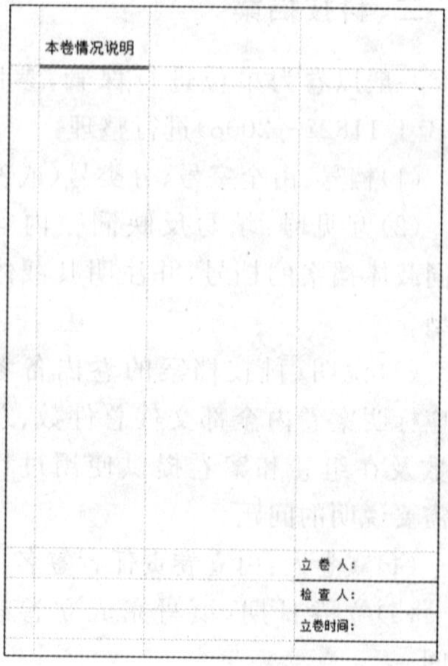

图 5-117 以卷为单位的文书档案的卷内备考表式样

备考表

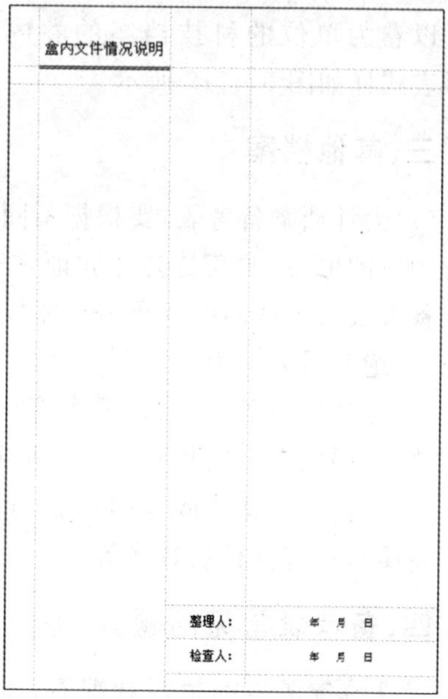

图 5-118 以件为单位的文书档案的备考表式样

二、科技档案

一般以卷为单位进行保管，参照《科学技术档案案卷构成的一般要求》(GB/T 11822—2008)进行整理。

(1)档号：由全宗号、分类号(或项目代号或目录号)和案卷号组成。

(2)互见号：填写反映同一内容不同载体档案的档号，并注明其载体类型。

(3)说明：科技档案的卷内备考表应标明案卷内全部文件总件数、总页数及在组卷和案卷提供使用过程中需要说明的问题。

(4)立卷人：由立卷责任者签名。

(5)立卷日期：填写完成立卷的时间。

(6)检查人：由案卷质量审核者签名。

(7)检查日期：填写案卷质量审核的时间。

以卷为单位的科技档案的卷内备考表式样如图 5－119 所示。

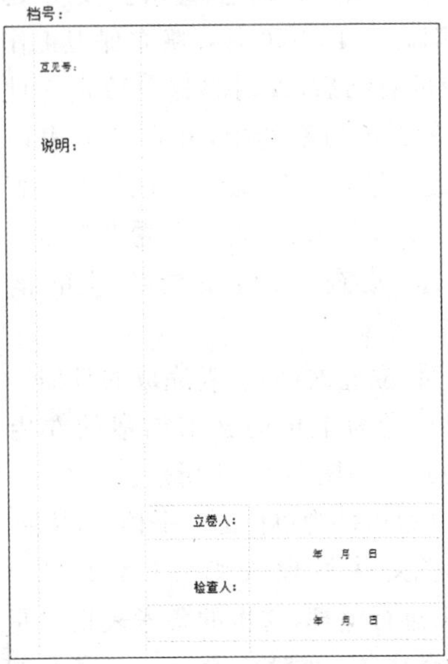
卷内备考表

档号：

互见号：

说明：

立卷人：

年 月 日

检查人：

年 月 日

图 5－119　以卷为单位的科技档案的卷内备考表式样

三、其他档案

(1)会计档案备考表，要根据不同类别(凭证、账簿、报表、其他)存在的问题进行相应的填写，尤其是会计凭证常有漏编或重编记账凭证号的现象，这就需要在备考表中记载漏编或重编记账凭证号的情况以供查证，表明是因工作疏忽所致，而绝非后天人为。

(2)照片档案备考表，要求注明册内照片的缺损情况、同一问题特殊尺寸照片存放互见号、有无底片和某些特殊照片的来源等。

(3)其他一些特殊或专门档案的备考表中还设有审核人，要求案卷复核人对案卷质量检查复核后签名等。

四、备考表常见问题

从目前备考表的填写状况看，备考表不填、填不全、填不准的现象比较普遍，这种状况不仅仅在立卷部门存在，许多进了馆的案卷中也有类似问题。究其原因，一是没有认识到备考表填写齐全的必要性，二是不知道该填些什么，三是忘记或嫌麻烦，四是主管部门要求不高。

档案集中整理、存放或人员变化等情形，对档案中存在的问题说不清道不明。因此，在整理时对发现的问题应及时在备考表中加以说明，以分清责任。

备考表是记载档案在保存过程中修改、移出、鉴定、部分销毁或在利用过程中出现的意外问题等的重要佐证，在档案的抢救、保护、修裱过程中，把所采取的方法、措施、操作人等记载下来，为档案的再保护提供参考依据是档案人员义不容辞的责任。遗憾的是，近十年的档案工作中，未发现有单位在备考表中详细记载档案抢救保护等情况。

第三节　装盒

装盒是将归档文件按件号顺序装入档案盒，同时包括填写盒封面、盒脊背、备考表等内容，各项目填写要规范、准确。应分年度、分保管期限、分机构（问题）将归档文件按件号的先后顺序装入无酸纸档案盒，填写档案盒盒脊及备考表项目。

一、装盒过程中需要注意的问题

（1）档案盒应采用无酸纸制作。

（2）应视文件的厚度选择厚度适宜的档案盒，尽量做到文件装盒后与档案盒形成一个整体，站立放置时不至于使文件弯曲受损。不同形成年度、保管期限等类目形成的档案不应放入同一档案盒，即使某些类目形成的文件数量少，装不满一盒，也不宜将其混装入其他档案盒，而应通过使用不同厚度的档案盒来解决。

（3）档案盒只是归档文件的装具，不具备保管单位的作用。因此，并不要求同一事由的归档文件必须装在同一档案盒内，只需按照排列的先后顺序依次装盒；一盒装满后，顺次装入下一盒即可。

二、档案盒盒脊项目及封面的填写

（1）封面应标明全宗名称，即单位规范性名称。

（2）以归档文件为例，档案盒在盒脊设置全宗号、年度、保管期限、起止件号等必填项，设置机构（问题）选填项，用黑色或蓝黑墨水加盖印章或书写，各项目内容的填写要与归档章上的内容一致。

(3)起止件号,填写盒内第一件文件和最后一件文件的件号。

(4)盒号,一般机关档案室不要求填写,主要是为了方便档案馆进行排架、归位和统计工作使用。

三、档案装具的选择

(一)无酸纸档案卷皮和无酸纸档案盒的国标规定

《无酸档案卷皮卷盒用纸及纸板》(DA/T 24—2000)规定了无酸档案卷皮、卷盒用纸及纸板的产品分类、技术要求、试验方法、检测规则和包装、运输、储存。

(1)无酸纸产品分类标准:无酸档案卷皮、卷盒用纸及纸板为卷筒纸,卷筒宽度为 1600 mm,宽度偏差不超过±5 mm,卷筒直径为 850 mm±50 mm。

(2)外观标准要求:一是,纸及纸板表面应平整、光洁、纤维组织均匀,不允许有褶子、裂口、洞眼、透帘、分层、起毛等影响使用的纸病;二是,挂面的无酸档案卷皮、卷盒用纸及纸板 1.0～2.0 mm^2 的尘埃每平方米不多于 50 个,2.0～5.0 mm^2 的尘埃或斑痕每平方米不多于 10 个,5.0～10.0 mm^2 的尘埃或斑痕每 10 mm^2 不多于 3 个(非周期性),不允许有 10 mm^2 以上的尘埃或斑痕;三是,未挂面的无酸纸档案卷皮纸及纸板 2.0～5.0 mm^2 的尘埃或斑痕每平方米不多于 10 个,5.0～10.0 mm^2 的尘埃或斑痕每 10 mm^2 不多于 3 个(非周期性),不允许有 10 mm^2 以上的尘埃或斑痕;四是,卷筒两端面应平整,弓形不超过 15 mm,锯齿形不超过 5 mm;五是,每卷筒端头不允许超过 3 个,端头处用胶带对接粘牢并做明显标记。

(二)无酸纸档案盒和牛皮纸档案盒的区别

(1)用纸的材质来区分:无酸纸档案盒用 340 g 无酸纸双裱而成,牛皮纸档案盒一般用约 250 g 的箱板纸。

(2)从厚度方面来区分:无酸纸档案盒双裱后 680 g 的无酸纸的厚度约 1 mm,牛皮纸档案盒箱板纸约 250 g、双裱后约 0.7 mm。

(3)从颜色及平整度方面来区分:无酸纸档案盒颜色均匀、色淡、纸张表面光洁平整,牛皮纸档案盒颜色土黄不均、色差大、表面粗糙。

(三)使用无酸纸档案盒的优点

(1)无酸纸档案盒的纸张酸碱度 pH 为 7.5～8.5,处于中性偏上或碱性,在正常的使用和保存条件下,无酸纸的使用寿命可以达到 200 年左右。

(2)使用无酸纸的档案盒不会出现明显的变质、变色现象,防霉防虫。

(3)无酸纸档案盒纸张表面光洁平整,整体协调美观。

(4)价格适中,性价比高。牛皮纸档案盒、塑料档案盒不适合长期保管档案,且价位不比无酸纸档案盒便宜。

第四节　入库上架

档案整理完毕装盒后，清点档案数量，做好移交手续，按照档案分类方案进行排列上架，排架方法应避免频繁倒架，排架遵循从上到下、自左至右的顺序，要求整齐美观。以归档文件为例，常用方法如下。

一、两级分类法的入柜排列上架

（一）保管期限-年度排列法

保管期限-年度排列法即先将所有已整理好的归档文件按保管期限分开，再在保管期限下面按年度分开排列。这种排列方法适用于内部机构设置简单的市、县（区）直、乡镇等有向档案馆移交任务的机关单位。此时入柜上架排列方法如下：

永久：2001 年、2002 年、2003 年……

30 年：2001 年、2002 年、2003 年……

10 年：2001 年、2002 年、2003 年……

（二）年度-保管期限排列法

年度-保管期限排列法即先将已整理好的归档文件按年度分开，再在年度下面按保管期限排列。这种排列方法特别适用于内部机构设置简单的基层单位，或者每年形成文件数量少的机关、事业单位。由于他们每年形成的文件材料数量不多，可采用此排列方法，便于实体管理，不需要经常倒架调整，此时入柜上架排列方法如下：

2001 年：（永久→30 年→10 年）

2002 年：（永久→30 年→10 年）

……

二、三级分类法的入柜排列上架

一般采用类目（问题）-年度-保管期限排列法，即先按党群工作、行政管理、经营管理、生产技术管理各类分开，再把每个类里同一年度的永久、30 年、10 年排在一起上架入库。

（1）党群工作类：

2007 年	永久	30 年	10 年
（件号）	1～n	1～n	1～n
2008 年	永久	30 年	10 年

(件号)	1～n	1～n	1～n

……

(2)行政管理类：

2007年	永久	30年	10年
(件号)	1～n	1～n	1～n
2008年	永久	30年	10年
(件号)	1～n	1～n	1～n

……

(3)经营管理类：

2007年	永久	30年	10年
(件号)	1～n	1～n	1～n
2008年	永久	30年	10年
(件号)	1～n	1～n	1～n

……

(4)生产技术管理类：

2007年	永久	30年	10年
(件号)	1～n	1～n	1～n
2008年	永久	30年	10年
(件号)	1～n	1～n	1～n

……

第五章 全宗指南、基础数字汇编、大事记、组织沿革的编制

全宗指南是介绍和报道立档单位及其所形成档案情况的一种档案检索工具，基础数字汇编是根据实际工作需要从档案资料中选取有关统计数字汇编而成的汇编材料，大事记是一种按照时间顺序记载一定范围内发生的重大事件和重要活动的参考资料，组织沿革是系统记载一个机关、地区或专业系统的组织机构、人员编制、体制变革情况的参考资料。下面简要介绍下如何编制，具体编制模版在罗盛敏的"兰台驿站"公众号《全宗指南、基础数字汇编、大事记、组织沿革的编制》中有详细的介绍，大家可以登录网页(https://mp.weixin.qq.com/s/EBeTCAC4ebYRhB3lhpiX7g)进行学习。

第一节 全宗指南如何制？

一、全宗指南的概念

(1)全宗指南的定义：全宗指南是介绍和报道立档单位及其所形成档案情况的一种档案检索工具。

(2)全宗指南的名称：全宗指南由全宗号、全宗构成者的名称(全称或通用简称)、"全宗指南"、起止时间构成，并列成分之间用空格位分开。

二、全宗指南体例的内容

(1)立档单位和全宗的历史概况：简要地叙述立档单位成立的时间、人数、机构设置情况，主要领导的配备，立档单位的性质、任务及主要职能活动情况，隶属关系及全宗历史的沿革等。

(2)全宗指南的主体部分是全宗内档案内容和成分的介绍：①要介绍全宗内档案的构成及数量；②要以档案内容或组织机构为主线(按全宗内档案实际分类体系)分别介绍档案情况，突出有价值的内容；③要介绍全宗内档案的整理

(分类、编目)及保管情况。档案内容与成分介绍一般应使用综合概括的方法介绍。

(3)全宗指南的辅助材料:关于利用全宗内档案材料的说明(利用方式、服务手段、利用效果);有关立档单位历史和全宗历史的参考资料情况(自编参考资料的种类、数量)等。

三、全宗指南编制的规范

《全宗指南编制规范》(DA/T 14—2012)中将全宗指南的结构分为三大部分:第一部分为封页,包括全宗指南名称、时间(全宗内档案起止年代)、全宗号;第二部分为正文,包括全宗构成者沿革、全宗内档案情况简介、全宗内档案内容与成分介绍;第三部分为备注。

第二节　基础数字汇编怎样编?

基础数字汇编也称为基础数字汇集,是以数字形成反映一个地区、一个单位或某一方面基本情况的档案参考资料,是根据实际工作需要,从档案资料中选取有关统计数字汇编而成的汇编材料。

基础数字汇编具有内容集中、数字确切、简明扼要、利用方便、说服力强等特点。基础数字汇编的作用:为利用者掌握情况、研究问题、制定计划、总结经验提供素材,为进行宣传教育提供依据和参考。

一、整体结构

(1)独立成书的单行本基础数字汇集,一般由总题名(书名)、序言和凡例、正文、注释、附录等组成。

(2)作为其他作品正文组成部分或附录的基础数字汇集,整体结构较为简单,通常只有总标题、编制说明和正文三个部分。

二、正文要素与形成

基础数字汇编正文所要记述和反映的客观内容,主要是各种数量概念和数量关系,人们通常称之为数列。数列是构成基础数字汇编正文的基本要素,一个数列一般可以包含四个方面的具体内容,即统计对象、时间范围或空间范围、统计指标和统计数值。正文主要有文字叙述形式、图表形式和文字叙述与图表相结合的形式三种编写形式。

三、表格的制作

基础数字表格除总标题外，通常有以下3部分组成：横标题，列在表的左方；纵标题，列在表的上方；基础数值，填写在横行与纵栏的交汇处，任何一个基础数值，都由横、纵标题所限定。

有些表格还有附记、制表单位、制表日期等项，横行标题和纵栏标题用于表明基础对象、时间范围或空间范围、基础指标等内容，无论横行标题还是纵栏标题，其下都可以再设一级或几级小标题。

四、基础数字汇编的种类

(1)按性质分：机关、企业、事业单位、地区、专业系统的统计数字汇编。

(2)按时间分：年度和多年的统计数字汇编。

(3)按内容分：综合性和专项性的统计数字汇编。

例如，综合性数字汇编《××镇基础数字汇集》包括该镇土地面积、资源分布、人口、工农业产值、产值、利润、文化教育设施等方面的数字情况。专项性统计数字汇编《××局档案室基础数字汇编》包括档案室的人员编制、档案用房、档案的门类、数量、电子录入条目、检索工具、编研资料、设备配置等方面的数字情况。

五、编写要求

(1)尽量利用档案中原始统计报表及现成的统计材料。

(2)选题要典型，涉及的年限、数据体系要有代表性。

(3)数据要准确、权威，口径要统一，计量单位要符合国家标准。

第三节　大事记怎么记？

一、大事记的概念

大事记是一种按照时间顺序记载一定范围内发生的重大事件和重要活动的参考资料。

二、大事记的编写要求

(1)内容真实，观点正确。大事记中遣词的褒贬，用句的正反表现出编写者对历史事实的认识、立场或倾向，必须仔细推敲。用材要真实可靠，有根有据。内容不实、根据不详的一般不予采用。

(2)大事突出，要事不漏，小事不要。所谓大事，即事件涉及的范围极广，影响较大，不仅在当时属重大事件，而且在事后影响较久、较深的事情或事件。所谓要事，即在一定的范围，一定的时间有较大影响，有历史价值、可资借鉴的事情。同时，大事、要事是受一定时间和空间制约相对而言的概念。

一个机关，每年很多的事件发生，大事是少数，多数是要事和小事。编写大事记时，应区分大事和小事，如凡事都记，材料罗列，大事记就成了明细账，就没有什么参考价值了。只记大事，不记要事，会使大事记内容孤单。记载要事，是对大事的补充、衬托，使其内容丰富充实。防止将一般事物、日常性活动等写入大事记。不能简单以领导为标准确定大事，凡是领导的大小活动必详记，把大事记写成领导活动记录，更不能主观臆断，以个人好恶，凭个人感觉来选择大事。

(3)时间准确，系统条理，简明扼要。大事记要按时间顺序逐年逐月逐日记载，一事一条，不要数事一条，有的甚至要确切到时、分、秒。如有的没有时间或时间不够准确，应尽力进行考证。事与事之间前后照应，首尾关联，脉络清楚，条理清晰。记述大事提纲挈领，文字简明，切忌冗长，但必须把大事的始末因果交代清楚。

三、大事记的编写方法

(1)制定编写方案。先制定一个编写方案，以便有计划、有步骤地进行这项工作。方案的内容应包括大事记的题目、记事范围、材料来源、组织分工、完成任务的时间等。

(2)大事记应采用编年体，并辅之以纪事本末体体例。大事记的记载方法应时间在前，史事在后。

(3)大事记应由说明、序言、目录、正文、附录等部分构成。

四、大事记的内容

大事记的内容主要由大事的时间和大事的记述两部分组成。机关单位的大事记主要内容包括以下几个方面。

(1)本机关贯彻执行党和国家方针政策中所采取的部署、措施及作出的决定、决议、规划、部署以及发布的重要文件。

(2)本地区、本系统的大事、要事在本机关的反映。

(3)本机关召开的重要会议和举办的重要活动。

(4)本机关的组织变化情况，包括本机关成立、撤销、合并，以及内部机构设置、变化情况，本机关隶属关系和职能范围的变化情况，主要领导的调动、任免、奖惩以及人员编制变化情况等。

(5)本机关颁发的和上级机关对本机关作出的重要指示、决定、规定、通知等文件。

(6)本机关中心工作取得的重要成绩。

(7)上级领导及主管部门领导到本机关视察和检查工作的情况，以及作出的重要指示。

(8)本机关主要领导参加重大活动、重要外事活动、与兄弟单位来往的重要活动等。

第四节　组织沿革如何要求？

组织沿革是系统记载一个机关、地区或专业系统的组织机构、人员编制、体制变革情况的参考资料。组织沿革的内容大致包括机关(企业、地区、系统)概况、机构名称改变、地址迁移、成立、撤销或合并时间、隶属关系、性质和任务、职权范围、领导人员变动、编制扩大与缩小以及内部机构设置等方面的变化情况。

随着社会的发展，行政区划、建制沿革、机关设置、人员编制与人事任免，经常发生变化，形成了大量的档案。这些档案分散在不同全宗、不同类别、不同年度的有关案卷中，查找利用很不方便。编写组织沿革，就能给利用者提供有关一个地区、一个机关的系统材料。

一、组织沿革的内容和类型

(1)内容：①机关、地区或专业系统的历史概况、行政区划、建制变更情况；②机关的性质、任务、职权范围和隶属关系；③机关内部组织机构的设置和人员编制的变化情况；④机关领导人的任免情况；⑤机关名称的变更、印信的启用与作废、机关办公地点的迁移；等等。

(2)类型：①机关组织沿革，记载一个机关及其内部组织机构和人员演变情况；②地区组织沿革，记载一定区域内(如省、市、地、县、区、乡等)所属党、政、群各级组织的设置和变化；③专业系统组织沿革，记载一个专业系统(如工业系统、商业系统、文化系统等)所属组织的设置和变化。

二、组织沿革的体例

(1)编年法。编年法按年度记述某一机关(地区、专业系统)的组织概况。采用这种体例编写时,可先将材料按年度分开,在每个年度中分别记述各方面的问题。

编年法的优点是每年度中有关该组织的材料集中,且自成体系,便于按年度查找。编年法的缺点是同一内容可能分散在不同年度中,不便于纵向把握,而且有些多年没有变化的情况在历年中反复记述,造成大量重复。

(2)系列法。系列法以组织机构或问题形成系列,分别记述其沿袭变化的始末概况。以组织机构为系列者,按机关内部组织机构的实际设置分别记述其各方面的发展与变化情况;以问题为系列者,可分为机关体制、职能与任务、隶属关系、机构与人员编制、干部任免、印信等若干方面分述其各方面的发展与变化情况。在系列之下通常再按年度顺序加以记述。

系列法的优点是能比较系统地反映各组织机构或各个方面问题的发展脉络,便于读者了解一个机构或一个问题的历史与变化,但是由于这种体例将机关全貌按系列分割开来,不便于了解每一段时间内整个机关的组织概况。

(3)阶段法。阶段法根据机关(地区、专业系统)发展变化的特点划分为若干个历史阶段,在每个阶段中再分别记述各方面的情况。这种方法在一定程度上吸收了前两种体例的优点,做到了时间和系列两个方面的结合,采用这种体例需要合理划分阶段。①纵式写法,以时间为主线,按年度先后顺序记述机构设置、职能、任务、人员组成等变化情况;②横式写法,以组织机构为主线,把每一个组织机构的逐年变化情况记叙下来;③综合写法,先把整个机关、单位按发展变化的特点分成若干阶段,再把每一个阶段的组织机构变化情况记述清楚。

三种体例各有特点,各机关在编写组织沿革时可根据自身情况加以选择:历史较短,规模较小,组织机构不太稳定的机关可考虑采用编年法;组织机构比较稳定,且各自独立性较强的机关以及地区或专业系统的组织沿革可考虑采用系列法;已具有一定发展历史的机关、地区、专业系统均可考虑采用阶段法。

根据本机关的实际情况,在编写过程中还可以对这几种体例作适当结合或变通运用。编写组织沿革,可采用文字叙述和图表两种形式,也可以图文并茂。对于主要职能、性质、任务等宜用文字叙述,对于机构、人员变化等可用图表表示。

三、组织沿革的编写

组织沿革通常以文字、图形、图表或者图文结合的形式,将组织发展、变革的历史脉络清晰地展现给读者，通常由封面、编者说明、目录、序言或概况、正文、附录等部分构成。

(1)封面：一般由组织沿革的标题、起止时间、编制单位或编制人、编制年月等要素构成。

(2)编者说明：主要说明组织沿革的编写目的、体例、时间范围、材料来源、组织沿革编写工作的组织和参加人员等内容。

(3)目录：组织沿革正文之前的目次，反映了正文的主要内容和排列次序。

(4)序言或概况：综合介绍本地区、本机关的基本情况和历史沿革概况，对单位名称、性质、职能、隶属、人员编制总体概述。

(5)正文：组织沿革的主体部分，主要内容一般包括机关的基本概况，如机关成立、合并、撤销和复建情况，机关名称变更、办公地点适宜情况等；机关性质、职权范围、主要任务及其变化情况；机关的隶属关系及变化情况；机关人员编制及其变化情况；机关内部组织机构设置；领导成员的组成及其变化情况；等等。

(6)附录：与组织沿革有关的图、表，可以作为附录，如行政区划图、组织系统图等。

后　　记

中华民族自古以文化为族群认同的纽带，从“上古时期”的传说就能体现，而档案是文化的重要载体和有力证据。做好档案管理工作，有助于切实提高档案的“资政、存史、育人”作用，在继承和发扬中华民族优秀文化传统、促进经济社会发展中，始终有着不可替代的作用。

信息化时代，档案工作日新月异，知识更新迭代较快。档案工作重心将在传统载体档案“存量数字化”、原生电子文件管理“增量电子化”、数字档案“利用网络化”三者之间渐次后移。人工智能的快速发展，使得档案系统交互性和公众参与度更加突显，数字档案室(馆)建设也将在“数字化”“数据化”“数智化”之间实现有序切换。信息化将引领档案工作进一步走向开放，实现自身进一步升级、迭代和转型。

值此《档案实务》付梓成书之际，感谢罗盛敏的细心校对，感谢各编者在公务繁忙之中仍精心参编，感谢合肥工业大学出版社储国斌和赵娜给予的大力支持。但心中难免惶恐不安，毕竟从着手编制到完全成书仅一年的时间，编者功力所限，恐难将宏阔伟大的档案事业写深、写全、写好，随着时间流逝，历史局限性将愈发凸显，诚待方家批评指正，后续修订。

2024 年 5 月 20 日